EL HABLAR Y EL HACER DE LAS GENTES DE MECERREYES

BURGOS. 1940 -1970

Carlos Arribas Alonso

1

© El hablar y el hacer de las gentes de Mecerreyes
© Carlos Arribas Alonso
1º edición
Autor: Carlos Arribas Alonso
ISBN papel 978-84-686-3824-9
ISBN ebook 978-84-686-3825-6
Impreso en España
Editado por Bubok Publishing S.L., 2013

Palabras y expresiones de uso frecuente entre los hombres y mujeres de Mecerreyes y comarca (Burgos) en sus tareas diarias en casa, en la agricultura y el pastoreo, en los oficios del pueblo, en sus fiestas y celebraciones, así como de los objetos e instrumentos que habitualmente se usaban durante los decenios comprendidos entre 1940 y 1970.

Recuerdos y evocaciones de Carlos Arribas, hijo de Felipe y Petra.

AGRADECIMIENTOS

Mi reconocimiento y gratitud a mis padres y abuelos que me iniciaron en el uso de la hermosa lengua castellana, a mis hermanos y familiares que estimularon su uso diario en situaciones diversas, a mis maestros don Julio y don Jaime que me motivaron en el aprendizaje y sembraron en mí la inquietud por el buen uso de las palabras, a don José Luis Pérez Mata, sacerdote inquieto y apoyo de los jóvenes, a mis amigos con quienes compartí experiencias y emociones, a los hombres y mujeres de Mecerreyes a quienes oí expresiones y decires que aún usamos y de manera especial a mi mujer Yolanda Puras y nuestros hijos Carlos José, Roberto y Angélica, que han sido el motivo y la fuerza para terminar este trabajo.

INTRODUCCION

Siempre me ha llamado la atención la riqueza de vocabulario de las gentes de nuestro pueblo, Mecerreyes, y la intensidad de sus expresiones cotidianas, forjadas durante muchos años.

Durante mi infancia hasta los 11 años y en mi juventud desde los 14 hasta los 19 que viví en el pueblo tuve tantas experiencias escolares, sociales y laborales que dejaron intensa huella en mi acerbo cultural y vivencial. Allí donde he estado han convivido conmigo mi pueblo, sus gentes, sus costumbres y sus "decires".

Siempre me he sentido en deuda por lo mucho recibido de mis padres, de mi familia, de mi pueblo y de sus gentes. Mi pueblo, la escuela, sus excelentes maestros, los amigos, las costumbres y los quehaceres de los adultos fueron con frecuencia mi referente en la vida y en el quehacer profesional. Con los años la mente selecciona y conserva lo agradable y envuelve en la oscuridad los posibles malos recuerdos.

Ahora quiero evocar y dejar constancia escrita de las palabras y expresiones que eran en aquellos años el medio en el que nos desenvolvíamos los chicos y chicas del pueblo desde la familia y la escuela de "cagones" hasta nuestra salida del pueblo buscando nuevos horizontes culturales y laborales.

En este trabajo he intentado recopilar todas aquellas palabras y expresiones de uso frecuente oídas y usadas por las gentes del pueblo en las distintas situaciones y tareas propias de una vida rural y agrícola como la de nuestro pueblo. No es una colección de vocablos y dichos antiguos, y tal vez en desuso, sino de palabras, expresiones y dichos usados en el pueblo en las décadas cuarenta, cincuenta y sesenta del siglo pasado.

El vocabulario lo he recogido del recuerdo personal ayudado por otras fuentes sin cuya ayuda hubiera sido imposible. Destaca por encima de todas la colección de la REVISTA MECERREYES, que ha ido recogiendo el decir y el sentir de los hombres y mujeres del pueblo, así como sus tradiciones. Sin esta aportación, base y apoyo del trabajo, no hubiera sido posible hacer el trabajo que aquí se presenta. Gracias infinitas a todos los miembros de la Asociación Cultural que hicieron posible la revista. Otra fuente han sido las numerosas obras de MIGUEL DELIBES, rastreador del pensar y hablar del hombre del campo de Castilla. También he contrastado algunas palabras y expresiones en los diccionarios de María Moliner (2 tomos de la edición 1981, editorial Gredos) y el diccionario de la Real Academia de la Lengua Española.

El trabajo presenta como aspecto singular, comparado con otros muchos de más o menos extensión que aparecen en distintos documentos, en que el vocabulario aparece no sólo ordenado alfabéticamente, sino clasificado, por criterios de aproximación, en más de treinta grupos para su mejor entendimiento y en que cada concepto o expresión, además de su explicación o descripción, se acompaña de uno o más ejemplos del uso local o comarcal del término.

Cuando hay palabras como "siento" y "asiento" que se usan indistintamente, la expresión no admitida en el RAE lleva, en general, un apóstrofe (*) .

La asignación de las palabras y expresiones a cada uno de los grupos se ha hecho por aproximación de los significados, de las acciones, de las cualidades, de los oficios, etc. Muchas palabras podrían incluirse en dos o más grupos.

A veces la misma palabra aparece en distintos grupos porque en cada uno de ellos se tiene en cuenta alguna de las acepciones con que se usaba, y que aparecen o no en el Diccionario de la Real Academia Española.

No se ponen todos los significados de las palabras, sino aquellos de uso frecuente en el pueblo en el período citado (años 40-70 del siglo pasado).

Todos los nombres y apodos que aparecen en los textos de los ejemplos son de ficción, simulados. Si alguno hay coincidente con la realidad es pura coincidencia.

Finalmente agradezco a todos cuantos se entretengan con estas palabras su atención y el tiempo dedicado, pero sobre todo les pido que me ayuden a completarlo y mejorarlo con sus aportaciones en palabras, expresiones, dichos, costumbres y en la sugerencia de correcciones. Todas serán bienvenidas y en próximas ediciones aparecerán junto al nombre del que las aportó.

Para nuevas palabras, correcciones o sugerencias enviar a:

carlosarribas10@gmail.com

El trabajo se presenta en dos partes. La primera contiene los vocablos y expresiones ordenados alfabéticamente. La segunda todos los vocablos y expresiones agrupados, con criterios de aproximación, por oficios, tipos de acciones rurales, costumbres, juegos, comportamientos, etc.

Alicante
8 de septiembre de 2013
Día de la Virgen de las Mamblas.
Carlos Arribas

PRIMERA PARTE

Vocablos y expresiones ordenados alfabéticamente con su explicación y ejemplos de uso de las mismas.

¡arre!	Voz que dirige el arriero a la yunta o a las caballerías para dar la orden de iniciar la marcha o caminar. *Con un ¡arre! del arriero la reata se puso en marcha.*
¡caspita!	Exclamación para denotar extrañeza o admiración. *¡Cáspita, que susto me has dado! ¡Cáspita, que maravilla!*
¡córcholis!	Expresión que denota extrañeza o enfado. *Estate quieto. ¡Córcholis!*
¡huellao! ¡güellao*!	Interjección, usada como voz de mando del arriero para que las caballerías giren hacia el lado derecho. *¡Güellaó, mulas!. ¡Vamos! Al grito de huellaó, la reata giró hacia la derecha*
¡huesque! ¡güesque!*	Interjección usada como voz de mando del arriero para que las caballerías tuerzan hacia el lado izquierdo. *¡Gúesque, mulas! ¡güesque!..y ante esta orden la reata giró hacia la izquierda*
¡jobar!	Expresión de enfado o asombro *¡Jobar!, no me apetece ir a pescar.*
¡jope!	Expresa irritación o asombro, etc. *¡Jope!, que pesado eres.*
¡mecachis![1]	Forma de expresar sorpresa o enfado. *¡Mecachis!, otra vez me he equivocado de teléfono. ¡Mecachis en la mar! Que mala suerte has tenido en el examen.*
¡so!	Orden de parada que se da a los animales. El contrario de "so" es "arre". *Al oír el "so" del arriero el asno fijó sus patas al suelo y se paró.*
¿a dónde la echas?	¿A dónde te diriges? ¿A dónde vas? *Hola Manolo, ¿dónde la echas hoy? Voy a cavar la huerta y plantar tomates.*
¿dónde? ¿ande?	Ande se usaba en vez de dónde o adónde. *¿Ande has ido? ¿Ande tienes los cuartos guardados?*
a escote	Pagar a escote algo. Se trata de pagar cada uno la parte que le corresponde cuando se hace un gasto común. *Los gastos de esta fiesta se pagan a escote.*
a espuertas	En gran cantidad, a montones, en abundancia. *En dos horas cogimos cardos a espuertas.*
a flor de tierra y sin guiñapos	Tratándose de cortar árboles: que se corten los árboles a ras de suelo y sin dejar **guiñapos**. *Las carrascas se deben cortar a flor de tierra y sin guiñapos[2] para que rebroten bien.*
a horcajadas	Montar en una caballería con una pierna a cada lado de la misma. También se dice cuando se sube a un niño sobre los hombros colocando una pierna a cada lado. *Lucía monta a horcajadas el caballo de su padre. Llevo a mi sobrino a horcajadas desde casa al colegio.*
a la virulé	Se dice de algo que está estropeado o torcido. *Ángel tiene un ojo a la virulé. Lleva la corbata a la virulé.*
a matacaballo	De forma acelerada y sin pensar. *La limpieza de la casa la hicimos a matacaballo.*
a porrillo	En gran cantidad, copiosamente. *En la huerta comimos ciruelas a porrillo. En el ribazo encontramos acederas a porrillo*
a surco	Expresión que indica que algo está junto a, al lado de, lindante con otra cosa. *La huerta de Jaime está a surco de la de Carmen. Mi casa está a surco de la de María Luisa.*
a tientas	Actuar sin luz. Caminar a oscuras o con los ojos tapados y no distinguir los objetos. *Estoy buscando a tientas los juguetes de Pedro en el cuarto trastero.*

---

[1] La expresión **"mecachis en la mar"** es una forma no vulgar de decir "me cago en la mar" (del verbo "cagar"). En realidad esta versión no suena para nada vulgar. A menudo se dice y escribe simplemente "mecachis". Tambien se usa mecachis en diez o mecachis diez.

[2] **Sin guiñapos**: Sin cortes incompletos cuando se talan árboles. El corte debía ser limpio y total y no quedar astillado. Los cortes limpios facilitan el rebrote de las carrascas. La frase " a flor de tierra y sin guiñapos" era una frase que repetía constantemente en la corta el guarda forestal de entonces a los leñadores.

a través de	Forma preposicional con la que indicamos por donde se cruza algo. *Llegamos a casa a través del campo sembrado de trigo.*
a volea	Devolver la pelota con la mano en un frontón antes de que caiga al suelo. Devolver la pelota en el aire. *El cura devuelve casi todos los saques de pelota en el frontón de volea.*
ababol amapola	Planta anual con flores rojas por lo común y semilla negruzca. Frecuentemente nace en los sembrados y en los ribazos. Flor de esta planta. *"¡Qué bonito está el campo verde teñido de amapolas!*
abadejo	Pescado blanco muy parecido al bacalao. Es un tipo de pescado con tres aletas dorsales y dos anales. Puede llegar a medir 1,5 m y pesar 10 kg. Es muy parecido al bacalao. *El barco de pesca descargó cinco cajas de abadejo. Póngame medio kilo de abadejo.*
abalear	Separar de los granos de trigo, de cebada y de otros cereales o leguminosas, después de trillados y beldados las granzas y las pajas gruesas y largas. Para ello se usaba una escoba preparada a propósito. *La abuela abalea el montón de trigo obtenido al aventar la parva. Al abalear el trigo se han separado del mismo muchas granzas.*
abalorio	1. Conjunto de bolitas o cuentas con las cuales se hacen adornos como collares, pulseras, etc. *He comprado dos bolsas de cuentas de colores para hacer abalorios. En el Ayuntamiento hay una exposición de abalorios hechos en el pueblo.* 2. Collar o adornos de poco valor. *Los abalorios que llevas te conjuntan bien con el color del vestido. Rosita siempre sale a la calle con muchos abalorios.*
abarca[3]	Calzado campesino de cuero, que generalmente sólo cubre la planta de los pies. Se ata con cuerdas o correas. Su uso era frecuente entre los pastores. *La suela de las abarcas de pastor es de cubierta de ruedas de automóvil.*
abarraganada	Mujer que vive en la casa del que estaba amancebado con ella. (Que tiene trato sexual con él sin estar casada).*La Sole, hija del tío Perica, esta abarraganada con Santi, El Pichacorta.*
abatanar	Batir o golpear el paño en el batán para desengrasarlo y **enfurtirlo**[4] Esta mañana hemos abatanado 200 kilos de paño.
abatir	1. Tirar o echar por tierra algo. *El fuerte viento matinal abatió el viejo y horadado chopo de la plaza del Ayuntamiento.* 2. Estar abatido: perder el ánimo, las fuerzas o el vigor. *Después de su fracaso pregonero, se mostró abatido varias semanas.*
abellotado	Con cabeza de forma de bellota. *Su rostro era muy simétrico y abellotado.*
abigarrado	Se dice del cielo lleno de nubes de distinto tipo. *Vio salir el sol en un cielo abigarrado de nubes algodonosas.*
abigarrado	Se dice de un conjunto de muchas cosas no muy homogéneas. *El sembrado estaba abigarrado amapolas, avenas locas, cardos y otras hierbas.*
abinar binar	1. Arar o labrar por segunda vez[5] las tierras de labor. *El gañán se encuentra hoy binando las tierras que vamos a sembrar de trigo. Esta semana he dedicado la yunta a binar las tierras durante dos jornadas.* 2. Cavar la tierra de las viñas por segunda vez. *La viña grande ya está binada.*
ablandabrevas	Se dice de la persona incapaz de hacer algo de provecho. Persona muy tímida. *Con ese ablandabrevas de Juan no podemos ir a ningún sitio.*
abocar	Ir a dar a un sitio concreto, desembocar, ir a parar. *El camino de la Ventilla, antes de atravesar el regato, aboca a la carretera general.*
abocinar	Se dice cuando una caballería se inclina hacia delante sobre el cuarto delantero. *Al abocinarse la caballería, los niños que iban montados dieron con sus huesos en el suelo.*

[3]**Abarcas**.
4 **Enfutir**. Dar en el batán a los tejidos de lana el cuerpo necesario.
5 **Binar, abinar**:Se labran por segunda vez las fincas de labor para eliminar las hierbas y ahuecar la tierra.

abocinar	Caerse hacia delante. Caerse dando con la cara en el suelo o en un objeto. *En la carrera de esta mañana Luisa se abocinó y se rompió dos dientes*
abombar	Es dar a un objeto forma esférica o semiesférica. *He abombado la chapa de latón.*
abonar	Echar en la tierra laborable abono o sustancias naturales o químicas que aumenten su feracidad. El abono puede ser natural como la **chirle (girle)** del ganado lanar o químico. *Los campos bien abonados producen más que los no abonados.*
abono	Sustancia natural (en el pueblo llamada basura) o química con que se abonan los campos para obtener más y mejores frutos. *La chirle (girle) del ganado lanar es un buen abono.*
aborrascarse	Se dice del tiempo cuando comienzan a formarse borrascas. *Tenemos que dejar de pelar y volver a casa porque el tiempo se está emborrascando.*
aborrecer el nido	Cuando se dice de algunos animales, y especialmente de las aves: Dejar o abandonar las aves su nido, los huevos o las crías cuando han sido tocados por alguna persona. *La urraca aborreció el nido después de que los huevos fuesen tocados por los chavales que le descubrieron.*
aborregada	Se dice de la nube que tiene forma de vellón de lana recién esquilado. *Las nubes aborregadas filtraban los rayos solares y aliviaban el calor.*
aborregar	Se dice que el cielo se aborrega cuando se cubre de nubes blanquecinas y revueltas a modo de vellones de lana. *Al poco de amanecer el cielo se aborregó y apenas dejaba pasar los rayos del sol.*
aborregarse	Se dice de una persona cuando adquiere comportamientos atribuidos al borrego, especialmente mansedumbre, gregarismo, etc. *La niña, a medida que crece, se aborrega.*
abotargado	1. Hinchado. Aplicamos este adjetivo a la persona que presenta la cara y otras partes del cuerpo hinchadas. *Luis llevaba el brazo derecho abotargado después de su caída del cerezo.* 2. También se aplica este adjetivo para indicar que alguien es lelo, torpe, etc. *A Luis le veo un poco abotargado, no se debe encontrar bien.*
abotargarse	Se dice de la persona a la que se le hincha el cuerpo o alguna de sus partes de forma no natural. También se aplica con el sentido de atontarse. *Ángel se está abotargando desde que tuvo la pulmonía.*
abrasar	Hacer demasiado calor. Se dice que el sol abrasa cuando calienta demasiado. *El plato que te acabo de poner está abrasando. Ten cuidado no te quemes.*
abrasarse	Secarse una planta o solo las puntas de sus hojas y pétalos por los efectos del calor excesivo o por una helada. *La helada de esta noche ha abrasado las tomateras.*
ábrego	1. El ábrego es un **viento** de España procedente del suroeste, templado, relativamente húmedo y portador de lluvias. Se lo considera un **viento** típicamente **español**, sobre todo en la Castilla. *Esta mañana, al amanecer, soplaba el ábrego.* 2. Se dice también como orientación de una cosa que da hacia ese lado. *La fachada principal de la casa da al ábrego.* 3. En otros lugares se conoce con el nombre de "solano". *El ábrego sopla fuerte esta mañana.*
abrevadero	Estanque, pilón[6], río, arroyo o manantial a propósito para dar de beber al ganado especialmente a los rumiantes y solípedos como los caballos, mulos, burros.etc. *El abrevadero de Fuentecepillo no tiene agua suficiente para el rebaño. La reata bebió durante varios minutos en el pilón de la plaza...*
abrevar	Llevar el ganado a que beba. Dar de beber al ganado. *El tío Paco, el Orejas, lleva las vacas a abrevar todos los días. El rebaño de ovejas utilizaba como abrevadero los cubos de Los Llanos.*
abrigaño	Se dice del lugar resguardado del aire frío. *Nos hemos puesto al abrigaño para resguardarnos del frío. Vamos al abrigaño que empiezo a tiritar.*
abrir en canal	Abrir un animal de arriba abajo para sacarle las entrañas. En la matanza se solía hacer colgando al cerdo muerto cabeza abajo e iniciando el corte por la parte superior. *El*

---

[6] **Pilón**: Recipiente de piedra construido en las fuentes de los pueblos donde se recoge el agua de las mismas para que sirva de abrevadero, de lavadero o para otros usos. En Mecerreyes hay dos pilones, uno de ellos en la fuente de la antigua ermita.

	matarife está abriendo en canal los animales recién matados.
abrir la cisquera	**Escavar**[7] y limpiar la tierra de la **hornera** o **cisquera**[8], lugar en el que se construirán los hornos. *Echa los azadones al carro que tenemos que abrir la cisquera para hacer los hornos.*
abrojo	Mata de tallos largos y rastreros y fruto casi esférico y armado de muchas y fuertes púas. Es perjudicial a los sembrados. *El campo de cebada estaba lleno de abrojos.*
abubilla	Pájaro insectívoro, del tamaño de un tórtola, con un penacho de plumas en la cabeza, el cuerpo rojizo y las alas y la cola negras con listas blancas. *Las abubillas anidan en los árboles de la pradera.*
acamar/se	Se dice que la mies se acama cuando se tumba por efecto del agua y el viento. Generalmente cuando se acama antes de granar ya no lo hace. *Después de la tormenta el trigo se acamó y no granó[9] bien.*
acarrear [10]	Transportar algo en un carro. Llevar en un carro los haces de la mies desde las tierras a las eras para ser trillados. *Hoy hemos acarreado los haces de trigo de dos fincas.*
acarrear con zarzos	Arrastrar la leña cortada y apilada en el monte para hacer carbón sobre ramas (zarzos) hasta la carbonera o hasta un lugar donde pueden entrar los carros. Cuando el acceso del carro o de las caballerías para cargar la leña era difícil o imposible, se arrastraba con zarzos hasta las piladas del carril o camino donde podía acceder el carro. Era un trabajo muy duro pero más cómodo que llevar la leña al hombro (hombrada). *Julián, El Cojo, no puede acarrear leña con zarzos.*
acarreo	Se dice de la acción y del efecto de acarrear algo llevándolo de un sitio a otro. En los pueblos agrícolas se refiere especialmente a llevar la mies segada a las eras, generalmente en un carro. *El acarreo de las morenas de garbanzos ha sido rápido.*
acechar	Observar, otear, vigilar, aguardar algo en silencio con algún propósito. *El cazador acecha desde su puesto el posible paso del conejo hacia el prado.*
acedera, acidera	Especie de hoja verde de una planta que crece en suelos areniscos y que es comestible. Tiene un fuerte sabor ácido. En Mecerreyes se comían las hojas verdes y los tallos blancos que aún no habían brotado. *En el ribazo de las eras hemos cogido una bolsa de acideras.*
acenagar	Echar demasiada cantidad en la boca de algunas máquinas de forma que se atranquen y dejen de funcionar correctamente. *La tolva de la aventadora está acenagada y la máquina no funciona.*
acenegar* cenegar	Llenarse un lugar de lodo o cieno. Manchar, ensuciar algo con barro o lodo. *El camino de las huertas se ha cenegado con la lluvia torrencial que ha caído.*
acerico	Almohadilla o cojincillo que sirve para clavar en é alfileres o agujas. *Alcánzame los alfileres del acerico.*
achantarse	Perder el ánimo o decisión absteniéndose de intervenir en algún asunto, discusión o pelea por cautela, miedo al fracaso o maliciosamente. *Cuando vio los árboles que tenía que talar en un día, se achantó y dijo que no podía trabajar porque estaba lesionado.*
achaparrada	Se aplica a las cosas de escasa altura y volumen desproporcionado. *El monte estaba cubierto de enebros achaparrados.*
achicar	Sacar a mano o con máquinas el agua de un lugar inundado. *La familia estuvo toda la mañana achicando el agua que inundó la planta baja de su casa.*
achicoria [11]	Planta de hojas recortadas, y comestibles, tanto crudas como cocidas. *Pedro tiene en su dieta hojas de achicoria en ensalada.*

---

7 **Escavar**. Ahuecar la tierra con la azada y quitar las malas hierbas.
8 **Cisquera**. Normalmente ese sitio es el mismo en que en otras cortas se hicieron los hornos o se almacenó el carbón. Así se aprovechaba la tierra quemada y negra de las carboneras de otros años, que siempre es mejor que la tierra nueva para hornar.
9 **Granar**: Dicho de los cerales o de otras plantas: desarrollar la granazón del fruto.
10 **Acarrear**: En otros tiempos, cuando las cosechas eran muy pequeñas o las fincas de difícil acceso, el acarreo se hacía con las caballerías. En general el acarreo se hacía con carros tirados por bueyes o vacas por mulos.
11 **Achicoria**.La infusión de la amarga o silvestre se usa como remedio tónico aperitivo

achicoria	Bebida que se con la raíz tostada de la planta llamada achicoria y que se utiliza como sucedáneo del café. *El café en algunos restaurantes parece achicoria. No tiene sabor a café.*
achispado	Se dice de la persona ligeramente bebida. *Las botellas de vino que han vaciado, les ha dejado un poco achispados.*
achispar	Hacer que alguien se ponga casi ebrio. Achisparse: ponerse un poco cargado de vino u otros licores. *En el cumpleaños del tío Lucas, algunos terminaron un poco achispados.*
achorizar embutir	1. Meter el picadillo a mano o con máquina en las tripas limpias y preparadas para ello. Hacer chorizos. *Mañana tenemos que achorizar el picadillo de la gamella grande.* 2. Se dice de la acción de atar un hilo cada cierto espacio en las tripas achorizadas para que el embutido quede más apretado. Incluso se le pincha a veces con un alfiler para que expulse el aire. *Hoy he estado toda la mañana achorizando.*
achuchar	Enfrentar o atusar a un perro contra otro perro, animal o persona. También se utiliza para las personas como sinónimo de empujar o incordiar, y si es entre un hombre y una mujer significa agarrarse fuerte o arrepretarse uniendo sus cuerpos. *Luisa, La Canela, estaba achuchando a Santi, El Garbanzo, en la calleja de la tía Severina.*
achuchón	Apretón cariñoso o con intención erótica de una persona a otra. *Cuando entramos, el joven estaba dando achuchones a la joven en el rincón del portal. Ayer por la tarde vimos cómo Juani dio un achuchón cariñoso a Cosme.*
achuchón	Empeoramiento brusco del estado de salud o enfermedad de una persona. *A Juan, que ya estaba débil por la gripe, le ha dado un achuchón debido al dolor de riñón.*
acial	Un instrumento con el que se oprime un labio, parte del hocico o una oreja de los animales para mantenerlas quietas mientras las hierran, curan o esquilan. *El herrero colocó el acial al caballo antes de herrarlo.*
acicalarse	Arreglarse o retocarse la cara, los ojos, el peinado, etc. *Rosita se está acicalando para acudir al cumpleaños de su amiga Tila.*
acicate incentivo	Pincho que llevan las espuelas cuando se monta a caballo, con un tope para que no penetre demasiado. *No aprietes el acicate porque la mula te puede tirar al suelo.*
acicate incentivo	Se dice de aquello que motiva para desear o hacer algo. *El premio prometido es un acicate para que los alumnos participen en el concurso.*
acigüembral	Planta silvestre parecida a un espino que da como fruto el acigüembre, de tamaño como una canica, de color verdoso y comestible y sabor ácido. *Hoy hemos cogido los acigüembres de la huerta del vecino.*
acigüembre*	Fruto del acigüembral del tamaño de una canica, color verdoso y piel transparente. *En la huerta del abuelo hay dos acigüembres repletos.*
acogotar	Coger a alguien por el cuello e intimidarlo empujándole contra algo. *Luis, al poco de comenzar la pelea, acogotó a Carmelo apretándolo contra un roble.*
acojonado/a	Se dice de alguien acobardado, asustado. *El agostero del tío Martín se quedó acojonado cuando vio la faena que le fijó para ese día.*
acojonante	Se dice de algo impresionante, de algo que llama mucho la atención por inusual. Impresionante *Oye, Emilio – decía el tío Santi a su amigo tocándole con la mano el antebrazo– fue acojonante cómo el cura, con la sotana recogida, devolvía las pelotas en el frontón con tiros rasos a las esquinas.*
acojonarse	**Acobardarse, asustarse.** *Muchacho, dijo el abuelo a su nieto ya jovencito, que nadie te acojone con sus amenazas. Lo primero, le das los dos mandobles y luego, te excusas.*
acollar	Cavar y proteger con tierra el pie de los árboles, y principalmente el tronco de las vides y otras plantas. *Empezó a llover nada más acollar las patatas.*
acongojar	Causar cierto miedo, inquietud o temor. *La enfermedad de su nieto acongojó a la abuela. El trabajo apresurado me acongoja.*
acoquinar	Pagar para alguna compra concreta. Inmovilizar a alguien agachado apretándole contra el suelo. Asustarse o encogerse por algo que nos da miedo. *"Lo vio venir con la escopeta y se quedó acoquinao debajo de la cepa, más parao que una piedra, pa mí que ni respiraba ni na de na" Miguel Delibes.*

acoquinar	Atemorizar. Hacer que alguien pierda el ánimo. *Julio, el Gafotas, no se acoquina por nada y hace frente a quien se le presente. No me acoquinas con tus palabras soeces.*
acotado	Reservado el uso y explotación de algo como montes, terrenos, etc., para alguien. La acotación suele indicarse con letreros puestos en sus lindes, o de otra manera legal. *El bosque del pueblo estaba acotado de caza.*
acoyuntar	Formar yunta con dos caballerías o vacas de distintos dueños para labrar las tierras a medias o por cuenta de entrambos. También se puede acoyuntar para que los animales tiren del carro. *El tío Tin y el tío Pechucho acoyuntan sus vacas dos días a la semana para hacer la siembra.*
acular	Ponerse una persona, animal, o cosa arrimado por su parte trasera a alguna parte. *Los bueyes acularon el carro y lo dejaron junto a las puertas de la tenada[12].*
acuñar	Hacer una pieza de metal, especialmente una moneda o una medalla, por medio de cuño o troquel. *El Rey acuñó moneda con su imagen. En la Edad Media, cada reino acuñaba sus monedas.*
adán	Se aplica como adjetivo a las personas sucias y desaliñadas. *Pedro, no seas adán y límpiate un poco los zapatos.*
adarme	Cantidad pequeña de algo. *Apenas disponían de tres adarmes de pan y menos de uno de pescado.*
adefesio	Se aplica a la persona o cosa ridícula, extravagante, rara o muy fea. *Eutiquio era un adefesio: nariz ancha y respingona, una oreja mayor que la otra y ambas en forma de abanico, el ojo izquierdo vacío por una pedrada y el derecho con una mota blanca y una pestañas a modo de alambrera, los labios gruesos y partidos en dos dejan entrever el hueco que dejan tres dientes ausentes.....*
adelantar	Pasar a alguien. Ponerse delante de alguien. *No me quiero quedar en casa aunque tengo fiebre porque entonces me adelantarán en la escuela. (quiere decir que otros pasarán delante de él en el orden establecido el día anterior)*
aderezar	Preparar o sazonar los alimentos. Aliñar. *Julia, adereza la ensalada y ponle unas anchoas.*
aderezar	Embellecer, adornar algo. *Estoy aderezando un poco el salón de casa.*
aderezo	Aquello con que se adereza (se atavía, se prepara) alguien o algo. *La capa y el sombrero son el aderezo de fiesta del abuelo.*
aderezo	Conjunto de cosas que se usan para sazonar las comidas. Acción y efecto de aderezar. *El aderezo le ha dado buen sabor al salmón. La sal, el aceite y el vinagre son el aderezo habitual de las ensaladas.*
adobar	Meter, poner o echar algo en adobo[13]. *Mi abuela adoba las costillas de cerdo.*
adobe	Pieza similar al ladrillo hecho de barro y paja mezclados, secado al sol, no cocido al fuego, y usado en la construcción de muros y paredes. *La mampostería de las paredes de la casa de mis abuelos está hecha con adobes.*
adobera*	Molde de madera utilizado para hacer adobes. Puede tener forma rectangular, cuadrada o trapezoidal, según el tipo de adobe necesitado. *La adobera es de madera de roble.*
adobera*[14]	Lugar donde se hacen los adobes. *A dos kilómetros del pueblo y en la ribera izquierda del río está la adobera del tío Raimundo, El Barros.*
adobera	Terreno donde se extraía el barro, se mezclaba con paja y se hacían los adobes. *En la*

---

[12] **Tenada**: Cobertizo para tener recogidos los ganados, guardar paja, los aperos de labranza, etc. Suele estar próxima o adosada a la vivienda.

[13] **Adobo**: Caldo o salsa con que se sazonan, las carnes, especialmente la de cerdo, u otras carnes y productos. El **adobo** es la inmersión de un **alimento** crudo en un preparado en forma de **caldo** (o **salsa**) de distintos componentes: **pimentón** (el más habitual), **orégano**, **sal**, **ajos** y **vinagre**, mezclados según el lugar de procedencia y alimento en el que se vaya a usar destinado, principalmente a conservar y realzar el alimento. La técnica de cocina es originaria de la **cocina española**. El adobo se empleaba antes como método de conservación de alimentos, pero poco a poco con el advenimiento de los métodos de refrigeración el adobo se emplea tan solo como un método de saborizar alimentos antes de su cocinado.

[14] **Adoberas**. Los adobes los hacían los particulares que tuviesen necesidad de ellos. En el pueblo hubo adoberas en Los Llanos, en Las Aguas Podridas y en las adoberas, hoy llamadas choperas por haber sido plantados chopos en ellas.

	adobera trabajan doce personas.
adobo	Mezcla de vinagre, sal, orégano, ajos y pimentón, que sirve para sazonar y conservar las carnes y otros productos. *Acabo de preparar los ingredientes del adobo de costillas de cerdo.*
adoquín	Se dice de la persona torpe o ignorante. *Algunos tenéis la cabeza de adoquín, dice la maestra a sus alumnos, y no recordáis nada de lo dicho ayer.*
adra*	Aviso que se daba a un vecino para indicarle que le toca un turno determinado como regar, trabajo comunal, etc.. *Hoy han traído el adra a casa para recordar que mañana a las ocho nos toca el turno para ir a arreglar los caminos.*
afanar/se	1. Dedicarse al trabajo o a las tareas personales con mucha solicitud. *Ángela se afanaba por terminar la tarea a las diez de la mañana.* 2. Afanar: Quitar algo a alguien. *Al carnicero le habían afanado cinco sartas de chorizo.*
afilador	Persona que afilaba objetos cortantes. Solía ir a los pueblos en bicicleta o una moto pequeña en las que tenía colocada una piedra de afilar. Afilaba cuchillos, tijeras, etc. *Ana, baja los cuchillos al afilador que la semana que viene tenemos la matanza*
agachar/se acacharse	1. Inclinar hacia delante y abajo visiblemente una o varias partes del cuerpo. *El niño escuchó con la cabeza agachada los consejos que le daba el maestro.* 2. Doblar la espalda hacia delante para pasar por debajo de algo o para llegar mejor al suelo y hacer alguna labor. *Si no te agachas, no podrás pasar.*
agarejo*[15]	Broma que se gastaba en la época de la vendimia a las chicas, consistente en frotarles la cara con una uva negra. A veces las chicas se volvían rápidas y daban un buen sopapo al que había intentado la broma. *Como hagas un agarejo mi hermana te doy una paliza.*
agarrar una planta	Se dice que una planta agarra, arraiga, coge, se da o toma al ser trasplantada cuando sus raíces comienzan a tomar alimento de la tierra donde ha sido colocada. *De las cien llantas que planté sólo han agarrado la mitad.*
agavillar	Hacer gavillas con la mies, la hierba, ramas, etc. previamente cortadas con la hoz o el dalle. *Los segadores suelen formar una **gavilla** con cuatro o cinco manojos de mies segada. . Al mismo tiempo que segamos la mies, la agavillamos* [16]
agazaparse	Agacharse bajando el cuerpo hacia la tierra, como hace el gazapo cuando quiere esconderse de los cazadores o de los perros. *Cuando íbamos por el bosque y oíamos un ruido, nos agazapábamos para no ser descubiertos.*
agazaparse	Esconderse, ocultarse, estar al acecho. *Al niño, agazapado detrás de una mata, no había forma de encontrarlo. Hay que agazaparse para pasar debajo de la alambrada.*
agonías	Se dice de la persona que ejecuta las cosas de forma lenta, pesimista y poniendo pegas de forma continua. *Miguel, no seas agonías; echa un poco de ánimo a la vida y a las cosas que haces. Mi tía Aurelia era una agonías; siempre se estaba quejando del mucho trabajo que tenía*
agorero	Persona que siempre en sus conversaciones anuncia males o desgracias. Suelen ser personas pesimistas. *Julia, no seas agorera y a ver si traes buenas noticias alguna vez.*
agostar agostarse	Secarse las plantas por exceso de calor o falta de agua. *Con las escasas lluvias de la primavera y el mucho calor de junio la cosecha de cebada se agostó y el rendimiento fue muy bajo.*
agostero[17]	Persona contratada, como mínimo durante el mes de agosto, para ayudar en las faenas veraniegas de la recogida de la cosecha. *La familia Grijalbo ha contratado un agostero. El agostero siempre iba el primero en las "luchas[18]" de la siega.*

[15] **Agarejo**: (**hacer el agarejo**). En Andalucía hacer el agarejo es una broma que consistía en meter todo tipo de cosas en las partes íntimas de los zagales.

16 **Gavilla**: Conjunto de sarmientos, cañas, mies, ramas, hierba, etc., mayor que el manojo y menor que el haz.

17 **Agosteros**: Se solían contratar mientras duraban los trabajos de recolección desde finales de junio hasta primeros de septiembre

[18] **Lucha**: Se llamaba "lucha" a la franja de cereal que era capaz de alzanzar un segador con su hoz y zoqueta sin desplazar sus pies del centro de la misma. Cuando terminaba una lucha, si no se había terminado de segar

agotarse	Terminarse algo. *La gasolina del motor de la aventadora se está agotando. Estad quietos, porque ya se me está agotando la paciencia.*
agraciar	Resaltar o incrementar la elegancia o la buena imagen de algo o alguien. *El lazo del pelo y los pendientes agraciaban a Maricarmen.*
agramar	Majar (golpear, tundir) el cáñamo o el lino para separar del tallo la fibra. *El lino y el cáñamo necesitan que se les agrame algo más.*
agraz[19]	Se dice de la uva y otros frutos sin madurar. *Las uvas que has comprado hoy están agraces y no se pueden comer.*
agricultor	Persona que labra o cultiva la tierra. *Los productos de los agricultores son alimento de la población.*
aguacero	Lluvia súbita, abundante, que cae con fuerza y de poca duración. *Antes de llegar a casa nos pilló un aguacero que nos caló hasta los huesos.*
aguachinar aguachinarse	Estropear las plantas por estar encharcadas o por exceso de riego. *Los guisantes del huerto se han aguachinado debido a las abundantes lluvias de la primavera.*
aguachirle, aguachirri	Bebida o alimento líquido, como el vino, el caldo, etc., sin fuerza ni sustancia. Una sopa sin sustancia es un "aguachirle". *Con el aguachirle que había tomado como única comida, sólo pudo levantarse de la mesa para ir a la cama a echarse la siesta.*
aguada	Se dice del rocío muy abundante. *Menuda aguada hay esta mañana, la mies está como si hubiese llovido.*
aguadera	Abrevadero o pilón donde beben los animales. *Las caballerías bebieron en la aguadera que hay a la entrada del pueblo.*
aguadera	Surco o zanja de desagüe en las tierras de labranza. *Esta finca tiene bien trazadas dos aguaderas.*
aguadera	Se dice de las prendas adecuadas para protegerse del agua. *Esta mañana llevo una buena aguadera, no quiero que me pase lo de ayer, que me calé hasta los huesos.*
aguafiestas	Persona que estropea cualquier diversión o regocijo. *No invitéis a Julián, El Chivo, que es un aguafiestas.*
aguanieve	Agua que cae de las nubes mezclada con nieve. *Esta mañana, primero cayó aguanieve y luego una nevada intensa que cubrió rápidamente las copas de las carrascas.*
aguantar	1. Sostener algo con la mano o evitar que algo caiga. *Aguanta un momento el costal que luego te lo cojo.* 2. Sobrellevar pacientemente comportamientos o hechos molestos o desagradables. *Te estoy aguantando demasiadas bromas.* 3. Aguantarse: Contenerse en decir o hacer algo, callar. *Por ahora me estoy aguantando, pero me están dando ganas de darte un soplamocos.*
aguardar	1. Esperar a que ocurra algo o llegue alguien. *Desde las doce estamos aguardando a Pedro y no llega. No ha llovido lo suficiente, pero aguardamos una buena cosecha.* 3. Esperar a que alguien y especialmente a nuestro deudo para que nos abone la deuda. *Aguardaremos a que por fin el tío Tino me entregue lo que me debe.* 4. Pararse y esperar. *Aguarda unos momentos hasta que llegue Juan. Tenemos que aguardar a que tu primo termine la faena.*
aguardiente	Bebida que se saca del vino y de otras sustancias; es alcohol diluido en agua. *A las seis de la mañana, la taberna del pueblo, estaba muy concurrida por personas que tomaban una pasta y una copa de aguardiente.*
aguardo	Sitio de espera desde el cual el cazador acecha la pieza para disparar sobre ella. *Los cazadores estaban en los aguardos esperando el pase del zorro.*
agudo	Se dice de la persona sutil, perspicaz y oportuna. *El caballero era de porte noble y agudo de ingenio y bien decir.*
agüerar* agorar	Anunciar o anticipar generalmente desdichas. *El tío Cisterna es un agorero, siempre anuncia desgracias y malos aconteceres.*
aguijada aija-	1. Vara larga de unos dos metros, con una punta de hierro en un extremo, con que los

la finca, el segador volvía a iniciar otra lucha. Con varias manadas formaban una gavillla y con varias gavillas un haz o, en su caso una morena.

[19] **Agraz**. Se dice de la fruta verde.

da	boyeros aguijonaban a los bueyes de la yunta. *El labrador camina pausadamente con la aguijada al hombro detrás de la yunta.* 2. Vara larga con un hierro de forma de áncora en uno de sus extremos, en la que se apoyan los labradores cuando aran, y con la cual quitar de la reja la tierra que se adhiere al arar. *La yunta caminaba ligera pendiente de los movimientos de la "aguijada" en manos del carretero. Al levantar el arado, cuando se termina el surco, se quita la tierra pegada a la cama del mismo con varios golpes de la aguijada.*
aguijón	Se llama así a la punta de hierro de la aguijada en uno de sus extremos. *El arriero pinchaba con el aguijón de la aguijada a los bueyes para que caminasen más de prisa.*
aguijonear	Pinchar con el aguijón de la aguijada[20] a los animales de tiro, generalmente a los bueyes o vacas de la yunta. *Melendro, si no aguijoneas a los bueyes, no llegamos a mediodía a casa.*
aguijonear	Estimular con de distintas formas a alguien. *Las palabras del maestro aguijoneaba la mente creativa de sus alumnos.*
aguinaldo[21]	Regalo o propina que se solía dar por Navidad a los niños. *Este año los vecinos han sido generosos en el aguinaldo*
aguja colchonera	Aguja de grandes dimensiones utilizadas para coser colchones y otros materiales. *Jacinta, La Orejas, me ha dejado dos agujas colchoneras*
agujero bujero*	Abertura más o menos redondeada en alguna cosa. Agujero, rendija, hueco. *En la pared hemos abierto dos agujeros (bujeros)*
aguzar	1. Sacar punta a una cosa o afinar la existente. *El arriero aguza el aguijón de la aguijada nueva.* 2. Arreglar la punta a la reja del arado. *El herrero está aguzando en el yunque la reja del arado*
aguzar	Prestar mucha atención a algo. Afinar el oído para oír algo que nos interesa. *Seguimos las huellas del jabalí aguzando el oído para oír el menor ruido. Hay que aguzar el ingenio para comprender todas las cosas.*
ahijado	Relación que se establece entre una persona y sus padrinos de bautizo. *La tía Encarna siempre hablaba de su ahijado que vivía en Madrid.*
ahiva de ahí	Expresión con la que se indica a alguien que se quite del sitio donde se encuentra para dejárselo a otro. *Jorge, ahíva de ahí (quítate de ahí) y deja que se siente Pedro.*
ahuecar el ala (ahuecar)	Irse o partir de un lugar. Levantarse de un sitio con prontitud. *Apenas vieron de lejos al guarda, ahuecaron el ala del manzano. Ahueca (agüeca) rápido del sofá que te esperan en la oficina.*
aire	Movimiento, salero y ritmo con el que se mueve alguien. *Con el aire que lleva la Corina, con la teta derecha tiró la esquina.*
aivá	Expresión de sorpresa ante algo inesperado que ocurre en ese momento. *Aivá, si es Pedro, el hijo del tío Andrés.*
ajetrear	Cansarse yendo y viniendo de un sitio a otro haciendo cosas muy distintas. *Hoy he tenido una mañana muy ajetreada al tener que atender a las faenas de casa y a las tareas de la era.*
ajuar	1. Se dice del conjunto de muebles, enseres y ropas de uso común en una familia. *El ajuar que encontramos en la casa era de escaso valor.* 2. Referido al matrimonio: conjunto de cosas especialmente ropas que aporta la mujer al mismo. *El ajuar de la novia fue preparado con cariño por su abuela y amigas.*
ajuntar*	Admitir a otro como amigo o compañero. Su origen es de "ayuntar". *A Toño no le ajuntamos porque no nos deja jugar con su balón.*
ajustarse	Contratarse de palabra o por escrito para prestar algún servicio. *Lorenzo se ha ajustado este año como pastor del tío Calambres. Los mozos del tío Tin se han ajustado de agosteros este verano*

---

[20] **Aguijada:** Vara larga, con una punta de hierro en un extremo, con que los boyeros aguijonean a los bueyes o vacas de la yunta.

21 **Aguinaldo.** Generalmente eran los niños quienes lo recibían tras pedirlo por las casas y cantar algunos villancicos. En algunos sitios también era costumbre que diesen el aguinaldo los amos a los pastores y a los hijos de éstos

al pasar la barca	Canción que se cantaba al saltar la comba. La cuerda la balancean dos niños o niñas de un lado a otro. Los jugadores van entrando y saltando varias veces de forma alternativa mientras se canta esta canción.[22]
alabeo	Comprobación con la regla y con la escuadra y la medida de las diagonales de que la piedra está bien cuadrada. Para que la construcción de un edificio con sillares no presente fallos es imprescindible que todos pasen el alabeo.
alacena	1. Armario, generalmente empotrado en la pared, con puertas y anaqueles[23], donde se guardan diversos objetos de cocina. *Los frascos de mermelada están en la alacena.* 2. Rinconera de la cocina que se usaba para colocar cacharros. *Toma los vasos de la alacena.* También se le llamaba vasero o vasar[24]. *En el vasar del a derecha se veía el almirez y los tarros con garbanzos, sal y pimiento.*
alambrera	1. Red de alambre que se pone en las ventanas. *La alambrera del dormitorio está rota.* 2. Cobertera de alambre, en forma de campana, que se pone sobre los braseros encendidos. *Hoy estrenamos una alambrera en el brasero. Coloca con cuidado la alambrera del brasero.*
alba	Túnica de tela blanco que el cura se pone sobre la sotana y el **amito**[25] para celebrar la misa y otros oficios. *El sacerdote se ciñe el alba con el cíngulo que le acerca el monaguillo.*
albañal	Abertura circular en la parte baja de las puertas de entrada a las casas para que puedan entrar y salir los gatos y, a veces, las gallinas. *Los niños esperaban la salida del gato por el albañal para asustarlo.*
albañal	Hueco por donde salen las aguas de las viviendas al reguero de la calle. *Por las mañanas, a eso de las ocho de la mañana, todos los días aparecía un chorro de agua jabonosa por el albañal.*
albarca abarca	Calzado de cuero, caucho o de restos de cubiertas de ruedas de coche que cubre solo la planta de los pies, y se asegura con cuerdas o correas de material (cuero curtido) sobre el empeine y el tobillo. *Salió de mañana el pastor con su zurrón y sus albarcas recién estrenados.*
albarda	Pieza principal del aparejo de las caballerías de carga. Se compone de dos almohadillas rellenas de paja y unidas por la parte que cae sobre el lomo del animal. Se sujetaba al animal con una correa llamada **cincha**. *Coloca bien la albarda al burro, que tiene que llevara mucho peso.*
albardilla	Remate inclinado de un muro para desviar el agua y evitar que ésta resbale por los paramentos. *En la cerca del jardín solo falta colocar la albardilla.*
albazana	Caballo o yegua de color castaño oscuro. Cejas albazanas (de castaño oscuro). *La yegua albazana crió un potro el año pasado.*
alberca	Recipiente artificial de agua destinada generalmente al riego. *La alberca apenas tiene agua.*

---

[22] Al pasar la barca,
Me dijo el barquero:
Las niñas bonitas,
No pagan dinero.
Yo no soy bonita,
Ni lo quiero ser,
Arriba la barca,
Una, dos y tres

23 **Anaqueles**. Cada una de las tablas puestas horizontalmente en los muros, o en armarios, alacenas, etc., para colocar sobre ellas libros, piezas de vajilla o cualesquiera otras cosas de uso doméstico o destinadas a la venta.DRA

24 **Vasar**: Poyo o anaquelería de ladrillo y yeso u otra materia que, sobresaliendo en la pared, especialmente en las cocinas, despensas y otros lugares semejantes, sirve para poner vasos, platos, etc.DRA

[25] **Amito**. Lienzo cuadrado y con una cruz en medio, que el cura se pone sobre la espalda y los hombros para celebrar misa. Yo cuando era monaguillo se lo acercaba a D. Rufino cuando se vestía para decir la misa. Las palabras alba y amito las aprendí cuando logré ser admitido para monaguillo, que no era fácil porque ese puesto lo acupaban habitualmente los hijos de unas familias muy concretas y destacadas en el pueblo. Llegar a ser monaguillo en aquellos años fue todo un reto para mí y una sorpresa para los monaguillos habituales.

albérchigo	Fruto del alberchiguero (Especie de albaricoque) de unos seis centímetros de diáme- tro. Su carne es jugosa y de color amarillo, y su piel, es muy sonrosada por la parte que más le da el sol. *Bebió agua después de tomar varios albérchigos y se despertó con cagalera.*
alcahueta	Se dice de la persona habladora y amiga de contar cosas de personas no presentes. *Apenas terminó la reunión, le faltó tiempo a Adela, la alcahueta de turno, para dar a conocer en el pueblo lo comentado.*
alcahueta	Se dice de la persona amiga de facilitar, encubrir o concertar una relación amorosa, generalmente ilícita. *El amorío de la Daniela es un arreglo de la alcahueta de su tía.*
alcahuete	Se aplica a la persona chismosa y correveidile. *¿Quién se lo ha contado a la maestra? Seguro que ha sido el alcahuete de Tomás.*
alcanfor	Producto de olor penetrante característico, que, en forma de bolas, se ponía en los baúles y armarios roperos para evitar la polilla. *El traje del tío Roque, recién salido del armario, olía tan fuertemente a alcanfor que hasta las moscas huían de él.*
alcaparras*	En sentido despectivo: gafas. *Mi prima lleva unas alcaparras tan oscuras que no ve por donde va.*
alcaraván	Ave de cabeza redondeada, patas largas y amarillas, pico relativamente corto y gran- des ojos amarillos. De costumbres crepusculares o nocturnas, habita en terrenos des- cubiertos, pedregosos o arenosos. Los alcaravanes anidan en los robles de las dehe- sas. *En los robles de la dehesa encontramos varios nidos de alcaraván.*
alcoba	Dormitorio situado en una habitación de la que se separa mediante unas cortinas y por tanto carece de ventilación propia. *Los recién casados ocupaban la alcoba del salón comedor.*
alcor	Colina o collado. *En la base del alcor hay un manantial de agua caliente.*
alcordarse * acordarse	Recordar algo. *Por las mañanas antes de desayunar no me alcuerdo (acuerdo) de las cosas.*
alcornoque	Se aplica a la persona ignorante y zafia[26]. *Pon algo de atención a lo que te explico, pedazo de alcornoque.*
alcornoque	Árbol siempre verde, de la familia de las Fagáceas, de ocho a diez metros de altura, copa muy extensa, madera durísima, corteza formada por una gruesa capa de corcho, hojas aovadas, enteras o dentadas, flores poco visibles y bellotas por frutos. *En la de- hesa trabajan cien obreros quitando la corteza de los alcornoques.*
alcorque	Hoyo o excavación que se hace al pie de las plantas para detener el agua en los riegos o en la lluvia. *En el olivar, cada árbol tiene su alcorque para retener el agua del riego y, si es posible, el de la lluvia.*
alcotán	Nombre dado en los pueblos al halcón, ave rapaz diurna, que se domestica con rela- tiva facilidad. Antiguamente se utilizaba en la caza de cetrería. *Dionisio, conocedor de la pradera y de la dehesa, ha descubierto dos nidos de alcotán. El alcotán ha anidado en el roble centenario que hay en el cerro.*
alcuza	Vasija de barro, de hojalata o de otros materiales, generalmente de forma cónica, en que se guarda el aceite para diversos usos. *Con el aceite obtenido en el olivar de "El Valle", hemos llenado ocho alcuzas.*
aldaba	Objeto de hierro o bronce que se coloca en las puertas para llamar golpeando con él. *Se llamaba dando tres golpes con una aldaba en forma de león.*
aldaba[27]	Pieza, ordinariamente de hierro y de varias hechuras, sujeta a la pared para atar de ella las caballerías. *La pared disponía de **aldabas** en forma de herradura para sujetar los animales.*
aldabas, tener	Tener uno amigos con poder o influencia y que pueden beneficiarte. *Menudas aldabas tiene el tío Rufino en la Diputación de Burgos, lo que pide se lo conceden.*
aldabilla[28]	Mecanismo metálico para cerrar puertas interiores provistas de una manilla. *En la casa*

---

26 **Zafio:** Se dice de la persona grosera o mal educada.

[27] También: Una **aldaba** es una pieza de metal situada en las puertas exteriores de las casas que, golpeando la puerta, servía para llamar .

	de los abuelos hay que cambiar todas las aldabillas.
alelado	Se dice de la persona que se comporta sin darse mucha cuenta de lo que ocurre, de manera torpe y adormilado. *Pedro, muévete que parece que estás alelado.*
alelar	Aturdir. Atontar. *La tía Mónica, la Hilos, con los caprichos que daba a sus hijos los alelaba.*
alentruño *	Juego de azar consistente en adivinar el número de piedras o alubias que esconden en sus puños los jugadores. Semejante al juego de "los chinos". *Javier, al salir de la escuela, se quedó campeón de una partida de alentruño.*
alero	Parte inferior del tejado, que sale fuera de la pared y sirve para desviar de ella las aguas de la lluvia. *El alero era de madera bien labrada y pintada. El alero de la casa del pueblo tenía las terminales de las vigas talladas.*
aletargar	Adormilar. Causar letargo (sopor, modorra). *El ruido monótono del trillo me aletargaba.*
alfalfa	Mielga[29] común que se cultiva para forraje. *Todas las tardes, después de salir de la escuela, tenía que traer a casa, desde el prado, dos sacos de alfalfa para los conejos y las caballerías.*
alfalfar	Finca sembrada de alfalfa para pienso. *El alfalfar que tiene el tío Pedro, el Suelto, en el prado ya se puede segar.*
alfar[30]*	Centro o lugar de trabajo del alfarero. *En el alfar se daba forma a las tejas, canalones, etc.*
alfarería	1. Taller donde se hacen vasijas y otros productos de barro cocido. *La alfarería es una de las artes más antiguas* 2. Tienda o puesto donde se venden cacharros de barro. *En la alfarería tienes toda clase de cacharros de barro.*
alfarero	Fabricante de objetos de barro, especialmente vasijas, platos, pucheros, etc. *El pregonero anuncia que ha venido al pueblo el alfarero y vende en la plaza toda clase de cacharros*
alféizar	Corte del muro en que se apoya la parte baja de una puerta o ventana. *Desde el alféizar de la ventana arrojaban flores al Cristo de la Buena Muerte.*
alfeñique	Se aplica a las personas muy delgadas o de débil constitución. *A ver si comes un poco, chaval, que estás hecho un alfeñique.*
alfiletero	Especie de canuto (tubito) pequeño de madera u otra materia, donde se guardan los alfileres y agujas. Acerico. *Carmen, acércame el alfiletero con las agujas.*
alforja[31]	Especie de talega cortada por el centro y cerrada por sus extremos, formando dos bolsas grandes y cuadradas. En estas bolsas se guardan y llevan cosas de un sitio a otro. En plural tiene el mismo significado que en singular. En Mecerreyes se usaban para llevar el avío o la simiente o llevar a casa algo cogido en la huerta o el prado. Las alforjas de tejido de lana solían llevar unas borlas en sus extremos cuando se estrenaban. Unas buenas alforjas era signo de distinción en el pueblo. *Echa las alforjas en el lomo del burro y cuida de que no se caigan. La tartera con la comida y el boto con el vino van en las alforjas.*
algarabía	Tumulto o griterío confuso originado por algún **tropel**[32] de gente. Gritos ininteligibles de varias personas que hablan a un tiempo. *La algarabía iba creciendo a medida que se acercaba la cuadrilla a casa. Los niños organizaron tal algarabía que hubo que mandarlos a la calle para que nos dejaran tranquillos.*

---

[28] **Aldavilla**: Pieza de hierro en forma de gancho, que, entrando en una hembrilla, sirve para cerrar puertas, ventanas, cofres, cajas, etc. DRA.

[29] **Mielga**. Hieerba de raíz larga y fuerte, tallos de seis a ocho decímetros de altura, hojas ovaladas, flores azules, y por fruto una jaruga en espiral con simientes amarillas en forma de riñón. Abunda en los sembrados.

[30] **Alfar**. En el alfar prerrománico de **Valdarcos** (Mecerreyes- Burgos) se han encontrado restos de tejas, ladrillos y otros elementos cerámicos. Personalmente en una finca de mis padres, Felipe y Petra, situada en Valdarcos encontré algunas piezas metálicas mientras ayudaba a mi padre a sembrar lentejas.

[31] **Alforja**: "En una alforja al hombro, llevo los vicios. Delante los ajenos y detrás los míos. Esto hacen todos; Así ven los ajenos, Mas no los propios". Samaniego

32 **Tropel**. Gran cantidad de gente que se mueve en desorden y hace mucho ruido.

algarabía*	Planta que se da en terrenos arenosos, tiene una flor amarilla pequeña y levanta menos de una cuarta. *Este año en los trigales de El Bardal hay mucha algarabía y parecen campos totalmente amarillos.*
algarazo	Lluvia breve y de cierta intensidad debida a una nube que pasa. *En primavera los algarazos son frecuentes.*
algarroba	Fruto del algarrobo (árbol), que es una vaina azucarada y comestible, de color castaño y semillas muy duras. Se usaba como alimento de los ganados de labor. *Este año tenemos dos costales de algarrobas para alimentar las vacas.*
algarrobo	Árbol leguminoso de hasta 15 metros de altura, hoja perenne, cuyo fruto es la algarroba. *En la linde de la viña hay cinco algarrobos muy grandes.*
alguacil	Persona del Ayuntamiento al servicio del alcalde. El alguacil era el encargado de dar los bandos por las calles y se anunciaba con una especie de trompeta y un tambor. *El alguacil ha colocado en la taberna de la villa el anuncio de subasta de tierras el domingo próximo.*
alholva	Planta leguminosa más basta que el yero, más exigente de humedad y de ciclo más corto. Solía sembrarse en terrenos fuertes. *En el mes de junio cortamos y almacenamos la alholva como pienso en invierno.*
aliento	Aire que expulsan las personas cuando respiran: *El niño se entretenía cubriendo los cristales con su vaho o aliento. El aliento de Lina, la Avispa, huele a ajo.*
alimaña	Animal perjudicial para la caza menor, como la zorra, el gato montés, el milano. *El cazador dispara tanto a los conejos, liebres, como a las alimañas que se le presentan.*
alimoche	Ave rapaz semejante al buitre y de color blanquecino. Se alimenta de sustancias animales descompuestas. *Conforme coronamos la varga, ya vi el colgajo sobre la hoya, oiga, o sea, el cadáver, que los **alimoches**, danzando alrededor, que ni levantar podían, de ahítas, ¿entiende?, que menuda tragantona M.Delibes.*
alipende	Pardal. Se dice de alguien del que no se puede uno fiar o que actúa con segundas intenciones. *¡Vaya alipende que estás hecho! Mi sobrino es un pardal de cuidado.*
aliviar/se	Mejorar de la enfermedad, de la fatiga del cuerpo o del desánimo. *El caldo que ha tomado le ha aliviado de su agotamiento.*
allá arribotas	Muy arriba de algo: de un edificio, de una montaña, etc. *Los cazadores están allá arribotas.*
alma	Tela fina de manteca que recubre el intestino del cerdo y otros animales. Cuanto más gordo está el animal, más gruesa es el alma que cubre su intestino.
almádena almágana	Mazo de hierro con mango largo de madera usado para despedazar piedras. *El picapedrero tenía almádenas de distintos tamaños y pesos. Peter tenía los dedos deformados por el mango de la almádena.*
almadreña[33]	Calzado especial de madera que se usa para caminar cuando hay nieve o barro en las calles de los pueblos. Aunque este vocablo no es originario de la zona de Burgos, es curioso que se utilice aquí más que en ningún otro sitio. *No salgas a la calle sin las almadreñas.*
almanaque	Presentación de visión cómoda de todos los días del año, distribuidos por meses, con indicación de festividades religiosas y civiles y otros datos. Calendario. *En este almanaque viene indicada la salida y puesta del Sol cada día.*
almendrero	Persona que en las fiestas de los pueblos sorteaba bolsitas de almendras. Para atraer a la gente a veces daba a probar las almendras. *Cañahueca, el almendrero, está vendiendo los cartones de otro sorteo.*
almendruco	Fruto del almendro con la envoltura todavía verde y la semilla a medio cuajar. *Del almendro el almendruco y del peral el peruco.*

[33] Partes de la almadreña. **Pico**: Parte superior delantera. **Papo**: Parte delantera o curva frontal. **Capilla**: Parte delantera superior que cubre los dedos. **Boca**: Abertura de la abarca por donde se introduce el pie. **Flequillo**: Rebaje que bordea la boca por la parte superior. **Casa**: Cavidad interior que ocupa el pie. Calcañar: Parte trasera. **Pies**: Los tres soportes o tacos inferiores, dos delanteros y uno posterior, para colocar los tarugos. **Tarugos**: Suplemento de madera que se coloca en los pies de la abarca y que se va reponiendo cuando se desgastan o rompen al caminar. Suelen estar hechos de madera de **avellano** o de berroso (**roble** joven). En las últimas **décadas** en vez de tarugos se colocan **clavos** o gomas. **Sinónimos**: chanclo, choclo, zoclo, zueco,

almirez	Mortero de metal que sirve para machacar o moler en él especias como ajos, semillas, café y otros ingredientes gastronómicos. *Lola, trae el almirez para machacar el ajo.*
almoneda	Subasta de algo. Venta de géneros que se anuncian a bajo precio. *La almoneda[34] estuvo muy concurrida.*
almorta tito	1. Planta leguminosa anual. Sus vainas contienen tres o cuatro semillas en forma de muela. Florece por junio y es indígena de España. *En la ladera del otero hay varias fincas sembradas de titos.* 2. Semilla de esta planta, comestible, de forma redondeada y con depresiones que le dan semejanza con una muela. En el pueblo se comían las semillas cuando estaban aún verdes, lo mismo que las habas y algarrobas y, ya maduras y secas, se comían cocidos. También se utilizaban como pienso y para hacer harina. *Después de la guerra se comieron muchos titos ante la falta de otras legumbres.*
almud	Unidad de medida de áridos y a veces de líquidos, de valor variable según las épocas y las regiones. *Con tres almudes no hay simiente suficiente para la finca de los almendros.*
almudada	Terreno que tiene un almud (media fanega) de sembradura. *La finca del Sotillo tiene dos almudadas de sembradura (una fanega).*
almuerza	Cantidad de algo suelto como garbanzos, avellanas, trigo, etc., que cabe en ambas manos juntas y puestas de forma cóncava. *La abuela de Petri le regaló dos almuerzas de almendrucos.*
almuerzo	En Mecerreyes: Conjunto de alimentos que se tomaban por la mañana. En general eran sopas de pan con un poco de pimiento que los mayores remataban con un trago de vino del porrón. Excepcionalmente y en días señalados a las sopas se les añadía huevo y algo de embutido. A los pequeños se les daba sopas de leche de cabra. *Después de la matanza tomábamos sopas de caldo mondongo en casa.*
alondra	Pájaro de 15 a 20 cm de largo, de cola ahorquillada, con cabeza y dorso de color pardo terroso y vientre blanco sucio. Anida en los campos de cereales y come insectos y granos. *Apenas dejaba ver sus rayos el sol, las alondras elevaban su vuelo y con sus trinos daban la bienvenida al día.*
alpaca	Paquete de paja generalmente de forma cúbica que facilita el almacenaje de la misma. *Hemos almacenado 32 alpacas para alimentar el ganado en invierno. .*
alpargata apargata*	Calzado de lona u otra tela con suela de goma, esparto o cáñamo, que se asegura por simple ajuste o con cintas o lazos al tobillo. *Con alpargatas y vino se hace el camino. Las alpargatas de cáñamo son mejores que las de esparto.*
alpargatero	Fabricante o vendedor de alpargatas. *El tío Tino, el Alpargatero, caminaba lentamente mostrando sus alpargatas a quienes se cruzaban con él.*
alpiste	Es una planta herbácea de la familia de las **gramíneas**. Es originaria del Mediterráneo, pero se cultiva para usar la semilla en la alimentación de pájaros domésticos. Antiguamente con su **harina** se hacía **pan**. *Carlos, compra alpiste para los jilgueros del tío Lucas, el Jardinero.*
alrota	Estopa[35] o hilaza que cae del lino cuando se le espada. *El lino que hemos rastrillado ha dejado mucha alrota.*
altozano[36]	Monte de poca altura. *El esfuerzo de las caballerías al subir el altozano se alivia cuando bajan su ligera pendiente.*
alumbrar	1. Acompañar a alguien con una luminaria: tea, candil, vela, etc. *Cuando se va la luz nos alumbramos con velas o candiles. Alúmbrame con la linterna para que vea bien el tornillo que está roto.* 2. Poner luz o luces en algún lugar. *El comedor hay que alumbrarlo con una nueva lámpara.*
alzar	Primera labor o arada que se hace en una tierra a principios de la temporada, antes de la siembra. *Ayer el tío Pepe alzó con la vertedera una finca de cuatro fanegas de sembradura.*
amacham-	Machimbrar*. Encajar bien dos piezas de madera una con ranura y otra con lengüeta.

---

[34] **Almoneda.** Subasta, puja, remate
35 **Estopa.** Parte basta o gruesa del lino o del cáñamo, que queda en el rastrillo cuando se peina y rastrilla.
[36] Cerro, loma, otero

brarma-chihembrar	*El parqué quedó muy bien amachambrado (machihembrado).*
amainar	Hablando del viento y de la lluvia indica que éstos aflojan, disminuyen su fuerza y cantidad. *Pasados unos minutos, el viento amainó y nos permitió abrir los paraguas.*
amancebarse	Tratarse en amancebamiento[37]. *El Tío Chiflo se amancebó con la viuda de " El Pelota"*
amaño	Picardía para ejecutar o conseguir algo por medios no rectos o merecidos. *Con sus amaños y halagos consiguió ser nombrado guarda forestal.*
amarañar/se enmarañar/se	Enredar algo o enredarse algo. Enmarañar el cabello, una madeja de seda, etc. *Los niños, después de revolcarse en la paja, llevaban el cabello muy enmarañado.*
amarraco	Pita que vale cinco puntos en el juego del mus. *Nos falta un amarraco para ganar la partida.*
amartelado	Se dice de la persona muy enamorado o cariñoso. *La pareja estaba tumbada a la sombra del árbol, sobre el fresco césped, totalmente amartelados.*
amasadero	Sitio, lugar, receptáculo donde se amasa la harina para hacer el pan. En general se hace en el local llamado hornera, donde está el horno.
amasar para hacer el pan	Mezclar la harina con el agua y otros ingredientes. *La harina obtenida de cerner la molienda, la ha mezclado la tía Sole, la panadera, con agua de la fuente de la ermita y ha obtenido una masa para 14 hogazas aproximadamente.*
amazacotado	Denso, falto de atractivo, amontonado. *A la tía Luisa, La Perla, le ha salido el pan amazacotado.*
amazacotar	Apelmazar. Hacer que algo se ponga más apretado o denso. *La levadura en la masa hace que el pan no salga amazacotado.*
ambages rodeos	Exceso de palabras o rodeos para decir algo concreto. *Se lo dijo sin ambages, y todo quedó muy claro en un instante*
ambigú	Zona de una sala de baile donde se despachan bebidas. Bar en locales de espectáculo cerrados. *Luis está en el ambigú tomando una copa.*
amelga	Porción de terreno que el labrador señala en un **haza** [38] para esparcir la simiente con igualdad y proporción. Generalmente era la franja de tierra que alcanzaba un hombre, al tirar la semilla, cuando se sembraba a mano tirando la semilla a voleo. *La finca de Los Llanos se siembra con tres amelgas.*
amielga mielga	Es una planta, parecida a la alfalfa, muy aprovechada como alimento de los animales, especialmente de los conejos. En Mecerreyes era habitual que los chicos fuésemos con un saco y una hoz a cortar mielgas a los bordes de los caminos. *Juanito, el Orejas, alimenta 12 conejos con mielgas.*
amilanarse	Asustarse. *El perro se amilanaba con los disparos del cazador.*
amocharse	Golpearse las ovejas con las cabezas y sobre todo los carneros. *Carlos, mira como aquellas ovejas, una blanca y otra negra, se amochan.*
amodo-rrar/se[39]	Sentir **modorra**[40]. También se dice que las ovejas se amodorran cuando en el tiempo caluroso y soleado se dejan llevar por cierto letargo o sueño. Cuando se están amodorrando las ovejas buscan la sombra de los árboles o de otras ovejas y forman grupos para proteger su cabeza del sol. *El rebaño está totalmente amodorrado desde la doce hasta las seis de la tarde.*
amodorrarse	Adormecerse. Sentir modorra. *No te amodorres Inés, que tenemos que ir a buscar a los nietos.*
amojonar	Colocar mojones. Señalar con mojones los límites de una finca. Los mojones se colocan habitualmente en las esquinas de las fincas. *Después de las obras del camino te-*

37 **Amancebamiento**. Trato sexual habitual entre hombre y mujer no casados entre sí.DRA
38 **Haza**: Porción de tierra labrantía o de sembradura.DRA
[39] **Amodorrarse**. Refiriéndose a las ovejas: Resguardarse del sol en en verano agrupándose y dándose sombra unas a otras o poniéndose debajo de un árbol.
[40] **Modorra**: Sensación fuerte de sueño que dificulta la actividad.

	nemos que amojonar de nuevo la finca.
amolar	Afilar distintos objetos en la muela[41] *Ayer afilamos en la muela todos los útiles e instrumentos necesarios en la matanza.*
amorenar*	Hacer morenas con las gavillas de los cereales y de las legumbres segados o pelados[42]. *En la finca de la huerta hemos hecho doce morenas de yeros.*
amorrar	Bajar o inclinar la cabeza un animal. *Cuando la yunta lleva un carro con mucha carga, tira con la cabeza amorrada.*
amorrar	Bajar la cabeza, obstinándose en no hablar. *Angelito se amorra y no hay quien le saque una palabra.*
amorrar/se	Beber a morro. Aplicar los labios o morros directamente a una fuente o a una masa de líquido para beber. *Los chicos se amorraban a los caños de la fuente cuando terminaban de jugar al marro.*
amorrarse	Se dice del ganado que en la trilla intenta comer el grano debajo de la parva en la era. Para impedírselo se les pone un **bozal**. *Por la tarde procura que los bueyes no se amorren en la parva.*
amos anda*	Expresión verbal de duda. *Amos anda, no me digas eso que no me lo creo.*
amoscar/se	Dar síntomas de enfado y mal humor. *Con tantos dichos y refranes me estás amoscando; quiero que vayas al grano.*
amusgar	Entrecerrar los ojos para ver mejor. *Olimpia amusgó los ojos y le miró fijamente.*
anaquel, estante, repisa, balda	Cada una de las tablas colocadas horizontalmente en los muros, o en armarios, alacenas, etc., donde se ponen libros, tarros, piezas de vajilla o cualesquiera otras cosas de uso doméstico o destinadas a la venta. *En el lado derecho de la cocina hemos colocado cuatro anaqueles para los tarros de lasa mermeladas.*
anca	1. Cada una de las dos mitades laterales de la parte posterior de las caballerías y otros animales. *Este caballo mueve sus ancas como si supiera que le están observando.* 2. **Grupa**[43] de las caballerías. *No golpees en las ancas al caballo.*
anca	Nalga de una persona. *Buenas ancas tiene la Julia, ¿no te parece?*
andar a la greña tirarse los trastos	1. Se dice de dos o más personas cuando discuten por motivos de escasa importancia. *Cuando fui al parque vi que los primos estaban a la greña y no había forma de separarlos. Cuando hablan de fútbol siempre terminan a la greña.* 2. También se emplea la frase "tirarse los trastos", con el mismo significado. *El tío Canela y su mujer, la Ventosa, estaban todos los días y a todas las horas a la greña. Era un continuo tirarse los trastos*
andas	Tablero que, sostenido por dos palos paralelos y horizontales, sirve para llevar efigies, personas o cosas. *Los jóvenes de la cofradía de San Isidro[44] llevaban las andas del santo en la procesión.*
andoba	Persona cualquiera que no se nombra. *Ese niño es un andoba bien puesto y de mucha energía.*
andosco	Animal del ganado lanar de más de uno o dos años de edad. *El ganadero vendió para carne todas las ovejas andoscas.*
andrina endrina[45]	Fruto esférico del endrino, parecido a la ciruela, pero mucho más pequeña y de sabor muy áspero. *Ayer sábado, el abuelo trajo a casa una bolsa de endrinas maduras.*

---

41 **Muela**. Piedra áspera que se usa para afilar instrumentos como cuchillos, tijeras, navajas.
42 **Pelados**: Se dice que las legumbres son peladas cuando son arrancadas con las manos para cosecharlas. En Mecerreyes se arrancaban con las manos los yeros, los garbanzos, las lentejas, las algarrobas, etc. Pelar referido a estas faenas significa arrancar.
43 **Grupas**:Cada una de las partes superiores de la parte de atrás de una caballería.
44 **San Isidro**. El 15 de mayo, San Isidro, en Mecerreyes se procesionaba al santo representado en una escultura en la que se ve una yunta de bueyes y a ángel arando junto al Santo. La leyenda cuenta que San Isidro, muy religioso iba todos los días a misa. Algunas personas, envidiosas del aprecio que le tenía su señor, le acusaron de que en vez de trabajar se iba a misa y dejaba la yunta abandonada. Su patrón Iván de Vargas quiso comprobar por sí mismo esta acusación y se acercó a la finca a la hora en que San Isidro estaba en Misa y vió que la yunta estaba trabajando y que el arado era manejado por un ángel.

andurrial	Lugar fuera del camino habitual y lleno de piedras que dificultan el tránsito. *Tardamos más de media hora en atravesar el andurrial*
anega	Medida de capacidad para áridos que tiene 12 celemines y equivale a 55,5 l, pero es muy variable según las diversas regiones de España. *En la finca de Las Lomas hemos cosechado 25 anegas de garbanzos.*
anegar	Inundar/se una tierra con agua por exceso de lluvia o porque se ha desbordado algún río. *La cosecha se aguachinaba por estar el terreno anegado.*
angarillas	Redes de esparto, cáñamo u otra materia flexible con que se transportan en cabalgaduras cosas delicadas, como vidrios, loza, etc...*El cacharrero llevaba los pucheros en unas angarillas.*
angarillas	**Andas** para transportar en procesión imágenes o personas sagradas. *Los jóvenes llevaban a san Roque en unas angarillas nuevas.*
angarillas	1. Camilla para transportar a pulso enfermos, heridos o cadáveres. *Los de la Cruz Roja transportaron a Jorge, con la pierna rota, en unas angarillas[46].* 2. Andas para transportar materiales de construcción o de otro tipo. *Los albañiles acercaban los ladrillos en angarillas.*
angostura	Estrechura o paso estrecho. *El paso entre las montañas era angosto. Con la oscuridad y angostura del pasadizo temblábamos de miedo.*
anguarina	Capa castellana de una sola manga utilizada mayoritariamente por los pastores, dentro de la cual se colocaba una piedra en su fondo de forma que mantuviera la forma estirada. Como su propio nombre indica servía de protección contra la lluvia. *A los lejos, entre la llovizna y la niebla se vislumbra una anguarina en movimiento, debe ser el pastor de las cabras. María, dame la anguarina que el aire viene frío y húmedo.*
anguila	Pez de cuerpo largo y casi cilíndrico con piel muy escurridiza. *En el remolino que se forma con el agua que baja de la montaña vimos dos anguilas.*
anhelo	Deseo vehemente de algo. *La muñeca parlante es mi gran anhelo.*
anidar	Construir las aves el nido para criar a sus polluelos. *Las golondrinas están anidando en el alero de mi casa.*
anilina	Producto usado para colorear algunas prendas. *Mi madre daba color a algunas prendas con anilina.*
anilla	Aro al cual se ata un cordón o correa para sujetar un objeto. *Sujeta la cuerda del tendedero en las dos anillas que están en la pared.*
ansioso	Que tiene **ansia**[47] o deseo vehemente de alguna cosa. *Mi primo está ansioso por conocer el resultado del partido*
anteojos	Nombre que se daba en los pueblos a las gafas. *La Chata, la hija de la tía Canela, lleva anteojos.*
antiojeras anteojeras	Piezas cuadradas o rectangulares de vaqueta (Cuero de ternera, curtido y adobado) que llevan las cabezadas de las caballerías para taparles la visón lateral y evitar que se espanten. *La cabezada del asno del tío Roque lleva unas anteojeras claveteadas con cabezas doradas.*
antiparras	Gafas destinadas a proteger los ojos. Anteojos. *Con esas antiparras es imposible que veas algo.*
antojadizo	Caprichoso. Que cambia rápidamente de cosas deseadas. *No hagas caso al niño porque es un antojadizo.*
anubarrado	Se aplica al cielo cuando está cubierto por nubes de distinto tipo. *Las crestas de las montañas se adentraban en el cielo anubarrado.*
añagaza	Artificio para atraer a alguien con engaño. *Se servía de cualquier tipo de **añagaza**[48] para conseguir de sus clientes lo que quería.*

---

[45] **Andrina.** Con las endrinas se prepara el pacharán. El p*acharán* es un licor que se hace con orujo y endrinas(andrinas) que crecen en el norte de España. Las endrinas tienen forma de ciruela pero de tamaño mucho menor. Son de color negro-azul y se cosechan en el otoño. El licor de acabado es de color rojizo.

[46] Angarillas: parihuelas, andas

[47] **Ansia:** Se tiene ansia cuando se tiene un deseo intenso y urgente de algo. También se aplica al sufrimiento y preocupación que provoca un peligro o una amenaza inminente.

añicos	Trozos pequeños en que se divide un objeto al romperse. *El jarrón chino que nos regaló la abuela se hizo añicos al recibir un balonazo.*
añojo	Becerro o cordero de un año cumplido. *En el prado había dos añojos, una mula y dos vacas lecheras. A mi tía le gusta la carne de becerro añojo*
añoso	Se dice de algo que tiene o aparenta muchos años. *Los segadores descansaban a mediodía a la sombra del añoso roble.*
apalabrar[49]	Concertar dos o más personas algún compromiso mutuo. *Hemos apalabrado la compra del pajar (local en que se guarda la paja)*
apalear	Varear o derribar frutos de los árboles con un palo o vara o separarlos de las vainas o jarugas. *Ayer vareamos los garbanzos en la era y trajimos a casas un saco con 60 kilogramos.* También se hacía con la lana para que ahuecase. *Esta semana tenemos que apalear los colchones.(referido a la lana de la que estaban hechos)*
apalear	Lanzar al viento el grano con una pala para limpiarlo de paja. *Este montón de trigo hay que apalearlo antes de ensacarlo.*
apalear	Dar golpes a algo o alguien con un palo u otra cosa semejante. *Además de robarle la cartera, lo apalearon.*
apalear	Dar golpes a la lana de los colchones para que ahueque. *Esta semana tenemos que apalear los colchones.(referido a la lana de la que estaban hechos)*
apalear	Sacudir ropas, alfombras, etc., con un palo o una vara. *No apalees las alfombras por la ventana porque molestas a los vecinos de abajo.*
apaleo	Acción de sacudir las ramas de un árbol con una vara o palo para que caiga el fruto. *Nilo, el Viejo, apaleaba los nogales antes de que entraran los chicos y robaran las nueces. En el primer apaleo cayeron todas las nueces*
apañar	Apropiarse de algo que no es suyo. *El hombre necesitado apañó discretamente dos latas de sardinas.*
apañar	Arreglar algo, ponerlo a punto, remendar. *El salón está apañado para recibir a los tíos. Ya hemos apañado la ensalada. La abuela apañó rápidamente la ropa de la nieta.*
aparar	Coser las piezas de **cordobán**[50] de que se compone el zapato para unirlas y coserlas después con la plantilla y suela. *En la familia del tío Alejandro hay dos expertos en aparar calzado.*
aparar	Igualar con la azuela tablas o tablones enlazados, para que el conjunto quede formando una superficie lisa. *El carpintero está aparando el cuadro de la puerta.*
aparear	Juntar las hembras de los animales con los machos para que las preñen y críen. *Hoy he llevado la burra a aparear.*
aparejar	Poner los aparejos a los animales. *El tío Tino, el Aurora, aparejaba los animales de tiro antes de que saliera el sol. Tino, a las siete hay que aparejar el caballo para engancharlo al carro.*
aparejo	Arreo necesario para montar o cargar las caballerías. *En las fiestas del pueblo, el tío Sinfo paseaba sus mulas por la plaza del pueblo con los mejores aparejos que tenía.*
aparejo	Arreo compuesto de **carona, albarda, enjalma y sufra, con cincha de tarabita, ataharre y petral**, si es para cargar las caballerías, y con **enjalma**, si es para montarlas. **Partes: Carona**: Pedazo de tela acojinado que debajo de la silla sirve para proteger la piel de las caballerías. **Albarda**: Aparejo que se compone de dos almohadillas rellenas de paja unidas por su parte más próxima al lomo de la caballería. **Enjalma**: Aparejo parecido a una albardilla. **Sufra**: Correa ancha que apoyándose en el sillín sostiene las varas del carro. **Cincha**: Faja de cáñamo de cuero con la que se asegura la silla o albarda sobre la cabalgadura, ciñéndola por debajo de la barriga. **Tarabita**: Palo en el extremo de la cincha, que facilita su sujeción. **Ataharre**: Banda de cuero, cáñamo o esparto que, sujeta por sus puntas o cabos a los bordes laterales y posteriores de la silla, albarda o albardón, rodea los ijares y las ancas de la caballería y sirve para impe-

---

[48] **Añagaza**: artimaña, treta, astucia
49 **Apalabrar**. Es la forma, muy habitual en Castilla, en que hacían los tratos o acuerdos entre vecinos. Una vez que se apalabraba algo era como si se hubiese firmado un contrato que obligaba a las dos partes por igual.
50. **Cordobán**. Piel curtida de macho cabrío o de cabra.

	dir que la montura o el aparejo se corran hacia adelante.DRA. **Petral**: Correa o faja que, asida por ambos lados a la parte delantera de la silla de montar, ciñe y rodea el pecho de la cabalgadura. DRA.
aparranarse*	Sentarse descuidadamente y sin compostura, especialmente cuando no usaban pantalones las mujeres. *Cuando te sientes no lo hagas aparranadamente.*
apearse de	Renunciar a una idea o propósito o cambiar alguien sus opiniones, ideas, creencias, suposiciones, etc. *Mis argumentos no consiguieron apearle de sus intenciones.*
apearse	Bajar uno de una caballería, de un carruaje o de un automóvil. *Nada más apearme me asaltaron los pedigüeños. Al apearme del carro tropecé y di con mis huesos en el suelo.*
apechar **apechugar**	Hacer algo difícil y en circunstancias no deseadas. *Hacer montañismo es apechar con una tarea dura. No me queda otro remedio que apechar con el trabajo de los dos. Al volcar el carro, todos tuvimos que apechugar con la tarea de levantarlo.*
apedrear	1. Caer piedra o pedrisco (granizo) en una tormenta. *La tormenta de esta mañana ha apedreado los garbanzos. La tormenta de pedrisco apedreó la cosecha de uvas y estropeó las vides.*
apencar **apechugar**	Cargar con las consecuencias de algo hecho o dejado de hacer o con alguna obligación desagradable. *Tú elegiste ese trabajo, pues apenca con las consecuencias. Tú te ofreciste voluntario para limpiar la piscina, por tanto apechuga con esa tarea y termínala cuanto antes.*
aperador **carretero**	Hombre que tiene por oficio hacer carros y aperos de labranza. *El aperador me ha vendido un arado recién hecho.*
aperar	Colocar los aperos a las caballerías. *La reata ya está aperada*
aperar	Preparar, hacer y aderezar carros y aparejos para el acarreo y para las tareas del campo. *En el taller aperaban el dueño y tres empleados.*
apero	Instrumento o útil necesario para las tareas de labranza. *En la tenada se guardan los aperos.*
apiparse	Llenarse o atracarse de comida o bebida. Empiparse de algo. *Nos hemos apipado de cordero y vino.*
apisonar	Apelmazar tierra, grava, etc., por medio de un pisón[51] o una apisonadora. *La tierra de la carretera se apisona antes de echar el asfalto.*
apispas*	Se dice a los niños para indicar que se ha terminado la comida. *Las madres decían: apispás, se acabó.*
aplanar el sol	Sufrir alguien la intensidad de los rayos del sol del sol y perder por su efecto fuerza y vigor. *La solarina del mediodía nos dejó aplanados y sin ganas de seguir pelando algarrobas. Sólo la sombra del roble añejo y el agua fresca de la barrila nos devolvió la correa.*
aplicar	Recoger algo esparcido por el suelo. *La Margarita y su marido aplicaban garbanzos que el pedrisco había desjarugado. Romero, aplica bien las espigas, que un grano no hace granero pero ayuda al compañero.*
aplicarse	Referido a la comida: terminar el contenido de un plato. *El niño se ha aplicado bien en el plato de patatas.*
apodo	Palabra con que suele designarse a una persona, tomada de sus defectos corporales o de alguna otra circunstancia personal o familiar. Cándido, El Sordo, oía muy bien. El apodo le venía de un abuelo que perdió el oído. Matías, El Cambiaduros, lo llamaban así por sus frecuentes intentos de cambiar duros por cuatro pesetas.

---

[51] Instrumento pesado y grueso, de forma por lo común de cono truncado, que está provisto de un mango, y sirve para apretar tierra, piedras, etc DRA

apolillar	Estropearse las ropas guardadas u otros objetos por la **polilla**[52]. *El jersey de lana del armario estaba totalmente apolillado.*
apolillarse	Se dice de las cosas o personas que no se renuevan en sus modos de vestir, decir, costumbres, etc. *Este señor se está apolillando.*
apoquinar	Pagar, a disgusto, los gastos que a uno mismo le corresponden. Tiene el sentido de un pago poco deseado. *Después de dos horas de juego he tenido que apoquinar veinte euros. Eliseo, no te vayas y apoquina lo que debes.*
aposta	Se hace o dice algo aposta cuando se hace o dice intencionadamente. Adrede *Me has dado el codazo a posta y no te lo perdono.*
apostar	Ponerse de acuerdo con otra u otras personas para que aquel que se equivoque o no tenga razón, perderá la cantidad de dinero que se determine o cualquier otra cosa. *Juan y Luisa se apostaron dos euros afirmando Juan que el partido lo ganaba el Burgos y Luisa que lo perdía.*
apretujarse	Apretarse. Oprimirse varias personas en un espacio demasiado pequeño para contenerlas. *Los seis niños y el abuelo iban apretujados en la carreta.*
aprisco	Sitio donde se guarda al ganado para resguardarlo del frío, ordeñarlo, etc. *El aprisco resultaba pequeño para tanto ganado.*
apuñar	Apretar algo en el interior de la mano para sujetarlo o impedir que se caiga. *Juanito, el Orejudo, apuñaba en una mano garbanzos tostados y en las otras pipas de girasol.*
apurar	Acabar o terminar algo. *Estamos apurando la tarea del día. Las segadoras dicen que están apurando el tajo. Hoy hemos apurado al máximo la jornada.*
arada[53]	Se dice de la temporada en que se aran los campos. *En la arada conviene que el tiempo sea algo húmedo.*
arado[54]	Instrumento de agricultura que, movido por animales o fuerza mecánica, sirve para labrar la tierra y abrir surcos en ella con la **reja** y las **orejeras**. *El arado, movido por la yunta de bueyes, dejaba en la tierra sus huellas en forma de surcos.*
arañar	Raspar ligeramente la piel propia o la de otro con las uñas u otra cosa. *Menudo arañazo te han hecho en la cara. ¿Quién ha sido? Tened cuidado y no os arañéis al coger moras.*
arbañal	**Gatera.** Agujero circular hecho en las puertas de las casas para que las gallinas, gatos y demás animales salgan o entren al corral o a casa. *Las gallinas y los gatos salen por el albañal.*
arca	Caja de madera sin forrar y con tapa llana unida a la caja con gozne o bisagras por uno de los lados, y uno o más candados o cerraduras por el opuesto. También baúl destinado a guardar ropa y otros enseres. *Los documentos familiares y de los antepasados se guardan en el arca de madera de roble. Sonia guardaba su traje de novia en el arca de nogal.*

---

[52] **Polilla**. Mariposa de un centímetro de largo. Su larva, de unos dos milímetros de longitud, se alimenta de borra y hace una especie de capullo, destruyendo para ello la materia en donde anida, que suele ser de lana, tejidos, pieles, papel, etc.

[53] **Arada**: También tierra labrada con el arado. Porción de tierra arada en un día por los bueyes.

[54] **Elementos: Timón** o palo recto que sirve para que la yunta haga el tiro del arado. Por un lado se engarza a la cama y por el otro al barzón del ubio mediante la clavija. **Clavijeros** o agujeros que lleva el timón alineados a lo largo en el extremo que se engarza al ubio introduciendo la clavija concesionando timón y ubio. **Cama**: Pieza generalmente de madero, puede ser de hierro, que sirve para engarzat todos los elementos del arado. Por delante encajan el dental y la reja y por detrás la esteba y el pescuño. **Abrazaderas** metálicas que unen y sujetan la cama al timón. **Dental**:Pieza de madera que en su parte delantera se acopla la reja y en su parte trasera encaja la cama y lleva dos taladros, a derecha e izquieerda, ciegos y divergentes donde se alojan las orejeras. **Callos del dental** que es una protección metálica del dental que a veces se hacía con loc callos ya usados de las vacas. **Reja**: Pieza de hierro en forma de flecha que se encaja en el dental, salvo su parte extrema delantera, que acabada en punta o en ángulo sobresale de él. Su parte trasera va ajustada a la cama. *Esteva*: Palo cuyos extremos presentan sendas curvaturas que le confieren forma de Z al revés. Uno de tales extremos, se inserta en la cama por encima del pescuño, y el otro, tallado en forma de mango (*mancera*) sirve para que la mano de labrador se aferre a él dirigiendo la faena. *Pescuño*: Cuña de madera que se pone en la cama, por la parte trasera del arado, y sirve para tensar la esteva con la reja y el dental. *Telera*:La telera es un travesaño de hierro, con rosca en ambos extremos, que sirve para graduar la inclinación del dental y la reja con respecto a la cama y el timón, a fin de dar más o menos profundidad a la labor, según convenga. *Orejeras*: Son dos palos que van metidos oblicuamente en sendos orificios que al efecto lleva el dental, uno a cada lado. Sirven para abrir el surco y voltear la tierra removida por la reja.

arcacel*	Centeno que se siembra para segar en verde como forraje para el ganado. *Cada día los bueyes comen dos sacos de arcacel, segado con la fresca, como forraje.*
arcón	Arca grande. Los niños guardan los juguetes en un arcón en el desván.
arenal	Extensión grande de terreno arenoso. *En el arenal crecen los pinos plantados hace dos años.*
argadillo de-vanadora	Armazón para **devanar**[55] madejas. *En el museo se conservan varios argadillos o de-vanadoras antiguos.*
argamasa	Mezcla de arena bien cribada con cal y agua. *El ayudante del albañil ya ha cribado la arena para hacer la argamasa.*
argolla	Aro grueso de hierro u otro metal, sujeto a una pared que sirve para amarre o asidero de los animales. *El ramal de los caballos se sujetó a las argollas de la fachada del me-són.*
aricar	Remover muy superficialmente la tierra en la que los sembrados ya tienen raíces fuer-tes. **Arrejacar**[56]. *Al aricar la finca con la* **grada** [57] *apenas se arrancaron las malas hier-bas. El resultado es mejor cuando se escaba*
arisco	Se aplica a la persona o animal de trato difícil o que es poco obediente. *Mi abuelo te-nía un mulo muy arisco. Mi sobrino, El Orejas, es tan arisco que hay que pensarse dos veces el salir o hablar con él.*
arista del lino	Pajilla del cáñamo o lino que queda después de agramarlos[58]. *Recoge las aristas del lino y échalas en un saco.*
arista	Pajilla áspera del **cascabillo**[59] que cubre el grano de trigo y el de otras plantas. *Las espigas de trigo tienen tantas aristas como granos.*
armar o meter bulla	**Hacer ruido** con gritos, voces y risas. Jaleo, algarabía, escándalo. *Hoy los chicos en la escuela han metido mucha bulla.*
armatoste	Objeto grande e inútil por inservible y que estorba. *La cama de la alcoba es un arma-toste antiguo.*
armazón	Agrupamiento de piezas que unidas forman la estructura o base a algo. *El carro de varas que estamos haciendo ya tiene el armazón preparado.*
aro	Anillo o abrazadera que se usa para sujetar las tablas de las cubas. *De la cuba que hemos arreglado se han quitado tres abrazaderas o aros.*
aro, correr el	Se dice del juego de niños que consiste en jugar con un aro metálico o una abrazadera de cuba dándolos vueltas en el suelo a gran velocidad, corriendo detrás de ellos, im-pulsándolos con un alambre doblado con destreza y fijado a un mango. *Floren es el más rápido corriendo el aro en la carretera.*
aro	Se llamaba así a la llanta de hierro que cubría el círculo formado por las pinas de la rueda del carro. *El aro nuevo de la rueda lo colocaron ayer dilatándolo con fuego.*
arqueta	Pequeño depósito que recibe el agua y la distribuye. *En la finca que regamos hay dos arquetas rotas.*
arquillero	Confitero o almendrero que iba de pueblo en pueblo vendiendo su mercancía. Iban a los pueblos cuando eran sus fiestas patronales. *Ayer vimos al Pelocaqui preparando los cartones para la rifa de almendras garrapiñadas.*
arramblar arramplar	1. Llevarse objetos, tierra y otros elementos el agua en las riadas o el viento en los vendábales. *Las aguas violentas del río arramblaron todo lo que encontraron a su pa-so.* 2. Tomar lo ajeno de algún lugar y llevárselo todo. *Los ladrones arramblaron con*

---

55 **Devanar**. Ir dando vueltas sucesivas a un hilo, alambre, cuerda, etc., alrededor de un eje, carrete, etc

56 **Aricar**, escavar.Dar a los sembrados, cuando ya tienen bastantes raíces, una labor que consiste en romper la costra del terreno con azadilla, grada o rastra, a través de los surcos que se abrieron para sembrar el grano. DRA. Este trabajo, denominado en Mecerreyes "escavar", se hacía con azadillas (azadas pequeñas con mango largo). Se trataba de ahuecar la tierra y arrancar las hierbas, cardos y maleza. Eran frecuentes las "cuadrillas" de escabadoras que con la azadilla al hombro regresaban en animada conversación y, a veces, cantando a sus casas después del trabajo. Eso sí, con la cara bien resguardada para que el aire y el sol no resecase el cutis.

57.**Grada**: Instrumento de hierro, de forma casi cuadrada, a manera de unas parrillas grandes, con el cual se desmenuza y allana la tierra después de sembrada para que luego pase sin dificultad la cosechadora..

58 **Agramar**: Majar el cáñamo o el lino para separar del tallo la fibra. 2. Tundir, golpear.

59 **Cascabillo**. Cascarilla en que se contiene el grano de trigo o de cebada.DRA.

	todos los objetos de valor de la casa...
arranciarse	Ponerse **rancio**[60] algo. *El jamón se ha quedado rancio.*
arrascarse*	Rascarse. Restregar alguna parte del cuerpo en un árbol o en una pared. *El tío Santi no dejaba de arrascarse la espalda en la áspera corteza del nogal. Hacía unos minutos que una abeja perdida le había dejado el aguijón clavado.*
arrea, chico	Date prisa, muévete. *Arrea Javier que llegamos tarde.*
arrear	Estimular con gritos, latigazos, palmadas en las ancas a las bestias de una recua para que echen a andar, o para que sigan caminando, o para que aviven el paso. *A los animales de carga conviene arrearles de vez en cuando. Juani, déjame que enganche mi macho romo a la recua de tus mulas.*
arrear	Meter prisa, estimular, incitar. *Arrea Juan que tenemos que terminar pronto. El pastor sacó las ovejas a la majada y las arreaba, ayudado por el perro, para que fuesen hacia el bosque.*
arrebañar rebañar	Tomar o untar de un plato los residuos que quedan hasta dejarlo limpio. *Luis ha arrebañado el plato de la crema de marisco.*
arrebato rebato[61]	Se dice así a la llamada urgente hecha a los vecinos del pueblo, por medio de las campanas con el fin de avisar de un peligro o prevenir una catástrofe. *Oigo las campanas tocar a arrebato, ¿será por algún incendio?*
arrebujar	Coger sin cuidado y desordenadamente alguna cosa flexible, como la ropa, un lienzo, unos papeles, etc. *Carlos, no arrebujes la camisa y cuélgala bien en la percha.*
arrebujarse	Cubrirse bien con ropa de abrigo arrimándola al cuerpo. *Luis se arrebujó con una manta en un abrigaño mientras duró la cellisca.*
arrechucho*	Mal de poca importancia en la salud y muy limitado en el tiempo. *Julio no puede venir al senderismo este sábado porque le ha dado un arrechucho y está en cama.*
arrecido	Se aplica a la persona que tiene mucho frío o que lo soporta mal y que le impide actuar con normalidad. **Entumecido**[62]. *Esta mañana estoy arrecida, no me quito el frío de encima. Al salir de la escuela, con la nieve y el viento, me he quedado arrecido.*
arrecirse	**Entumecerse**[63] y entorpecerse en los movimientos por el frío. *Si salimos al campo sin ropa de abrigo nos vamos a arrecir enseguida. Al salir del abrigaño del monte nos arrecíamos. Estoy arrecido (con mucho frío) y no puedo ni moverme.*
arrecular*	Dar marcha atrás. Recular. Retroceder. Ceder en una opinión o idea. *Isabel, después de defender un rato su proyecto, reculó (arreculó) ante los argumentos del contrario.*
arrecular, recular	Caminar hacia atrás la yunta o algún animal suelto o uncido al carro. *Esta pareja de bueyes recula muy bien y no tengo dificultad para meter el carro en la tenada hacia atrás.* **Tesar**[64].
arreguñar*	Arrugar una cosa. *No arrugues (arreguñes) el pañuelo recién planchado.*
arrein*, rein* o ren*	Campo cercado con tapia de piedras en el que de ordinario se tienen cultivos hortícolas, cereales o leguminosas. Es el nombre equivalente a "serna" referido a tierra de secano. *Las mejores patatas del pueblo se crían en la réin del tío Canene, el Pelotas.*
arrejacar	Escavar. Aricar. Romper en los sembrados, ya enraizados, la costra del terreno con azadilla, grada o rastra y quitar las malas hierbas. *Para escabar o arrejacar los sembrados con azadilla se contrataban cuadrillas de mujeres. Los gañanes arrejacaban los sembrados con gradas o rastras tiradas por caballerías.*
arrejuntarse	Convivir con otra persona sin estar casados. *Julia y Pedro se han "arrejuntado".*
arreos	Correajes que se ponen a las caballerías de montar o e tiro. *Juan, saca las caballerías*

60 **Rancio**: Se dice del vino y de los comestibles grasientos que con el tiempo adquieren sabor y olor más fuertes, mejorándose o echándose a perder
61 **Tocar a arrebato.** Convocación de los vecinos de uno o más pueblos, hecha por medio de campana, tambor, almenara u otra señal, con el fin de defenderse cuando sobreviene un peligro. DRA
62 **Miembro entumecido.** Miembro del cuerpo sin movimiento ni sensibilidad por el frío u otras causas
63 **Entumecerse:** adormecerse, agarrotarse, entorpecerse, paralizarse, dormirse, embotarse, congelarse, arrecirse, aterirse, amoratarse, pasmarse
64 **Tesar:** Andar hacia atrás los bueyes, vacas o mulos uncidos a las órdenes del gañán o labriego."Tesa, tesa Morena, atrás, atrás…", decía el gañán dando golpecitos con la ahijada en el ubio mientras la yunta tesaba.

	y prepara los arreos de montar.
arriate	Franja estrecha preparada para tener plantas de adorno junto a las paredes de los jardines y patios. *El arriate está preparado para colocar ya las plantas de adorno.*
arriero	Persona que transportaba mercancías a lomos de caballerías. Se llamaba arriero mayor a quien conducía una reata de mulas, y menor al que conducía una de asnos. La **tralla** (látigo, fusta, zurriago) era la compañera inseparable del arriero en el manejo de las caballerías. *El arriero silba mientras camina junto a las mulas que llevan su mercancía.*
arroba	Unidad de medida de masa equivalente a 11,502 kg. *El cochino ha pesado más de 10 arrobas.*
arroba	Medida de peso equivalente a 11,5 kilos aproximadamente, que se empleaba entre otras cosas para pesar los cerdos. *Este niño pesa dos arrobas y media.(28 kilos aproximadamente)*
arrogante	Se aplica a la persona altanera y orgullosa *En presencia de tus nuevos patronos, no te muestres arrogante.*
arrollar la parva	Formar el trillo montones pequeños con la mies que se trilla generalmente debido a que no se han recogido a tiempo las moñigas de las vacas. El trillador con vacas lleva en el trillo un cubo – caldero o lata- con el que se recogen las moñigas de las vacas antes de que caigan a la parva. Tiene que estar muy atento para ponerles el caldero bajo el culo cuando empiezan a abrirlo. *Benito, El Tuerto, ha dejado que una de las vacas se cagase en la parva y ahora el trillo la está arrollando.*
arropar	Tapar, cubrir, resguardar o abrigar con ropa a alguien. *La madre pasaba todas las noches por la cama de sus hijos para arroparlos si se habían destapado.*
arrullar	Cantar nanas o canciones de arrullo. Adormecer o tranquilizar a un niño o niña con arrullos. *La madre se encontraba arrullando a su hijo cuando llamaron a la puerta.*
arrullar	Atraer un palomo a la hembra, o viceversa, con arrullos y movimientos singulares. *En el palomar, el palomo arrullaba a la paloma con arrullos rítmicos acompañados de movimientos de las alas.*
arrullo	Sonido emitido por las palomas en estado de celo. *Los arrullos de las palomas despertaron al gato que dormía en el fogón.*
arrumaco	Demostración de cariño a alguien hecha con gestos o formas algo exagerados. *Han visto a Luis y Elsa haciéndose arrumacos.*
artesa	Cajón de madera de forma troncopiramidal rectangular invertido que se usa para amasar la harina, ponerla la levadura y luego hacer pan. *La masa está en la artesa mayor.*
artimaña	Treta o habilidad para engañar a alguien, o para otro fin. *Usando los halagos como artimaña, Juan consiguió que su primo le diera la trompa.*
arvejana*	Planta silvestre y rastrera que produce una semilla semejante a los arvejos, aunque más pequeña. *Con las arvejanas y otras hierbas alimentamos a las caballerías durante un par de meses.*
arvejo guisante	Planta hortense cuya vaina contiene varios granos. Semilla de esta planta. Cuando está verde se usa como comestible por las personas y cuando está maduro como alimento de los animales. *Los arvejos cocidos era uno de los alimentos primeros de los rostrizos (cerdos de 2 a 3 meses) Mi huerto es chico, media obrada a todo tirar, pero siembro en él un poco de todo: arvejos, habas, zanahorias, calabacines, cebollas, ajos, remolacha de mesa y, sobre todo, patatas.*
as, as	Expresión onomatopéyica utilizada para expulsar a las aves de corral. *As...as..Fuera...*
asadura	Entrañas del animal. Hígado y bofes. (Corazón, riñones, hígado, pulmón de un animal). *Una buena asadurilla con dos huevos fritos y un vaso de vino es la mejor defensa contra el frío.*
ascua	1. Pedazo de cualquier materia sólida, incandescente y sin llama. *Las ascuas de la lumbre todavía no están cubiertas de ceniza.* 2. Trozo de leña quemada y sin llama que se mantiene encendido y con lumbre. En el pueblo los niños solíamos golpear las ascuas con las tenazas para ver cómo saltaban chispas. *Con el calor de las ascuas, asamos las chuletas*

ascuarril*	Conjunto de brasas como resultado de una hoguera hecha con abundante leña. *¡Menudo ascuarril se formó con la quema de las ramas de los árboles!*
asilo	Institución benéfica en que se recogía a los menesterosos o se les dispensaba ayuda. *Los abuelos de mi amigo Esteban, El Pelos, están en el asilo.*
asosado	Se aplica a las personas sin gracia o un poco aleladas. *El amigo de Juani es un soso (asosado).*
aspaviento	Expresión de espanto, admiración o sentimiento. Gesto exagerado y llamativo relacionado con un hecho habitual. *No hagas aspavientos que el golpe no ha sido para tanto.*
asperón	Parte de la caja de fósforos que se usa para encender las cerillas. *El asperón estaba húmedo y no había forma de encenderé las cerillas.*
astil*	Parte del arado de madera al que se unen los bueyes o mulos. *El carpintero ha tenido que hacer un agujero en el astil del arado.*
astil	Mango, ordinariamente de madera, que tienen las hachas, azadas, picos y otros instrumentos semejantes. *El astil del hacha es de encina.*
astil	1. Barra horizontal, en cuyos extremos cuelgan los platillos de la balanza. *El astil de la romana de platillos está oxidada.* 2. Vara de hierro marcada con unidades de medida por donde corre el pilón de la romana. *El animal tenía tanto peso que el pilón se tuvo que colocar en el extremo del astil.*
astuto	Hábil para evitar ser engañado o para conseguir de forma no habitual cualquier fin. *El ventero, astuto y sin escrúpulos, dióles de comer gato por liebre a precio de lechal.*
asurar	Quemar o abrasar la ropa con la plancha, con lumbre, etc. *Ten cuidado con la plancha no vayas a asurar las camisas.*
asurar	Abrasar los sembrados por el calor excesivo. *El calor excesivo asura la mies antes de que grane.*
asurar	Quemarse los guisados en la puchero donde se cuecen, por falta de jugo o de humedad. *Este guisado está asurado.*
atacar donde pide el horno	Rellenar con leña el caño o el lugar que se abre por haberse quemado la leña. *A medianoche tuvimos que atacar el horno mayor por tres caños que se abrieron y dejaban salir llamas.*
atadero	Lugar en que se ata la yunta o las caballerías. También se llama así al hierro, normalmente una herradura, sujeta a la pared y que sirve para sujetar los cordales de las caballerías. (Aldaba). *Sujeta las caballerías en los ataderos mientras desayunamos.*
ataharre	Banda de cuero o cáñamo que, sujeta por sus puntas a los bordes laterales y posteriores de la silla, albarda o albardón, rodea los **ijares**[65] y las ancas de la caballería. Sirve para sujetar la montura o el aparejo y que no se corran hacia adelante. *El ataharre, nuevo y brillante, resaltaba en las ancas del caballo.*
atajar*	Repartir un rebaño en atajos o grupos, o separar de él una parte. *El pastor, cuando llegaba al redil, atajaba los corderos de las ovejas.*
atajar	Tomar un **atajo**[66] para ir de un sitio a otro. *Para llegar al pueblo podemos atajar por el sendero del otero.*
atajar	Tomar un atajo o ir por él. Tomar el camino más corto para ir de un sitio a otro. *Para llegar a tiempo al pueblo tenemos que atajar cogiendo el sendero del otero.*
atajo	Senda o camino por donde el recorrido es más corto para ir a un lugar concreto. *Para ir al huerto vamos por el atajo de la fuente.*
atalaya	Altura desde donde se ve mucho espacio de tierra o mar. *Desde la atalaya se veían venir los barcos de pesca al amanecer.*

---

[66] **Atajo**: vereda, senda, trocho, que acortan la distancia entre dos lugares.

atarre atarrón	Cuerda fuerte para atar los animales al carro o al arado. Cuando se emplea para atar algo de mucho peso o a varios animales es más basto y grueso y se denomina atarrón. *Anita, sujeta bien los animales al carro con el atarre. Nos falta el atarrón para poder pesar el cerdo en la romana.*
atarrón[67]	Cuerda fuerte y gruesa, unida por sus extremos y que se usaba para pesar la cochina antes de matarla. La tarea del pesado resultaba a veces muy laboriosa por la resistencia del cerdo y la poca maña de los ayudantes. *Cuando pesaban al cerdo el atarrón se rompió y el cerdo huyó del matarife.*
atarugado	Se aplica a la persona que se muestra atontada, lenta, aturdida, falta de agilidad al hacer algo. *Por las mañanas, Antonio, el Tizón, siempre está atarugado*
aterido	Se aplica a la persona con mucho frío. *Hubo un rato en la excursión en que nos quedamos ateridos. Los niños se quedaron ateridos al bañarse en el agua del río. Cuando llegamos a casa estábamos enteleridos por la nieve y el viento.*
aterirse	Quedarse helado. Pasmarse de frío. *El viento frío y fuerte nos atería.*
aterrar el horno	Cubrir con tierra su superficie una vez **chazqueado**[68]. Aterrar el horno se hace de abajo hacia arriba "a pala vuelta", es decir, sin esparcir la tierra, sino aplastándola con la misma pala al tiempo que se pone sobre la chazca. La tierra con la que se aterran los hornos debe estar algo húmeda. *Hoy vamos a empezar a aterrar el horno grande.*
aterrar	Cubrir con tierra. *Los albañiles estaban aterrando la cubierta de la bodega. Los carboneros aterran mañana los hornos*
atestado	Se dice que algo está atestado cuando está lleno y no cabe nada o nadie más. *La iglesia está atestada de gente. Los olivos están atestados de aceitunas. El trigo de La Loma está atestado de cardos*
atestar	Llenar un recipiente lo máximo posible apelmazando, apretando o comprimiendo el contenido. *Llena el lenzuelo de paja y atéstala bien. Los niños atestaron el serón de hierba y regresaron a casa. El salón estaba atestado de personas jóvenes.*
atinar	Tener puntería para dar en el blanco. Tener tino o puntería. *Julián atina con facilidad al disparar la escopeta de perdigones. Andrés tira las piedras a sobaquillo con gran tino.*
atizar	Golpear a alguien con algo para causarle daño. *El mulo atizó una buena coz al herrero cuando iba a herrarle. Carlos atizó una buena patada al gato que le comió el salchichón.*
atizar	1. Remover el fuego o añadirle combustible para que arda más. *Atiza la lumbre si no quieres que se apague.* 2. **Despabilar**[69] o dar más mecha a velas o candiles para que alumbren mejor. *Hay que atizar el candil de vez en cuando.*
atolladero	Embrollo, lío del que es difícil salir. *El nuevo modelo de subasta es un atolladero.*
atolladero atascadero	Lodazal o sitio donde se atascan los carruajes, las caballerías o las personas. *Nos quedamos atascados más de una hora en el atolladero.*
atollarse	Hundirse en el suelo una persona, un animal o un objeto (un carro por ejemplo) por la abundancia de barro o blandura del terreno. *El carro cargado con grano quedó atollado en el barrizal[70].*
atolondrado	Se dice de la persona aturdida, falto de atención y que no sabe qué hacer o decir en un momento dado. *Después de hablar con la gachí que me saludó ayer quedé totalmente atolondrado.*
atolondrado	Se dice de la persona aturdida, falto de atención y que no sabe qué hacer o decir en un momento dado. *Después de hablar con la gachí que me saludó ayer quedé totalmente atolondrado.*
atontolinado atontado	Se dice de la persona tonta o que no sabe cómo comportarse. *Viendo lo que haces, pareces un atontolinado.*

---

[67] **Atarrón**: cuerda gruesa usada generalmente para pesar los cerdos en la romana.
[68] **Chazquear**, cubrir con chazca algo.
[69] **Pábilo**. Parte de la mecha de una vela o de un candil encendidos. Despabilar es quitar la ceniza que tiene el pábilo para que arda mejor.
70 **Barrizal**:Sitio o terreno lleno de barro o lodo

atorar	Atascar, obstruir algo. *El desagüe del baño está atorado.*
atorar	Vacilar o dudar en mantener una conversación. *Mi primo, que es muy tímido, se atoraba al hablar con desconocidos.*
atrampar	Atascar algo, cerrar o impedir el paso a algo o alguien, taponar algo. *Atrampar la calle que no pase nadie. Luisa, atrampa la puerta para que no entre aire.*
atrampar	Taparse o cegarse un conducto o tubería. *El desagüe del baño está atrampado.*
atrampar	Bajarse el pestillo [71] de la puerta de modo que no se pueda abrir. *La puerta de la calle está atrampada y no podemos entrar.*
atrancar	Trancar. Cerrar la puerta por dentro con una tranca (tranco) o también con un cerrojo y, sobre todo, con la llave. *Juan, cuando entres, atranca la puerta.*
atrancarse*	Cortarse al hablar o leer algo por timidez o desconocimiento. *Se atranca cuando lee delante de otras personas.*
atrochar	Caminar por sendas o travesías para acortar distancias. *La tarde del sábado atrochamos por las laderas del monte Aitana. Por la tarde, atrochando, llegamos enseguida al lugar del encuentro.*
atufar	Despedir olor desagradable. *Los zapatos de Ángel atufan. La presencia de personas que desconocen el jabón atufaban tanto que la sala se vaciaba lentamente.*
aturdir	Cansar a uno con órdenes o tareas muy seguidas o complejas o con ruido persistente. *Estoy aturdido por la lista de tareas que tengo pendientes. Los gritos de los niños me aturden; mándalos a la calle.*
aturrullar	Confundir a una persona con órdenes confusas de modo que no sepa qué decir o cómo hacer algo. Liar, enredar. *Con tu verborrea me estás aturrullando. No me aturulles con tus órdenes, que ya sé hacer la tarea.*
aturullarse	Liarse al hacer algo. Actuar de forma precipitada y sin pensar. *Tenemos algo de prisa, pero no te aturulles, lo importante es viajar con tranquilidad.*
atusar	Alisar el cabello. Componerse o adornarse mucho. *Me voy a atusar un poco el pelo antes de salir. Ángel lleva el pelo muy atusadito*
aulaga, hilaga*	Planta con hojas punzantes y flores amarillas que arde fácilmente produciendo una gran llamarada (chirigata). *Nos calentamos las manos encendiendo las hilagas del perdido.*
aulaga aliaga	Planta de un metro de altura, espinosa, con hojas lisas terminadas en púas y flores amarillas. Las puntas tiernas gustan al ganado. *La ladera parecía un sol con la luminosidad de las flores amarillas de las aliagas.*
aunidos*	Unidos. *Los niños y niñas iban aunidos y de la mano en la excursión que hicieron a la ciudad.*
aupar	Elevar o subir a alguien desde el suelo sobre algo. *El abuelo aupaba alternativamente a sus nietos para que vieran a los ciclistas.*
aupe, coger a	Levantar a un niño o niña en brazos. *La hermana mayor cogía "a aupe" a la pequeña.*
avejentar	Aviejar. Hacer que con algo alguien parezca viejo o más viejo. *La calva y la barba lo avejentan mucho.*
avena loca	Especie de avena, cuya caña se levanta hasta un metro o más de altura, con hojas estriadas y estrechas, y flores en panoja desparramada, vellosas en su base. Crece entre los trigos, a los cuales perjudica mucho. *Este trigal está lleno de avenas locas que hay que arrancar antes de que espiguen.*
avena	Planta anual con flores en panoja radiada, con una arista torcida, más larga que la flor, inserta en el dorso del cascabillo. Se cultiva para alimento. *La avena está muy crecida y la espiga abierta y granando.*
aventar	Beldar. Echar al aire algo con el **bieldo**[72], especialmente la mies trillada, para separar el grano de la paja. *Los niños aventaban la arena de la playa. En la era se aventaba el trigo aprovechando el viento del norte. Hoy nos toca beldar la cebada.*

---

71 **Pestillo**. Pasador con que se asegura una puerta, corriéndolo a modo de cerrojo.DRA

aviar	Darse prisa en terminar algo. Terminar una tarea. *Vamos, avía pronto mi pedido que tengo prisa. Avía pronto lo que estás haciendo.*
aviarse	Arreglarse, cambiarse de ropa y ponerse otra nueva o limpia, prepararse para algún acontecimiento... *Carlos, ¿estás aviado para ir a la boda? Avíate bien que vamos a visitar el médico. Mi abuela está aviando a mi hermana.*
avío	Víveres que llevan las personas que trabajan en el campo para alimentarse durante el tiempo que se tarda en volver al pueblo. *Hoy nos ha puesto el ama un buen avío, dice el labrador al llegar al campo. Roberto, vuelve a casa y recoge el avío, que se nos ha olvidado.*
avión	Pájaro similar al vencejo. Tiene a las largas y puntiagudas y pico pequeño algo encorvado en la punta. Se alimenta de insectos y anida en los aleros de los tejados. Vencejo. *Los chillidos de los aviones nos despertaban todos los días.*
avizorar	Observar, acechar, vigilar. *La avutarda frena ostensiblemente al **avizorar** al cazador.*
avutarda	Ave zancuda de unos ocho decímetros de longitud desde la cabeza hasta la cola, y de color rojizo, el cuello delgado y largo, y las alas pequeñas. Tiene vuelo corto y pesado. *Por la mañana vimos una bandada de avutardas junto al sembrado.*
azada	Instrumento que consiste en una pala cuadrangular de hierro, ordinariamente de 20 a 25 cm de lado. Tiene un lado cortante y en el lado opuesto lleva un anillo donde encaja y se sujeta el mango, formando con la pala un ángulo agudo. Sirve para cavar tierras roturadas o blandas, remover el estiércol, amasar la cal para mortero, etc. *Jorge y su padre caminaban juntos con la azada al hombro al volver del huerto.*
azadilla	Azada pequeña de pala rectangular. Se usa para escardar y limpiar la tierra de malas hierbas, y para trasplantar plantas pequeñas.[73] Con las azadillas se escardaban los sembrados de los cereales y leguminosas. *El herrero está preparando las azadillas para las cuadrillas de excavadoras.*
azadón de peto o zapapico	Azadón usado, entre otros cosas, sacar **tizos**[74] y carbón del horno. Dispone de pico por un lado y de azada con dos púas por el otro. *Los carboneros manejaban con soltura el azadón de peto para sacar los tizos y el carbón.*
azadón	Instrumento que se distingue de la azada en que la pala es rectangular y algo curva. Sirve para **rozar**[75] y romper tierras duras, cortar raíces delgadas y otros usos análogos. *Con el azadón preparamos los surcos de patatas en la huerta.*
azor	Ave rapaz diurna, como de medio metro de largo, por encima de color negro y blanco por el vientre con manchas negras. Tiene alas y pico negros, cola ceniciena, manchada de blanco, y tarsos amarillos. *Las palomas huyen del azor en cuanto lo divisan volando por encima de ellas.*
azote	Golpe dado generalmente en las nalgas de los niños con la mano. *Cuando Jesusito rompió el cristal con el balón, su madre le varios azotes y no le dejó bajar a jugar.*
azotina azotaina	Golpes con la mano que se daba, generalmente a los niños, en el culo. *¡Te estás ganando una azotaina! Para su sorpresa, después de lo ocurrido, no recibió ninguna azotaina*
azuela	Herramienta de carpintero que sirve para **desbastar**[76.] Está formada por una plancha de hierro acerada y cortante, de diez a doce centímetros de anchura, y un mango corto de madera que forma recodo. *Luis, el carpintero, maneja la azuela como nadie desbastando vigas.*

---

[72] **Bieldo**. Instrumento con el que se bielda la parva. Está formado por un palo largo que hace de mango y otro palo atravesado en uno de sus extremos en el que van incrustados cinco o seis palos planos y apuntados de unos 20 cm.

[73] **Azadilla**. Era costumbre en el pueblo de Mecerreyes que aproximadamente en el mes de abril algunos labradores contratasen cuadrillas de mujeres para escavar sus tierras limpiando los sembrados de hierbas, cardos y otras malezas. Para escavar utilizaban las azadillas.
74 **Tizón**. Trozo de leña no carbonizado que aún echa humo.
75 **Rozar**. Limpiar las tierras del matorral y hierbas inútiles antes de labrarlas.
76 **Desbastar**. Quitar de las maderas o piedras las partes más bastas .

azufrador	Armazón de rejilla que se pone por encima del brasero para secar o calentar la ropa.
azufrar	Echar polvo de azufre a las viñas para combatir el **oídio**[77]...*La viña necesita un azufrado urgente.*
azulete	Pasta o polvo añil en bolas o en bolsitas, que añadida a la colada blanca le daba un color blanco-azulado. *A mí me gusta el color que da a la ropa el azulete.*
azumbre	Medida de líquidos que tiene 4 cuartillos. Es la octava parte de una cántara, y viene a tener alrededor de dos litros de capacidad. *Los segadores acabaron con el contenido de la bota en la que cabían dos azumbres.*
azuzar azupar*	Incitar, achuchar a los perros para que embistan: No *me azuces el perro que le doy una patada en el hocico.*
babieca[78]	Se dice de la persona flaca, sin fuerzas y boba. *No seas babieca y pon más empeño en hacer bien las cosas.*
baca	Parte superior de los coches de línea, donde podían ir pasajeros y se colocaban equipajes y otros efectos. *El coche de línea llegaba al pueblo con la baca llena de maletas y paquetes, y, en algún caso, con uno o dos viajeros.*
bacía	Recipiente cóncavo que usaban los barberos para remojar la barba antes de afeitarla. *El barbero sujetaba con la mano izquierda la bacía mientras remojaba la barba con la brocha que tenía en la mano derecha.*
bacinilla	Recipiente de barro que se usaba para recibir los excrementos del cuerpo humano. *La bacinilla nunca faltaba en las ventas medievales.*
badajo[79]	Pieza metálica o de madera muy dura situada en la parte interior de una campana o un cencerro y que produce sonido al golpear las paredes con el movimiento. *Al voltear la campana se desprendió el badajo. Es fácil distinguir cuando el badajo de un cencerro es de madera o de metal.*
badana	1. Piel curtida y fina de carnero u oveja. *Este año de las pieles de las ovejas hemos sacado buena badana. El guarnicionero ha comprado bastante badana para hacer aparejos* 2. Tira de este cuero o de otro material, que se cose al borde interior de la copa del sombrero para evitar que se manche con el sudor. *La badana del sombrero brillaba por la capa de grasa adherida. A este sombrero de paja le falta la badana.*
badanas, eres un	Se dice de la persona floja, perezosa o irresponsable. *Tengo dos primos que son unos badanas.*
badil	Paletón de hierro o de otro metal, para recoger la lumbre en las chimeneas y braseros o sacar la ceniza. *Mueve con el badil las ascuas del brasero. Recoge las ascuas con el badil.*
badila badil	Especie de pala de hierro o de otro metal que se usaba para mover, recoger, resguardar, etc. la lumbre de las chimeneas y de los braseros. *Daniela, trae el badil y haz cuatro cruces en el brasero.*
baladí	Sin importancia. *Lo que me ha ocurrido esta mañana con el coche es un asunto baladí.*
bálago	1. El **bálago** es la paja larga de los cereales después de quitarles el grano. *Al sacudir las espigas del centeno, solo queda el bálago. Al aventar con una máquina el trigo, el bálago se amontonaba en su parte trasera.* 2. También se aplica a la paja trillada. *Esta tarde con el carro llevamos el bálago al pajar.*
bálago	Paja trillada de los cereales y separada del grano. *El bálago de la bielda cubrió toda la era.*

[77] **Oídio** es el nombre de una enfermedad de las plantas y del hongo que la produce. Ataca las partes aéreas de las plantas. El más conocido es el de la vid.
78 **Babieca** era el nombre del caballo del Cid. Su padre le dio a elegir un caballo entre varios. Rodrigo, que era su nombre, eligió uno, y como su padre considerase que había elegido el peor, le dijo en tono un poco despectivo: eres un babieca, has elegido el peor. Rodrigo le contestó: Padre, Babieca se llamará el caballo elegido.
79 **Badajo**. El badajo de las campanas es metálico y el de los cencerros, así como el de las esquilas y las zumbas se hace con madera de corazón de encina por ser especialmente dura

balaguero	Montón grande de bálago, que se hace en la era cuando se bielda la parva. A un lado queda el trigo y al otro el balaguero de paja. *En la era había dos balagueros, uno de paja de trigo y otro de paja de cebada. Cuando soplaba el viento nos poníamos al abrigo del balaguero*
balaguero	Montón de bálago. Montón de paja obtenido al separar el grano en la bielda. *El tío Zapatero hizo seis viajes con el carro para guardar la paja del balaguero.*
balancín	Apero agrícola para enganchar a los animales al carro. Asegurar los animales de tiro al carruaje es fundamental y se emplea un balancín para tal uso. *Pedro, no te olvides del balancín.*
balancín	Madero que atraviesa por delante el eje de las ruedas delanteras de un vehículo agrícola y al que se uncen las caballerías. *Sujeta bien el balancín a la rastra para que los mulos trabajen por igual.*
balarrasa	Se aplica a la persona de comportamiento destructor. *Juanito es un balarrasa, todo lo que cae en sus manos lo deshace.*
balaústre	Cada una de las columnas pequeñas que forman las barandillas o antepechos de balcones, azoteas y escaleras. *La galería del balcón era de balaústres.*
baldado	Se aplica a la persona cansada. *El agostero, después de un día completo de siega, llegó a casa baldado. Después descargar veinte sacos de trigo de sesenta kilos cada uno, me siento baldado y necesito un trago.*
balde	Recipiente grande de metal de forma troncocónica invertido y usado en la matanza para recoger y lavar las tripas. *Entre Petri y Sole llevaban el balde a la poza para lavar las tripas del cochino.*
balde	Recipiente troncocónico de cinc, de considerable tamaño, y con dos asas. Se empleaba para transportar la ropa sucia al río o lavadero. A veces se llevaba en la cabeza, colocándose en ella algo para suavizar el peso. *Mari Sol y Ana llevan un balde de ropa sucia al lavadero.*
baldear	1. Regar con baldes o cubos de agua cualquier suelo, en especial las entradas de las casas con el fin de refrescarlas. *La tía Juana baldea todas las tardes la acera de su casa* 2. Sacar con baldes el agua de un lugar inundado. *Después de la inundación estuvieren baldeando más de cuatro horas para sacar el agua del comedor.*
baldío	Perdido. Se dice del terreno que ni se labra ni es monte o dehesa, y también de los terrenos yermos. **En la salida norte de la ciudad todos los terrenos están baldíos.** *Las tierras de los almendros llevan más de ocho años baldías. Las tierras que producen poco las hemos dejado baldías.*
baldragas	Se dice de la persona floja, sin carácter ni energía. *A mí no me gusta trabajar con Tomás, es un baldragas.*
balear, abalear	Separar del grano después de aventado, con una escoba preparada a propósito, los granzones, la paja gruesa y otra suciedad. *Margarita esta baleando el montón de trigo.*
ballarte parihuela	Armazón compuesto de dos palos resistentes con unas tablas atravesadas en medio donde se coloca la carga que llevarán entre dos. *A Jaime cuando se perniquebró lo trajimos en un ballarte.*
ballico	Planta vivaz parecida a la cizaña pero más baja... Es buena para pasto y para formar céspedes. *Al salir de la escuela fuimos coger ballicos para los conejos.*
balsa	Embalse artificial y pequeño que recoge agua de la lluvia o de algún arroyo que se usa para regar. *Cada semana damos un riego con el agua de la balsa.*
bambolear	Moverse de un lado a otro sin perder el equilibrio. *Veo que los niños se bambolean peligrosamente sobre el lomo del caballo*
bamboleo	Vaivén de alguien o algo de forma compasada de un lado a otro sin desplazarse. *El alguacil caminaba por la calleja con un bamboleo que le aproximaba alternativamente a una u otra pared.*
banasta	Cesto de mimbre o de tiras de madera de diferentes formas y tamaños. *Los huevos de los nidales se recogían en banastas.*
banasto	Especie de cesta grande, redonda y profunda, de mimbres o cañas partidas, usada para llevar la uva. *El carro del tío Benito, el Chinche, trae tres banastos de una recién*

	cortada.
bancal	En las sierras y terrenos pendientes, rellano de tierra que natural o artificialmente se forma, y que se aprovecha para algún cultivo. *Los almendros de los bancales estaban en flor en enero.*
banco de matar	Mesa rústica de madera muy resistente y con patas fuertes donde se tiende y sujeta a la cochina o cerdo en el momento de sacrificarlo. También se usa para raspar al cerdo ya chamuscado y para destazarlo, estazarlo. *El banco había vivido ya la historia de cinco matanzas y se asustaba al ver los cuchillos.*
banda	Cinta, faja, tira larga y estrecha de un material flexible. *El alcalde apareció en la Fiesta con su banda tricolor recién estrenada.*
bandada	Conjunto más o menos grande de aves que vuelan juntas. *Nos llamó la atención la gran bandada de tórtolas que volaban al salir el sol. En otoño las bandadas de tordos sobrevuelan los tejados de la aldea.*
bandazo	Movimiento violento de alguien o algo con efecto en su dirección o sentido. *Cuando el animal de carga se asustó, dio un bandazo y el **carro**[80] volcó, lanzando a la señora a varios pies de distancia del carro.*
bando[81]	Comunicado hecho en voz alta por el alguacil, o por escrito del Alcalde o persona en quien delegue. También se dice del pregón hecho por las esquinas de las calles del pueblo de la venta de algunos productos venidos de otros pueblos. Este bando o pregón lo hacía un señor o sus hijos, que se había quedado con la contrata de este servicio. *Esta mañana el alguacil ha dado un bando comunicando que la semana que viene hay que pagar la tasa de basuras.*
banquilla banqueta	Asiento de madera semejante a un banco sin respaldo. Es de tamaño reducido y manejable para llevarlo de un sitio a otro. *Luisa, por favor, acércame la banqueta.*
banzo	Cada uno de los dos palos paralelos que forman el armazón de una escalera de mano, el respaldo de una silla, etc. También los travesaños que se unen a los banzos. *La escalera que tenemos en casa tiene siete banzos.*
barahunda	Alboroto, ruido y confusión grande acompañados de gritos y risas. *Mis abuelos no podían aguantar la barahúnda[82] que se organizaba todos los domingos en la plaza del pueblo.*
barandilla de cerner	Utensilio compuesto por dos tiras de madera alargadas y paralelas y unidas por uno o dos travesaños sobre las cuales se desplazan los cedazos para cerner la harina. *La madre movía rítmicamente los cedazos sobre la barandilla, mientras su hijo pequeño lloraba.*
barbechar	Labrar la tierra y dejarla que descanse un año o más años. *Las tierras sembradas de legumbres las vamos a dejar de barbecho este año.*
barbecho	Tierra que no se siembra durante uno o más años para que descanse. *Las tierras que estuvieron sembradas de trigo las vamos a dejar de barbecho un año.*
barbero [83]	Persona que en los pueblos afeitaba y cortaba el pelo a los hombres, y también a los niños. *El barbero tenía un reloj que a las horas cantaba el Cara al Sol. El barbero ha comprado una bacía[84] nueva.*
barda o bardal	Montón de leña formando cobertizo en el corral a modo de tejado, normalmente encima de la puerta de acceso al corral. *El bardal del cobertizo de la entrada al patio está a punto de caerse y es peligroso.*

---

[80] **Carro**: carreta, carromato (tono despecivo)

[81] **Bando**.Echar un bando: Comuniccar el bando en voz alta. Con frecuencia el alguacil llamaba la atención de los vecinos con un tambor y con un cuerno o trompetilla para "echar un bando" – anunciar algo -. La gente salía a las puertas o se asomaba a las ventanas para escucharle.

[82] **Barahúnda**: confusión, desorden, desbarajuste, barullo, alboroto, tumulto.

[83] **Barbero**. Muchos son los que creen que los antiguos barberos eran únicamente peluqueros que también se encargaban de arreglar la barba a los hombres. Pero si nos remontamos siglos atrás, cuando los dentistas no existían, los barberos también eran los encargados de ocuparse de la dentadura de sus clientes, e incluso hacían las labores de médicos de la época, tales como vendar úlceras o hacer sangrías

[84] **Bacía**. Vasija que usaban los barberos para espumar la barba. Tenía una escotadura en el borde.

barda	Cubierta de sarmientos, paja, espinos o broza, que se pone, asegurada con tierra o piedras, sobre las tapias de los corrales, huertas y heredades, para su resguardo. *La barda de la tapia del corral hay que rehacerla porque el vendaval del otro día la deshizo.*
bardal	Se dice de la leña amontonada a la entrada de las casas o en los corrales. *Debajo del bardal la tía Lupe, la Huesos, ha encontrado una nidada de por lo menos docena y media de huevos.*
bardero	Cubierta de ramas que se ponía encima de las paredes para que no calara el agua. *Si no ponemos el bardal a la pared, el agua la destruirá.*
bardusca verga	Vara larga y flexible, que podía usarse para arrear al ganado. *Los animales hacen más caso a la verga que a la voz de su amo.*
barduscazo vergascazo vergazo[85]	Golpe que se da o con que se amenaza a alguien con la bardusca o verga. *Te daré un barduscazo (vergazo) si no te portas bien. Para sacar el carro del atolladero dio varios vergascazos a los mulos acompañados de algunos juramentos.*
bargueño	Mueble de madera con varios cajones pequeños. A veces está adornado. *El bargueño tenía adornos geométricos muy variados.*
barguero bardero	Lugar del corral y a veces de la calle donde se protegía de la lluvia la leña gruesa de consumo y las támbaras. *Las gallinas tienen su nidal debajo del bardero.*
barra	Palanca de hierro que sirve para levantar o mover cosas de mucho peso. *El aprendiz de cantero movía las piedras con la barra.*
barragán	Se dice del mozo soltero. *El Perica está hecho un barragán de postín.*
barragán	Tela de lana, impenetrable al agua. *Hoy que va a llover se me ha olvidado el barragán.*
barrenar el horno	Hacer agujeros para que respire el horno (que entre oxígeno) en aquellos sitios donde hay mucha madera sin cocer.[86] *El horno pequeño tenemos que barrenarlo a media altura porque por esa parte no se cuece la madera.*
barrenos	Agujeros que se abren pinchando con la **hurga**[87] en los **espaldares**[88] del horno para dirigir la combustión a ese punto, al que por algún motivo no ha llegado la lumbre. *En el horno mayor hemos hecho esta noche tres barrenos.*
barreño	Vasija de barro, más ancha por el borde que por el fondo, destinada a varios usos como fregar, hacer la matanza, etc. *Hemos llenado el barreño de olivas.*
barreño	Recipiente de barro usado para recoger la sangre del cerdo cuando el matarife le clavaba el cuchillo. *La sangre no cupo en el barreño pequeño y tuvimos que usar el grande.*
barriguera	Correa que se pone a las caballerías de tiro en la barriga para evitar que se pinara el carro. Cincha. *El carro se pinó totalmente porque al arriero se le había olvidado poner la barriguera al mulo. Sujeta bien la cincha para que no se caiga la carga. La barriguera hay que ajustarla bien para que no moleste a la caballería.*
barril	Vasija de barro, de forma cilíndrica, con una boca y un asa que apoya uno de sus extremos en la boca y el otro en la parte alta del cuerpo del recipiente. Era muy usado por los segadores para llevar agua. *En el barril que acabamos de comprar caben cuatro litros y medio.*
barrilabotija	Cántaro pequeño con 2 caños, por uno se llena y por el otro se bebe. Su superficie es en su mayor parte porosa lo que facilita mantener el agua fresca. *Toño ha roto la barrila en la fuente.*

---

85 **Ijar.** Cada uno de los dos espacios entre las costillas flotantes y los huesos de las caderas
85 **Vergazo**: Hecho de dar un golpe a alguien con una verga.
86 **Barrenar el horno.** Hacer un agujero en el horno. Por el barreno que se hace ocasionalmente, respira el horno (entra oxígeno) y se acelera la cocción de la leña.
87 **Urga.** Cata que se ha hecho con el hurguero para descubrir por donde conviene atacar al horno para que llegue la combustión a un sitio determinado.
88 **Espalderas.** Costados del horno es su parte media y alta, donde se encuentran los palos más gordos del horno.

barruntar	Anticipar, suponer o prever algunas cosas que al final pueden ocurrir o no. *Ya había barruntado que aparecerían mis primos. El asno barrunta que va a llover, por eso mueve las orejas. Rosa dice que cuando le duele la rodilla barrunta que el tiempo va a cambiar.*
bártulos	Enseres, herramientas, trastos. *Comió, bebió y descansó; luego tomó los bártulos y siguió su camino.*
barzón	Anillo de hierro, madera o cuero por donde pasa el timón del arado en el yugo. *Pasó el timón del arado por el barzón del ubio, dio una palmada en el lomo de la mula y moviendo la tralla, arreo a la yunta, que caminó lentamente por el surco.*
basar	Tabla que sobresalía en los laterales de la cocina y que se usaba para dejar cacharros como el almirez, pimentón, vasos, etc. *Ayer puso dos papeles de color en las basares de la cocina.*
basilisco	Se dice de la persona furiosa y que actúa sin razonar. *Se puso hecho un basilisco.*
bastidor	Estructura o armazón, casi siempre de madera, que deja un hueco en el medio y sirve para sostener otros elementos: El bastidor en el que se tensa un lienzo para pintar; el bastidor circular para bordar una tela. *Ayer compré un nuevo bastidor para bordar*
bastidor	Armazón circular al que se sujetaba la tela que se bordaba. En el pueblo de Mecerreyes la escuela de niñas de doña Dolores Espiga dedicaba una tarde a tareas con el bastidor. *Angelines tiene colocada en el bastidor una pieza que está bordando a cruceta.*
bastilla	Doblez que se hace y se asegura con puntadas a los extremos de la tela para que esta no se deshilache. *El remate de la falda lleva una buena bastilla.*
batán	Máquina generalmente hidráulica, compuesta de gruesos mazos de madera, movidos por un eje, para golpear, desengrasar y enfurtir[89] los paños. *Este año se han colocado dos batanes nuevos en la fábrica.*
batanear	Sacudir o dar golpes a alguien. *La madre bataneaba al hijo que la había desobedecido cuando iban por la calle.*
batanero	Se aplica a la persona que cuida de los batanes[90] o trabaja en ellos. *El batanero usa delantal de cuero. El batanero y el curtidor hablaban todos los días de cómo mejorar sus productos*
batiburrillo	Se aplica a la mezcla de cosas diversas, con poca o ninguna relación entre sí. *Antonio no tiene las ideas claras, tiene un batiburrillo mental que no es fácil aclararlo.*
batida	En la montería, acción de batir el monte para que las piezas de caza que haya salgan a los puestos donde están esperando los cazadores. *Seis personas hacían la batida en la solana del monte.*
batista	Lienzo fino muy delgado. *La modista tiene un mazo de batista para prendas distinguidas.*
bautizar algo	Echarle agua para aumentar el beneficio en su venta. *El vinatero bautizaba el vino antes de venderlo. La leche que hemos comprado hoy parece que está bautizada.*
bayo	Color de aspecto cobrizo. Este término se usa sobre todo para referirse al color de los machos o caballos que tenían el pelo con esa tonalidad. *En la cuadra hay dos mulos bayos.*
bayonesa*	Mayonesa, salsa que se obtiene batiendo de forma continua huevo y aceite que se echa lentamente. *La bayonesa hecha en casa tiene mejor sabor que la comprada hecha.*
baza	Número de cartas que en ciertos juegos de naipes recoge quien gana la mano. Hacer una baza: ganar una jugada. *En esta partida de la brisca Juan ha hecho cuatro bazas.*
bebederos	Pequeños recipientes o pilones usados para abrevar al ganado: ovejas, vacas, cabras, mulos… *Los bebederos de Los Llanos tienen este verano poco agua.*
beber a chin-	Beber levantando el botijo o la bota y dejando que el agua que sale por el pitorro caiga

89 **Enfurtir**. Conseguir en el batán que los paños cojan cuerpo.
90 **Batán**. Máquina hidráulica con varios mazos de madera que movidos por un eje golpean y enfurten los paños.

guete	directamente en el labio superior o en el paladar. *Cuando Adrián bebía a chinguete dejaba caer el agua en la frente y le bajaba hasta la boca.*
beber de bruces	Beber colocando los labios directamente en la corriente del agua. Beber a morro. *Al ver el arroyo los niños se echaron al suelo y bebieron de bruces.*
beldada	Cantidad de mies trillada que se coge con el bieldo cuando se bielda o la cantidad de paja que puede cogerse con una *bielda*. *El labriego lanzaba rítmicamente beldadas de la parva al aire, si el aire soplaba con fuerza suficiente para separar el grano de la paja.*
beldador, aventador	Se dice de la persona que bielda, avienta y limpia los granos lanzando al aire la mies trillada. *Aprovechando que sopla el viento hay dos personas beldadoras.*
beldadora	Aventadora. Máquina que se empleaba para separar el grano de la paja mediante el aire producido por unas palas metálicas situadas en un bombo y el movimiento de *cribas*. El aire desplazaba la paja y las cribas seleccionaban el gramo. El movimiento de las palas se generaba al principio moviendo a mano una manivela; después se colocó en las beldadoras un motor de gasolina que facilitaba el trabajo. *Mi hijo tiene hoy la beldadora con motor y acabará beldando la parva de trigo en una mañana - decía el tío Fortuna a Santi, el Pelao, mientras apuraba la copa de orujo -.*
beldadora [91]**aventadora**	Máquina para **beldar**[92] la mies ya trillada. *Mañana tenemos ajustada la **beldadora**[93] por todo el día.*
beldar[94] **aventar**	Lanzar al viento con el bieldo la paja y el grano mezclados para que el viento separe la paja del grano. El grano por su peso cae en vertical mientras que la paja, por su ligereza, se aleja de éste. *Mañana, si hace viento suave, tenemos que ir a la era a beldar la avena a mano (con el bieldo). Cuando el viento es constante y de fuerza mediana es el momento de beldar*
bellaco	Se dice de la persona intencionadamente mala o pícara. *Ayudado por un labriego, que lo levantó y dio de comer, se repuso y, cual bellaco sin límites, le robó las alforjas.*
beodo	Se aplica al borracho o al que va bien cargado de vino. *El beodo caminaba en zigzag e iba de un lado a otro de la calle como asustado por los ladridos de los perros.*
berbiquí	Herramienta con un manubrio y un barreno para taladrar. *El berbiquí se atascaba al taladrar una tabla de encina.*
berrear	Dar berridos[95] los animales. *El ciervo está siempre para berrear junto a la encina grande.*
berrear	Llorar o gritar de forma desmedida y fuera de lo común un niño o niña. *La niña está acostumbrada a conseguir las cosas poniéndose a berrear.*

---

[91] **Aventadora**: Máquina de de beldar. Supuso una mejora grande que terminó con la necesidad de beldar a mano y estar siempre pendientes de si hacía o no bastante viento. Al principio funcionaba a manivela, pero poco después empezaron a usarse motores de gasolina que movían los mecanismos. Su uso fue un desahogo importante en las tareas de las eras. El Epi me tomó como encargado de su máquina de beldar con motor. Las familias contrataban la máquina por unas horas y a mí me pagaban en kilos de trigo. Aún guardo el cuaderno donde anotaba los pagos.

[92] **Beldar**: Echar al aire con el bieldo pequeñas cantidades de cereales o legumbres trillados para separar el grano de la paja.

[93] **Beldadora**. Las maquinas aventadoras fueron muy populares hace 50 años, cuando el trigo se separaba de la paja mediante maquinas movidas a mano o tiradas por motores. El funcionamiento de la aventadora es bien sencillo : el cereal se coloca en una arqueta o tolva situada en la parte superior, y este va bajando a través de una ranura por su propio peso y el movimiento de la maquina, hacia un conjunto de cribas que se hallan unas por encima de otras a distintos niveles, y que se mueven hacia un lado y hacia el otro gracias al vaivén de una biela que convierte el movimiento rotatorio de la polea en movimiento lineal, el cual a su vez es convertido en movimiento de izquierda a derecha y de derecha a izquierda de las cribas. Al mismo tiempo, el motor mueve unas aspas en el interior de un bombo, cuya misión es la de generar una fuerte corriente de aire, a modo de ventilador, que es pasada al través del agitado cereal, con lo cual toda la suciedad del mismo es expulsada de el.

[94] **Beldar**. Actualmente se bielda con máquinas o se hacen todas las labores al mismo tiempo con la cosechadora.

[95] **Berrido**. Voz propia de los animales que berrean.

berrido	Voz del **becerro** [96]y otros animales como las ovejas y los corderos cuando berrean. *Al atardecer se oían los berridos de los becerros llamando a sus madres.*
berrido	Grito exagerado y fuera de lo común de una persona. *El berrido de este niño es de capricho y no porque le suela algo.*
berrinche	Enfado, enojo grande y más comúnmente el de los niños. A veces se acompaña de llanto. *Jacobo se ha tomado un gran berrinche cuando le he dicho que no puede bajar a jugar a la calle.*
berro	Planta que crece en lugares con agua corriente y clara. Tiene tallos de varios centímetros de largo y hojas lanceoladas, y flores pequeñas y blancas. Sus hojas se comen en ensalada que tiene un sabor ligeramente picante. *En el arroyo del Reduelo, junto a la fuente de san Andrés había muchos berros. .*
berros	Planta que crece en lugares con agua corriente y clara. Tiene tallos de varios centímetros de largo y hojas lanceoladas, y flores pequeñas y blancas. Sus hojas se comen en ensalada que tiene un sabor ligeramente picante. *En el arroyo del Reduelo, junto a la fuente de san Andrés había muchos berros.*
berzal	Tierra, prado o huerta plantada de berzas[97]. *Traigo este saco de hojas de berza par las cochinas.*
besana haza	1. Primer surco que se abre en la tierra cuando se empieza a arar. *Traza bien la besana y los demás surcos te saldrán perfectos. La besana tenía un trazo recto y profundo.* 2. Tierra dedicada a la siembra. *Mañana vamos a labrar el haza más grande que tiene el abuelo.*
betún	Sustancia que se usa para lustrar y sacar brillo al calzado. *La lata de betún negro está acabada.*
bicharraco	Animal u otra cosa viva de gran tamaño y poco agraciado. *En el monte hemos visto un bicharraco y nos hemos asustado.*
bicharraco	Se aplica a la persona de malas intenciones y acciones. Persona de mal parecido.*Con ese sombrero y las gafas negras pareces un bicharraco.*
bicoca ganga	Objeto de cierto valor que se adquiere a precio bajo o como una ganga. *La compra de este reloj es una bicoca; me ha salido por la mitad de precio que en la relojería. El cacharrero de la plaza tiene buenas gangas.*
bielda	1. Herramienta agrícola que sirve para recoger, cargar y encerrar la paja. Se diferencia del bieldo en tener seis o siete puntas y dos palos atravesados, que con las puntas o dientes forman como una rejilla. *Echa las bieldas al carro, que las necesitamos para trabajar.* 2. La bielda: Acción de beldar. *La bielda nos ha ido bien, hemos necesitado tres horas.*
bieldo	Palo largo en uno de cuyos extremos se inserta transversalmente otro palo de unos 30 cm, en el que se encajan se encajan cuatro o cinco palos lisos, semipuntiagudos a modo de dientes. El bieldo sirve para lanzar al aire paja y grano trillado a fin de que el aire separe aquélla de éste. *La mujer y el marido manejaban con soltura el bieldo y lanzaban al aire la mies trillada para que el viento separase el grano de la paja.*
bien encarado	Se dice de la persona de buen ver, elegante, de buena figura. *El joven, bien encarado y elegante, llegó a tiempo.*
binar	Dar segunda reja (vuelta) a las tierras de labor. *Mi padre ya ha vuelto de binar las suertes del Bardal.*
binar	Dicho de un sacerdote: Celebrar dos misas en un mismo día. Solía ocurrir cuando eran las fiestas de un pueblo vecino. Primero decía la misa en su parroquia y luego celebraba otra misa con el párroco en cuyo pueblo era la fiesta. Ahora la mayoría de los curas binan porque llevan varios pueblos. *Don Cosme tiene que binar los domingos diciendo misa en San Cosme y en Hortigüela.*
binar	Hacer la segunda cava en las viñas. *He visitado las viñas y es necesario binarlas para*

---

[96] **Becerro**. En general cría de la vaca hasta que cumple uno o dos años o poco más
97 Las **berzas** eran muy utilizadas en otros tiempos para engordar a los cerdos (la cochina) de la matanza. De la berza se aprovecha, además de las hojas como forraje, el repollo para cocinarlo y usarlo, cocido o en ensalada, para las personas.

	quitar la hierba
birlar	Quitar algo a alguien a escondidas o con malas artes. *Esta tarde me han birlado los apuntes de Historia. En el mercado me birlaron la cartera.*
birria	Se aplica a la persona o cosa considerada de poco valor o importancia. *Mochila es una birria, no me cabe nada. Ese chaleco que llevas es una birria. Jesu, después del sarampión, se ha quedado birria.*
bisbisar musitar	Bisbisear, cuchichear, susurrar o hablar bajo y entre dientes. *Mientras esperan que comience la misa las mujeres bisbisean de sus cosas.*
bizma	Curación tradicional de los animales cuando se perniquebraban en el campo, entablillándoles la pata rota con emplasto de pez y vendas. *El pastor sanó la pata quebrada del perro bizmándosela.*
bizmar	Ponerle la **bizma**[98] a un animal perniquebrado. *Al perro, perniquebrado de una pedrada, le tuvimos que bizmar la pata. Necesito que me bizmes la muñeca.*
bizna	Película fina que separa los cuatro gajos de la nuez. *Las nueces apenas tenían bizna y los gajos eran rígidos y sabrosos.*
blanquillo*	Enfermedad de los cochinos hasta los dos meses (rostrizos) que se manifiesta por heces de color lechoso y puede llevar a la muerte a **lechigadas**[99] enteras. *Ayer se murieron tres cerditos de blanquillo.*
blasfemia	Palabra injuriosa contra Dios, la Virgen o los santos. *El carretero blasfemaba creyendo que así animaba a las caballerías.*
blincar, brincar	Dar saltos generalmente de alegría, por un juego, etc... *Los niños se pasan el recreo corriendo y blincando (brincando).*
blinco, brinco	Salto. Bote (aplicado a la pelota). *Sonia dio tres brincos (blincos) seguidos. La pelota de Esteban ha dado tres botes.*
boca de encañe*	Boca del horno de la tejera, que antes de encenderlo se cerraba, por donde se metía el material que se iba a cocer. *El tejero y sus ayudantes metían las piedras, los ladrillos y las tejas en el horno por la boca de encañe preparada para ello.*
boca	Entrada o salida de una calle, de una tubería, de un horno, etc. *La panadera dejaba algo de rescoldo en la boca del horno.*
bocado	Parte del freno que entra en la boca de la caballería para que obedezca mejor. *Coloca bien el bocado del freno de la caballería.*
boceras	Se dice de las personas muy habladoras pero sin fundamento ni razones. *Miguel, el campeón de ajedrez, es un boceras. Te distrae con su palabrería. Mi vecino de trabajo es un boceras.*
boche	Es una manera de llamar a los burros con intención afectuosa. *Mi padre tenía un boche peludo y con las orejas blancas.*
boche	Hoyo pequeño y redondo que hacen los muchachos en el suelo para jugar, tirando a meter dentro de él las piezas con que juegan. *De una sola tirada, Marcos metió la canica en el boche.*
bochinche	1.Se dice del tumulto ruidoso con barullo. *¡Vaya bochinche que se organizó cuando se descubrió que un jugador había hecho trampa!* 2. Se aplica con el sentido de enfado, enojo. *Después de discutir, mi prima se fue con un bochinche a casa.*
bochorno	Se aplica a situaciones en que el calor es sofocante. *Ayer por la mañana, hacía tanto bochorno, que nos tuvimos que volver a casa sin dar el paseo.*
bocina	Instrumento de metal, en forma de trompeta, con ancha embocadura, y que se hacía sonar en los autobuses y otros vehículos. *No toques la bocina que alucinas. La bocina del autobús de línea marcaba una hora muy próxima a las 5 de la tarde.*
bodega	Sitio cavado en la tierra donde se guarda y cría el vino. *La bodega de mis abuelos en el pueblo está debajo de su casa.*

---

[98] **Bizma**: Pedazo de tela cubierto de cierto emplasto y de tamaño ajustado a la parte del cuerpo que ha de cubrir. **Emplasto**. Preparado medicinal con distintas materias que adquiere forma de plasta cuando se aplica.

[99] **Lechigada**. Conjunto de animales que han nacido de un parto y se crían juntos en el mismo sitio.

bodoque	Relieve de forma redonda que sirve de adorno en algunos bordados. *La blusa de Reme lleva bodoques de colores.*
bofe	Pulmón de las reses que se destina a consumo. Por analogía los pulmones del hombres (sin destino comestible). *Ni sus reflejos, ni sus piernas, ni sus **bofes** eran los de ayer.*
boina	Gorra sin visera, redonda y chata, de lana negra y generalmente de una sola pieza. Se ciñe a la cabeza y tiene en su centro superior un hilo. *La boina del tío Gila, el Voceras, brilla con los rayos de sol debido a la grasa que tiene en sus bordes.*
boj	Arbusto de unos cuatro metros de altura, con tallos derechos, muy ramosos, hojas persistentes, elípticas, duras y lustrosas. Su madera es amarilla, dura y compacta, muy apreciada para el grabado. A veces se emplea como seto de adorno. En Mecerreyes el Domingo de Ramos el Ayuntamiento solía traer ramos de boj. *Dondequiera que encuentro boj, rápidamente asocio su olor al Domingo de Ramos del pueblo cuando era niño y monaguillo.*
bola (alimento)	Se dice de un alimento de forma esférica preparado con miga de pan, huevo, ajo y embutido picado, que se cocina conjuntamente con el cocido de garbanzos. *Con la bola hemos tenido para tres personas.*
bolas (mentiras)	Se aplica a las mentiras, rumores falsos, etc., hechos generalmente por intereses personales o de otros ámbitos. *Juan, con gran seguridad, les metió cuatro bolas y todos terminaron satisfechos.*
bolinche	Canica. *Hoy he cambiado doce bolinches con mis amigos del cole.*
bollo	Alimento preparado con harina, agua, leche, manteca, huevos… y cocido al horno. *Un trozo de bollo con café con leche era su desayuno diario. El día de mi santo tomamos bollos con chocolate*
bomba[100]	Máquina para elevar el agua u otro líquido y darle impulso en una dirección determinada. *En el corral del tío Rufino había una bomba de mano en el pozo.*
bombacho	Pantalón ancho cuyas perneras terminan en forma de campana abierta por un lado y con botones y ojales para cerrarla. *Tengo varías fotos con pantalón bombacho.*
bonete	Especie de gorra de cuatro picos, usada por los curas y seminaristas. *Don Ramón llevaba casi siempre el bonete en la mano en vez de ponérselo en la cabeza.*
bonete	Hongo muy sabroso. Su forma se parece a un bonete de cura. *Los bonetes o colmenillas se crían entre las encinas y los enebros.*
boñiga	Excremento del ganado vacuno y el de otros animales semejantes. Las boñigas secas se usan como combustible. *En las boñigas de las vacas se ven enteros los granos de trigo que han comido.*
boñigo moñigo	Cada una de las porciones o piezas del excremento de las caballerías. *La calle estaba llena de boñigos recién evacuados por las caballerías.*
boquera	Ventana por donde se echa la paja o el heno en el pajar ayudándose de una horca o una bielda. La paja se suele llevar también en lenzuelos que se vacían por la boquera en el pajar. *Este año la boquera del pajar se ha abierto en el tejado. Ten cuidado no se enganche el lenzuelo en la boquera del pajar.*
boquera	Referida a hornear carbón: Orificio o boca que se abre por bajo de la gavilla de chazca para que respire el horno donde se hace el carbón. En ocasiones se cubre con un **césped**[101] sujeto por un palo con el fin de que el aire no dé de cara en la boquera. *El horno tiene dos boqueras, vigila y dinos si hay que ponerlas un césped para que se produzca combustión en vez de lumbre.*
boqueras al castro	Se llaman así las cuatro boqueras en cruz que se abren en la base del horno al comenzar a cocer la leña. *En el horno mayor ya están abiertas las boqueras al castro.*
boquerón	Abertura grande. Agujero considerable. *El tío Juanito ha abierto un boquerón en el pa-*

---

[100] **Bomba**: Mecanismo para sacar agua de los pozos. En Mecerreyes había varias **bombas de mano** con las que se sacaba el agua de los pozos para beber y para regar.

[101] **Césped**. Corte de tierra cuadrangular o rectangular con hierba corta y muy tupida. Las dimensiones varían según su destino. Boquete que se hace en el cauce de los ríos para desviar agua y regar. Ventana del pajar por donde se echa el heno.

	jar.
boquete	Paso estrecho a un lugar o paso estrecho de un lugar a otro. *Pasamos a la tenada por un boquete abierto en la pared.*
boquete	Hueco por donde se introduce la leña, la paja y el fuego a la gloria. *Echa la paja por el boquete de la gloria para calentarla.*
borbotar	Hervir el agua o salir el agua a borbotones de un manantial. *En la fuente de san Andrés el agua manaba a borbotones.*
borceguí	Calzado que llegaba hasta más arriba del tobillo, abierto por delante y que se ajustaba por medio de correas o cordones. *Para caminar por el monte o por terreno pedregoso llevamos los borceguíes.*
bordado	El **bordado** es el arte de ornamentación por medio de hebras textiles, de una superficie flexible. *Anita acaba de bordar un juego de servilletas. Por las tardes hacíamos bordados en la escuela.*
bordadura	Realización de relieves figurativos ejecutados en tela o piel con aguja y diversas clases de hilo. *Las bordaduras hechas por las hijas de Tere son una maravilla de simetría y color.*
bordar	Adornar con **bordaduras**[102] una tela u otra materia. *En la escuela, los jueves por la tarde, dedicamos dos horas a bordar.*
borla	Conjunto de hebras o hilos de colores o no sujetos y reunidos por su mitad y sueltos los extremos. Los extremos cuelgan en forma de cilindro o se esparcen en forma de media bola. *Las borlas de la manta semejaban a cascabeles en movimiento.*
borra	Lana de escasa calidad que se empleaba para rellenar colchones, almohadas, etc. *Apalea (sacude) bien la borra que luego la pondremos en el colchón.*
borra[103]	Cordera de un año. *Entre los animales del rebaño hay doce borras. Este año hemos vendido diez borras a buen precio.*
borrasca	Situación atmosférica de viento fuerte, precipitación abundante, aparato eléctrico y truenos. *La borrasca nos pillo a medio camino y nos tuvimos que cobijar en una chabola.*
borrega	Ovejas que tienen de uno a dos años de edad... *Entre las 100 ovejas hay unas 20 borregas.*
borrico	Trípode que sirve a los carpinteros para apoyar en él la madera que trabajan. *La viga del carro se sostenía en dos borricos.*
borrico	Asno, burro pequeño. *El niño, rubio de pelo y tez morena, tiraba del ramal del borrico para llevarlo al pilón.*
borrico	Se aplica a los niños escasos de luces o de saber. *El borrico de Toni no hace nunca las tareas de la escuela*
bosar	Deshacerse el jabón con pompas y espuma cuando se lava la ropa, las manos o en casos similares. *El jabón que hace mi madre bosa mucho.*
bota	Recipiente pequeño de cuero **empegado**[104] por su parte interior y cosido por sus bordes, que remata en un cuello con **brocal**[105] de cuerno, madera u otro material, destinado especialmente a contener vino. En el brocal se ajusta un tapón con un agujerito por el que se hace salir el líquido para **beber a chinguete**[106]. *No te olvides de llenar bien la bota.*
botagueño*, sabadeño	Chorizo basto que se hace con el despojo del cerdo. Se emplea solamente para comer cocido. *El botagueño echado al cocido de las lentejas pica un poquito, pero está muy sabroso.*
botarate	Se aplica a la persona tonta y atolondrada. Persona poco juiciosa y sin formalidad. De

---

102 **Bordadura.** Labor de relieve ejecutada en tela o piel con aguja y diversas clases de hilo.
[103] **Borra**: Parte de la lana del vellón de una oveja que tiene peor calidad.
104 **Empegar**: Cubrir con pez derretida el interior o el exterior de los pellejos y otros recipientes de cuero como las botas de llevar vino.
105 **Brocal.** Cerco de madera o de cuerno que se pone en la boca de la bota para llenarla con facilidad y beber por él.DRA
[106] **Beber a chinguete**. Trago de vino que se toma de la bota o del porrón alejándolos de la boca.

44

	pocas luces. *Atiende a razones, María, y no seas una botarate. No hagas tonterías que te tomarán por un botarate. A mí no me hables de lerdos ni botarates, prefiero un malauva para hacer negocios.*
botica	1. Farmacia, laboratorio y lugar de despacho de medicamentos. *Lleva las recetas a la botica para que te las despachen.* 2. Medicamento, remedio o mejunje. *Estoy cansado de las boticas del médico.*
boticario	Nombre tradicional de la persona que preparaba y expendía las medicinas o preparados como remedio a las enfermedades. *El boticario, el maestro, el cura y el juez están echando la partida. Ve al boticario y que te dé algo para el catarro.*
botija	Vasija de barro mediana, esférica y de cuello corto y estrecho. Era frecuente su uso para llevar agua al campo. *El burro tiró las alforjas y en la caída se rompió la botija.*
botijo	Vasija de vientre abultado, con asa en la parte superior y dos bocas, una para echar el agua y otra, un pitorro, para beber. *Coloca el botijo a la sombra para que no se caliente el agua.*
botón	Yema de donde brotan los tallos y flores de los vegetales. *En los cerezos se pueden ver ya los botones, brillantes por la mañana con el rocío, que se convertirán en flores y rojas cerezas.*
boyada	Manada de bueyes y vacas pastando en la dehesa o el campo. Al cuidado de la boyada iba un boyero y dos ayudantes, vecinos del pueblo, por turno, que eran dueños de algún buey o vaca. *Hoy la boyada estaba en la dehesa.*
boyero	Hombre que está al cuidado de la boyada o bueyes y vacas sueltos en el campo. *Al cuidado de las vacas y bueyes que pastan en la dehesa hay un boyero y dos ayudantes. El boyero se acompañaba de perros y manejaba con soltura la honda.*
bozal	1. Aparato, comúnmente de correas o alambres, que se pone en la boca a los perros para que no muerdan. *Saca el perro a la calle con el bozal* 2. Objeto semiesférico hueco de esparto o de alambre que se ponía a los animales en el morro para que no se parasen a comer en la parva cuando trillan. *Juanito, coloca el bozal a los bueyes, si no se van a comer todo el trigo de la parva.*
bozo	Vello que apunta a los jóvenes sobre el labio superior antes de nacer la barba. *Cuando aparece el bozo en el labio superior cambia la voz de los jóvenes.*
brabán	Apero de labranza con doble orejera metálica, que gira 180 º, y apoyado en dos ruedas delanteras que permite labrar la tierra y voltearla a mayor profundidad que con la vertedera. Término muy utilizado en la provincia de Burgos *El primer movimiento en las suertes nuevas se da con el brabán. Ayer roturamos veinte hectáreas de perdido con el brabán.*
bragazas	Se dice del hombre que se deja dominar o persuadir con facilidad, especialmente por su mujer. *Cándido es un bragazas no se atreve a hacer nada sin el consentimiento de su mujer.*
bramante	Cuerda de cáñamo que se usaba para coser sacos, hacer calzado, y en otras labores de cuero. *Los chorizos los atamos con cuerda bramante. Los zapatos se cosían con bramante untado de pez.(sustancia con la que se frotaba el hilo y con ello quedaba fortalecido).*
bramido	Grito o voz fuerte, disonante y confuso de una persona cuando está colérica y furiosa a semejanza del bramido de los bueyes. *Más que frases, de su garganta salían bramidos incoherentes e ininteligibles.*
bramido	Voz del toro y de otros animales salvajes. *El bramido de las vacas me recuerda que tengo que soltarlas par que pazcan en el prado.*
brasero[107]	Pieza de metal, honda, ordinariamente circular, con borde en forma de corona, y en la cual se echa o se hace lumbre para calentarse. Suele ponerse sobre una tarima, caja o pie de madera o metal. *Acerca con cuidado el brasero a la mesa camilla.*
brazao brazado	Cantidad de algo como leña, palos, bálago, hierba, etc., que se puede abarcar y llevar de una vez con los brazos. *Hemos echado tres brazados de leña al fuego.*

---

[107] **Brasero**. Las mesas donde se comía o se jugaba a las castas o a otros juegos solían tener debajo un sitio para encajar el brasero para que calentase a quienes se sentaban alrededor de ellas

brazada	
brea	Alquitrán. *La semana pasado arreglaron los baches de la carretera de Covarrubias echando brea y gravilla.*
brebaje	Bebida compuesta de ingredientes desagradables al paladar. *La tía Rosa, la Pelos, nos preparó un brebaje[108] difícil de tragar. Ella decía que curaba los catarros.*
bregar	Trabajar mucho y duramente. *Todos los días bregaba en el campo desde el amanecer hasta la puesta del sol.*
breviario	Libro usado por los curas que contiene el rezo eclesiástico de todo el año. *El monaguillo cayó al suelo con el breviario.*
brezo	Arbusto muy ramoso de madera dura y raíces gruesas. Se usa para hacer carbón de fragua y pipas de fumador. *El seto de la Cartuja de Miraflores es de brezo.*
bribón	Se dice de la persona que obra con picardía. **Pícaro**[109]. *No trates de apaciguar a los amigos de Juanmi, porque entre bribones anda el juego.*
bridas	Conjunto de elementos del freno de las caballerías, correaje que lo sujeta a la cabeza y las riendas. *Para dirigir bien las caballerías hay que manejar con habilidad las bridas.*
bridón	Cabezada con anteojeras para que los animales no puedan ver ni para atrás ni para los lados. *Si quitas el bridón al animal pierde la dirección.*
brisca[110]	Juego de naipes españoles, en el cual se dan al principio tres cartas a cada jugador, y se descubre otra que indica el palo de triunfo. Durante el juego se van tomando cartas del montón sobrante del reparto hasta que se acaban. Gana el jugador o la pareja que alcanza más puntos.
brizna	Parte muy pequeña de algo. *Ponme una brizna de manteca en la tostada. Sobre la mesa quedaron algunas briznas de tarta.*
broca	Herramienta manual o mecánica de boca cónica que se usa para taladrar objetos. *Al taladrar la chapa se rompió la broca.*
brocal	Pared que rodea la boca del pozo, para evitar el peligro de caer en él. *Aquella persona se acercó al brocal del pozo y al querer verse reflejado en el agua se inclinó tanto que acabó cayéndose.*
brocal[111]	Cerco de cuerno que se pone a la boca de la bota para llenarla con facilidad y beber por él. *Aprieta bien el brocal de la bota para que no caigan gotas de vino al beber.*
brotar (nacer)	Manar o salir agua de un sitio. Donde brota el agua decimos que nace la fuente. *El agua de Fuentehontrosa brotaba a borbotones, clara y fría.*
broza	Conjunto de ramas, hojas secas, desperdicios y otros restos que hay en los bosques y jardines. *La broza llenaba el cauce del río e impedía la libre circulación del agua. La broza atoró la tubería.*
broza	Se dice de las cosas (polvo, piedras, pajas) extrañas metidas en un ojo. *Acaba de meterse una broza en mi ojo.*
bruñir	Hacer que algo adquiera brillo o dar lustre a algo. Hacer que algo reluzca. *Esta mañana toca bruñir los objetos de plata y los dorados.*
buche[112]	Parte del aparato digestivo de las gallinas y otras aves, que está entre la garganta y el estómago, al final del cuello, donde va almacenando la comida que se traga. *Las gallinas de la tía Juana tienen el buche lleno de maíz.*
bufar	Se dice generalmente que el gato bufa cuando se enfada porque hace ruido similar a

---

[108] **Brebaje**: pócima, caldo, bebedizo preparado para aliviar algún dolor.

[109] Bajo, ruin, doloso, astuto, sagaz, falto de honra y vergüenza, astuto, taimado.

[110] Era habitual **jugar a la brisca** en las familias o entre vecinos en las tardes y noches de invierno al calor del brasero o de la gloria. También se organizaban partidas entre las mujeres. Se reunían en una casa y allí pasaban la tarde contando los triunfos, tomando alguna pasta e intercambiando chismes del pueblo. Esas partidas en el verano se trasladaban al exterior de las casas, generalmente a la puerta de las mismas. Una veces buscaban el sol y otras la sombra según obligara el tiempo.

[111] El **brocal o boquilla** de la bota está compuesto de tres partes, totalmente separables, tapón superior utilizado tapar el pitorrito por donde sale el vino para beber, parte intermedia de boca ancha utilizada para el llenado de la bota y parte inferior que lleva rosca para unirse a la bota.

[112] **Buche**. Referido a las personas: Estómago. Los amigos de Pedro han llenado bien el buche a mediodía.

	un bufido. *El gato al meter el hocico en el cocido que estaba hirviendo, bufó y salió corriendo.*
bufar	Decimos que alguien bufa cuando muestra su enojo y enfado lanzando improperios. *Andrés bufaba cuando se enteró de que no estaba incluido en el equipo.*
bujarda	Martillo de dos bocas cuadradas cubiertas de dientes, usado en cantería y con el que se remata el trabajo hecho con el trinchante. *Después del trabajo del trinchante en las piedras hay que pasarlas la bujarda para suavizar su superficie.*
buje	Pieza metálica que sujeta cada rueda del carro, para que gire en torno al eje. *Cuando engrases las ruedas, no te olvides de poner el buje.*
bulla	Bullicio, ruido desmesurado al conversar entre sí varias personas. *De la terraza del bar subía una bulla cada vez más fuerte.*
bureo	Se dice del esparcimiento, entretenimiento, diversión…sin cometido alguno. *Ana y Marta han estado toda la tarde de bureo con otras amigas.*
buril	Herramienta de acero puntiagudo utilizado para abrir y hacer líneas en las piedras y en los metales. *El aprendiz de cantero aún no maneja el buril*
burradas[113], hacer	En Mecerreyes: Cargar al hombro troncos gruesos y pesados y llevarlos a la era del horno o a las piladas[114]. Cuando el acceso de las caballerías o los carros era difícil, los carboneros trasladaban la leña hasta las piladas de los carriles sobre sus hombros. *Hoy nos ha tocado hacer burradas y tengo los hombros doloridos.*
busilis	Punto en que se estriba la dificultad del asunto de que se trata. *¿Cuándo se tienen que sembrar los ajos? He ahí el busilis. El busilis del negocio está en comprar barato y vender caro.*
buzo	Conocido más popularmente en el medio rural como mono de trabajo. Era generalmente de color azul. Presenta dos formas, una que cubre todo el cuerpo y otra con pantalones y peto unidos que cubre el pecho. *Pedro, lleva el buzo y los leguis al monte.*
ca, quia	Expresiones para denotar incredulidad o negación. *¿Ha venido Juan? quiá, ni ha venido ni le esperamos.*
cabal	Se dice de quien está en su sano juicio y con sentido común. *Pedro lo que necesita es una mujer cabal que le espabile un poco.*
cabalgadura	Animal en que se cabalga o se puede cabalgar (subir, montar, andar o pasear a caballo). Bestia de carga. *La cabalgadura está lista para ser montada y salir de paseo.*
caballería[115]	Animal solípedo, que, como el caballo, sirve para trabajar en el campo y en las faenas agrícolas y para cabalgar en él. *Acabo de echar de comer a las caballerías dos escriños[116] de cebada*
caballeriza	Espacio cubierto destinado a los caballos y bestias de carga. *Las caballerizas están limpias y desinfectadas.*
caballete	Palo o viga horizontal, el más elevado de un tejado, de la cual arrancan dos vertientes. *El caballete de la choza era de roble.*
caballón	1. Lomo entre surco y surco de la tierra arada. *Los rayos del sol mostraban los caballones como una red cubriendo la tierra.* 2. Lomo que se levanta con la azada para formar y dividir las eras de las huertas y para plantar las hortalizas o aporcarlas. *Colocaba los plantones de lechuga en los caballones que preparó con la azada* 3. Lomo que se dispone para contener las aguas o darles dirección en los riegos. *Prepara bien el caballón si no quieres que te lo lleve el agua.*

---

[113] **Burrada**. Como es fácil deducir, el nombre de burrada viene de hacer trabajo muy duro, propio de los burros por el esfuerzo que exige. etc
[114] **Piladas**: Montones de troncos y leña gruesos situados en los carriles hechos al lado de los carriles para ser transportados por las caballerías o bueyes.
[115] **Caballería**. En Mecerreyes las yuntas de vacas eran las más numerosas. También había parejas de mulos (o machos o caballos) , que se movían más ligeros aunque tuviesen menos potencia. También se usaron los burros.
[116] **Escriño**: Cesta hecha con mimbres o de cáñamo, que se usa para poner la comida a los bueyes cuando van de camino.

cabarra, garrapata	Ácaro de forma ovalada, de cuatro a seis milímetros de largo, con las patas terminadas en dos uñas mediante las cuales se agarra al cuerpo de ciertos mamíferos (ovejas, cabras, vacas...) para chupar su la sangre. *Los bueyes aparecieron llenos de garrapatas que hubo que eliminar con un insecticida*
cabeceros	En la labranza: Surcos transversales que se hacían en la parte superior e inferior de las fincas cuando éstas se labraban con arado porque longitudinalmente no podían hacerse. *En el extremo de la finca he realizado cuatro surcos cabeceros.*
cabestro	Ronzal o cuerda que se ata a la cabeza o al cuello de la caballería. *Pon el cabestro al asno para llevarlo a la feria. Sujeta bien el ronzal para que no se te escape la caballería. El cabestro se quedaba corto y la caballería daba con el morro al mozo.*
cabestro	Ramal que se ataba a la cabeza de la caballería para dirigirla o sujetarla. *Al romperse el cabestro el animal se sintió libre.*
cabestro	Buey manso que suele llevar un cencerro grande y sonoro y sirve de guía a los toros. *Los cabestros hicieron la carrera delante de los toros bravos.*
cabeza hueca	Se aplica a quien carece de ideas y de juicio. *Manolo es un cabeza hueca.*
cabezada	Correaje que sujeta la cabeza de una caballería. A la cabezada se une el ramal. *La cabezada nueva lleva orejeras claveteadas.*
cabezal	Almohada de la cama en que se apoyan las cabezas. *La cama era grande y el cabezal nuevo.*
cabezo	Monte o elevación pequeña y aislada en una llanura. *La ermita se encuentra en el cabezo que está al este del pueblo.*
cabezón	Referido al vino: Vino de muchos grados y que enseguida carga la cabeza. *El vino de Covarrubias es algo cabezón.*
cabio	Vara, listón o palo que se atraviesa a las vigas para formar suelos y techos. *Hay que cambiar varios cabios del techo de la habitación; están carcomidos.*
cabo	Hilo o hebra. Trozo de hilo. *Al sastre le faltan dos cabos para terminar el hilván.*
cabra	Mamífero rumiante doméstico de pelo corto y generalmente de color rojizo. Tiene cuernos y un mechón de pelos colgando de la mandíbula inferior, que es más abundante y largo en el macho. Su rabo es muy corto. *El hijo de la cabra se llama cabrito o chivo.*
cabra	Se aplica a la espiga que queda en los rastrojos después de haber segado la mies. *Manolo, ten cuidado al segar, que dejas muchas cabras.*
cabrear	Provocar enfado a alguien o ponerlo malhumorado o receloso. *Niños, estad quietos que ya me estáis cabreando. El tabernero se cabreo con el tío Lucas, El Chato. Me cabrea la gente que llega tarde.*
cabrero	Persona que cuida las cabras. *El cabrero acaba de sonar el cuerno. Ana baja al portal y suelta las cabras.*
cabrillas cabras	Manchas encarnadas, con bordes curvos y más oscuros que la piel, que salían en las piernas cuando se calentaban demasiado a la lumbre o junto al brasero. *Después de leer junto al brasero, tengo las piernas llenas de cabras.*
cabrito	Se llama **cabrito** a la cría de la cabra desde que nace hasta que deja de mamar. *Mi tía Genara, la Plumas, tiene tres cabras y dos cabritos.*
cabrón	Se aplica a la persona que hace malas pasadas a alguien o resulta molesto por su forma de ser o comportarse. *Eutiquio, no seas cabrón y deja de molestar con cosas que no interesan a los demás.*
cabrón	Se dice del hombre cuya mujer le es infiel, y sobre todo si es consciente y consentidor de ello. *La Felisa, mujer de Amadeo, se va con el veterinario con el consentimiento del cabrón de su marido.*
cabruno, caprino	Se dice de aquello que pertenece o se relaciona con las cabras. *Estos quesos son de leche cabruna (de cabra)*
cacarear	Se dice que las gallinas cacarean cuando repiten a modo de canto: ca, ca, cara, car. *El gallinero estaba de fiesta. Todas las gallinas cacareaban cuando entró el gallo.*
cacaruto*	La envoltura semiesférica que llevan las bellotas cuando están en el árbol y que las

	unen al mismo. *Cuando la bellota está madura se desprende del caracuto y cae al suelo.*
cacatúa	Se aplica a la mujer con un exceso de afeites y adornos, y con vestidos ridículamente vistosos. *Tanto se quiso arreglar que parecía una cacatúa.*
cacha	Nalga, muslo en general y referido a la mujer tener buenas cachas indica que está de buen ver. *Fíjate que cachas tiene Rosario, la hija de la tía Caderas, la Culoplancha.*
cacharrazo	Golpe que se da con un cacharro. *A Julio, cuando entró al almacén a robar, le dieron un cacharrazo en la espalda y salió corriendo.*
cacharrero	Persona que vende cacharros: pucheros, cazuelas, jarras o loza ordinaria. El cacharrero transportaba sus cacharros en carros tirados por mulas y envueltos entre paja para evitar su rotura. Solían ir de pueblo en pueblo. *Hoy ha venido al pueblo el cacharrero que cambia cacharros por trapos viejos.*
cacharro	Aparato viejo, deteriorado o que funciona mal y que no es útil. *En el trastero de casa amontonamos todos los cacharros. Retira pronto todos los cacharros de la mesa porque vamos a comer.*
cacharros	Útiles de cocina para cocinar, guisar o comer. *El fregadero está lleno de cacharros.*
cachas	Cada una de las mitades que forman la empuñadura de las navajas. *Mira que cachas más bonicas tiene mi navaja*
cachava	Palo o bastón curvado en su parte superior. Se dice especialmente del que los pastores llevan para prender y retener las reses. *La cachava del pastor era de quejigo.*
cachava cayado	Palo o bastón corvo por la parte superior, destinado a servir de apoyo o de ayuda para guiar al ganado. *La cachaba del pastor era de fresno. El pastor lanzó la cachava al zorro que se acercaba a los corderos. El cayado de mi abuelo tiene la empuñadura plateada.*
cachaza	Lentitud en el modo de hablar o de obrar. Tranquilidad excesiva, pachorra. *Con la cachaza con la que estás trabajando, no terminarás nunca de pintar la pared. El tío Colas, El Pacífico, es la cachaza en persona.*
cachazudo	Se dice de la persona que se comporta con cachaza. *Mientras los demás saltaban de la barca que se hundía, Pedro, cachazudo y parsimonioso, se despojaba lentamente de sus zapatos....*
cache	Sonido onomatopéyico para ahuyentar cerdos o jabalíes. *Cache... cache... a la cortuja.*
cachear	Registrar a alguien para saber si oculta objetos prohibidos, como armas, drogas, etc. *La pareja de la Guardia Civil cacheó a todos los pasajeros del autobús.*
cachete	Golpe dado a un chico o chica con la mano en la cara. Galleta, sopapo. *A Lourdes, mi hermana, la maestra le dio un par de cachetes cuando la contestó mal.*
cachetón	Golpe fuerte. Bofetada. *Rápidamente dio un cachetón al chico que intentó quitarle el bolso.*
cachimán[117]	Hueco o lugar en una casa donde se guardan objetos de diversas naturalezas. *Vete al cachimán y ordena los cacharros.*
cachimba	Pipa grande. *Fabián, el Americano, aparecía todas las mañanas por el bar con su cachimba humeante.*
cachiporra	Palo, a modo de bastón, que lleva en un extremo una bola o parte abultada. *El cabrero lleva una cachiporra en vez de un bastón.*
cachivache	Trasto, cosa rota e inservible. *Recoge ahora mismo todos los cachivaches del portal. ¿De quién son todos esos cachivaches?*
cacho	Usado para reforzar el significado del adjetivo o del sustantivo al que precede. *He comprado un cerdo que menudo cacho animal. El cacho tonto de Jorge, El Viruela, me quería vender el Ayuntamiento.*
cacho	Pedazo o trozo de algo. *Tengo en la mano un cacho de pan y una onza de chocolate. El niño llora porque quiere un cacho de pan.*
cachondo/a	Divertido, gracioso, irónico, alegre, agradable... *Siempre que estás con Tomasa te lo*

---

117 **Cachimán. Desván**: espacio inmediatamente debajo del tejado. Espacio debajo de teja.

	pasas bien; es una cachonda.
cacos*	Se llamaba así a las solapas de cartón de las cajas de cerillas de entonces. Los críos las recortaban y las usaban como moneda de cambio en los juegos y en las apuestas. También se hacían colecciones. *Esteban tiene una colección de 200 cacos y otros 180 repetidos.*
cada poco	A menudo. *Cada poco el niño tenía que mear.*
cadillo	Planta común en lindes y caminos, cuyos frutos con pinchos se adhieren al ganado, a los calcetines y a la ropa en general y resultan muy molestos. *A mitad del paseo Luis se tuvo que parar para quitarse los cadillos de los calcetines.*
caer chuzos[118] de punta	Se dice cuando cae granizo, nieva o llueve con mucha fuerza. *En la tormenta que nos ha pillado en la montaña, caían chuzos de punta (granizo grande que hace mucho daño).*
caer de bruces	Caer por un tropezón u cualquier otra causa boca abajo. *La Juani se mojó la c camisa cuando tropezó en una piedra del arroyo y cayó de bruces al agua*
café de recuelo	Café cocido por segunda vez. *Mi abuela recolaba el café hasta tres veces.*
cagajón	Porción del excremento de las caballerías. *Por los cagajones sabemos qué animal ha pasado por la calle.*
cagalera	Heces líquidas o semilíquidas que obligan a la persona a ir con frecuencia a evacuar (cagar). *Algo me ha sentado mal. Tengo cagalera y no puedo alejarme de la cuadra.*
cagalón*	En Mecerreyes se aplicaba a los niños menores de 6 años que acudían a la escuela, llamada de "cagalones" que dirigía la Sra. Antonia. *Mi hijo Luis va a la escuela de los cagalones.*
cagao cagado	Se aplica a la persona miedosa, asustada. *Al adentrarnos en el bosque, entre rayos y truenos, algunos tenían cara de cagaos.*
cagaprisas	Se dice del que siempre anda con prisa o metiendo prisa a los demás. *Tranquila Ana. No seas cagaprisas. Tenemos tiempo para todo.*
cagar la mosca algo	Se dice del acto en la mosca pone sus huevos en la carne u otros alimentos para que nazcan sus larvas y se alimenten de ellos. *Cubre la carne para que no la cague la mosca.*
cagarria colmenilla	Hongo comestible de sombrerete aovado, consistente y carnoso, tallo liso y cilíndrico, y color amarillento oscuro por encima y más claro por debajo. Se encuentra entre las encinas y los enebros. *Ayer, en el monte, Santiago cogió medio kilo de cagarrias.*
cagarruta	Porción de excremento de ganado menor (ovejas, cabras y conejos.) que tiene forma esférica del tamaño aproximado al de una canica o menor. *La calle por la mañana, después de pasar las ovejas, está llena de cagarrutas.*
cagarrutero[119]	Lugar donde cagan los conejos o liebres habitualmente. *Al pasear por el monte encontramos muchos cagarruteros.*
cagarse de miedo	Acobardarse, asustarse. *Luis se caga de miedo cuando atraviesa el bosque de noche. Fue tal el susto, que Tino, el Calambres, se cagó en los pantalones.*
cagueta	Se dice de la persona temerosa o cobarde. *Los valientes que salten el potro, los caguetas que jueguen a la cuerda.*
cagueta	Diarrea. Se decía que los niños tenían cagueta cuando las heces eran muy blandas. También se decía que las cochinillos. *La madre, preocupada, llevó a su niño al médico porque no se le quitaba la cagueta.*
caída del hor-	Referida al horno de hacer carbón: Disminución del volumen del horno y achatamiento

---

[118] **Chuzo:** Palo puntiagudo en un extremo usado para defenderse. Los serenos y vigilantes nocturnos llevaban chuzos.

[119] **Cagarruteros.** Son acumulaciones de excrementos situados tanto en el interior como en la periferia del territorio ocupado por los conejos. Las heces son pequeñas bolitas en las que se distinguen sin dificultad las fibras vegetales que integran la dieta de la especie. El número de bolitas que constituye un cagarrutero oscila enormemente, pudiendo llegar a contener varios cientos. No obstante, hay que tener presente que no defecan únicamente en estas lugares, pues también se pueden localizar bolitas esparcidas por el suelo. En los cagarruteros muy a menudo observamos las también conocidas y típicas "escarbaduras".

no	del mismo. Se produce cuando la leña ya está hecha carbón. *El horno pequeño ya ha caído, pronto debemos sacar el carbón.*
cal[120], cuarto de la	Almacén donde el Ayuntamiento De Mecerreyes guardaba la cal comunal. *El Ayuntamiento conserva en el cuarto de la cal más de 1 200 kilogramos que están a la venta par los vecinos o par quien lo necesite de otros pueblos.*
cal[121]	Sustancia de color blanco que al ponerse en contacto con agua se apaga desprendiendo calor. Mezclada con arena forma la argamasa utilizada por los albañiles. *En la hornada de la semana pasada sacamos más de 300 kilogramos de cal.*
calabobos	Sirimiri. Llovizna de gotas pequeñas pero persistente. *El calabobos terminó mojándonos totalmente.*
calada	Cada aspiración que se da a un cigarro o a un puro. *El puro cubano aguanta unas cuantas caladas.*
calandria	Pájaro de la misma familia que la alondra, de dorso pardusco, vientre blanquecino, alas anchas, de unos 40 cm de envergadura y pico grande y grueso. *La calandria anida en los sembrados.*
calavera	Se dice de la persona de poco juicio y sentido común. *El Toni, sobrino de Cienfuegos, es un calavera.*
calcañal calcañar	1. Parte posterior de la planta del pie. *Ayer, después de mucho andar, me dolía el calcañal. Se queja del calcañar desde hace días, doctor.* 2. Parte de los calcetines y las medias correspondiente a la parte del talón del pie. *El calcañal de la media tiene un roto.*
calce	Ripio, pequeña pieza a modo de cuña que se introduce entre el resto de las piezas de mayor tamaño de un muro para que trabe y gane mayor solidez. *La caída de un calce dejó hueco suficiente para que una castaña anidase en la pared.*
calce	Cuña que se pone en la rueda de un carro para que no se desplace cuando se para en cuesta. *Coloca dos calces que no los salten las ruedas.*
calce	Cuña que se pone debajo de un mueble para que no cojee. *Esta mesa necesita un calce en una de las patas.*
calceta	Tejido de punto hecho con dos o más agujas. *Las abuelas del barrio se juntan por las tardes a contar lo sucedido por la mañana y a hacer calceta.*
caldera, la[122]	Se denominan así los restos de carbón y ceniza que quedan en la base del horno de hacer carbón. *Mañana tenemos que cribar la caldera del horno pequeño.*
caldera	Recipiente de cobre, más grande que un caldero, que tradicionalmente se utiliza para calentar el agua y cocer las morcillas de la matanza. *Baja la caldera del desván que tenemos que cocer las morcillas.*
caldera	En la matanza: recipiente cilíndrico abierto por una base y la otra en forma de sector esférico donde se cocían las morcillas. Eran de cobre. Para el cocido de las morcillas se apoyaba en una trébede y se mantenía el fuego con támbaras.
calderero	Fabricante, vendedor o arreglador de calderos y calderas y otras piezas. También forjaba hierro y arreglaba objetos de cobre. *El balde[123] está roto y hay que llevarlo a arreglar al calderero.*
caldereta	Recipiente más pequeño que el caldero[124]. *Todas las tardes, después de salir de la escuela, tenía que picar una caldereta de remolacha para las cochinas.*
caldero	Recipiente metálico de forma troncocónica invertida con asa y de unos doce litros de capacidad, que se usaba para acarrear el agua desde la fuente para uso doméstico. *Para la matanza hemos necesitado más de cuatro calderos de agua.*

[120] **Cuarto de la cal.** En este almacén no se podía entrar sin tomar las debidas precauciones por el polvillo. Se prohibía entrar en zapatillas porque al pisar la cal te quemabas los pies.

[121] La **cal** así obtenida se empleaba, mezclada con arena, para encalar las fachadas. También se utilizaba como desinfectante de cuadras, gallineros, vides, etc.

122 **Caldera.** El cisco que se obtiene al cribar la caldera del horno es el de mejor calidad.

123 **Balde.** Recipiente de base más amplia que el cubo y de menor altura.

[124] **Caldero.** Recipiente troncocónico apoyado en la base menor y con una semicircunferencia metálica como asa.

caldo mon-dongo	Caldo obtenido en la cocción de las morcillas. Este caldo con frecuencia contenía arroz de algunas morcillas que se habían roto en la cocción. Con el caldo mondongo se hacían sopas. *Cada mañana mi abuelo se tomaba unas buenas sopas de caldo mondongo antes de ir a trabajar al campo.*
calentado del horno	Referido al horno de hacer pan: El calentado se hacía quemando es su interior estepas o enebros secos o materias similares. Cuando el techo de la bóveda comenzaba a ponerse blanco se consideraba que había alcanzado la temperatura adecuada. Las brasas se recogían en la boca del horno y se introducían las masas moldeadas de pan[125]. *La estepas y el enebro secos eran los mejores combustibles para calentar el horno en el que se cocía el pan*
calentura fiebre[126]	Temperatura corporal por encima de 37° y que origina una mayor frecuencia del pulso. *Este niño tiene calentura, dijo la tía de Cosme poniéndole la mano en la frente.*
calero*	Cantera de la que se extrae la piedra para hacer cal. *El calero del monte se está acabando; habrá que buscar otra cantera.*
calero[127]*	Lugar en el que se obtenía la cal mediante la cocción de piedras calizas en un horno preparado expresamente para ello. En el término municipal de Mecerreyes hubo varios "caleros". *El término conocido como El Hoyo Calero, debe su nombre a que en otros tiempos habías hornos de cal en ese lugar.*
calero	Hombre que saca la piedra y la calcina en la **calera**. *El tío Juan, El Vivo, era el calero que más pedidos tenía de otros pueblos.*
caletre	1. Es una de las muchas maneras de llamar a la capacidad de pensar. *El joven, de gran caletre, respondió a todas las preguntas.* 2. Tener mal caletre es como tener mala sesera, mala cabeza o usar poco el entendimiento. *Con la mala caletre que tiene no hay forma de que retenga lo que lee.* 3. Tener mucha caletre es tener mucha inteligencia, agudeza, ser listo. *El niño tiene buen caletre.*
calibre	1. Diámetro interior de los tubos, conductos de agua, objetos huecos, etc. *El fontanero necesita un tubo de calibre 22 mm.* 2. Instrumento que sirve para medir el grosor de los objetos. *Los canteros necesitan el calibre para ajustar las piedras al proyecto de construcción.*
calicata	Se dice de la comprobación que se hace en los cimientos de los edificios, muros, firmes de carreteras, etc., para averiguar qué materiales hay que emplear. *En el solar de La Huerta hemos hecho dos calicatas. Al hacer la calicata encontraron restos de construcciones antiguas.*
calleja callejón	Calle muy estrecha entre edificios enfrentados. Algunas veces no tiene salida. *Al ser sorprendidos robando una gallina huyeron rápidamente por la calleja más próxima. Luis vive en la calleja del tío Pelos. Los niños se entretenían jugando en el callejón al escondite.*
callo	Se aplica a la persona poco agraciada, fea. *¿La Galga? Menudo callo.*
callos[128]	Llamamos así a las chapas, a modo de herraduras, con que se protegen las pezuñas de las vacas o de los bueyes domésticos. En tiempos de escasez como eran los chicos recogíamos las que se caían de las patas de las vacas y las vendíamos al chatarrero.

[125] En la **boca del horno** se mantenían las brasas mientras se cocía el pan. Cuando había que sacarlo se retiraban o apartaban las brasas. En algunas ocasiones se aprovechaban las brasas para asar patatas. Las brasas que quedaban después de sacar las hogazas se recogían en un caldero y se llevaban a casa para ponerlas en el brasero.

126 La falta de termómetros para medir la temperatura corporal hacía que la comprobación de la fiebre se hiciese mediante la sensación de calor percibida al poner una mano sobre la frente del enfermo que en ese gesto sentía el afecto de quien se interesaba por su salud.

[127] En **Mecerreyes** (Burgos) además de obtener cal en la tejera al mismo tiempo que se cocían las tejas, había otro lugar que hoy se conoce como término de "El Calero". Otros caleros hubo en los términos siguientes: Valdespinosa, Valderodrigo, Hoyo del Calero (junto a las Majadillas) y Los Caleros.. Los cantos para la cal, redondos, homogéneos y rodadizos, se recogía del monte o de las tierras y la leña de los lugares más próximos al horno. Se calentaba el horno con hilagas y enebro durante tres días y se dejaba enfriar antes de deshornar. La cal se empleaba con arena en la construcción. La arena se obtenía de los términos: Bajolojuán, Machicuchón. La cal su usaba también para blanquear las habitaciones y para la desinfección de cuadras, gallineros, viñedos, etc.(**Revista Mecerreyes**)

	Tenemos llevar la yunta al potro para ponerla nuevos callos.
calorina	Se dice del calor tan intenso que produce sofoco. *Hoy hace mucha calorina. A eso de las doce, después de caminar una hora, no podíamos aguantar la calorina sobre nuestros hombros*
calostro	Primera leche que da la oveja, la cabra, y en general la hembra, después de parir. Es el primer alimento del hijo. Al cocerlo adquiere forma grumosa. *Hoy para desayunar tenemos los calostros de la oveja que parió ayer.*
calvero	Espacio libre de árboles en lo interior de un bosque. *Después de caminar entre pinos sin ver el sol durante más de media hora llegamos a un calvero donde paramos a tomar el bocadillo. Los conejos corrían habitualmente. por los **calveros***
calza	Cuña de madera o piedra que se pone en las ruedas de los carros para impedir su movimiento, especialmente en las pendientes. *Julián, pon dos calzas en las ruedas para que no se desplace el carro.*
calzar algo	Poner una cuña debajo de cualquier mueble para equilibrarlo (y que no cojee). *Por la mañana, al abrir la cafetería, el primer trabajo de Ana era calzar las mesas.*
calzorras calzonazos	Se dice del individuo que no tiene personalidad, ni capacidad de decisión. *El tío Juan no tiene juicio propio, es un calzonazos*
cama	Lugar donde se echan los animales para dormir. *Mi perro encontraba a las liebres en su cama al amanecer, cuando se iniciaba la siega.*
cama camba*	Parte gruesa y curvada del arado romano en la que se sujeta la reja y la esteva. Las mejores camas eran las de encina por su resistencia. *La camba (cama) del arado era de madera de encina.*
camada, lechigada	Crías de ciertos animales nacidas en el mismo parto y viviendo juntas. *Cuando llegamos a la madriguera encontramos a toda la camada saliendo detrás de su madre.* (Recibe el nombre de lechigada, si se trata de la camada de una cerda). *La señora Rosario tiene una lechigada de diez cochinos de dos meses y medio.*
camada[129]	De hornear carbón: Cada una de las capas de materiales distintos que se colocan en el horno de la tejera para ser cocidos. *El horno de la tejera se encañaba con tres o más camadas de materiales.*
camandulear[130]	Chismear, comadrear, callejear, ir de puerta en puerta. *No hemos visto a Julia en casa, seguro que está camanduleando por el barrio.*
camastro	Se dice de la cama mal construida, pobre y desaliñada. *El anciano que vivía sólo fue encontrado muerto en un camastro.*
cambalache	Cambio, a veces malicioso o con ánimo de estafar, de objetos de poco valor por otros de gran valía. *Tu propuesta es un cambalache, pides mucho y no das nada. El cambio del huerto por un carro de vacas es un cambalache propio del tío Enano.*
cámbara desván	Parte más alta de la casa y debajo del tejado, que suele destinarse a guardar objetos inútiles o en desuso. *Isidro tiene en el desván los juguetes viejos de sus hermanos.*
cambera	Camino de carros donde se ven claramente las roderas. *El senderista descendía hacia el río por la cambera del molino.*

---

[128] **Callos**. En la postguerra los chicos recogíamos callos y herraduras viejos de las calles y otros hierros que luego vendíamos al chatarrero.
[129] **Camada**. En la parte de abajo se colocaba una capa de piedra para obtener cal, para que el fuego no azotase demasiado a las tejas. Las de más abajo solían salir muy quemadas y algo torcidas y cristalizadas, duras y feas y no había quien las rompiese debido a su dureza. Después de las piedras una capa de ladrillos y encima de estos varias camas de tejas pinadas para que no se doble y pierdan la curvatura y alternando la dirección de su posición par facilitar la absorción del fuego, finalmente encima de las camas de teja, otra de ladrillo. Esta última se cubre de tierra y cascotes como cierre del horno y para conservar el calor, pero sin impedir la combustión y la salido de humos (Revista Cultural de Mecerreyes.).
[130] **Camandulear**. engañar, enredar, instigar, maquinar, pelotear

53

cambrellón*	Cada una de las piezas de desguace de calzado viejo que se aprovechaban para remendar otros no tan viejos. *El tío Alejandro, zapatero y sacristán, tenía en su zapatería un cajón con cambrellones.*
camizo	Especie de timón que se utilizaba para unir la pareja de bueyes al trillo y tirar de él arrastrándolo. *Sujeta bien el camizo no te vayas a quedar sólo montado en el trillo.*
camocha	1. Es uno de los nombres que se da a la cabeza. *Mis sobrinos tienen buena camocha, han sacado buenas notas.* 2. Cabeza de un clavo o de una punta. *La camocha de estos clavos es muy pequeña.* 3. Tienes mala camocha: tienes mala cabeza para matemáticas. *Andresito tiene mala camocha para la lectura.*
camorra	Disputa, riña o discusión fuerte entre varias personas. *Los alumnos de tercero al recibir las notas de matemáticas armaron camorra en el patio.*
campanario, campanil	Torre que suele sobresalir del conjunto arquitectónico donde se alojan las campanas. También llamado campanil. *A las campanas del campanario se sube por una escalera caracol de 120 peldaños.*
campanero[131]	Hombre que tiene por oficio tocar las campanas. *A las siete de la mañana el campanero llamaba a la misa de madrugada.*
campanillas[132]	A los machos, mulas y caballos a veces se les colocaba un collar de esquilas o campanillas que sonaban rítmicamente con el movimiento del animal. Se suponía que estimulaba a las bestias y hacía que caminasen más deprisa. *El sonido de las campanillas alertaba al ama de casa de la llegada del amo.*
campanillo	Cencerro de cobre o bronce en forma de campana. Cencerro pequeño. *Cuando paseaba por la pradera oía, a lo lejos, los campanillos de las vacas.*
campanillo/a	Campana pequeña de una iglesia o de una ermita. *Hoy no he oído el campanillo de la ermita. El día de la romería se voltea el campanillo antes de la misa.*
campechano	Se dice de la persona afable, sencilla, que no muestra interés alguno por las ceremonias y formulismos. *El hijo del boticario campechano y no hace distingo entre los chicos del pueblo.*
camposanto	Se dice del cementerio o lugar donde se entierra a las personas. *El día de Todos los Santos, 1 de noviembre, visitamos el camposanto para recordar, orar y llevar flores a los familiares difuntos.*
canal	Animal muerto y abierto, sin las tripas y demás despojos. *En la puerta del matadero hay tres canales de animales recién matados.*
canales	Teja más delgada y combada que las corrientes, que sirve para formar los cauces por donde corre el agua en los tejados. *Todavía gotean las canales del Ayuntamiento.*
canalón*	Conducto que recibe y vierte el agua de los tejados. Se fabricaban y cocían en la tejera del pueblo. También los había de latón. *En la casa nueva aún falta colocar los canalones.*
canana	Cinto dispuesto para llevar cartuchos cuando se sale a cazar. *El cazador llevaba una canana puesta y otra al hombro.*
canasta	Cesto hecho con mimbres, más ancho de boca que de culo, que suele tener dos asas. *Venimos de coger las ciruelas de la huerta. Hemos llenado tres canastas. La ropa limpia y planchada la llevamos en la canasta.*
canasto	**Recipiente** hecho con **mimbres** u otros materiales similares para contener o transportar cosas. Tiene la boca más estrecha que la canasta. *Lleva la comida al gañán en el canasto.*
canchal	Sitio cubierto de peñascos, piedras punzantes que dificultan el caminar, y cantos roda-

131 . **Campanero**. Los campaneros existían en la mayoría de las iglesias, y eran los encargados de tocar, repicar y voltear las campanas de la iglesia. También era el encargado de revisar el mantenimiento de las campanas, revisando las ataduras de los badajos, la tensión de los distintos cables y cuerdas, así como la supervisión del reloj de la iglesia (Revista de Mecerreyes).

[132] **Campanilla o esquila**: Cencerro pequeño metálico, en forma de campana. También: **Campanilla**: Campana manual y de usos más variados que la grande. Sirve en las iglesias para algunas ceremonias religiosas; en las casas, para llamar desde la puerta; en las reuniones numerosas, para que el presidente reclame la atención de los circunstantes, etc. DRA

	dos. *El canchal nos hacía polvo la suela del calzado.*
candar	Cerrar algo de cualquier modo. *Pedro, cuando salgas de casa, no te olvides de candar bien la puerta.*
candeal	Se dice de una variedad de trigo cuya harina es muy blanca y de calidad excepcional. *Hoy vamos a hacer pan con harina de trigo candela. Este año el tío Romero ha cosechado 54 fanegas de trigo candeal*
candil	Utensilio para iluminarse (para alumbrarse) consistente en un depósito de aceite y una torcida o bujía empapada en él que arde. *Mi abuelo leía novelas a la luz de un candil colgado en la pared.*
canelo hacer el	Dejarse engañar con facilidad por otros. *Cuando estés con tus amigos, no hagas el canelo invitándoles siempre.*
cangilones	Vasijas de barro, madera o metal que elevan el agua hasta un canal de regadío. Se utiliza preferentemente en las **norias**, donde los cangilones van sujetos son cuerdas o cadenas. *La rueda de la noria tiene doce cangilones.*
canguelo	Estado anímico derivado del miedo o temor a algo. *Al llegar a casa, y tener que enseñar las notas a su madre, le entró a Luis un canguelo que le temblaban las manos.*
canicas[133]	Juego infantil que consiste en meter en un agujero hecho en el suelo (gua) una o más canicas lanzadas con el dedo corazón desde un lugar acordado.
canícula	Períodos de tiempo en que es muy fuerte el calor y el aire no se mueve. *En los días de agosto es frecuente la canícula.*
canilla	En las máquinas de tejer y coser, carrete o bobinas en que se enrosca el hilo y que va dentro de la **lanzadera**[134] *Esta máquina de coser tiene atascada la canilla y el hilo enredado en el eje.*
canilla espita	Canuto que se mete en el agujero de la cuba u otra vasija, para que por él salga el licor que contienen. *Abre la canilla de la cuba del vino tinto y llena cuatro pellejos.*
canilla	Cada uno de los huesos largos de la pierna, y especialmente la tibia. **Espinilla**[135] *El futbolista se protege las canillas ante las patadas de los jugadores del equipo contrario.*
cantamañanas	Se dice de la persona informal y que no merece crédito por ser irresponsable y fantasiosa. *¿Me hablas de Iñigo? No te fíes de lo que te diga. Es un cantamañanas.*
cántara	Medida de capacidad para líquidos, que tiene ocho azumbres y equivale a 16,13 l. *Durante la corta (tala de carrascas para hacer carbón) se consumieron doce cántaras de vino tinto.*
cantarera	Armazón de madera que sirve para poner los cántaros con agua o sin ella. *En la cantarera caben tres cántaros y una barrila.*
cantarilla	Vasija de barro del tamaño y forma de una jarra ordinaria. Tiene un asa que va desde el cuerpo principal hasta la boca de la misma. *Cuando se rompió la cantarilla estaba llena de vino tinto.*
cántaro	Vasija grande de barro o metal, de boca estrecha, ancho por la barriga y estrecho por el pie y por lo común con una o dos asas. Era frecuente su existencia en las cocinas de Mecerreyes. *Con dos cubos de agua casi se llenaba el cántaro más grande.*
cantazo	Golpe recibido con un canto o piedra (pedrada) lanzado por alguien o de rebote. *A Luis le dieron un cantazo que casi le saca el ojo. En una pelea entre chicos Emilio dio un cantazo a Carlos y le abrió una brecha*

---

[133] El que lo conseguía primero se quedaba con las canicas de los que ya la habían lanzado y no la habían metido.
[134] **Lanzadera.** Pieza de las máquinas de coser antiguas.
[135] **Espinilla.** Parte anterior de la tibia en su parte inferior.

cantear	Apedrear. Tirar cantos o piedras a alguien o a algo. *Muchachos, no canteéis las ventanas de la fábrica.*
cantera	Lugar de donde se saca piedra para obras. De la cantera de Hontoria (Burgos) se sacó la piedra para construir la catedral de dicha ciudad. *Mi amigo Pepe, el Guitarra, trabaja en la cantera.*
cantería	Arte de labrar la piedra para su empleo en construcciones de alto valor arquitectónico y patrimonial, en el revestimiento de fachadas y a la elaboración de paramentos de sillería. En Mecerreyes se trabajaba bien la cantería y han sido famosos sus canteros en la comarca. *Los canteros de Mecerreyes trabajaron en el monasterio de Silos.*
cantero	Persona que trabaja las piedras para la construcción. *Los canteros de Mecerreyes restauraron el monasterio de santo Domingo de Silos. En la restauración de la iglesia trabajaban varios canteros.*
cantimplora	Recipiente de metal, generalmente aluminio, revestido de material aislante para llevar la bebida y mantenerla fresca. *Moja la tela que envuelve la cantimplora para que se refresque el agua.*
cantinela	Se aplica a la repetición molesta e importuna de algo. *Siempre vienes con la misma cantinela, eres un pesado.*
cantinero	Se dice de la persona que tiene o regenta una cantina. *Hoy el cantinero está de buen humor e invita a una copa de orujo.*
canto	Piedra caliza de tamaño pequeño. Piedra pequeña y fácilmente manejable por los chicos y chicas. *El sendero está lleno de cantos puntiagudos que dificultan el paseo. Los niños se lanzaban cantos de forma peligrosa.*
cañada	Vía o espacio del campo reservado para el paso de ganados. *Los rebaños se desplazan por las cañadas.*
cañada	Cada una de las alturas o capas de palos (cañas) que se forman al hornar[136] en los hornos de hacer carbón *El horno mayor tenía la base y tres cañadas más.*
cañada	Médula, sustancia blanquecina contenida en los huesos. *La cañada de los huesos es comestible.*
cañamazo	Tela tosca o burda de cáñamo. *Algunos carros para acarrear llevan redes y cañamazos.*
cáñamo	Planta anual de unos dos metros de altura, cuya semilla es el cañamón. Sus tallos tienen filamento textil que debidamente preparado se usa en la industria para hacer paños y lienzos. *Este año la cosecha de cáñamo ha sido abundante.*
cañamón	Semillas del fruto del cáñamo que se emplea principalmente para alimentar pájaros. *Traemos dos bolsas de cañamones pares los pájaros del abuelo.*
cañamones	Primeras plumas de las aves. *Los pollos aún tienen cañamones.*
cañizo*	1. Techo hecho o cubierto de cañas. *Al cañizo hay que ponerle cañas nuevas.* 2. Tejido de cañas y bramante o **esparto** que sirve como armazón en los toldos de los carros y para el sostén del yeso en los cielos rasos, etc. *El toldo de la carreta tiene cañizo y lona nuevos.*
cañizo	Timón del trillo. Pértiga para enganchar el trillo a la yunta. *Engancha el cañizo al yugo de la yunta para empezar a trillar.*
caño libre	Hueco que deja en el interior del horno carbonero el **perico** al ser retirado. *Al quitar el perico me asomé, desde arriba, para ver el caño libre que dejaba.*
caño	Tubo metálico corto, por donde sale el agua de la fuente. *La fuente de la plaza tiene tres caños.*
cañón	Primeras plumas de las aves cuando empiezan a salir. *Los golondrinos aun están en cañones.*
cañuelo	Se dice del lugar donde mana agua en el campo. En Mecerreyes hay un término llamado Los Cañuelos precisamente porque se daba esa circunstancia. *En la cuneta de la carretera en invierno aparecen con frecuencia cañuelos.*
capa pluvial	La que se ponen los ministros ordenados de la Iglesia, es decir, obispos, presbíteros y

---

136 **Hornar, enhornar**: Meter algo en el horno para asarlo o cocerlo

	diáconos, en algunos actos litúrgicos. *En la procesión, el sacerdote lleva la capa pluvial de color azul por ser la fiesta de la Inmaculada.*
capacho	Capazo acondicionado como cuna o para que descansen los niños. *Pedro dejó de moveré y el capacho y el niño se despertó.*
capador[137]	Se dice de la persona que tiene por oficio capar o castrar animales (extirparles los testículos). *El sábado vino el capador al pueblo y castró doce cerdos y un caballo.*
capar	Castrar. Quitar o inutilizar los órganos genitales a los animales. *Los granjeros capan los cerdos y las cerdas cuando se destinan al engorde.*
caparra garrapata	Ácaro de cuatro a seis milímetros de largo, con las patas terminadas en dos uñas con las que se agarra al cuerpo de ciertos mamíferos para chuparles la sangre. *Esta tarde quitamos cuatro garrapatas a las vacas mientras trillaban.*
capazo	1. Cesto grande trapezoidal de esparto o de palma usado para hacer la compra o llevar la comida a alguien al campo o al lugar del trabajo. *Andrés viene de la compra con el capazo lleno.*
capellán	Sacerdote que dice misa en algún oratorio o capilla de propiedad privada. *El capellán hacía de preceptor de los hijos de la familia donde estaba el oratorio.*
capillo	Sombrerete que tienen algunos frutos a través del que se unen a los árboles por el tallo. *Las bellotas se unen al árbol por el capillo.*
capiscar*	Entender o captar el sentido de algo. *Este profe lo explica de tal manera que no capiscamos nada. Háblame más claro, que no capisco el sentido de lo que dices.*
capón	Pollo castrado[138] y cebado para el engorde. *Para celebrar la fiesta mataron tres capones y dos conejos. En la mesa había cuatro capones, dos liebres y una oca.*
capón	Golpe dado en la cabeza con el nudillo del dedo corazón. *El niño recibió dos capones de su padre como regalo a su mala contestación a la maestra.*
capote	1. Capa de abrigo hecha con mangas y con menor vuelo que la capa común. *En la celebración no faltaron señores con sus capotes.* 2. Especie de gabán ceñido al cuerpo y con largos faldones. Era el usado por los soldados. *Los soldados se abrigaban durante la noche con largos y fuertes capotes.*
capullo	Se dice de alguien ingenuo en su conducta, tonto. *Entre sus amigos estaba Jorge, un capullo. Luis parecía un capullo, pero engañó a su vecino.*
carabina	Arma de fuego más corta que el fusilo, pero con las mismas piezas. *El tío Santi, el Peluca, amenazó al ladrón con una carabina.*
carama	Escarcha suave. Sinónimos: cambriza, caramada, engrama, escarcha. *El césped del campo de fútbol estaba cubierto de carama cuando llegamos.*
carámbano chuzo chupón	Son distintas formas de llamar a los chorros de agua que quedan congelados colgando de los canales. Cuando viene el deshielo caen los chuzos de punta de forma peligrosa. *Las críticas caían como chuzos de punta en el autor. . De los canales colgaban largos y pesados chuzos.*
carantoña	Caricias, arrumacos y mimos que se hacen a alguien para conseguir de él algo. *Deja de hacerme carantoñas que ya sabes lo que tienes que hacer.*
carbón hulla	El combustible usado en las fraguas para alcanzar las temperaturas adecuadas en el hierro que se caldea era el carbón de hulla. La temperatura adecuada se alcanzaba cuando las piezas a forjar adquirían un color rojizo y luego amarillento. Ese era el momento de trabajar la pieza.
carbonear	Hacer carbón. *En el pueblo había cuadrillas de hombres que se pasaban tres meses o más carboneando.*
carbonera	Lugar donde se deposita el carbón sacado del horno. **Carbonera, hornera y cisquera**

---

[137] **Capador**. Su nombre se debe a que recorría las **haciendas** ganaderas para prestar sus servicios de "castrar" o "capar" animales (extirpación de testículos), anunciaban sus pasos por las **veredas** con el toque de un instrumento llamado chiflo o caramillo.
El nombre técnico y más generalizado del Capador es el de "**Siringa**", en memoria de la leyenda griega de esta ninfa con el dios Pan de las florestas. **Siringa**. flauta musical de nueve tubos, hecha de cañas huecas de distintos tamaños, con el fin de producir las distintas notas musicales.
[138] **Castrar** a un animal macho: quitarle o inutilizarle los huevos mediante distintos medios.

	se emplean indistintamente... La forma de las carboneras es troncocónica. *Ya tenemos disponibles para la venta tres carboneras de similar tamaño.*
carbonilla	Carbón mineral o vegetal menudo que, como residuo, suele quedar al mover y trasladar el grueso. *Los carboneros recogieron tres sacos de carbonilla.*
carburar	Dícese de algo cuando ese algo, máquina o instrumento o persona, funciona correctamente. *La moto de Pedro no carbura.*
carcajada	Risa intermitente y muy ruidosa. *Del salón de la planta baja se oía el sonido estridente de las carcajadas de los jugadores de la partida de mus.*
carcamal	Se aplica a la persona, que por su vejez real o aparente, está disminuida de sus capacidades físicas y mentales. *El vecino del quinto está hecho un carcamal.*
cárcava	Zanja grande que suelen hacer las avenidas de agua. *Las tormentas de la primavera abrieron cárcavas en las laderas de los montes y en las tierras de cultivo.*
carda	Especie de cepillo con púas de alambre usado en la industria textil para limpiar y separar unas fibras de otras. Cada una de las tablas previstas de un agarradero lateral y una piel cubierta de púas en la parte frontal, que se emplea para cardar o esponjar la lana, como labor previa para hilar. *En casa del tejedor nunca falta un par de cardas para los visitantes que quieren echar una mano en el trabajo.*
cardadera[139]	Útil de madera con púas metálicas utilizado para cardar la lana. *Ángel, busca las cardaderas en el desván.*
cardar [140]	1. Preparar con la carda la lana, lino, cáñamo,... para el hilado. *Antes del hilado tenemos que cardar el lino o la lana. Tenemos cinco kilos de lana para cardar esta mañana. El cáñamo está pendiente de cardar.* 2. Sacar el pelo a los paños u otros tejidos con la carda. *El abrigo de felpa estaba bien cardado.* 3. Peinar desde la punta hasta la raíz el pelo para que al alisarlo quede hueco. *Es necesario cardar el pelo de las pieles para que quede hueco.*
cardenillo	Una sustancia venenosa de color verde claro que suele aparecer en los calderos y cazos de cobre... *El cazo de cobre está cubierto de cardenillo. Antes de cocer las morcillas se limpia la caldera para dejarla libre de cardenillo.*
cárdeno	De color morado o purpúreo. *El sayón de los cofrades era cárdeno[141].*
cardillo	Planta bienal, que se cría en sembrados y barbechos, con flores amarillentas y hojas rizadas y espinosas por la margen, de las cuales la penca se come cocida cuando está tierna. *Los niños en primavera iban por las tardes, después de salir de la escuela, a recoger cardillos en las tierras de barbecho.*
cardo	**Cardo o abrojo** es el nombre vulgar que reciben distintas especies de tipo herbáceo. Se caracteriza sobre todo por la presencia de **espinas** en las hojas y en el **tallo**. En el pueblo se utilizaban para alimentar a los cerdos. En Mecerreyes aquellos años, los niños teníamos que ir con frecuencia al campo, especialmente a El Bardal, a coger cardos para los cerdos. Se arrancaban con azadillas y se ensacaban con mucho cuidado para evitar los pinchazos. Luego había que lavarlos y picarlos (cortarlos) antes de que se echasen como alimento a los cerdos. *Hoy he traído dos sacos de cardos.*
carear	Pacer o pastar el ganado cuando va de camino a otro lugar. *El rebaño careaba apaciblemente en la ladera de la umbría del otero.*
cargante	Se dice de la persona pesada. Persona que molesta, incomoda o cansa por su insistencia o modo de ser. *La tía Inés, la Cebona, es una cargante, siempre te repite lo mismo como si fuese algo nuevo.*
carlanca	Collar de cuero con puntas de hierro salientes que evita que a los mastines[142] les muerdan en el cuello los lobos. *Las carlancas que llevaba el perro le libraron de las mordeduras del lobo.*

---

[139] Cardadera:

140 **Cardar**. Limpiar los vellones de lana de las últimas impurezas, dejándola lista para ser hilada con el huso. Se hacía con las cardaderas, aprovechando los ratos libres del invierno.

[141] **Cárdeno**: amoratado, morado, purpúreo

carlizo	Cardo de más de un metro de alto, abundante en algunas praderas y en las márgenes del río. *Los carlizos de la pradera se hicieron impenetrables.*
carmenar escarmenar*	Desenredar, desenmarañar y limpiar el cabello, la lana u otras hilaturas. *Ana, escarménate un poco el pelo que lo tienes bastante enredado. Las operarias tienen que carmenar esta mañana la lana del almacén; está completamente enmarañada.*
carnestolenda carnaval	Una celebración pública, que tiene lugar inmediatamente antes de la **cuaresma** y que combina algunos elementos como disfraces, desfiles, y fiestas en la calle. *En Mecerreyes, en carnaval celebran el Canto de El Gallo.*
carpeta	Útil escolar que consistía en una pieza de cartón, que, doblada por la mitad y atada con gomas servía para guardar los cuadernos y otros materiales escolares. *Carlos llevaba en la carpeta dos cuadernos, el catecismo, dos lapiceros y una caja de pinturas.*
carraca	Instrumento de madera, en que los dientes de una rueda, levantando consecutivamente una o más lengüetas, producen un ruido seco y desapacible que se usaba en Semana Santa en lugar de las campanas. *Los niños nos acosan con el ruido de las carracas. Las carracas sonaban fuertemente en los oficios de tinieblas celebrados en cuaresma.*
carrancas	Se llamaba así al collar con púas hacia el exterior que se ponía a los perros para evitar que los atacasen los lobos. *Los perros de tío Severino llevan carrancas*
carrasca	Planta de encina pequeña o mata de ella. *La linde entre las fincas la forma un conjunto de carrascas. Las carrascas rebrotan fácilmente cuando se las corta a ras de suelo.*
carrascal	Lugar o monte poblado de carrascas. *En el carrascal se cobijan los conejos y los jabalís.*
carreta	Carro más largo que el normal, tirada con yuntas de bueyes y destinaba al transporte de grandes cargas de madera, vino, paja y todo género de mercancías. *Los pasiegos traían a Castilla troncos de árboles en las carretas.*
carretada	Carga grande de algo que lleva una carreta o un carro. *Ayer trajo tu padre una carretada de támbaras para calentar la gloria.*
carrete	Cilindro de madera o de otra materia taladrado por el eje y con bordes salientes en sus bases, que sirve para mantener enrollados en él hilos, alambres u otras hilaturas. *Los carretes de hilo están en la caja que hay encima de la máquina de coser.*
carretero	Persona que construye carros o carretas o que los conduce. *El tío Lucas. El Pistolo, ha encargado un carro nuevo al carretero. El carretero está preparando el bastidor del carro que le han encargado para dentro de tres meses.*
carretilla	Carro pequeño de mano, de una sola rueda, con un cajón para poner la carga y, en la parte posterior, dos varas para dirigirlo y dos patas en que descansa. Se utiliza en las obras para trasladar tierra, arena y otros materiales. *Con la carretilla transportamos la madera picada al corral.*
carretillo	Útil de madera similar a la carretilla con una plataforma con tres agujeros y rueda metálica para ir con los cántaros a por agua a la fuente. *Alfonso no podía con el carretillo cuando los cántaros estaban llenos.*
carretón[143]	Especie de **carro** pequeño abierto en la parte superior de dos o cuatro ruedas que se utiliza para transportar mercancía. Utiliza limonera para enganchar en varas la primera caballería... *La caballería lleva en el carretón tres sacos de patatas.*
carricoche	Apero dotado de un eje con dos ruedas y un travesaño para colocar el arado o la vertedera cuando hay que llevarlos de un sitio a otro. *Coloca bien la vertedera en el carricoche para que sea fácil su transporte.*
carril	Camino provisional para carros y caballerías que se abre en el monte para el acarreo de la leña. Estos carriles suelen desaparecer con el tiempo. *En el lote de este año hemos tenido que abrir varios carriles para los carros.*

[142] **Mastines.** Perros muy valientes, fieles y los mejores para guardar los animales.
[143] El *carretón de dos ruedas* está formado por un tablero sobre dos fuertes largueros reforzados por traveseros. Tiene una pequeña **cabria** en su parte anterior para la carga y descarga y todo ello va montado sobre dos ruedas de eje común y gran diámetro. La carga y descarga se hacen inclinando el carruaje hacia atrás y auxiliándose de la cabria.

carril carrilera	1. Huella que dejan en el suelo las ruedas del carruaje. *Por el carril puedes adivinar si el carruaje hace mucho o poco tiempo que pasó.* 2. Camino capaz tan solo para el paso de un carro. *El carril es muy estrecho y con muchas piedras.*
carrillada	Se dice de la carne situada en los laterales de la cabeza del cerdo o de la ternera. Es ligeramente fibrosa, muy gelatinosa y muy tierna. *El cocinero nos ha preparado carrillada al horno.*
carrizo	Planta que se cría cerca del agua; sus hojas sirven para forraje y sus tallos se usaban para construir cielos rasos. *Esta tarde tenemos que ir a la orilla del río a cortar carrizo.*
carro[144]	Carruaje de madera con dos ruedas y una **pértiga** (vara o viga larga o lanza[145]) o dos **varas**[146] para enganchar el tiro[147]. Su **armazón**[148] consiste en un **bastidor**[149] con **listones** o cuerdas para sostener la carga. A los lados suele tener **varales**[150], **tapiales**[151] o las dos cosas, y en la parte delantera y trasera lleva dos compuertas que pueden ponerse o quitarse. *Los bueyes tiraban del carro cargado con piedras para construir la ermita.*
carromato	1. Carro grande con dos ruedas y dos varas donde se engancha una caballería tiene un toldo con techo de cañas. *El tiro, formado por una reata de tres caballerías, apenas podía mover el carromato cargado.* 2. Se dice del carruaje viejo y desvencijado. *El carromato del tío Penas traqueteaba escandalosamente, como si se fuera a descuajeringar.*
cartapacio	Carpeta donde los niños y niñas que van a la escuela meten sus libros y papeles. *Dos niños se han olvidado su cartapacio en casa y no tienen cuaderno donde escribir.*
cartilla	Librito de pocas hojas que contiene las letras del alfabeto y los primeros rudimentos para aprender a leer. *Anita ya va por la cartilla segunda.*
cartones	Se dice de las caras mayores de las cajas de cerillas recortadas que los chicos usaban en varios juegos como medida de pago o trueque. También se llamaban "cacos". *Al finalizar el juego Carlos había ganado 30 cacos para su colección.*

---

144 **Carro**. Tradicionalmente fue el medio más común para el transporte de los productos del campo y el desplazamiento de personas.

145 **Lanza**. Vara que, unida por uno de sus extremos a un carruaje, sirve para darle dirección y moverlo. A sus lados se enganchan las caballerías, que han de tirar del carruaje.

146 **Vara y otros elementos**: Cada una de las dos piezas de madera entre las que se engancha la caballería que tira del carro de varas. **Éste** generalmente se hace con madera de olmo y herrajes. El carro está formado por una caja con cuatro **"garroteras"** a cada lado que van sujetas a las varas que hay a cada uno de los dos lados. La caja tiene cuatro **"tapiales"** uno a cada lado; el de adelante y el de atrás eran móviles y se ponían o no según las necesidades. En la parte trasera llevaba una tabla llamada **"zaga"**, a la derecha una máquina de hierro con polea llamada **"galga"** con la que se frenaba el carro; dos palos alargados en la parte trasera y dos en la delantera llamados **"tentemozos"**. Con ellos se mantenía el carro en equilibrio cuando estaba parado. El suelo o base del carro era movible, se podía quitar. En ese espacio se colgaba un tablero con cuatro cadenas y se hacía una que permitía una mayor capacidad al carro para el acarreo de la mies.

Las varas eran las que sujetaban la caja del carro. Por la parte delantera eran más estrechas y redondas, iban forradas de chapa y unas rodajas para enganchar los aperos del ganado. Las ruedas iban unidas al eje que las sujetaba, estaban formadas por un aro de hierro, un cubo de hierro y madera donde iba metido el eje, desde el cubo al aro llevaban unos palos llamados radios. El carro era tirado por uno o dos **"machos"**, el que se ponía entre las varas se llamaba macho de varas, sujetaba al carro y llevaba los aperos siguientes: un collerón con dos **"flancaletes"**, uno a cada lado del collerón, se enganchaban a las rodajas de las varas; una silla con una **"sufra"** que sujetaba las varas; una **"retranca"** enganchada a la silla; unas cadenas enganchadas a las rodajas de las varas, servían para dar hacia atrás al carro; una **"barriguera"** unida a las dos varas, ésta pasaba por el pecho del macho y su función era que el carro no se pingara. El macho delantero llevaba un collerón con dos **"flancaletes"**, uno a cada lado y enganchados a unos tirantes que a su vez se enganchaban a las puntas de las varas. El carretero mandaba a los machos con una **"tralla"**, era una vara unida a una correa. Solía llevarla colgada del cuello. (***Florentino Sanz***)

147 **Tiro**. Conjunto de caballerías que tiran de un carruaje

148 **Armazón** Conjunto de piezas necesarias para formar la estructura de algo.

149 **Bastidor**: Armazón de palos o listones de madera, o de barras delgadas de metal, que sirve también para armar el carro.DRA

150 **Varal**: En los carros y similares, cada uno de los dos palos redondos donde encajan las estacas que forman los costados de la caja.

151 **Tapial**: Tablero lateral de la caja de los carros.

60

cartuchera	Caja o cinto donde el cazador lleva los cartuchos de un arma de fuego. El cazador llevaba la cartuchera al hombro.
casa de la villa	Casa del Ayuntamiento. *La reunión de los vecinos del pueblo se celebró en la casa de la villa.*
casca	Piel de la uva después de pisada, aplastada y exprimida. *En la puerta de la bodega se amontonaba la casca, separada de los escobajos.*
casca	En las tareas de descortezar carrascas: Corteza que una vez separada del tronco, seca y molida se usa para curtir las pieles. *Los leñadores han vendido doscientas arrobas de casca.*
cascabillo	Especie de cascarilla o envoltorio que contiene el grano de trigo o de cebada. *En la trilla se separa el cascabillo del grano que contiene. Cuando la mies está bien granada, en la trilla es fácil separar el cascabillo de los granos.*
cascajal	Lugar donde hay mucho cascajo. *Los carros cargaban el cascajo en el cascajal que hay en la base de la montaña. Cargados con el zurrón, bien provisto de viandas, atravesamos el cascajal hace treinta minutos.*
cascajera	Lugar en donde hay mucho cascajo (guijo, guijarros). *De la cascajera salen todos los días cargados más de diez camiones.*
cascajo	Fragmentos pequeños de piedra y de otras cosas que se quiebran. *Las torrenteras estaban llenas de cascajo arrastrado de las montañas. Con el cascajo se llenaban los baches de los caminos al comenzar el acarreo de la mies.*
cascar	Golpear o pegar a alguien fuertemente con la mano o con un objeto. *A Luis, sus amigos de juego, le cascaron por hacer trampas. A Julio no le cascaron de milagro.*
cascar	Hablar sin parar y sin decir nada concreto o sin que venga a cuento. *En la tertulia de los jueves La Sole casca hasta por los codos; no deja meter baza a nadie. ¡Cómo cascas, Pedro! Echa el candado a tu boca de vez en cuando.*
cascarrabias	Se aplica a la persona que se enoja, riñe o demuestra enfado fácilmente. *El sobrino del boticario es un cascarrabias, por cualquier cosa, salta.*
cascarria cazcarria	Suciedad en la lana de las ovejas o el pelo de las vacas en sus patas traseras. *Las ovejas salen del sestil llenas de cazcarria.*
cascarse	Romperse algo. Así decimos cascar nueces, almendras, huevos... *A Rosario se le cascaron tres huevos cuando acababa de recogerlos en los nidales. Ángel casca las nueces con las manos.*
casquillo	Soporte metálico de una bombilla con una rosca para conectarlo a la red eléctrica... *Pedro, ve colocando los casquillos de las bombillas.*
casquivana	Se dice de la mujer que no tiene formalidad en su trato con el sexo masculino. *No te fíes de Merche, es una casquivana de tomo y lomo. Purita, la hija del tío Resti, es ligera de cascos".*
castaña	Golpe. Darse una castaña es darse un golpe. *Menuda castaña se ha dado Julián al caerse de la escalera.*
castañazo	Golpe muy fuerte. *Félix se dio ayer un castañazo al caerse de la bici cuando bajaba la varga de Burgos.*
castañetear	Hacer alguien ruido con los dientes de forma involuntaria, dando los de una mandíbula contra los de la otra debido al frío o al miedo. *A Senderines, el hijo de Trino, le castañeteaban los dientes al salir del agua de la presa. La lluvia y el viento frío nos hacían castañetear los dientes.*
castañuelas[152]	Instrumento musical de percusión, compuesto de dos piezas cóncavas simétricas de madera u otro material. Se sujeta al dedo de en medio y se repica con los demás dedos. *La jota estuvo acompañada por los sones de las guitarras y de las castañuelas.*
castillejo*	Forma piramidal de colocar los adobes recién hechos para que se oreen y sequen. *Los adobes de los castillejos dejan pasar el aire entre ellos para acelerar su secado.*
castillo	Al hornear carbón: Construcción primera con cañas de unos 70 centímetros de longitud

---

152 **Castañuelas**. **Tarrañuelas**. (tarreña): Cada una de las dos tejuelas que, metidas entre los dedos y batiendo una con otra, hacen un ruido como el de las castañuelas.DRA

	que se cruzan y se colocan en el centro. Es el primer núcleo para "poner pie" o base al horno. En el centro del castillo se coloca el "**perico**", que una vez terminado el horno se retira y deja un hueco por donde se echarán las brasas en el encendido del horno. *En este horno ya hemos hecho el castillo, ahora se trata de continuar colocando cañas hasta terminarlo.*
catar	Coger la miel de las colmenas. *Robustiano cató ayer sus colmenas.*
catar	Probar algo para apreciar su sabor o sazón. *Vamos a catar el vino antes de comprar las botellas.*
catecismo[153]	Librito con el resumen de la doctrina cristiana. En la escuela del pueblo de Mecerreyes se memorizaba y se hacían concursos a ver quién se lo sabía mejor. Los que lo habían memorizado tenían la opción de ser monaguillos.
caterva	Se dice de un grupo de personas desorganizado y sin un fin concreto. *Acabo de ver una caterva de personas airadas que se dirigen al Ayuntamiento.*
cateto	Se aplica a las personas palurdas, faltas de modales o ignorantes. También se aplica con el sentido de lugareño. *Al final de la fiesta el cateto, con su guasa y palurdez, se rió de los urbanitas.*
catiuscas	Botas, generalmente de goma, que se ponen para protegerse del agua. *Roberto disfruta metiéndose en los charcos con sus botas katiuskas.*
catón	Libro compuesto de frases para ejercitar en la lectura a los principiantes. *A los tres meses de ir a la escuela ya leía en el catón.*
catre	Cama estrecha, ligera y para una sola persona. *El zagal se está echando la siesta en el catre.*
cavar	Mover la tierra con la azada, el azadón u otra herramienta. *El abuelo de Carlos estaba esta mañana cavando las patatas.*
cavilar	Pensar detenidamente y reflexionar con intención de resolver algo. *Jesús está cavilando como resolver el problema. No me distraigas, que estoy cavilando.*
cazcarrias	Lodo o barro que se pega y seca en la parte de la ropa que va cerca del suelo. *Manolo, ¿dónde has estado que traes los pantalones llenos de cazcarrias?*
cazuelo*	Tapón metálico de botella, o chapa, que usaban los niños para jugar. *Ayer me regaló mi tío doce cazuelos de distinto tamaño para hacer chapas.*
cazurro	Se dice de la persona parca en palabras, lento en comprender y perseverante en sus ideas. *Al cazurro del pescadero hay que sacarle las palabras con gancho, menos cuando te dice la cuenta, que sonríe al decir "su cuenta". El cazurro del tío Pepe siempre arma bronca cuando bebe un poco más de la cuenta.*
cebadera	Morral[154] que colgado de la cabeza de las bestias, sirve de pesebre para dar el pienso (generalmente cebada y paja) al ganado en el campo mientras descansa. *Ángel, prepara las cebaderas para los mulos.*
cebado	Gordo o bien alimentado. *El cerdo que matamos mañana estaba bien cebado.*
cebar	Cuidar un animal para que engorde cuando está destinado a ser el centro el día de la "matanza". *Estuvieron cebando al pavo de la cena de Navidad durante casi dos meses.*
cebo	Comida que se da o se pone a los animales para alimentarlos, engordarlos o atraerlos al cepo o a la trampa correspondiente. *El cebo que hemos puesto a los pájaros no les debe gustar, porque no viene ninguno a comerlo.*
cebollino	Se aplica a la persona torpe e ignorante. *Entre cebollinos anda la discusión, por eso no saldrá nada en claro.*
cebollino	Plantón de cebolla cuando puede ser trasplantado desde el semillero a otro lugar. *El abuelo plantó ayer una docena de cebollinos en la huerta.*
cecina	Carne de cabra u otro animal adobada y se curaba al humo colgándola en las cocinas.

---

[153] **Catecismo**. En la escuela del pueblo los sábados por la mañana ("que había escuela") lo dedicábamos a concursos especiales de catecismo y de geografía de España en un mapa mudo hecho con puntas en la madera del suelo.
[154] **Morral**: Talego donde se pone el pienso de las caballerías o bueyes y vacas. Se cuelga de la cabeza de las bestias, para que coman cuando no están en la cuadra.

	También se hacía cecina de burro. *Un buen trozo de cecina y un vaso de vino, ayudan a hacer el camino.*
cedazo	Criba fina compuesta de un aro y de una tela de alambre muy tupida que cierra la parte inferior. Sirve para separar las partes finas de las gruesas de algunas cosas, como la harina y el salvado, etc. *Por la tarde mi madre llevó a la hornera varios cedazos.*
cegar	Obstruir u obstaculizar el paso por un conducto, una vereda u otro paso estrecho. *Cegar un agujero. Cegar una ventana. Cegar un desagüe.*
cegato	Se aplica al corto de vista. *El cegato de Luis no podía leer las indicaciones de las señales de la carretera.*
celemín	Medida antigua de capacidad para áridos, que tiene cuatro cuartillos y equivale a 4,625 l. *En el celemín caben 4,6 litros de trigo.* También es medida antigua de superficie cuya equivalencia era en Castilla de unos 537 m2.
cellisca	Mezcla de agua y nieve muy menuda, que cae con fuerza empujada por un viento fuerte. *La cellisca nos impedía ver con claridad el camino y avanzar de prisa; su fuerza y baja temperatura nos helaba las manos y las orejas...*
cellisquear	Caer agua y nieve muy menuda con viento fuerte. *El día amaneció frío y ventoso y a las diez de la mañana cellisqueaba con fuerza.*
cemento	Material de construcción que mezclado con agua se solidifica y endurece. *Los albañiles utilizan el cemento mezclado con arena para unir los ladrillos.*
cenagar	Llenar demasiado la entrada (en general la tolva) de algunas máquinas de forma que se atascan y dejan de funcionar correctamente. *La tolva del molino se ha cenagado y no muele la rueda.*
cenagar	Manchar o ensuciar con lodo o barro algo. *La pared se ha cenagado con las salpicaduras de lodo. Luis, ¿dónde has estado? Vienes todo encenagado.*
cencerrada	Ruido desapacible que se hace con cencerros, esquilas y otros objetos que hacen ruido. *Chavales, a ver cuando dejáis de dar la cencerrada, que tenemos que dormir.*
cencerro	Campana pequeña y cilíndrica hecha con chapa de hierro o de cobre, que suele atarse al pescuezo de las reses. *Los cencerros, con sus rítmicos sonidos, señalaban los movimientos de las reses. En la dehesa el pastor distinguía a los animales por el sonido de sus cencerros.*
cenefa	Tira superpuesta o tejida en los bordes de las cortinas y doseles. Suelen ser de la misma tela o de otra distinta. *La cenefa del vestido tiene un tacto muy suave. Los manteles iban adornados con unas cenefas del mismo color que el mantel.*
cenefa	Adornos que se ponen en algunos muros, pavimentos y techos, mediante la repetición del mismo elemento decorador. *El patio interior estaba decorado con teselas de colores formando una cenefa.*
cenizo	Se aplica a la persona estropea las fiestas. Aguafiestas. *No seas cenizo y deja que hagamos bien las cosas.*
centellear	Emitir de forma intermitente y rápida destellos de luz intensa. *Las noches de agosto, y con una atmósfera clara, puede observarse que hay estrellas centelleantes.*
cepellón	Tierra que se deja unida a la raíz de una planta cuando dicha planta se lleva a otro sitio para que agarre más fácilmente. *Los plantones de árbol con cepellón tienen más posibilidades de "darse" [155] que los que no lo tienen.*
cepillo	Herramienta utilizada por los canteros para tareas similares a las que se hacen con la bujarda. Si sólo se utiliza el trinchante, la piedra queda más basta y mucho más aún si solo se trabaja con la pica. *Los canteros van a cepillar los pilares de la fachada de la ermita para suavizar su superficie.*
cepo	Mecanismo de distintas formas y materiales usado para cazar animales. El animal queda aprisionado cuando lo toca. *Los niños escondían los cepos debajo de la nieve y dejaban asomar el pan colocado como cebo.*
ceporro	Se dice de la persona torpe e ignorante. *Fernando, dice la maestra, ¿eres un ceporro? Ayer señalamos Madrid en el mapa más de cuatro veces y hoy ya lo has olvidado.*

---

[155] **Darse un árbol** quiere decir que dicha planta agarra (coge, se da) cuando se le transplanta.

ceporro	Se aplica al niño o niña excesivamente gordos. *Cuida tu alimentación y no seas ceporro.*
cerca	Tapia o muro de madera u otro material que sirve para rodear un terreno u otro lugar y resguardarlo o marcar límite. *La semana pasado los albañiles terminaros la cerca del chalet. La cerca del recinto de la iglesia está hecha de piedra.*
cerillero	Estuche de asta (cuerno de animal) que hacían los pastores para proteger la cerillas de la humedad. *El cerillero está vacío. Saca el cerillero y enciende las hilagas, verás que chirigata hacemos.*
cernada	Ceniza cernida que se ponía en el lugar de la lejía para blanquear la ropa remojada al hacer la colada con agua hirviendo. Se tenía así varios días y al sacarla y aclararla se tendía en las eras al sol procurando regarla de cuando en cuando para que aclarase. *La tía Maruja era muy buena manejando la cercada.*
cernadero	Tela basta y gruesa que se colocaba sobre la ropa preparada para recibir la cernada y evitar que tocase directamente a la ropa fina y delicada. *En las casas del pueblo siempre había preparado uno o más cernaderos para las coladas de los carboneros.*
cerner	Separar moviendo el cedazo la harina del salvado quedando éste en el cedazo y la harina cayendo al sitio destinado para recogerlo. *Para obtener buen pan, la harina ha de estar bien cernida. La Tomasa cierne la harina antes de amasarla para hacer el pan.*
cerner	Dicho de otros cereales y plantas: dejar caer el polen de la flor para que aparezca el fruto. *Las espigas de trigo están cerniendo muy bien esta primavera.*
cernícalo	Se dice de la persona ignorante y ruda. *El cernícalo de Jak, nunca llegará a ser alguien. No seas cernícalo y compórtate como dios manda.*
cerradura	Mecanismo de metal que se coloca generalmente en las puertas de las casas, de los cofres, cajones, etc., con el que se cierran con uno o más pestillos[156] movidos por la llave. Cerradura artesanal.[157] *Para cerrar el arcón hay dos cerraduras con pestillos cada una. La cerradura de los portones tiene más de cien años.*
cerrajero[158]	Se dice de la persona que hacía o arreglaba cerraduras, llaves, bisagras y pequeños herrajes. Para afinar el trabajo usaba con frecuencia la lima. *El cerrajero nos ha puesto dos bisagras nuevas en la puerta de casa.*
cerril	Se aplica a la persona torpe, obstinada y difícil de convencer. *No intentes convencer a Sofo, el hijo de la Colasa, pues es cerril por demás. Se empeñó cerrilmente en hacer las cosas a su manera.*
cerro	Elevación aislada y de menor altura que una montaña. *El próximo pueblo se encuentra detrás del cerro que vemos delante.*
césped	Bloque de tierra con hierba de forma cuadrada de 30 x 30 cm aproximadamente, que se utilizaba para hacer presas en las canales de regadío o en el río. También se usaba para tapar boqueradas en los hornos de carbón. *Luís ha arrancado del prado ocho piezas de césped para arreglar la era.*
cesto	Recipiente que se utilizaba como unidad de medida en la vendimia. Cesto grande y más alto que ancho, hecho con mimbres o varas de sauce. *Este año cada viña ha tenido cinco cestos.*
chacha niñera	Sirvienta. *La chacha libra el domingo. A los hijos de la Sole les atiende una niñera (o una chacha) todos los domingos.*
cháchara	Se dice de la conversación frívola o con abundancia de palabras inútiles. *En las tertulias de los viernes algunos destacan por su cháchara.*
chaflán	Superficie plana que se forma al cortar el ángulo o la esquina de un edificio. *En el chaflán de la casa del tío Roque han colocado una farola.*

---

[156] **Pestillo**. Pieza prismática que sale de la cerradura por la acción de la llave o a impulso de un muelle y entra en el cerradero

[157] **Cerradura artesanal**. Era uno de los objetos que antes hacían los herreros. También hacían los herreros la llave con la que funcionaba la cerradura. El tamaño de la cerradura y de la llave eran grandes.

[158] **Cerrajero**. A veces este oficio lo ejercía el herrero.

chaflo	Cada uno de los discos metálicos que se usan en el juego de la tuta para derribarla. *El herrero, mi tío, me ha regalado cuatro chaflos de hierro para jugar a la tuta.*
chal	Echarpe. Paño mucho más largo que ancho que puesto en los hombros sirve a las mujeres como abrigo o adorno. *La tormenta los envolvía con sus nubes como chales que cubren hombros huesudos.*
chambra	Vestidura corta, a modo de blusa con o sin adorno, que usan las mujeres sobre la camisa. *La chambra que buscaba Luisa estaba en el portal.*
chamizo	Choza cubierta de chamiza (hierba[159]). *En el chamizo está la leña que usamos para calentar la casa en invierno.*
chamuscar	En la matanza: quemar con paja, especialmente de centeno, la piel del cochino muerto para poder quitar los pelos o cerdas de la piel mediante el correspondiente raspado con cuchillos y agua caliente. *En media hora el cochino quedó chamuscado y raspado.*
chamuscar[160]	Acción de quemar o quemarse el pelo y otras impurezas de la piel con fuego. *Julián se ha chamuscado el pelo al acercarse demasiado a la hoguera.* Se dice especialmente de la acción de quemar los pelos de la piel del cerdo de la matanza chamuscándola con paja o cañas de centeno. *Ahora, una vez muerta la cochina, están chamuscándola[161] en la calle.*
chamusquina	Olor fuerte producido al chamuscar un animal para eliminar los pelos, los residuos de la piel o las plumas más pequeñas de las aves. *Huele a chamusquina, alguien está pelando un pollo.* En sentido figurado: dudar de la buena intención de alguien o del final de algo. *Lo que dijo Pedro me huele a chamusquina, es difícil que el negocio sea como él dice.*
chanchullo	Acciones no adecuadas o poco éticas para conseguir un beneficio. *Ten cuidado al negociar con Eutiquio, el Sillero, que es muy amigo de hacer chanchullos.*
chancleta	Zapatilla o sandalia sin talón o con el talón caído, que se usa para andar por casa. *El perro me acerca las chancletas a la puerta cuando me oye llegar a casa,*
chanclo[162]	1. Especie de zapato de madera colocado debajo del calzado y que se sujeta con tiras de cuero. El chanclo nos resguarda de la humedad y del barro. *Los chanclos de la señora Piripi eran muy altos y pesados.* 2. Calzado grande de goma en que se mete el pie ya calzado. *Los pies con los zapatos nuevos de La Tina no cabían en los chanclos.*
chanfaina	Guiso hecho a base de hígado de cerdo. *Al regresar del trabajo, se tomaron una chanfaina regada con una bota de vino fresco*
chanza	Se dice de una forma de decir entre bromista y graciosa. En la comida abundaron, como siempre, las chanzas del tío Juli. *Tal como hablas no sé si lo haces de veras o en chanza.*
chapa	Pieza de hierro para colocar sobre la cocina económica que se calentaba con carbón o madera. *Hay que cargar la cocina porque la lumbre se apaga.*
chapa	Moneda aplastada que se usa como tejo[163]. *Esta moneda solo vale como chapa, está muy estropeada.*
chapa	Lámina de metal, madera u otra materia. *El interior del armario se ha cubierto con una chapa de madera de nogal.*
chapa	Lámina metálica con que se regula el tiro de la chimenea[164]. *La chapa está muy abierta.*

[159] **Chamiza.** Hierba silvestre y medicinal, que nace en tierras frescas y con agua. Su vástago, de uno a dos metros de alto y cinco o seis milímetros de grueso, es fofo y de mucha hebra, y sus hojas, anchas, cortas y de color ceniciento. Sirve para techumbre de chozas y casas rústicas.DRA

[160] **Chamuscar.** En Mecerreyes en la matanza después de matar a la cochina se la quemaba el pelo y otras impurezas de la piel haciendo sobre ella una lumbre con vencejos.

[161] En la matanza se **chamuscaba** el cerdo con paja o aliagas y luego se raspaba la piel para limpiarla.

[162] Sinónimos: choclo, zoclo, zueco, madreña, almadreña

163 **Tejo.** Trozo de plancha metálica de distinto grosor y de forma circular. Trozo de teja o cosa parecida, que se usa en diversos juegos.DRA

chaparrada	Lluvia abundante caída con fuerza. *Al rebaño le cogió una chaparrada antes de llegar al redil*
chaparro	Mata de encina o roble, de muchas ramas y poca altura. *Recogió la cazadora del chaparro donde la había dejado y bajó por la cambera al río. El campo estaba lleno de chaparros y enebros cubiertos de nieve. El chaparral estaba brotando con la luz y el color de la primavera.*
chaparrón	Chaparrada. Lluvia intensa pero de poca duración. *El chaparrón nos pilló en ropa de verano.*
chapas	Juego popular[165] con el uso de chapas o tapones de botella como fuente primaria de recursos. Las chapas se pueden decorar interiormente con fotografías recortadas de revistas, cromos, o dibujos. En ocasiones se lijaban las superficies de las en las paredes de los edificios a medida que se daba un paseo, o se iba a casa de un amigo. Con esta operación se mejoraba la velocidad de las chapas. *Los niños jugamos a las chapas con las que hacemos con los cierres de las botellas.*
chapitel	Parte superior y final de las torres góticas. *Los chapiteles de la catedral de Burgos son de piedra caliza.*
chapotear[166]	Sonar el agua golpeada por las manos o los pies (calzados o descalzos). *Los niños bajaban de la iglesia chapoteando en todos los chacos.*
chapurrear	Se dice que lo hacen los niños cuando comienza a hablar. *Mi hijo ya está chapurreando.*
chapuscar	Mojar a otro con el agua de un charco al pisar el agua de este con fuerza. *A Toni, El Ido, le gustaba chapuscar las mozas.*
charco	Agua detenida en un hoyo de la calle. *Los niños disfrutaban metiéndose en los charcos que había formado la lluvia reciente.*
chasca	Utensilio de madera compuesto de mango y cabeza y un palo que golpea en la cabeza al ser pulsado por el dedo pulgar del usuario.[167] *La chasca cayó a la estufa y pudo quemarse*
chasca	Leña menuda, hojas y palillos delgados que, dándoles fuego, levantan mucha llama sin consistencia ni duración. Leña menuda procedente de las ramas de la poda de los árboles. *La chasca cubría el suelo de la arboleda.*
chascar	Dar chasquidos o golpes secos con movimientos bruscos de la tralla. *Una de las habilidades del arriero era chascar con la tralla.*
chascar	Romper o quebrar un palo o cualquier otra cosa quebradiza. *Para meter los palos en la estufa, primero hay que chascarlos (partirlos).*
chascarrillo	Se dice de la anécdota ingeniosa y con gracia. Chiste. *El Chepa animaba las tertulias de la taberna con sus chascarrillos sobre los concejales y las mujeres.*
chasco	Desengaño que causa un acontecimiento contrario a lo que se esperaba. *Silvia, al ver el regalo, se llevó un chasco; no era lo que se había imaginado. ¡Qué chasco, Juan! Creí que la invitación era para un concierto.*
chasquido	1. Estallido que se hace con el látigo, la tralla o la honda cuando se mueven en el aire con violencia. *El arriero lanzaba frecuentes chasquidos con la tralla para animar a las caballerías.* 2. Ruido seco, fuerte y breve de una cosa al romperse. *Al oír el chasquido de la rama salimos corriendo.*

[164] El **tiro de la chimenea** es la fuerza con que ascienden los humos por ella y salen al exterior. La chapa del tiro regula la intensidad de este movimiento.

[165] Reglas del juego de chapas. Se dibuja, con una tiza, un circuito o camino lleno de curvas, rectas, o estrechamientos. Se marcan con una línea la salida y la meta. Cada jugador coloca su chapa en la línea de salida. Por turno, cada participante impulsa con un dedo su chapa, intentando avanzar el máximo recorrido sin salirse del circuito. Si después de tirar, la chapa queda dentro del circuito marcado, se deja donde está. En caso de que haya salido del circuito, retrocede al lugar desde donde tiró y espera un nuevo turno. El circuito puede complicarse con pequeños obstáculos que dificulten la carrera, como piedras, palitos, etc. Con todo ello el juego se hará más emocionante. El primer jugador que consiga llegar a la meta será al ganador de la carrera.

[166] Salpicar, esparcir, mojar

[167] En la escuela de Mecerreyes fue muy usada por el Maestro **"Don Julio"**. Con ella indicaba "el siguiente" en la lectura colectiva, daba algún que otro coscorrón y dirigía los coros que formó en las escuelas de chicos y chicas. Este instrumento era muy utilizado por los Hnos. Maristas en sus clases. Por lo que se puede deducir que D. Julio estuvo muy relacionado con ellos antes de la guerra.

66

chasquido	Ruido seco y súbito que produce el romperse, rajarse o desgajarse algo, como la madera cuando se abre por sequedad o mutación de tiempo. *El niño, tumbado a la sombra del nogal, se centraba en escuchar los ligeros chasquidos de las ramas cargadas de nueces.*
chatear	Ir de ronda tomando chatos en las tabernas. Es típico del norte de España y es frecuente hacerlo a la hora del aperitivo o al atardecer antes de cenar. *Hoy han venido los amigos al pueblo y chatearemos con ellos.*
chato	Chato: vaso ancho y bajo, es decir "chato" cuyo contenido de vino puede tomarse de un solo trago. *No tomes muchos chatos que se suben a la cabeza.*
chaveta	Se dice de la persona alocada. *Tino, el hijo del mulero, ha perdido la chaveta.*
chazca	Plastas de ramaje que se obtienen de las morenas que se hicieron con ramas verdes. Se usa para cubrir el horno e impedir que se cuele la tierra entre las cañas ya colocadas. *Donde vamos a hacer los hornos tenemos preparadas tres morenas de chazca.*
chazquear	Cubrir con chazca todo el horno de hacer carbón desde las gavillas de la base hasta la boca. *Esta mañana Fonso y Tino han chazqueado el horno mayor.*
chibiritas	Flores silvestres que pueden ser de color azul o blanco. No son comestibles. Tienen la forma de las margaritas pero menores. *La niña llevaba un ramo de chiribitas para su madre.*
chicazo	Se aplica a la mujer de constitución hombruna. *La sobrina de Adela está hecha un chicazo.*
chicha	Carne comestible. Carne picada para embutir y hacer chorizos. *Voy a comprar un poco de chicha. No La chicha estaba en su punto de sal y especias.*
chicha ni	Ni chicha ni limoná: Ni una cosa ni otra. *Ángela está en una edad en que no es ni chicha ni limoná, no es niña y no es adulta. Ni chicha ni limoná, así ha sido la banda que han traído a estas fiestas.*
chicharra	Cigarra. Insecto de unos cuatro centímetros de largo, de color verdoso amarillento, cuatro alas membranosas y abdomen cónico. Los machos producen un ruido estridente y monótono. Solo viven un verano. *En agosto cantan las chicharras en los pinos de la urbanización. El sonido de las chicharras nos acompañaba al pasear a la sombra de los chopos.*
chicharrón[168]	Lo que queda al **derretir**[169] la manteca del cerdo en las sartenes. Se usan para hacer tortas de chicharrones o tortas mantecadas. *Con los chicharrones hemos hecho diez tortas.*
chichón	Bulto que aparece en la superficie de la cabeza debido a un golpe recibido. *Inés se golpeó la cabeza al salir de la bodega y enseguida apareció un chichón voluminoso que tardó varias horas en desaparecer.*
chico	Pequeño. *Ayer compramos un perro muy chico.*
chiflado	1. Se aplica a la persona que tiene algo perturbada la razón. *¡Cuidado no admitáis en el equipo al hijo del tío Luna, que está chiflado!* 2. Se dice de la persona que siente atracción exagerada por algo o por alguien. *Mi primo Roque está chiflado por las películas de terror.*
chifladura	Extravagancia. Rareza momentánea. *A mi amigo Juan le ha dado, a sus setenta años, la chifladura de ir a Santiago en Bici*
chiflagatos*	Chiflos o silbatos que solían hacer los chicos con un tejo con un palo de médula ancha recién cortado de un árbol (nogal o saúco). *El domingo por la tarde, los críos aturdían a las personas mayores con el sonido estridente de los chiflagatos hechos con palos de sauce. Por primavera hacíamos chiflagatos con los tallos de saúco y de chopo.*
chiflar	Producir un sonido mediante la expulsión de aire entre los labios o soplando por la embocadura de un chiflo. *Este año he aprendido a chiflar con los labios y los dientes. El chiflar y el cantar alegran el yantar. Resoplar y chiflar no se puede dar.*

---

168 **Chicharrón**. Se comía con pan y azúcar o se usaba para hacer tortas con chicharrones..
169 **Derretir algo**. Licuar, disolver por medio del calor algo sólido, congelado o pastoso

chiflo[170]	Silbato hecho con una caña, con un palo de sauco, con un palo de chopo, de nogal u otros materiales. *He comprado una navaja, que corta muy bien, para hacer chiflos con tallos de nogal.*
chimenea	Construcción en forma de cono o de prisma que aparecen en los tejados de las casas de los pueblos como terminación del conducto por el que salen los humos del fuego del hogar. *Un rayo de sol inesperado y deslumbrante, bailó alocadamente en la veleta de estaño de la chimenea cónica.*
china	Piedra pequeña y a veces redondeada, que puede usarse para tirarla fácilmente con la mano. *Ten cuidado con el tirabique (tirachinas) y no tires chinas, que puedes hacer daño. El camino que lleva a la ermita está lleno de chinas.*
chinazo	Golpe dado a alguien o a algo con una china o piedra pequeña. *Tengo el ojo morado por un chinazo que me dieron esta mañana.*
chinchar	Causar molestia a alguien de forma repetida. *Mi compañero de mesa en la escuela siempre me está chinchando.*
chinchorrera	Se dice de la persona puntillosa, quisquillosa y charlatana. *Cuando cosíamos el vestido apareció la chinchorrera de Isidra y nos hizo cambiar varias cosas*
chinchorro*	Se dice como sinónimo de desnudo. *Los niños se bañaron chinchorros en la laguna sin miedo a las culebras de agua.*
chinela	Fogata, lumbre con muchas llamas, lumbrada. *Ayer hicimos una chinela con aliagas. Las llamas eran tan grandes que nos asuraron las cejas.*
chingar	Beber con frecuencia vino u otros licores. *El tío Soto, el Manco, es muy amigo de chingar algo cada hora del día.*
chingar	Tomar en el aire el chorrito de líquido que sale de la bota, del porrón, de la barrila, etc. *A mi padre le gustaba chingar el agua de la barrila y mojarse los labios.*
chingle*	Se dice del chorrito pequeño que sale de la bota o del porrón cuando se los empina. **Beber a chingle**: beber teniendo alejados de la boca la bota, el porrón o la barrila. *Pedrito, aunque sólo tiene diez años, bebe a chingle de la barrila.*
chiquilicuatre	Se usa como sinónimo de zascandil[171] y mequetrefe[172]. *A mí no me endilguéis un chiquilicuatro como compañero de trabajo.*
chiquiteo	Recorrido que hacían las cuadrillas de mozos de bar en bar tomando chiquitos (vasos pequeños de vino). Al final del chiquiteo a algunos les brillaban los ojos más de lo normal. *Esta mañana en el chiquiteo nos encontramos con Paco, El Ciruela, que había venido de Burgos*
chiquitín	Niño pequeño. *Hoy me voy con los chiquitines de paseo, dijo la maestra.*
chiribita	Flor silvestre parecida a la manzanilla y con la forma de las margaritas, aunque más pequeñas, que se cría en los prados. *En primavera el prado se cubre de un manto plateado de chiribitas. El niño recogió un ramo de chiribitas y claveles para su madre*
chirigata	Fuego que, al encenderlo, produce llamas muy altas y expansivas como cuando se enciende una aliaga o un enebro seco. *Las mejores chirigatas se hacen con aliagas y enebros secos.*
chirimbolo	Objeto con forma extraña que no se sabe cómo nombrar o qué hacer con él. *El baúl está lleno de chirimbolos de los niños.*
chirindola	Se dice de una lumbre grande o fogata. *Los mozos, para cantar las marzas, prepararon buenas chirindolas con támbaras, enebros y otra leña seca...*
chirriar	Hacer un sonido desagradable rozando un objeto con otro. *Los ejes del carro chirrían. Hay que engrasar las bisagras de la puerta porque chirrían.*

---

170 **Chiflos**. También se hacía con tallos lisos, de unos dos o tres centímetros de grosor y de 6 a 10 cm de largo, en la época en que subía la sabia a los árboles. (los chicos decíamos que el árbol sudaba). En uno de sus extremos y a unos dos o tres centímetros del límite, se hacía una muesca que alcanzaba a la corteza y al palo interior. Posteriormente, con pequeños golpes en la corteza, esta se ahuecaba y se sacaba; luego se profundizaba en el palo la muesca y se abría un ligero paso para que entrase el aire. Al soplar se producía el sonido.(Revista Mecerreyes)

[171] **Zascandil**. Hombre sin ideas claras y enredador. DRA
[172] **Mequetrefe**. Hombre entremetido, bullicioso y de poco provecho. DRA

chiscar	Sacar chispas del eslabón[173] golpeándolo con el pedernal.[174.] Golpear dos piedras para que salgan chispas. *Chisca estas dos piedras, ya verás como salen chispas y podemos encender la lumbre. El chisquero[175] del tío Lucas, el Abeja, no chisca.*
chiscar	Prender, encender. *La mañana estaba fría y ventosa, por eso resultó difícil chiscar la lumbre para asar el tocino.*
chisgarabís	Se dice de la persona que zascandilea. *El hijo de Juana, ligero y enredador, es un chisgarabís.*
chisme	Palabra que se usa para designar cualquier objeto que sirva para hacer algo. *Pedro, alcánzame el chisme para clavar las puntas de la madera suelta. (aquí "chisme" susti-tuye a martillo u otro objeto para golpear las puntas)*
chismear	Traer y llevar chismes de unas personas a otras. *Julita sale las tardes de los lunes y jueves a chismear con sus amigas. Chismear y murmurar, todo es empezar.*
chismes	Decires, verdaderos o falsos, que tienen intención de indisponer a unas personas con otras o de extender rumores. *El noviazgo de la Vitorina con el tío Pelao es un chisme de mal gusto. El café de las comadres es la central informativa de todos los chismes de la semana. Eso que me cuentas tiene que ser un chisme; no me lo creo*
chismorrear	Decirse chismes unos a otros como entretenimiento. *La cuadrilla de Niñez chismorrea de la cuadrilla de Sole.*
chismoso	Se dice de la persona que habitualmente trae y lleva chismes. *No te fíes de los chis-mosos, en cuanto pueden te enemistan con tus compañeros. Con un chismoso y roño-so es estar en la boca del oso.*
chispa	Borrachera, trompa... *Vaya chispa que tiene Andrés.*
chispa	Gota de lluvia menuda. *Coge el paraguas que caen chispas.*
chispas	Partículas encendidas (pavesa[176]) que saltan de la lumbre o del hierro incandescente al ser golpeado por el martillo en la fragua o por las tenazas en la lumbre de la cocina. *Al golpear el ascua con la tenaza saltó una nube de chispas.*
chispear	Llover con gotas pequeñas y despacio. Lloviznar. *El jueves estuvo toda la mañana chispeando.*
chispitina	Se dice de una cantidad muy pequeña de algo. *En la boda tomé una chispitina de güisqui, y me supo bien.*
chisporretazo*	Ruido, como de pequeñas explosiones, que produce el fuego al crepitar[177]. *Las aliagas secas al echarlas al fuego ardían con chisporretazos.* Ruido que se produce al juntar dos cables con corriente eléctrica. *La perilla de la cama daba chiporretazos al tocarla porque uno de los hilos estaba suelto.*
chisporrotear	Echar chispas de forma continua algo que se quema o que se quema y se golpea. *Al echar un tronco de enebro en la lumbre chisporroteaba tanto que nos tuvimos que se-pararr del fuego.*
chisquero	Encendedor de bolsillo con yesca y pedernal. *No podemos encender lumbre porque se nos ha olvidado el chisquero.*
chisquero	Mechero que tenía un cilindro metálico con una piedra, una ruedecilla y una larga me-cha. *Hoy ya no se usan los chisqueros.*
chistera	Sombrero de copa con el que se cubre la cabeza. Consta de copa y ala. *Su cabeza iba cubierta con una chistera que alargaba su figura escultural.*
chitón	Expresión que denota la necesidad o conveniencia de guardar silencio para evitar al-gún peligro o por respeto a la autoridad. *Chitón, que está hablando el alcalde. Ante el murmullo de sus vecinos, Carmen los miró y dijo a media voz: chitón.*
chivarse	Decir algo a alguien para perjudicara a otra persona. *Jorge se ha chivado al maestro y le ha dicho quienes han sido los que han borrado la pizarra.*

---

[173] **Eslabón**: Pieza de acero del que saltan chispas al golpearlo con un pedernal.DRA.
[174] **Pedernal**. Variedad de cuarzo que da chispas al golpearlo con el eslabón. DRA
[175] **Chisqueros**: Mechero de pescozón. Mechero de mecha. Mechero de yesca.
[176] **Pavesa**. Partecilla ligera que salta de una materia inflamada y acaba por convertirse en ceniza.
[177] **Crepitar**. Producir sonidos repetidos, rápidos y secos, como el de la sal en el fuego

chivo	Hijo de la cabra. Cabrito. *Mi abuelo sacaba los chivos a pastar todos los días.*
chocante	Se dice de algo que llama la atención por extraño, raro o sorprendente. *Lo que me dices, me parece chocante[178], tratándose de Adela. Entre las noticias no había ninguna chocante.*
chocha	Becada. Ave del tamaño de una perdiz. Vive con preferencia en terrenos sombríos, se alimenta de orugas y lombrices y su carne es comestible. *La cacería fue pobre, solo llevamos a casa tres chocas.*
chochear	Actuar con las facultades mentales disminuidas por la edad. *El tío Enrique, el Pelao, empieza a chochear cuando habla de su nieta.*
chocho	Se dice de quien chochea. Estar chocho: Tener las facultades mentales disminuidas debido a la edad. *No te fíes de lo que te dice el chocho de Eutiquio, el Pintapalos.*
chon*	Apócope de lechón, cochinillo que todavía mama. Término no empleado en la zona y sí en Santander y la parte norte de Castilla. *La cochina ha tenido tres chones. Entre los chones había tres blancos y dos negros.*
chorizo[179]	Pedazo corto de tripa lleno de picadillo (carne, regularmente de puerco, picada, pimentada y adobada) el cual se curaba al humo en Mecereyes en las chimeneas de las cocinas. El chorizo generalmente se ata y se une por sus extremos formando una sarta. *Los chorizos se están oreando en la cocina donde hay varias varas con diez o doce sartas cada una.*
chorlito	Se aplica a personas ligeras de cascos y de poco juicio. *Mi primo Alberto tiene la cabeza de chorlito, habla mucho y no razona. A Tori, el chorlito de la cuadrilla, le duran muy poco los amigos.*
chorretada*	Chorro pequeño que se añade al final de la medición del vino o del aceite como de regalo. *Antonia aliñó la ensalada y añadió una chorretada más de aceite. El vinatero echó una cántara en el garrafón y añadió una chorretada de regalo.*
chospar chozpar	Dicho de los cabritos, de los corderos, de los potros o de otros animales: Saltar o brincar en el campo con alegría. También se aplica por analogía a los chicos y jóvenes. *Los corderos chospan alegremente mientras sus madres pacen. Los niños se pasaron la tarde chospando en la pradera.*
chospo chozpo	Cada uno de los saltos que dan las crías de los animales cuando están bien alimentados. *Los cabritos dan chospos hasta encima de las piedras.*
chospón chozpón	Se dice de la persona o animal que chospa con frecuencia. *Los hijos de Silvia son unos chozpones, se pasan el día saltando de un sitio a otro.*
chospona	Baile típico de la zona de Covarrubias y Mecerreyes[180] y otros lugares. *El baile se animó cuando los músicos tocaron la chospona.*
chotacabras	Ave insectívora, de unos 25 cm de largo. Es crepuscular y gusta mucho de los insectos que se crían en los rediles, adonde acude en su busca. *Apenas encerrábamos las ovejas en el redil aparecía un par de chotacabras sobrevolando los animales.*
choteo	Se aplica a la burla con guasa y pitorreo. *Las clases de gimnasia eran un choteo. Los niños de tercero choteaban al maestro.*
choto	Ternero. Hijo de la vaca. *Cría macho de la vaca. El choto recién nacido mama bien y*

---

[178] **Chocante**: extraño, raro, exótico, original

179 **Chorizo**. Los ingredientes más usados son: lomo y carne magra cerdo picado, sal molida, pimentón y ajo al gusto. Nota: En **España** es un **embutido** curado (bien al aire, bien **ahumado**), elaborado principalmente a base de carne de **cerdo picada** y **adobada** con **especias**, siendo la más característica el **pimentón**, que es el elemento más distintivo del chorizo frente a otras **salchichas**, y también el que le da su color característico rojo. También suele llevar orégano. La piel de este tipo de salchicha suele ser **intestino delgado** de **cerdo**, aunque también se utiliza el **intestino grueso** del mismo para la variedad de **chorizo cular**. En España, para que un embutido sea llamado *chorizo*, ha de llevar necesariamente **pimentón** y **ajo**; esto lo diferencia del chorizo de otros países.

[180] **Chospona**. La Rueda Chospona es una popularísima danza que se baila en la plaza de Covarrubias, con enorme entusiasmo, durante las fiestas más representativas (San Cosme y San Damián, etc.), inteviniendo en ella todo el pueblo (chicos, mozos, gente madura y ancianos), invitando a bailar a los forasteros. También se baila en Mecerreyes y en las las romerías que se celebran en la vecina sierra de las Mamblas, y a la terminación de la vendimia.

	ya camina.
choza de carboneros	**Cabaña**[181] construida con **caballete**[182,] **horquillones**[183], palos, chazca, piedras, tierra (de cisquera porque resiste mejor la humedad) y céspedes, elementos todos ellos obtenidos del monte. *La choza de los carboneros tenía capacidad para cuatro personas.*
choza, chamizo	Construcción rústica, de materiales pobres, generalmente palos entretejidos con cañas, y cubierta de ramas. Suele estar destinada a refugio o vivienda de pastores, leñadores, vendimiadores, etc. *Los trabajadores se refugiaron en la choza cuando llovía. En la finca había un chozo para guardar las herramientas.*
chozpar, chospar	Se dice de los corderos, de los cabritos o de otros animales cuando saltan o brincan solos o en grupo. Por analogía se dice también de los chicos y chicas. *Los corderos del rebaño están chozpando en la pradera.*
chubasco	Lluvia fuerte y momentánea que se produce con mucho viento. *Cuando pelábamos algarrobas, un chubasco nos obligó a cobijarnos debajo de un viejo roble.*
chufla cuchufleta	Burla o cuchufleta. Dicho o palabras de chanza[184]. *Las palabras de Silvio, el Guasón, siempre tienen un aire de chufla. A chufla toma la gente los dichos de Pistolo, el Seisdedos.*
chupa	Mojadura. *La tormenta nos pilló antes de llegar a casa y menuda chupa cogimos.*
chupa	Chaqueta corta y ajustada al cuerpo. *A la ministra le caía bien la chupa de cuero.*
chuparse	Beber más alcohol de la cuenta. Emborracharse. *En la fiesta del pueblo algunos mozos terminaron bastante chupados.*
chupón	Chorro de agua que se queda congelada colgando de las canales de los tejados. *Esta madrugada en cada canal había un chupón.*
chupón carámbano	Retoño que brota en las ramas principales y en el tronco una planta y que le chupa la savia y disminuye el fruto. Estos chupones hay que eliminarlos *En los frutales, en las cepas y en otros árboles es importante quitar los chupones.*
churrar tostar	Poner algo al fuego o encima de las ascuas o en una parrilla, para que lentamente se vaya tostando, sin quemarse, hasta que tome color y pueda comerse. *La carne de rostrizo (cochinillo) conviene tostarla (churrarla) bien.*
churruscar	Tostar demasiado algo en el fuego o en la lumbre como las chuletas, el pan, las cortezas de cerdo, el chorizo. *Esta carne está tan churruscada que parece carbón.*
chusco	Se aplica a quien tiene gracia, donaire y picardía. *El jardinero es muy chusco, cada frase la acompaña de un chiste.*
chute	Golpe con el pie a un objeto. *¡Que buen chute le has dado!*
chuzo chupón carámbano	Son distintas formas de llamar a los chorros de agua que quedan congelados colgando de los canales los días de invierno cuando hiela en el momento de fundirse la nieve. *Cuando viene el deshielo caen los chuzos de punta. Las críticas caían como chuzos de punta en el autor. De los canales colgaban largos y pesados chuzos.*
cicatero	Alguien que disminuye lo que debiera dar y, si puede, lo devuelve disminuido. Mezquino, ruin, miserable. *Es muy cicatero, siempre pone pegas a todo.*
cielo encapotado	Cielo lleno de nubes tormentosas y a punto de descargar el agua o el granizo que llevan. *El cielo estaba encapotado y amenazaba lluvia de un momento a otro.*
cielo entoldado	Cielo cubierto totalmente de nubes. *Ha pasado la tormenta pero el cielo sigue entoldado.*
cielo pardo	Cielo cubierto de nubes densas y de color "panza burra". *Por la tarde regresamos a casa con un cielo pardo que amenazaba tormenta.*

---

[181] **Cabaña**. Construcción rústica pequeña y tosca, de materiales pobres, generalmente palos entretejidos con cañas, y cubierta de ramas, destinada a refugio o vivienda provisional de pastores, carboneros, etc.DRA
[182] **Caballete**: Línea horizontal y más elevada de un tejado, de la cual arrancan dos vertientes.DRA
[183] **Horquilla**: Palo terminado en uno de sus extremos en dos puntas por bifurcación doble del tallo.
[184] **Chanza**: chirigota, cosa graciosa.

cielo raso	Se dice del techo de superficie plana y lisa en las habitaciones de casa. *El albañil acaba de pintar el cielo raso del salón.*
cielo raso	Se dice de la atmósfera que está totalmente azul, sin nubes ni niebla. *Ha pasado la tormenta y el cielo ya está raso.*
ciénaga	Lugar pantanoso y peligroso. *No atravieses la ciénaga con el carro porque se puede quedar atascado.*
cierzo	Viento del norte generalmente frío o muy frío. *El corral tenía una majada al cierzo. La pared del cierzo se remojaba con el aguacero. El cierzo, fuerte y frío, nos arrebataba la capa con la que nos abrigábamos.*
cincel	Herramienta de 20 a 30 cm de largo, con boca acerada y recta de doble bisel. Se usa para labrar a golpe de martillo piedras y metales. *El cantero trabaja las piedras con el cincel.*
cincel	Herramienta con boca acerada y recta de doble bisel que sirve para labrar piedras y metales. *El aprendiz de carpintero comenzaba a manejar con soltura el cincel con piedras recién sacadas de la cantera. El cincel dejaba en la piedra la imagen que tenía el cantero en su imaginación.*
cincha	Faja cuero u otras materias con la que aseguramos la silla o albarda en una caballería. Se cine por detrás de los codillos y debajo de la barriga. *Al soltarse la cincha la albarda cayó al suelo. Los serones que llevaba el burro se cayeron al suelo cuando se rompió la cincha.*
cincho	Se dice del cinturón de vestir que sujeta el pantalón. *Andrés se quitó el cinto y arreó un cinchazo al mulo para que acelerase el paso.*
cíngulo	Cordón con una borla en cada extremo, que sirve para ceñirse el sacerdote el alba. *El sacerdote se ciñe el cíngulo a la cintura.*
cinquillo y otros juegos	Mus, julepe, brisca, siete y media, escoba, chinchón, canasta, tute, subastado, tresillo. *En el pueblo los hombres y las mujeres se entretenían con los juegos de la baraja.*
cinta de lomo	Cada uno de los lomos de un cerdo debidamente adobados y oreados al humo en la cocina de campana. *En la cocina hay colgadas dos cintas de lomo para que se oreen.*
cintazo	Golpe dado con el *cinto* a una persona. *Doña María, la maestra, ponía orden en la escuela con algunos cintazos dados a primera hora.*
cinto	Banda de cuero u otro material que se usa para ceñir y ajustar la cintura con una sola vuelta. Se sujeta y aprieta con hebillas o broches. *Adrián tenía una colección de cintos de todos los colores y materia, que le permitía llevar uno distinto cada día.*
cirate/ribazo	Repecho de tierra entre dos fincas que están a distinto nivel. *En el ribazo había muchas mielgas y amapolas.*
ciriales	Los **ciriales** son <u>candelabros</u> altos que tienen hasta para ser llevados en las procesiones y en los entierros de aquellos años. Eran llevados por los monaguillos e iban al principio de la procesión acompañando a la cruz
cirineo[185] cireneo	Persona que ayuda a otra en algún trabajo penoso. En Mecerreyes se aplicaba esta palabra a los mozos que se quedaban con la subasta de los puestos para llevar la cruz como Jesucristo en la procesión del Viernes Santo. *En la vida, y en ciertas ocasiones, hay que ser un poco cirineo.*

[185] **Procesión de Viernes Santo.** En el pueblo de Mecerreyes, el Jueves Santo, después de los oficios religiosos se iba al Ayuntamiento donde se subastaba el puesto de Jesús y de Cirineo para la procesión del viernes Santo. En aquellos años había pujas muy altas. Terminada la subasta el Ayuntamiento invitaba a los asistentes a unas copas de vino. Los mozos que se habían quedado con la subasta al día siguiente Viernes Santo se vestían con sayón morado y cíngulo negro el cireneo y con sayón morado, cíngulo negro y corona el que hacía de Jesús. La procesión salía de la iglesia precedida de un portador de la cruz y dos monaguillos con los ciriales, seguían los niños de las escuelas en dos filas, a continuación los hombres seguidos de Jesús y el cirineo llevando la pesada cruz de madera acompañados del sacerdote, el sacristán don Alejandro y el coro de chicas que cantaba todos los cantos de penitencia, especialmente El Miserere con ritmo y música singular y tradicional, que todos evocamos por esas fechas. En el recorrido de la procesión se representaban las tres caídas de Jesús y el encuentro de Jesús con la verónica. La tercera caída solía hacerse en la cruz de Carrelara. Todos los chicos estábamos pendientes de la representación, de los cantos y de comprobar si el cirineo y Jesús aguantaban el peso de la cruz.

cirio	Dícese de la situación en que se arma mucho lío y hay mucho alboroto, algarabía o cisco. *Menudo cirio se armó en el bar cuando llegó la viceple de la orquesta.*
ciscar	Ensuciar o manchar algo o a alguien. *Por favor no cisques más el portal de casa.*
ciscarse	Cagarse. *Nati se ha ciscado en clase.*
cisco	Carbón vegetal menudo que se aprovecha y usa para los braseros. *Con el cisco mantenemos encendido el brasero. Hemos comprado dos sacos de cisco de encina. El cisco obtenido de la caldera se vendió rápidamente y a buen precio*
cisco	Lío. Bullicio. Alboroto. *Menudo cisco[186] han armado los chicos en el jardín.*
cisquera	Lugar o capa del suelo del monte donde se encuentra la tierra negra y los residuos del carbón o del cisco de uno o de varios años. *En el valle del monte aún se ven los restos de cisqueras de los años anteriores.*
clamor/es	Toque de campanas por los difuntos. Es un toque especial que alterna el toque de dos campanas muy lentamente. Hay clamores distintos según sea el difunto un hombre, una mujer o un niño o niña. *El clamor de las campanas por un niño hacía saltar las lágrimas a las personas que acudían a su entierro.*
clarinete	Instrumento musical de viento, que se compone de una boquilla de lengüeta de caña, un tubo formado por varias piezas de madera dura, con agujeros que se tapan con los dedos, y un pabellón de clarín. *En la banda de los Anises de Mecerreyes nunca faltaban el clarinete y el saxofón.*
clavijero	Parte del timón del arado que tiene los agujeros necesarios para poner la clavija. *Coloca hoy la clavija en la parte delantera del clavijero.*
clavo	Pieza metálica con cabeza y punta, que sirve para unir una cosa a otra. *Las tablas de entarimar se sujetaban con clavos a las vigas.*
clavo	Callo duro y de forma piramidal que se forma en los pies y dificulta el caminar. *Tengo un clavo en el pie que me impide dar un paso.*
cobertera corbeter*	Disco de metal o de barro con un asa o botón en medio que sirve para tapar las ollas o pucheros. *El puchero con cobertera hierve antes que el que no la tiene.[187]*
cobertizo	Lugar cubierto de forma rústica para resguardar de la intemperie a las personas, los animales o los aperos. *Cuando llegó la borrasca nos protegimos en el cobertizo, personas y animales.*
cobertor	Encimera de la cama que sirve de adorno y abrigo. *Este cobertor que has puesto abriga mucho.*
cocer el horno	Encenderlo para producir la combustión lenta de la madera del horno, con acceso limitado de aire, dando como resultado el carbón. *Mañana comenzamos a cocer dos de los tres hornos.*
cocer la madera	Someter la madera a la acción del calor en un horno controlado, para que pierda humedad y mediante la combustión lenta se convierta en carbón. *Un buen cocido de la madera de carrasca produce un carbón muy sólido y consistente.*
coche de línea	Autobús que hace el servicio regular entre dos o más poblaciones. *A las 16 h 40 minutos salía el coche de línea de Burgos a Mecerreyes y santo Domingo de Silos.*
cochino[188]	Gorrino. Es la palabra más coloquial para referirse a los animales porcinos. *En la piara[189] pudimos contar veinte cochinos.*
cochiquera	Pocilga. Espacio reservado para guardar los cerdos, cochinos o gorrinos. *Lleva los cerdos a la cochiquera y cierra bien la puerta. Este pasadizo parece una cochiquera.*
codera	Roto, remiendo, refuerzo o adorno que se pone en el codo de una prenda de vestir. *El jersey de Pedro tiene dos coderas abiertas. Las coderas de la chaqueta de pana son de distinta tela.*
codijón	Cada uno de los ángulos (esquinas) que hay en el fondo de un saco, talega o alforja. *Ángela sujeta el saco por los codijones.*

---

[186] **Cisco**: riña, altercado, pendencia, pelotera, pelea, trifulca
[187] Porque al tener la cobertera puesta evita la presión atmosférica.
[188] Otros nombres del cochino: lechón, tostón, cochinillo, gorrino, marrano, guarro, puerco, cerdo
189 **Piara**: Manada de cerdos,

coger algo a tutiplén	Coger la mayor cantidad posible de una cosa. *Cogimos tomates a tutiplén, hasta que no nos cabían en el caldero.*
coger un capazo	Iniciar una conversación con alguien a quien se encuentra circunstancialmente y mantenerla durante mucho rato sin un fin concreto. *Ayer me encontré de sopetón con Julián, mi sobrino, y cogimos un capazo de dos horas.*
coger	Arraigar las plantas cuando se las trasplanta desde el semillero a otro espacio. Agarrar. Echar raíces. *Las llantas[190] que plantamos la semana pasada han cogido todas muy bien.*
cogérse los dedos	Pillarse los dedos u otra parte del cuerpo. Hacer un trato cuyo final le perjudica. *El niño se ha cogido los dedos con la puerta.*
cogerse	Quedar fecundada una hembra. Preñarse. *Hoy, en el rebaño, se han cogido doce ovejas.*
cogorza	Se usa como sinónimo de borrachera o melopea. *En la cena de carnaval Enrique y Tomás cogieron una buena cogorza*
cogotazo	Golpe dado o recibido en el cogote con la mano. *La discusión de terminó cuando el vigilante dio un cogotazo al cabecilla de la cuadrilla.*
cogote	La parte de atrás y de arriba de la cabeza. *No le des golpes en el cogote. La niña se ha dado un cogotazo.*
cojín	Almohadón utilizado sentarse o apoyar en él alguna parte del cuerpo. *En el salón hay tres cojines, compañeros inseparables de mis ratos de siesta.*
cojonudo	Se dice de la persona extraordinaria por sus cualidades y por su trato. *Mi tío, El Coletas, es cojonudo, te entretiene fácilmente con sus chistes y cuentos.*
cojonudo	Se aplica y se dice de algo estupendo, magnífico, excelente. *El plato combinado con huevos fritos y torrezno está cojonudo.*
cojudo	Animal macho entero. (No castrado). *En el rebaño van dos machos cojudos para cubrir las ovejas.*
colchonero[191]	Persona que hace, vende o apalea (cuando eran de lana) colchones. *Ahora los colchones no se apalean porque no son de lana y como tal el oficio de colchonero ha desaparecido.*
cólico miserere	Expresión que se usa para indicar que alguien se ha muerto de un mal desconocido. *"Se ha muerto de un cólico miserere"*
collado	Elevación de terreno equivalente a cerro y menor que un monte. *La loma del collado próximo al río está plantada de perales.*
collera	Apero horquillado de cuero o lona que va relleno de borra o paja y que termina en pico en su parte superior. Se pone al pescuezo de las caballerías para que no les haga daño el horcate[192]. *Al aparejar las mulas lo primero que hacemos es ponerles las colleras bien sujetas.*
collerón	Aparejo parecido a la collera que se pone a las caballerías cuando ha de hacer el tiro de forma individual y no como yunta con el ubio. No tiene "picurucho" como la collera y se sujeta al animal mediante dos correas en su parte superior. *Los collerones de los mulos están en la pared de la tenada.*
colmena[193]	Lugar donde viven y trabaja un enjambre de abejas. *En la solana y rodeadas de rome-*

---

[190] **Llantas**. Plantas del semillero lo suficientemente crecidas como para ser trasplantadas.

191 **Colchonero**. La lana de estos colchones se apelmazaba con el uso durante meses, y era necesario llevar el colchón al colchonero para que vareaese la lana, desapelmazándola para poder ser usada de nuevo en el colchón como el primer día.

192 **Horcate**: Arreo de madera o hierro, en forma de herradura, que se pone a las caballerías encima de la collera, y al cual se sujetan las cuerdas o correas de tiro.DRA

[193] La **colmena** es la vivienda de una **colonia** de **abejas** y, por extensión, la colonia que vive en ella. Las colonias de abejas pueden llegar a contener hasta 80.000 individuos, y están constituidas por tres **castas**: las **obreras**, los **zánganos** y la **abeja reina**. Las abejas que se ven comúnmente son las obreras, que también constituyen la parte más numerosa de la colonia. Las abejas forman sus colonias de modo muy diferente a como hacen otros **insectos** sociales, como los **abejorros** o las **hormigas**. Para constituir un nuevo grupo, la abeja reina de más edad abandona la colmena, llevándose consigo un gran número de obreras y dejando a la

	ros y tomillos se encuentran las colmenas.
colmenero	Persona que tiene o está al cuidado de las colmenas. *El maestro de mi pueblo era por las tardes, a partir de las cinco, colmenero.*
colmenilla cagarria	Hongo comestible en forma de huevo, consistente y carnoso y de color amarillento oscuro por encima y más claro por debajo. Se crían con humedad entre carrascas y enebros. *Póngame, por favor, unas colmenillas con huevos.*
colodra	Funda donde el segador lleva la piedra de picar o afilar el dalle[194]. *El segador ha tomado el dalle pero se ha olvidado de la colodra.*
colodra	Vasija de vacuno con fondo de madera usada para beber o contener especias. *Del cuerno del toro se hicieron dos colodras de distinto tamaño.*
coloño	Recipiente fabricado con finas láminas de madera recogida en su parte superior por un aro de madera. Tiene forma de tronco de pirámide cuadrangular invertida y aristas curvas. Se maneja con dos asas. *Hay que traer dos coloños de paja para dar de comer a los bueyes.*
color royo	Tono rojizo claro del pelo de algunos animales, como mulos y caballos. *Acabo de cepillar al caballo royo.*
colorín	Jilguero. *En la frescura de la pradera el silencio lo rompían los trinos de dos colorines.*
colorines	Se decía de los dibujos, rayas, etc. que hacían los niños pequeños en los cuadernos o en papeles sueltos. *A mis niños les gusta hacer colorines.*
combar	Encorvar algo lentamente y conseguir que mantenga la curvatura. *Para combar el hierro el herrero lo ponía incandescente en el horno de la fragua.*
comedero/a	Recipiente de madera de unos dos metros de largo y veinte centímetros de ancho aproximadamente, donde se da de comer a las ovejas. *Andrés, echa la paja y la remolacha en las comederas de las ovejas todas las tardes.*
comezón	Picor que se siente en alguna parte del cuerpo y que nos lleva a rascarnos. *Tengo una comezón en la espalda; algún mosquito me ha debido picar.*
comilón	Se dice de la persona que come demasiado y de forma desordenada. *El pollo, el cuarto de cordero, la ensañada y la media tortilla fueron insuficientes para saciar al comilón de Sancho.*
compadre	Persona con la que se tiene un trato frecuente y en situación de igualdad. *¡Hola, Julián! Aquí mi compadre Pedro, compañero de trabajo.*
comparación	Establecimiento de diferencias entre dos personas o cosas *No hay comparanza entre el sabor de un higo maduro y el de otro verde. Entre las vacas de Emilio, el Bizco, y las de Eutiquiano, el Melindre, no hay comparanza*
compás	Instrumento usado por los canteros y otros profesionales para trazar circunferencias o arcos. Antes de labrar la piedra para la columna, el cantero traza el arco correspondiente con el compás.
componedor[195]	Persona ambulante que se dedicaba a componer (reparar) utensilios domésticos, como calderos, calderas, pucheros, sartenes o paraguas. *Rosa, el pregonero ha anunciado que está el componedor en el pueblo, llévale los dos calderos que tenemos con agujeros.*
componenda	Trato hecho de manera informal para evitar un mal o conseguir un beneficio. *El cambio del chalet por un campo rural fue una componenda para ocultar dinero.*
compuerta	Media puerta, a manera de antepecho, que tienen algunas casas en la entrada principal, para resguardarla y no impedir la luz del día. *María pasaba las mañanas asomada a la compuerta.*

reina más joven a cargo de lo que queda de la colonia original. Este proceso se denomina naturalmente enjambrazón y al grupo de abejas con su nueva reina se lo llama **enjambre**. No hay que confundir un enjambre con la colmena que se encuentra en el interior de cualquier recipiente. Al conjunto de colmenas en un terreno lo llamamos colmenar o apiario.

[194] **Dalle**. Guadaña. Herramienta que se usa para segar a ras de tierra, formada por un mango largo y una cuchilla ancha, curva y puntiaguda.DRA

195 ¡**El componedor**! ¡Se arreglan paraguas, calderas, cacerolas...!!! (gritos propios del componedor al recorrer las calles de los pueblos)

concejo	Asamblea de los vecinos del pueblo. *Hoy en el concejo se hablará de los lotes del monte para hacer carbón.*
concentración parcelaria	Agrupamiento de minifundios de un mismo dueño para formar parcelas mayores y facilitar los trabajos agrícolas. *La parcelaria facilita el trabajo de los agricultores.*
conchabarse	Ponerse dos o más personas de acuerdo para conseguir un objetivo no lícito. *Los tres carpinteros se conchabaron para obtener un precio bajo de la madera que les ofrecían.*
concho*	Corteza de algunos frutos. En el pueblo se aplicaba a la corteza de las nueces. *El concho de las nueces es de un color verde claro punteado.*
concubinato	Relación entre un hombre y una mujer que viven juntos sin estar casados. *En la urbanización los vecinos saben que hay al menos dos concubinatos.*
condumio	Manjar que se come acompañándolo de pan. *No hemos quedado muy contentos del condumio que nos han dado.*
conejera	Jaula grande de distintas formas donde se crían los conejos y sus gazapos. Solían ser transparentes salvo en un rincón que es donde criaba la coneja. *Echa ballicos en la conejera para que coman los gazapos.*
confite	Bolita de anís. El padrino del bautizo tiraba a volea caramelos, confites, monedas, etc.
confitero [196]	Persona que hace y vende confites[197]. Lo primero que hacíamos los niños de Mecerreyes al recibir una propina era ir al confitero a comprar dulces. En las fiestas del pueblo nunca faltaba el confitero, que además de confites traía almendras garrapiñadas, pastas, etc. *Me he gastado los diez céntimos de propina en el confitero.*
conforme a	Se dice para expresara en qué circunstancias se hará algo. *Se te pagará conforme a lo que trabajes.*
conforme	Se usa para indicar dirección a seguir. *Conforme vas, encontrarás el río.*
conga, la	Danza que se ejecuta por grupos colocados en fila y al compás de un tambor, levantando las piernas a uno y otro lado de forma alternativa. *En todas las fiestas populares se toca y se baila la conga con gran regocijo del público.*
contera	Pieza de metal que se pone en el extremo opuesto al puño del bastón, del paraguas, de una sombrilla. *El anciano apoyó la contera de su bastón en la hierba y avanzó dos pasos.*
contonear	Hacer al andar movimientos afectados con los hombros y las caderas. *Adela, vestida de fiesta y con la cabellera de hilos dorados, se contoneaba rítmicamente por la plaza del pueblo.*
convidar	Invitar a alguien a algo. *Hoy estoy convidado al cumpleaños de mi tía.*
coñazo	Se aplica a la persona o cosa latosa, pesada e insoportable. *Por la tarde nos acompañó en el paseo Manuela, la "Lengua Serpiente", que menudo coñazo nos dio todo el tiempo.*
copete	Se aplica a la medida que va colmada y que excede de la medida rasera. *El helado tiene un copete muy grande. La media fanega la hemos medido con copete.*
coplero	Persona que compone, canta, recita o vende coplas, jácaras, romances y otras poesías. *El romance del gitano se lo oí a un coplero por San Juan*

---

196 **Confitero**. Vendedor ambulante de golosinas que iba a los pueblos en sus fiestas. Confiteros y almendreros eran personajes típicos en las fiestas de los pueblos. El Mecerreyes eran asiduos El Cañahueca y El Pelocaqui

197 **Confite**: Pasta hecha de azúcar y algún otro ingrediente, ordinariamente en forma de bolillas de varios tamaños. DRA

copo	Cada una de las partes independientes que caen cuando nieva. *Hoy los copos son grandes y estrellados.*
copo	Porción de cáñamo, lana, lino, algodón, etc., dispuesto para ser hilado. *Al hilandero le faltan de hilar dos copos de lana para rematar el encargo.*
coporota* cocorota	Coronilla, parte más eminente de la cabeza. Palabra aplicada con sentido despectivo y especialmente dirigida a los calvos. *A los lejos, por el camino de las cabras, se veía brillar la cocorota del tío Santi, El Pelota.*
coquirineta	Vuelta de campana dada por un niño o niña en la parva o en la hierba. *Mi hijo de cuatro años ya se da la coquirineta.*
corbetera	Tapadera circular de barro o metálica de los pucheros y las cazuelas de la cocina. *El puchero con la cobertera puesta hierve antes que sin ella.*
cordal	Perfil superior de una cadena de montañas. *El cordal de la sierra era quebradizo El cordal se bifurcaba, subía y bajaba a diferentes niveles.*
cordel	Trozo de cuerda delgada y de poca longitud. *Hoy llevamos cordeles en vez de vencejos para atar los haces*
cordero lechal	Cordero que aún mama. *A Julia sólo le gustan las chuletas de lechal, las otras las encuentra duras.*
cordero	Hijo de la oveja que no tiene más de un año. *Hoy el pastor, al regresar a casa, traía tres corderos recién nacidos.*
corneja	Nombre común de un tipo de ave parecida al cuervo, con el plumaje completamente negro y muy brillante en el cuello y dorso. Viven en el oeste y sur de Europa. Es muy útil *para la agricultura porque consume insectos y pequeños roedores. Las cornejas sobrevolaban la segadora en busca de los insectos que movilizaba.*
corneta	Instrumento metálico de color dorado empleado por el alguacil para anunciar los pregones del ayuntamiento. *Al oír la corneta salíamos a la calle o abríamos la ventana para escuchar al alguacil.*
cornezuelo[198]	Parásito que sale en las espigas del centeno y tiene usos medicinales. Tiene forma de un cuerno alargado, cornezuelo, y algo encorvado, a manera de cuerno. Es de color negro. *De niño me dedicaba a recoger cornezuelos del centeno mientras mis padres segaban.*
cornil cornijal	Rosca de trapo, parecido al donus, que se ponía en la base de los cuernos de los bueyes cuando se les uncía al yugo para evitar que les rozase. *No unzas los bueyes al carro sin los corniles.*
cornudo/a	Se dice del marido cuya mujer le ha sido infiel. *Algunos maridos lucen cornamenta que sólo para ellos es invisible. Algunos hombres llevan cuernos sin que se vean en el espejo.*
cornudo/a[199]	Se dice de los animales que tienen cuernos. Los animales sin cuernos decimos que son "mochos" *Todas las cabras del rebaño son cornudas, sin embargo la mayoría de las ovejas son mochas.*
corona	Pedazo de tela gruesa acojinado que, entre la silla o albarda y el sudadero, sirve para que no se lastimen las caballerías. *El burro tiene una rozadura producida por la silla. Tenemos que cambiar la corona para que eso no ocurra.*
corral	Sitio cerrado y descubierto, en la parte de atrás de las casas o en el campo, que sirve habitualmente para guardar animales. *Echa trigo en el corral para que coman las gallinas.*
corralón	Corral de grandes dimensiones. *El tío Félix, El Buitre, criaba conejos en el corralón que tenía detrás de su casa.*
corre que se las pela	Se dice de quien siempre de prisa a todos los sitios. *Luis cuando hace recados para su abuela corre que se las pela y termina enseguida*
correa	Se llama así a una de las caras de las tabas que las chicas usaban para jugar. Las tiraban al aire una a una y mientras caían iban poniendo a las del suelo en una posi-

---

[198] **Cornezuelo**. Recuerdo cómo de niño cuando íbamos a segar centeno yo me dedicaba a recoger los cornezuelos que luego se vendían a muy buen precio en el pueblo.
[199] El antónimo de **cornudo** es **mocho**

	ción determinada. La que conseguía hacerlo antes en todas sus formas, ganaba (ver juego de las tabas al final). *La cara correa de las tabas es la más difícil de conseguir.*
correa	Cinto. Tira de cuero con la que se sujetan los pantalones. *El tío Silvino, el Pantalonazos, llevaba casi siempre la correa desabrochada.*
correcalle	Juego consistente en que un niño se dobla por la cintura. El siguiente lo salta abriendo las piernas y se inclina también. El tercero salta los dos primeros y se inclina. Así sucesivamente. Cuando han terminado todos, el primero que se agachó se levanta y salta a los demás comenzando una nueva ronda de saltos. *En el correcalle de hoy hemos dado la vuelta al pueblo.*
correr el boto	Pasarse la bota los carboneros de uno a otro para echar un trago de vino. *Después de cada faena, el boto corría de mano en mano.*
correveidile	Se dice de la persona que lleva y trae, rumores y decires de la gente. *Entre las señoras de la partida de cartas, Josefa, La Parca, es la correveidile más escuchada.*
corroncho*	Mancha que se produce en la epidermis cuando se recibe un golpe fuerte. Difiere del llamado "cardenal" en que este suele ser menos superficial. *La niña llevaba varios corronchos en el brazo y en la pierna causados en una pelea tenida con una compañera de la escuela.*
corrosca*	Femenino de corrosco, mendrugo de pan. Se emplea el femenino cuando se corta el trozo de pan directamente de una hogaza a modo de segmento circular pequeño de la misma. *A Julián le gusta que le den la corrosca cuando se empieza una hogaza.*
corrusco **currusco**	Parte más tostada de la hogaza que corresponde a los extremos o al borde de la misma. *A mi hijo le gustaba el currusco de la hogaza recién hecha.*
corta por manos	Tratando de la corta de encinas o robles para hacer carbón: que se hace con el hacha, no con sierra mecánica, avanzando todos los cortadores al mismo tiempo en el lote. *En Mecerreyes (Burgos) la tala de carrascas para hacer carbón se hacía mediante "corta por manos"*
corta	En Mecerreyes se dice del espacio delimitado del monte o dehesa en que está autorizada la corta de árboles para hacer carbón (La Corta). También se denomina corta a la acción de talar los árboles. *La corta del año 2010 está calculada para hacer unos 12 hornos de carbón.*
corta[200]	Acción de cortar árboles con distintos motivos. *La corta de pinos ha durado quince días y se han empleado en ella una media de doce operarios cada día.*
cortador	Hombre, mayor de 16 años, contratado para cortar la leña con la que se hará el carbón. *De madrugada, a la salida del sol, se oían los rítmicos y secos golpes de las hachas de los cortadores de carrascas.*
cortafrío	Herramienta para cortar hierro frío. *El herrero maneja con soltura el cortafrío.*
cortaplumas	Se aplicaba a la navaja pequeña con que se cortaban las plumas de ave para adaptarlas para escribir. *Olga afiló la punta del lápiz con el cortaplumas de Elisa, bajo la atenta mirada de la maestra.*
cortar al rape	Dejar el corte de la mies muy bajo y sin que sobresalga nada. *La segadora cortó el trigo al rape y apenas dejó rastrojo.*
cortar el bacalao	Mandar o disponer en algo y sobre algo con decisión. *En el equipo de la cooperativa, Jorge es el que corta el bacalao.*
cortar el pelo al rape	Dejar el corte de pelo muy bajo dejándose ver la piel. Cortar el pelo al cero. *A Carlos le han cortado el pelo al rape. Lo han "dejao pelao".*
cortuja[201] **cortija**	Lugar donde se recoge y guarda a los cerdos. Estaba con frecuencia en la parte baja de la vivienda, junto a la cuadra de los animales, vacas o mulas. *En la cortuja mayor metemos dos cerdos después de que coman en la gamella.*
corva	Parte opuesta a la rodilla, por donde ésta se dobla. Se aplica tanto a personas como a animales. *La falda corta de Carolina dejaba ver sus blancas corvas y el comienzo de*

[200] **Corta**. En Mecerreyes, acción de cortar de forma colectiva y, mediante subasta, carrascas en un espacio delimitado del monte por el Ayuntamiento para hacer carbón.
[201] **Cortuja**. Solía haber más de una en cada casa para separar las cochinas que criaban de los cerdos que se engordaban para San Martín.

	sus muslos.
coscorrón	1. Golpe en la cabeza sin que produzca sangre. *Al entrar en casa corriendo, Luis se dio un coscorrón con la puerta.* 2. Golpe dado en la cabeza con los nudillos de los dedos de la mano cerrada. *Estate quieto si no quieres que te de un coscorrón. Como sigas chillando te voy a dar un par de coscorrones.*
coscurro	Pedazo de pan duro sobrante, que se usaba para hacer sopas. *Guarda todos los coscurros de pan para hacer sopas mañana.*
coscurro mendrugo	El **coscurro** es un trozo de pan duro que no llegó a sacarse a la mesa por haberse resecado más de la cuenta. El **mendrugo** es el trozo de pan que queda al terminar de comer y no está duro necesariamente. *Con el coscurro de pan haremos unas sopas de ajo mañana.*
cosechadora	Máquina movida sobre ruedas que siega la mies y limpia y envasa el grano en sacos. *La cosechadora ha sustituido a la siega, la trilla, la aventadora y la ensacadora.*
costal	Saco grande en que comúnmente se transporta el grano, las semillas, la harina, etc. *El molinero entregó cinco costales de harina al agricultor.*
costalada	Golpe que uno se da al caer de espaldas o de costado al patinar, tropezar o por otro motivo. *La abuela se dio una costalada cuando caminaba por la calle nevada.*
costera	Cada una de las dos tablas primeras que salen al aserrar lados opuestos de un tronco en su longitud. *Las costeras, que no se pueden aprovechar para entarimar o en carpintería, las utilizamos para hacer lumbre.*
costilla	Parte del ubio que sirve para sujetarlo a la collera al uncir las caballerías. Los ubios de los bueyes y vacas no tienen costillas porque se les unce de los cuernos. *Hoy las mulas han roto una costilla del ubio.*
costurero	Cajoncito o cesto del que se sirven las señoras en sus tareas de costura. En él se encuentran carretes, botones, agujas, alfileres, etc. *Las abuelas, sentadas en tertulia a la puerta de la casa, buscaban en su costurero la tarea que quedó pendiente el día anterior.*
cotarro	Se dice de un altozano pequeño. *De camino a la feria de ganado pasamos por cotarros y oteros bien soleados.*
cotejo[202]	Comparación que se hace visualmente de una cosa con otra. *En el cotejo de documentos encontramos uno falso.*
cotilla	Se aplica a la persona amiga de chismes, decires, habladurías y cuentos. *Manolo, El Rachel, es el cotilla mayor del trabajo; es un verdadero correveidile.*
coyunda	Correa fuerte de unos tres centímetros de ancha con que se uncen los bueyes al ubio. *Las coyundas tienen 4 o cinco metros y son de badana suave.*
cozuelo	Se dice del grano que después de trillar y beldar (aventar) continúa envuelto en la cápsula de paja que le servía de protección en la espiga. *El trigo que aventamos ayer tiene mucho cozuelo porque las espigas estaban poco granadas.*
crecida	Aumento anormal del caudal de ríos y arroyos a causa de las lluvias. *Con la tormenta se produjo tal crecida que el arroyo se desbordó e inundó las huertas.*
cresta	Cumbre de una montaña rematada con peñascos puntiagudos. *Desde el pueblo se divisan las crestas de los montes de Carazo. Las nubes cargadas de agua aparecieron por la cresta de la sierra.*
cretino	Se dice de las personas necias o estúpidas. *Acompañado como iba de un par de cretinos, no pude conseguir que nos dejasen entrar al estadio.*
criba	Cuero de distintos tipos ordenadamente agujereado y sujeto a un aro de madera, que sirve para cribar. El cuero es a veces sustituido por una tela metálica con agujeros. Cuanto más pequeños son los agujeros más selecciona la criba el producto cribado. *La criba para el trigo es distinta que la usada para los garbanzos. Sus agujeros son más pequeños.*
cribar	Limpiar y separar el trigo u otras semillas del polvo, tierra u otros elementos por medio de la criba. La acción de cribar el grano sigue a la de beldar. *Maruja y su madre están*

---

[202] **Cotejar**: Comprobar si una copia es correcta teniendo el original delante.

	cribando los garbanzos.
cribar	Seleccionar rigurosamente algo. *En el sermón del predicador hay que hacer una buena criba para saber lo que quiere decir.*
crujir	Hacer ruido cuando unos cuerpos rozan con otros o unas partes de un cuerpo rozan con otras del mismo. También cuando un cuerpo hace ruido al recibir cierta presión o se rompe. *Las tablas del piso crujían bajo el peso de las botas del soldado. Las baldas de las escaleras del desván crujen cuando se sube o se baja.*
cuadra	Espacio de la casa destinado a los bueyes o caballerías. Al lado de la cuadra solía estar la pajera. *La cuadra es pequeña y solo caben dos animales.*
cuadrilla de carboneros	1. Conjunto de dos a cuatro carboneros que se han quedado con un lote de leña. *En el lote número 5 somos una cuadrilla de seis carboneros.* 2. Grupo de carboneros que se forma con posterioridad al remate para compartir todos ellos los mismos derechos y obligaciones. *En el lote número 3 que se quedó en la subasta Perico, se ha formado una cuadrilla de 6 carboneros.*
cuadrilla de la corta	Conjunto de hombres contratados para cortar la leña que se hornará. *La cuadrilla de la corta contaba con una media diaria de 20 hachas.*
cuajar	Transformar una sustancia líquida, como la leche, en una masa sólida y pastosa, como el queso. *Los quesos recién hechos, bien cuajados, relucían como pequeñas lunas en la penumbra de la alcoba. La leche está cuajando y el queso saldrá bien.*
cuajar	Formar la nieve una capa sobre el suelo u otra superficie. Cubrir la nieve el suelo sin fundirse. *La nieve que cae está cuajando y se hace difícil caminar.*
cuajarón	Grumo o coágulo de sangre. *La sangre con la que se hacen las morcillas hay que moverla continuamente para que no se hagan cuajarones (coágulos)*
cuajo	Fermento del estómago de los mamíferos en el periodo de lactancia que coagula la leche. *El cuajo se usa para hacer el queso.*
cuarta	Medida de longitud igual a la distancia entre la punta del dedo pulgar y la del dedo más largo de la mano, colocándola abierta para que abarque lo más posible. *La mesa del estudio mides cinco cuartas de ancha.*
cuartearse	Dividirse o partirse algo en partes menores. *La pieza de guirlache se cuarteó al caerse al suelo. El tabique de la alcoba recién hecho se está cuarteando.*
cuarterón	Antiguo paquete de tabaco. *Chico, vete a por un cuarterón de tabaco negro al estanco del tío Julián.*
cuarterón	Medida de capacidad equivalente a un cuarto de libra[203]. *Una libra tiene cuatro cuarterones.*
cuarterón	Cada uno de los cuadros que hay entre los peinazos[204] de las puertas y ventanas. La ventana de la habitación tiene seis cuarterones.
cuartilla	1. Medida de capacidad para líquidos equivalente a la cuarta parte de la cántara. *Para hoy necesitamos dos cuartillas de vino.* 2. Medida de capacidad para áridos igual a la cuarta parte de una fanega y equivalente a 1387 cl aproximadamente.
cuartillo	Medida de capacidad para áridos, cuarta parte de un celemín, equivalente a 1156 ml aproximadamente. *Un cuartillo de trigo ya está bien para un pienso.* 2. Medida de líquidos, cuarta parte de una azumbre, equivalente a 504 ml. *En mi bota caben dos cuartillos 8 un litro).*
cuartillo	Contraventana para evitar que entre la luz por los cristales. *Cierra los cuartillos de la ventana cuando te eches la siesta.*
cuartillo	Tablero que protege la parte acristalada de las ventanas en algunos pueblos de Castilla. *Para echarte la siesta cierra los cuartillos de la ventana.*
cuba	Recipiente de madera que puede contener agua, vino, aceite u otros líquidos. Se compone de **duelas**[205] unidas y aseguradas con aros de hierro. Los extremos se cierran con tablas. *En la bodega hay varias cubas de madera de roble.*

---

[203] Peso antiguo de Castilla, dividido en 16 onzas y equivalente a 460 g

[204] **Peinazo**. Listón o madero que atraviesa entre los largueros de puertas y ventanas para formar los cuarterones. DRA

cubeta	**Herrada** [206] con asa hecha de tablas endebles. *En el **balde**[207] de lavar la ropa caben al menos tres herradas.*
cubicar	Calcular a ojo el volumen o masa de algunos productos como los kilos de un montón de trigo, el peso de algunos objetos, etc. *El abuelo cubicaba con facilidad y exactitud la cantidad de fanegas que había en el montón de trigo obtenido en la bielda.*
cubierta	Tejado. Parte que cubre una obra ya terminada. *La cubierta en doble vertiente era de tejas.*
cubo [208]	Recipiente cilíndrico de cemento cubierto por una cúpula que lo resguarda del sol y que recoge el agua de la fuente correspondiente. *El cubo de las Aguas Podridas se mantiene lleno durante todo el verano. Es un agua fresca y potable.*
cucaña	Palo largo, untado de jabón o de grasa, por el cual se ha de trepar para coger como premio un objeto atado a su extremidad. *Cosme, el de Marcial, ganó el concurso de cucaña.*
cucar el ojo	Guiñar el ojo. Cerrar un ojo momentáneamente con alguna intención. *La joven sentada en la cabecera de la mesa cucó el ojo al que tenía enfrente.*
cucar	Quitar o caerse la envoltura (concho[209]) verde de las nueces. *Las nueces del nogal del huerto ya están cucando.*
cucharón	Cazo con mango que sirve para repartir ciertos alimentos en la mesa y para ciertos usos culinarios. *A cada comensal le sirvieron dos cucharones de sopa.*
cuchichear	Hablar en voz baja a alguien de modo que otros no se enteren de lo dicho. *La señora Cise, la Telefónica, cuchicheaba con sus amigas mientras la tía Carmen, la Chopa, conferenciaba con su amiga de Valladolid.*
cuchillo de la hornera	Cuchillo que había en las horneras para hacer el pan. Cada familia llevaba a la hornera un cuchillo apropiado que se utilizaba en distintos momentos de la preparación del pan pero especialmente para cortar la masa con la que se hacen las hogazas y para hacer en estas distintas marcas en el momento de meterlas al horno.
cuchitril	Casa o local o caseta de reducidas dimensiones, destartalados y carentes de higiene. *Las herramientas de la huerta las guardo en un cuchitril. La bici y los patines están en el cuchitril que hay debajo de la escalera. El trastero de mi casa es un cuchitril muy húmedo*
cuclillo[210] cluquillo* cuco	Ave parecida a la tórtola. La hembra pone sus huevos en los nidos de otras aves. Su canto es el conocido ¡Cu – cú; cu – cu…! *En la chopera encontramos un nido de cuclillo, pero nunca vimos en él huevos de los que nazcan los polluelos.*
cuco	Se dice de la persona astuta y que sobre todo mira por su provecho. *Ten cuidado y no te dejes embaucar por Sofo, El Mudo, que es un cuco ingenioso.*
cucufate	Pequeño, insignificante en tono despectivo. *El cucufate de mi primo tiene orejas de burro.*
cucutada*	Pájaro abundante en los sembrados de cereales y leguminosas que se distingue por tener un penacho en la cabeza. *Los segadores encontraron dos nidos de cucutada con pajaritos.*
cuerno	Instrumento musical de viento en forma de arco. A veces era un **cuerno de vacuno,** que tiene el sonido que sonaba como una trompa. Lo usaban los vaqueros y cabreros para anunciar la recogida del ganado. *El cabrero toca el cuerno para que los vecinos suelten las cabras.*

---

[205] **Duelas**. Cada una de las tablas que forman las paredes curvas de las pipas, cubas, barriles, etc.

[206] **Herrada**: Cubo de madera, con grandes aros de hierro o de latón, y más ancho por la base que por la boca. DRA

[207] **Balde**: Recipiente de forma y tamaño parecidos a los del cubo pero de mayor diámetro que altura.

[208] **Cubos**. Cubo de las Aguas Podridas; cubo de Valdemeriniego; cubo de Valdemoro (Mecerreyes ,Burgos)

[209] **Concho**. Pericarpio o corteza de algunos frutos. DRA

[210] Es un ave solitaria, que tiene dos características que la hacen muy singular: la primera su inconfundible canto "cu cu"; y la segunda, la de poner sus huevos en nido ajeno.

cuero	Piel o pellejo de los animales debidamente preparada y curtida. Con la piel curtida de las cabras se hacían pellejos que son recipientes destinados a conservar y trasladar vino. *Don Quijote arremetió contra los cueros llenos de vino pensando que eran enemigos.*
cuévano	Cesto cilíndrico alto y poco más ancho de arriba que de abajo, hecho de mimbres, y usado en la vendimia para llevar la uva. *En el carro, tirado por un par de mulas, se cargaban 6 cuévanos grandes*
cuezo	Artesa pequeña donde se preparan cantidades pequeñas de masa destinadas a la construcción. *Limpia bien el cuezo antes de hacer nueva masa.*
culada	Golpe dado o recibido en el culo. Culada: caerse de culo y hacerse daño. *La Fermi se dio una buena culada cuando patinó en el hielo y se cayó al suelo de culo.*
culebrina	Se conocen por este nombre los relámpagos producidos en las tormentas o nublados. *Ayer hubo tantas culebrinas que parecían fuegos artificiales.*
culera	Parte del pantalón que cubre el culo. Llevar culera: llevan un remiendo de tela en el pantalón en dicha parte. *Juanito, El Avión, tiene rota la culera.*
culera	Se aplica a la mancha, desgaste, parche o remiendo en la parte de la prenda que cubre las nalgas. *Julián, no te tires al suelo que ya llevas buena culera de polvo.*
culetazo	Caída y golpe dado en el culo al caerse. *Roberto se dio un buen culetazo cuando se puso a correr por el suelo helado.*
culona	Se dice de la mujer que tiene grandes las posaderas o nalgas. *Mercedes, la Culona, no cabía en el asiento del cine.*
cundir	1. Extenderse algo hacia todas partes, especialmente los líquidos. *El aceite de oliva virgen cunde mucho en la sartén...* 2 Dar mucho de sí algo algo que se hace o de lo que se come. *El arroz y el garbanzo cunden al cocerse. La siega de esta mañana nos ha cundido mucho; hemos atada al menos cien haces. El pan duro cunde más que el tierno.*
cuneta	Zanja en cada uno de los lados de un camino o carretera para recibir y conducir las aguas de las lluvias. *El caminero dejaba, como señal de su presencia, la chaqueta colgada en el mango de la azada con la que trabajaba.*
cuña[211]	Pieza de madera o metal terminada en ángulo diedro muy agudo que sirve para ajustar, romper o sujetar cosas. *El leñador divide los troncos muy gruesos con cuñas de madera.*
cuño*	Instrumento empleado para sujetar el **buje**[212] del eje de las ruedas del carro. En algunas ocasiones se usaba como tal una herradura.
curar	Secar o preparar convenientemente algo para su conservación mediante el oreado y el ahumado como los chorizos, las morcillas, los lomos y otras piezas de carne colgadas en varas en la campana de la cocina. *En la cocina de la tía Rosa hay cinco varas de sartas[213] de chorizos curándose.*
curioso	Se dice de la persona que cuida su ropa de vestir. Persona acicalada y limpia. *Don José, el maestro, es muy curioso en su vestimenta y aseo. Ángela, vete siempre curiosa que donde menos lo esperas te encuentras alguien.*
currante	Se aplica a la persona trabajadora en labores monótonas y duras. *Los albañiles son unos currantes tostados por el sol.*

---

[211] La **cuña** es una máquina simple que consiste en una pieza de madera o de metal con forma de prisma triangular con la punta en ángulo diedro. Sirve para dividir cuerpos sólidos, para ajustar o apretar uno con otro, para calzarlos o para llenar alguna raja o círculo

[212] **Cuño**. Pieza metálica que se coloca en las ruedas de carruajes para protegerlas del roce interior del eje

[213] **Sarta**: Pedazo de unos treinta o cuarenta centímetros de tripa lleno de carne, regularmente de puerco, picada y adobada, el cual se cura al humo. El chorizo se dobla y se unen sus extremos formando lo que se llama una "sarta!.

currar	Trabajar mucho en algo; trabajar con mucha intensidad o durante mucho tiempo. *Hay que currar bastante para que pueda terminarse la faena en una semana.*
currito	Trabajador empleado en cosas poco importantes. *Carlos es un currito en la empresa que hace zapatos.*
curtidor	Persona que tiene por oficio curtir o trabajar con las pieles. *El curtidor usaba un jabón especial para lavarse cuando terminaba el trabajo.*
curtiduría[214]	Sitio o taller donde se curten y trabajan las pieles. Tenería. *En la curtiduría trabajan dos hombres y una mujer. En la curtiduría se han recibido seis docenas de pieles de cabra.*
curtir	Preparar y tratar las pieles para convertirlas en cuero. *Para poder utilizar las pieles de los animales en la fabricación de objetos, hay que curtirlas.*
cutre	Se dice que algo es cutre cuando presenta aspecto descuidado, sucio o es de mala calidad. *El bar de enfrente de mi casa es un lugar cutre y maloliente.*
dalle guadaña	Instrumento para segar hierba, legumbres, cereales, etc., que se maneja con ambas manos. Consta de una hoja larga y curvilínea, puntiaguda por un lado y sujeta por el otro, más ancho, a un mango largo que forma ángulo con el plano de la hoja. Tiene dos manijas[215], una en el extremo y otra en el segundo tercio del mango para sujetarlo y poder manejarlo en la faena. *Daniel maneja con soltura el dalle cuando siega la hierba del prado.*
damero	Tablero del juego de damas[216]. *El damero, regalo del abuelo, era de madera de roble.*
dar el pego	Engañar a alguien por las apariencias. Fingir y disimular. *Iba tan bien disfrazado que daba el pego perfectamente.* **Inés, con su voz meliflua y vestimenta, da el pego.**
dar gato por liebre[217]	Engañar a alguien con algo distinto de lo que se le ofrece. *El ventero dio de comer a los recién llegados, gato por liebre y les cobró como si hubiesen tomado lechal al horno.*
dar guerra	Causar molestia, no dejar tranquilo a alguien. *¡Cuánta guerra dan estos niños! Diles que se vayan a la calle a jugar.*
dar la murga	Molestar con palabras, ruidos o acciones reiteradas e impertinentes. *Mi sobrino me da la murga todos los días pidiéndome un tambor grande. ¡Carmela! Por favor, quita esa murga de la radio.*
dar lumbre al hono	De hornear carbón: Meter en el caño [218] ascuas para que se encienda el honro; luego se tapa el caño con **céspedes** y se dejan las boqueras al castro abiertas. *Los Albertos han dado lumbre a los tres hornos que tienen preparados.*
dar o producir repelús*	Sentir repugnancia hacia alguna persona o cosa por motivos reales o imaginados. *Las serpientes me producen repelús. Carlos no probó el codillo porque la berza cocida le produce repelús.*
dar rancho	Envidia que una persona despierta en otra mostrándola un objeto que la otra no tiene. "Dar rancho" es causar envidia. *Javier daba rancho a sus compañeros de la escuela con la cartera de cuero que le había comprado su tío.*
dar un plantón	No acudir a una cita dada fijada. *Gabriela, la hija del veterinario, ha dado un plantón al chico del herrero.*
dar un tele-	Sentir un mal de repente. *Cuando estábamos en los toros a Leandro le dio un telele y*

---

[214] **Curtiduría**: Es el lugar donde se realiza el proceso que convierte las **pieles** de los animales en **cuero**. Las cuatro etapas del proceso de curtido de las pieles son: limpieza, curtido, recurtimiento y acabado. Se debe quitar el **pelo**, curtir con agentes de curtimiento y tinturar, para producir el cuero terminado. En Covarrubias hubo curtidurías.
[215] **Manija**: Mango, puño o manubrio de ciertos utensilios y herramientas. RAE
[216] Un **tablero de ajedrez** es una base de madera o plástico aunque se puede fabricar de cualquier material, que se utiliza para jugar al **ajedrez** o a las damas y que consiste en 64 cuadrados (dispuestos en ocho filas y ocho columnas) alternados en dos colores: claro y oscuro. El tablero siempre se ubica de manera que el cuadrado en el extremo derecho de cada jugador es uno "blanco".
[217] **Dar gato por liebre**. Se dice que alguien da gato por liebre a otro cuando le engaña dándole algo distinto en calidad y precio de lo que le ha ofrecido
[218] **Caño**. Hueco que queda en el horno al sacar el perico.

le...	*tuvimos que llevarle al hospital. El joven no pudo terminar la carrera porque le dio un telele.*
dar una cabezada	Dormir un breve espacio de tiempo. *En verano, después de comer, me gusta dar una cabezada.*
dar una panadera al horno	Hablando de hornear carbón: Pisar el horno o darle golpes con la hurga por donde más se ha consumido. *Esta mañana, apenas había salido el sol, hemos dado una panadera al horno pequeño, en el lado que da a levante.*
dar una tunda[219]	Dar una paliza a alguien con o sin motivo. *Antes de soltar al ladrón le dieron una buena tunda. La cuadrilla de los Halcones dio una tunda a Roberto que lideraba la cuadrilla de los Lagartos*
darse una soba	Hacer un trabajo duro con el cansancio consiguiente. *Hoy nos hemos dado una buena soba metiendo todo el grano en las trojes.*
darse una soba	Agotarse trabajando intensamente. *Ayer por la mañana nos dimos una buena soba cambiando los muebles de casa.*
de balde	Gratis. Sin coste alguno. Hacer de balde algo: hacerlo sin cobrar. *El gorro de paja me lo han dado "de balde". Nos han entregado dos juguetes de balde.*
de chiripa por chiripa	Por casualidad. Acertar en algo sin conocimiento previo. *Mi compañero y yo ganamos al mus de chiripa. Tania dice que aprobó las matemáticas de chiripa.*
de pico	De boquilla y sin dar golpe. Hablar de algo sin intención de llevarlo a cabo. *Tú, Ángel, todo lo arreglas de pico, pero luego no haces nada.*
de rechupete	Se dice de algo muy bueno, exquisito. *El cordero asado estaba de rechupete.*
de sopetón	Se dice que algo ocurre de sopetón cuando acaece impensadamente, de improviso: *El motorista apareció de sopetón y no me dio tiempo a frenar. Yendo de paseo por la avenida me encontré de sopetón con mi tía Juana.*
dedil	Funda de cuero p de paño que se usaba para proteger el dedo índice en la siega ya que no se mete en la zoqueta[220]. *Tengo que hacerme un nuevo dedil; el que tengo está roto.*
dejar trillado a alguien	Dejar agotado a alguien por el mucho trabajo encargado y realizado. *Con la faena que me has encargado y el poco tiempo disponible, me has dejado trillado.*
dejarse de zarandajas	Dejarse de tonterías y líos. *Déjate de zarandajas y ponte a estudiar. Para hacer tratos, hay que dejarse de zarandajas, y expresar las condiciones con claridad.*
delantal	Prenda de vestir atada a la cintura que sirve para resguardar y proteger la parte delantera de la ropa habitual. *El delantal de los camareros es blanco.*
dental	Parte del arado romano donde se encaja la reja y que va sujeto a la camba. *El arado, colgado del ubio, llevaba un dental nuevo, que destacaba entre las añejas piezas restantes. La reja tropezó con una roca y la fuerza de la yunta rompió el dental del arado. Hoy llevo un dental nuevo en el arado.*
derramar	Tirar al suelo o esparcir por el suelo algo. *La camarera tropezó y derramó la sopa que llevaba. El agua derramada difícil es de coger.*
derrengar	Dañar el espinazo o los lomos de una persona o de un animal debido al trabajo. *Al descargar los sacos de trigo, el gañán quedó derrengado y tuvo que dejar la faena.*
derretir	Disolver con calor algo sólido, congelado o pastoso. *Al licuar la manteca de la matanza no quedan los chicharrones.*
desabrido	Se dice de la persona áspera y desapacible en el trato. *El concejal nos despidió con tono desabrido porque no aceptamos sus indicaciones.*
desaliñado	Se aplica a alguien desaseado, descuidado en el vestir. *Julito no tiene arreglo, siempre va desaliñado.*
desapuntar	Borrar a alguien de una lista donde estaba apuntado. *El vigilante de la escuela decía a*

---

[219] **Tunda.** Se cree que esta palabra viene de "tundir las pieles en los batanes". Batán: Máquina generalmente hidráulica, compuesta de gruesos mazos de madera, movidos por un eje, para golpear, desengrasar y enfurtir los paños.DRA

220 **Zoqueta**: Pieza de madera vaciada con la que el segador resguarda los dedos meñique, anular y corazón de la mano izquierda de los posibles cortes de la hoz.

84

	los niños que estaban apuntados en la pizarra por portarse mal: "A los que se porten bien los desapunto de la pizarra".
desasnar	Quitar la rudeza o ignorancia a alguien. *El maestro, con paciencia y humor, desasnaba a los mozalbetes que nunca habían ido a la escuela.*
desatascar el carro	Sacar el carro del lodazal o sitio donde se atascan los carruajes. *Para desatascar el carro necesitamos tres yuntas de bueyes.*
desbarrar	Decir cosas sin sentido y sin relación con el tema de que se trata. *En estas estaba cuando se le fue la razón y empezó a desbarrar acerca de su mujer e hijos.*
desbaslagar esbalagar*	Dispersar, esparcir. Extender la mies en la era formando un círculo para ser trillada. *Hoy hemos esbalagado (desbalagado) sesenta haces de trigo para trillarlos.*
desbastar	Quitar las partes más bastas o toscas de algo. El carpintero está desbastando las vigas de la casa nueva. *Para desbastar los palos usamos la azuela. Esta mañana tenemos que desbastar las vigas que vamos a poner en la casa del campo.*
desbravar	Domar un animal. Eliminar o reducir parte de la bravura de un animal y enseñarle a trabajar sólo o con otro animal. *La ternera se desbravaba a medida que formaba yunta con su madre.*
desbrozar esbrozar *	Quitar la broza[221] de algún sitio, de la mies aventada o de algún otro producto en la era o en casa o en una finca. *La abuela esta desbrozando el montón de trigo. En casa, por la noche y a la luz tenue del candil, se desbrozaban las legumbres que se comían al día siguiente.*
descabezar (cortar)	Cortar la parte superior a un árbol, a una planta, a un sembrado. Cortar las puntas de los tallos y ramas. *El rebaño entró unos minutos en el sembrado par descabezarlo.*
descagazar*	Habituar a que los lechones dejen de mamar y se habitúen a comer. *La tía María, La Mirla, tiene descagazando una docena de lechones.*
descalabrar	Herir o maltratar a alguien, o a uno mismo, aunque no sea en la cabeza. *Al caminar encima del muro y pisar el verdín, sus pies resbalaron y sufrió una descalabradura. Mi hermano ha vuelto a casa descalabrado y le han tenido que dar tres puntos en la ceja.*
descampar	Escampar. Dejar de llover y desaparición progresiva de las nubes en el cielo. *Después de una hora de lluvia continua y suave descampó y pudimos emprender de nuevo el camino.*
descarado	Que habla sin vergüenza, pudor o respeto. *El hijo de Juana es un descarado, te contesta de malos modos a cuanto le dices y delante de cualquiera.*
descarriar	Apartarse uno o varios animales del rebaño o del atajo. *Ayer se le descarriaron (perdieron) tres ovejas al pastor de mi tío Apolinar.*
descarriarse	Se dice de las ovejas que se separan del rebaño o se pierden. También se aplica a las personas que se separan del comportamiento normal. *Tenemos que buscar en el monte dos ovejas que se han descarriado. Julián anda un poco descarriado (con ideas confusas).*
descojono	Desternillarse, partirse de risa. *Al perder Quico su apuesta en el frontón, el descojono fue general. Después de la merienda con los chistes de Ángeles y Pedro nos descojonamos.*
desconchado	Se aplica al trozo de pared que ha perdido el enlucido o del que se ha caído o está a punto de caerse el encalado o enyesado. *Las paredes de ladrillo tenían desconchados y manchas rojizas.*
desconchado	Se aplica al trozo de una pieza de loza que ha perdido el vidriado. *La ensaladera, heredada de los abuelos, tiene dos desconchados en los bordes.*
desconchón	Pequeño espacio del enlucido o de la pintura de una pared que se ha caído. *En el portal hay un desconchón que tendremos que lucir.*
descorrer	Correr las cortinas hacia los lados para hacer visible la calle. *La tía Severina nunca descorre las cortinas.*
descortezar	Separar la corteza del tronco y ramas gruesas de las carrascas. Conviene descortezar en los meses en que sube la savia de las plantas. *La corta para descortezar sólo tala*

---

[221] **Broza:**Suciedad de hojas, papeles, restos de plantas, etc. así como la maleza que se acumula en el campo.

	los árboles que se pueden limpiar en el día.
descuajeringar*	Destrozar, desvencijar, deshacer algo que estaba ordenado. *El coche ha quedado descuajeringado en el accidente. El niño tiró el coche eléctrico desde la ventana de su casa y lo descuajeringó totalmente.*
descuartizar	Hacer pedazos algo, como la canal de un animal, para venderlo por partes pequeñas o guardarlo. *El carnicero está descuartizando la canal de la cabra para atender a los clientes.*
desdeñar	Tratar con desdén o menosprecio a alguien o algo. *Los perjudicados por las lluvias desdeñaron la ayuda que les ofreció el Ayuntamiento por considerarla escasa y tardía.*
desembuchar	Decir una persona, en un momento dado, todo cuanto sabe y tenía callado sobre algo. *Amigo, dice el policía al detenido, o desembuchas o te quedas en el calabozo esta noche. El ladrón detenido por la guardia civil desembuchó todo lo que sabía.*
desembuchar	Sacar un ave lo que tiene en el buche para dárselo a los polluelos. *La cigüeña alimenta a sus crías desembuchando parte de lo que lleva en el buche.*
desencañar	Referido a la tejera: Sacar las piedras de cal[222] (que se sacaba en piedras enteras), las tejas y los ladrillos cocidos del horno. *Cuando el horno se apagó y enfrió, el tejero y sus ayudantes lo desencañaron y sacaron las piedras, las tejas y los ladrillos.*
desenmarcar	Sacar la teja del marco donde se ha preparado. Antes de sacarla se separa del marco con un cuchillo, lezna o punzón. *Benito, el operario astur de la tejera, desenmarcaba 40 tejas al minuto.*
desgajar esgajar	Separar con violencia la rama del tronco de donde nace. *La rama grande del árbol no aguantó el peso de la nieve y se desgajó... En el prado se han desgajado las ramas más pesadas de los árboles debido al viento huracanado de esta mañana.*
desgañitarse	Esforzarse para ser oído gritando o voceando. *La tía Mónita se desgañitaba llamando a su sobrina.*
desgarrar esgarrar*	Acción de romper, estropear o destrozar algo. *Ten cuidado en el monte y no te "esgarres" (desgarres) la camisa nueva.*
desgarrón esgarrón*	Rotura grande del vestido o de otra prenda de vestir. *Al caerse de la moto se hizo dos desgarrones en el pantalón. Mi hijo ha venido a casa con dos esgarrones (desgarrones) en la camisa que le ha hecho su amigo Emilio.*
desgranar	Separar el grano o la semilla de sus vainas o espigas. *Las espigas del trigo muy seco se desgranan fácilmente con movimientos bruscos. Los garbanzos se desgranan apaleándolos.*
desgranzar	Separar las granzas del grano. *El trigo de la máquina de beldar hay que cribarlo de nuevo para desgranzarlo.*
deshilar	Deshacer una tela por una de sus orillas. *El bajo de la falda se ha deshilado.*
deshornar	Sacar el carbón. (Siempre una vez que se haya apagado el horno). Se hace por quites o sectores. *Ayer por la tarde comenzamos a deshornar el horno mayor fijando ocho quites o sectores.*
desjarugar*[223]	Separar o sacar los granos o semillas de su jaruga* o vaina. *Las abuelas, a la sombra de un chopo, están desjarugando un saco de alubias.*
desleír	Derretir y licuar algunas sustancias sólidas **en un medio líquido** con el fin de ablandarle. *Tenemos que desleír una porción de chocolate en agua tibia. El azulejo se deslíe fácilmente en agua.*
deslindar lotes	En Mecerreyes en la corta: Fijar los límites de los lotes que se hacen en la corta con mojones o señales bien visibles. *Antes de subastar los lotes se han deslindado fijando sus límites.*
deslindar	Señalar los límites de una finca o lugar con mojones en sus esquinas. *El juez de paz deslindó las fincas del tío Lucas y de la tía Salomé.*

---

[222] Estas piedras con la humedad del medio ambiente se abrían y se desmoronaban y se convertían en polvo (cal).
[223] **Desjarugar.** Cuando se apalean o trillan los garbanzos, las lentejas, las alubias, etc. lo que se hace es desjarugarlos, es decir sacar los granos de las vainas o jarugas.

deslomar	Trabajar o esforzarse tanto y tan intensamente que el cuerpo queda muy cansado. *Los carboneros se deslomaban haciendo burradas con los palos que apilaban.*
deslomarse **eslomarse***	Realizar un esfuerzo intenso en breve tiempo poniendo a prueba la resistencia del cuerpo. *Hoy, con tantas hombradas de leña que hemos tenido que hacer, venimos deslomados.* **No le des tan fu**erte al animal con el palo que lo vas a deslomar.
desmenuzar	Hacer partes muy pequeñas de algo. *Algunos echan pan desmenuzado cuando hacen una tortilla.*
desmochar	Quitar, cortar la parte superior de algo (de un árbol, un seto...) dejándolo mocho[224]. *Desmochó el árbol, cortando las puntas de todas sus ramas. Desmochó la res, cortándole las puntas de sus astas. Los chopos de La Dobera han sido desmochados.*
desmotar[225] **esmotar***	Quitar las pajas, piedrecitas, semillas de hierbas etc. de las legumbres antes de coserlas. *Mi abuela se pasaba el día desmotando lentejas.*
desnucarse	Morir por un golpe recibido en la nuca. *Recuerda Lucio como murió el tío Calderas – dijo Ambrosio - . Iba montado encima de los haces que acarreaba, volcó el carro y se desnucó al golpearse la cabeza en una piedra.*
desocupar **sacupar***	Vaciar un espacio, una habitación o un recipiente de lo que contiene para dejar libre su capacidad. *Desocupa el costal que tenemos que llevar al molinero. Los hermanos García han desocupado la librería de su casa para cambiar las lejas.*
desojarse	Hacer esfuerzo desmesurado con los ojos para ver en sitios con poca luz o cosas muy pequeñas. *No escribas ni leas sin luz porque te vas a desojar.*
desollar **sollar***	Separar la piel del cuerpo de los animales una vez muertos. Despellejar a una res. *Las reses sacrificadas fueron solladas (desolladas) cuando sus cuerpos estaban calientes.*
desorillar	Segar los cereales secos de las orillas de una finca para que después pase la máquina segadora. *La finca de Los Colmenares ya está desorillada.*
despachurrar **espachurrar***	Aplastar algo despedazándolo, estrujándolo o apretándolo con fuerza. Despanzurrar. *Al niño le gusta despachurrar a los caracoles que encuentra en el prado. Senderines, cuando se despertaba, despachurraba los mosquitos que le habían molestado durante el sueño.*
despanzurrar	Reventar algo que está lleno esparciendo el contenido por fuera. Romper a algún animal la panza[226]. *Pedro saltó sobre un costal lleno de trigo y lo despanzurró, esparciéndose el trigo por el suelo. La morcilla se ha despanzurrado al cocerla. El perro pillado por el carro quedó despanzurrado.*
desparpajo	Se dice que tiene desparpajo la persona con facilidad para hablar y hacer cosas. *Carmela se desenvuelve en las entrevistas con gran desparpajo. Este chico tiene mucho desparpajo y contesta a lo que se le pregunta sin timidez.*
desparrancarse **esparrancarse**	Desparrancarse. Abrirse de piernas; separarlas. *Adela se montaba en el mulo esparrancándose. Luisa se desparranca hasta tocar el suelo con el culo.*
despatarrarse	Caerse al suelo con las piernas abiertas. *Cuando caminaba con las almadreñas por el hielo se despatarró y se lesionó en el tobillo.*
despedazar[227] **espiazar***	Hacer pedazos un objeto con violencia. Destrozar. *Apenas iniciaba el juego, Rosa despedazaba todas las figuras.*
despellejar a alguien	Decir algo de alguien en su ausencia y que no se diría en su presencia. *En la tertulia no es habitual despellejar al ausente.*
despellejar	Desollar. Quitar la piel a un animal. *El matarife ha despellejado seis animales en una hora.*
despeluznar	1. Descomponer o desordenar el pelo de la cabeza. *No me despeluces, que voy a una*

---

[224] Mocho: 1. Falto de la punta o la debida terminación: *el cuchillo se ha quedado mocho.* 2. Pelado o cortado al pelo:*¡vaya corte,te han dejado mocho!*
225 **Desmotar legumbres**. Es una tarea de detalle, que se hace separando poco a poco las legumbres de las pajas, piedras, motas, piedrecitas, etc..
[226] **Barriga o vientre**
227 Despedazar no es despiezar o separar las piezas que componen algo.

	fiesta. 2. Erizar[228] el cabello a causa de un horror o miedo muy intenso. A veces se dice: La historia que me contó mi abuela me "puso los pelos de punta". *Tenía tanto miedo a las ratas que cuando las veía el pelo se le despeluznaba.*
desperdigarse	Separarse los animales del rebaño unos de otros los animales cuando pastan. *Las ovejas del rebaño se desperdigaron entre las matas de carrascos[229] y quejigos[230].*
desportillado	Se dice de los muros, puertas etc. deteriorados por los golpes, por la humedad o por el tiempo. *El* **revoque**[231] *de la pared está desportillado.*
desportillar	Deteriorar o estropear algo produciendo un portillo [232] o abertura. *Ten cuidado, no des golpes en la pared, que la puedes desportillar.*
desportillarse	Deteriorarse por el tiempo transcurrido, por la humedad o por la imperfección de lo hecho. *La pared de la alcoba se desportillaba con frecuencia.*
despredegar	Quitar las piedras de una finca. *Las piedras recogidas al despedregar la finca se han llevado a un calero.*
desriñonar	Realizar agachado un trabajo que requiere mucho esfuerzo y tiempo y que generalmente produce dolor en la zona de los riñones. *Los segadores han terminado desriñonados esta semana.*
destajista	Se dice de la persona que se contrata para hacer un trabajo concreto por una cantidad fijada previamente. *Mi tío, el fontanero, trabaja en las obras a destajo.*
destazar[233] **estazar**	Trocear el marrano de la matanza después de estar una noche la canal a la fresca. Hacer pedazos de algo. *Esta mañana han estazado el cerdo y ahora están haciendo el picadillo.*
destetar	Hacer que deje de mamar el niño o las crías de los animales. *Los corderos que no se venden para carne se destetan a partir de los cuarenta días.*
destripaterrones	Se aplica a la persona de campo con escasa capacidad para hacer cosas complejas. Destripar terrones: romperlos a base de golpes. *Con tu escasa inteligencia y poca afición al estudio terminarás siendo un destripaterrones.*
desuncir	Quitar el ubio a la yunta soltando las coyundas para que los animales descansen del trabajo o para que entren en la cuadra. *Una vez desuncidos los bueyes entran pausadamente en la cuadra y se colocan cada uno junto a su pesebre.*
desvaído esbaido*	Se aplica a las personas con color pálido, descolorido o apagado. *¿Te pasa algo, Juan? .Estás algo desvaído. El niño se ha mareado en el coche y está algo desvaído.*
desván	Parte más alta de la casa techada por el tejado. *En el desván o en el cuarto trastero se suelen guardar todos los cachivaches. Todos los juegos antiguos y a los que les falta alguna pieza están en el desván.*
desyerbar	Arrancar las malas hierbas de los sembrados. Se puede hacer a mano o con una azadilla. También se dice **escardar**[234]. *En primavera una de las tareas en el campo era desyerbar los sembrados. Mi abuelo está escardando el patatar.*
devanadera aspar	Armazón que gira alrededor de un eje vertical y fijo en un pie que se usa para devanar rápidamente las madejas del hilado. *Con la devanadera, en media hora, devanamos tres madejas de hijo.*
devanadora	Persona que se dedica devanar. *En el taller vinos dos devanadoras devanando hilo de lino.*
devanar	Dar vueltas a un hilo, alambre o cuerda alrededor de un eje o carrete. *Carlos y Julia, en la cesta hay dos madejas que tenéis que devanar antes de bajar a jugar a la calle. En el taller había mucho hilo pendiente de devanar.*

---

228 Erizarse algo. Levantarse, ponerse rígido algo, especialmente el pelo. Se suele decir: " se me puso el pelo como púas de erizo".

229 **Carrasco/a:** Encina generalmente pequeña. También se dice de las matas pequeñas de encinas.

230 **Quejigos:** Arboles parecidos a los robles. También se llama así a los robles poco crecidos.

231 **Revoque:** Capa o mezcla de cal y arena u otro material análogo con que se revoca.

232 **Portillo:** Abertura regular o irregular en una muralla, pared o tapia.

233 **Descuartizar el cerdo** es algo que solía hacerse uno o dos días después de haberlo matado.

234 **Escardar:** quitar los cardos y malas hierbas de los sembrados.

devolver la pelota	En el juego de la pelota: Devolver el saque del contrario con la mano o con la pala. *Carmelo restó bien la pelota del primer saque.*
diendo* yendo	Deformación del gerundio del verbo ir, que es yendo en vez de "diendo". *Yendo (diendo) por la vereda, y a poca distancia del sestil, encontrarás un manantial de agua fresca. Mi hijo está diendo* a la escuela.*
diluir/desleír	Disolver algunos cuerpos por medio de un líquido. Desconcentrar un líquido *Ángel diluyó la salmuera echando dos litros de agua. El tinte rojo hay que diluirlo con algo de agua.*
dimes y diretes	Comentarios, dichos, rumores, réplicas y cotilleos entre dos o más personas dentro de una conversación intrascendente acerca de algo o alguien. *Entre dimes y diretes se pasó el tiempo de espera. Andan en dimes y diretes sobre el noviazgo de Tina, la Celestina.*
dimudo	Se aplica este término a la situación ambiental en que el sol se nubla, la temperatura es alta, el aire no se mueve y se prepara un cambio radical de tiempo. *Hoy está el día de dimudo (de cambio) y la galbana se apodera de los trabajadores...*
dintel	Parte superior de las puertas, ventanas y otros huecos que carga sobre las **jambas**[235]. *El dintel de la puerta se encuentra un poco bajo y hay que agacharse para entrar sin darse un coscorrón.*
diñar diñarla	Morir. Morirse. Se usa sobre todo en el sentido de diñarla. *¡Cómo toses, da la impresión de que la vas a diñar! Con los males que tiene el tío Roque, la diñara pronto. La tía Sinforosa la ha diñado esta mañana, al alborear el día.*
divieso	Tumor pequeño, puntiagudo y doloroso, que produce inflamación. Se forma en la dermis y termina supurando y expulsando el llamado clavo. *Este año mis hijos no han tenido diviesos.*
dobela * adobela	Molde para hacer adobes grandes, generalmente de tamaño doble del normal. *El adobero tenía siempre preparadas dobelas por si algún cliente le pedía adobes grandes.*
dobera*[236]	Lugar plantado de chopos en el pueblo (antigua adobera). *En las doberas del pueblo, antiguas adoberas, los chopos se habían hecho grandes y cubrían de sombra el suelo con su follaje.*
dogal	Cuerda fuerte y resistente que se usa para atar a las caballerías. *Al llegar al prado, sujeta bien las caballerías con el dogal.*
domar	Sujetar, amansar y hacer dócil a un animal a fuerza de ejercicio y repetición. *El tío Jacinto, el Huertano, está domando a la **novilla**[237]. Los potros están aún sin domar y no se les puede unir al tiro.*
domingo gordo	Domingo de carnaval, anterior al miércoles de Ceniza. *El domingo gordo, mis amigos y yo hicimos una merienda en la hornera.*
dormir al sereno	Dormir a la intemperie de la noche; dormir fuera de un recinto cubierto. *Las ovejas duermen al sereno en el verano.*
dovela	Piedra labrada en forma de cuña como parte de un arco o bóveda. *Las dovelas del arco de entrada a la iglesia se han restaurado.*
drenar	Procurar la salida de las aguas retenidas en un campo o al exceso de humedad de los terrenos construyendo zanjas o instalando cañerías. *Mi tío y mi padre han estado drenando la finca para reducir su humedad.*
dril	Tela fuerte de hilo o de algodón. *La camisa que lleva Lucas es de dril. Los pantalones de dril estaban recién planchados.*
duela	Cada una de las tablas que forman las paredes curvas de las cubas, barriles, etc. *Las duelas de la cuba grande son de madera de roble americano*
duelo	Muestra de dolor por alguien que ha fallecido. También se usa con el sentido de luto. *El duelo por la muerte de su padre fue tan profundo que le costó volver a la vida labo-*

---

[235] **Jambas**. Cualquiera de las dos piezas de madera o de piedra que colocadas verticalmente en los lados sostienen el dintel de una puerta o ventana.
[236] El origen del nombre es "adobera" por ser tierra o lugar donde se hacían adobes.
[237] **Novilla**. Animal vacuno hembra de entre dos o tres años y sin domar.

	ral. *Hoy estamos de duelo por la muerte de un amigo.*
duermevela	Sueño ligero en que se halla el que está dormitando. *Aún estaba en el duermevela cuando sonó la aldaba de la puerta con tres sonidos rítmicos.*
dula	Conjunto de cabezas de ganado caballar o mular de los vecinos de un pueblo que pastan en terrenos comunales. *Esta semana, que no hay trabajo, soltamos los caballos a la dula.*
dulzaina	Instrumento musical de viento, parecido a la chirimía[238] pero más corto y de tonos más altos. *La dulzaina alegró la fiesta celebrada en honor de San Martín.*
echar a los[239] animales	Se dice echar a los animales cuando se les pone comida en sus comederos. *Carlos, cuando llegues a casa, echa de comer a las ovejas que no han salido a pastar.*
echar a pajas	Se usa para explicar un tipo de sorteo que se realiza con unas pajitas de diferente tamaño, que se sostienen en la mano de modo que sólo asome la punta de las mismas, colocadas al mismo nivel y en el que pierde el sujeto que saca la pajita más corta... *Quico se ha quedado campeón en el juego de echar a pajas.*
echar a pies	Decidir el comienzo de un juego entre niños por suerte. Para ello se ponen de frente los dos competidores y Colocan alternativamente cada uno de ellos uno de sus pies delante del otro. Gana el primero que monta su pie sobre el del contrario. *Los niños echaron a pies para saber quiénes hacían de polis y quiénes de ladrones.*
echar chispas	Mostrarse muy irritado o enfadado, acompañando el hecho de gestos y movimientos de las manos, por algo ocurrido en ese momento. *Esos señores van que echan chispas porque no les han vendido la novilla.*
echar el tranco	Atrancar. Esta expresión se utiliza para cerrar con la tranca, con el tranco o con la llave la puerta de la casa por la noche. *Juan, El Tijeras echa el tranco todas las noches a las doce.*
echarpe[240]	Chal. Prenda de seda o lana más larga que ancha, que se apoya en los hombros y lo usan las mujeres como abrigo o adorno. *Elige el echarpe que más te guste, todos están rebajados y son de calidad.*
echarse a la bartola	Se dice cuando las personas holgazanean y no "pegan golpe" (no trabajan nada). *Hay personas que antes de trabajar ya se echan a la bartola.*
el cocherito leré	Juego con la comba con dos movimientos: saltar y agacharse al ritmo de la canción. La cuerda toca dos veces el suelo y la tercera girando en el aire, mientras se canta "¡leré!" en una canción.[241]

---

[238] **Chirimía.** Instrumento musical de viento, hecho de madera, a modo de clarinete, de unos siete decímetros de largo, con diez agujeros y boquilla con lengüeta de caña. DRA

[239] **Echar a los animales.** A los bueyes, a los burros y a los machos se les echaba paja mezclada con salvado, harinilla, centeno, avena u otros piensos. Para ello se usaba una lata o un escriño. A las ovejas se las reservaba la paja de las legumbres como yeros, algarrobas, etc. que se mezclaba con los piensos nombrados anteriormente. También se les echaba alfalfa. Cuando llegaba la primavera se iba al campo a coger cardos tiernos que, generalmente, alimentaban a los burros y a los cerdos. Con frecuencia se segaba y recogía hierba por los ribazos, cunetas, etc. Los cerdos tenían dos etapas en su alimentación, por ejemplo: desde abril a octubre se les echaban cardos, cáscaras de patatas, harinilla, también berza cocida mezclada con patata, etc. Los cerdos comían de todo. A partir de noviembre aproximadamente, comenzaba la segunda etapa, el engorde. Para el engorde se les echaba patatas cocidas con berza, salvado, nabos, bellotas, harina de cebada, etc.

[240] El **echarpe** es un complemento elegante que apoya sobre los hombros y se deja caer por delante aunque también se puede anudar al cuello o vestir de otro modo. Puede servir como prenda de abrigo o como mero adorno femenino. Es una prenda que se puede llevar en cualquier época del año, considerándose apropiado, sobre todo, para fiestas. En los años **50**, por ejemplo, se volvió imprescindible para trajes de vestir. Se confecciona en gran variedad de tejidos: **terciopelo**, **gasa**, **lana**, **hilo**, etc. Así mismo, se puede embellecer con **flecos**, **borlas**, **bordados** u otro tipo de adornos.

[241] El cocherito leré
Me dijo anoche, leré,
Que si quería, leré,
Montar en coche, leré.
Y yo le dije, leré,
Con gran salero, leré,
No quiero coche, leré,
Que me mareo, leré.

el pañuelo[242]	Juego infantil consistente en disputar un pañuelo y llevarlo sin ser cogido al lugar de su equipo.
el papel [243]	En Mecerreyes se llamaba así al periódico o diario. *Si has terminado el papel, pásame-lo.*
el viento bra-maba	Se dice cuando el viento fuerte y racheado produce un ruido estrepitoso, desmedido o exagerado. *Eran las doce de la noche y, mientras el reloj daba las campanadas, el viento bramaba entre las puertas y las ramas de los árboles. Yo me arrebujaba con las sábanas y me tapaba entero.*
embadurnar	Untar, manchar, embarrar algo con pintura, barro, etc... *Los niños embadurnaron la pared recién pintada con barro dejando marcadas sus manos...*
embarcar	Implicar a alguien en un negocio o asunto con mala intención. *Julián se ha metido en un negocio peligroso y nos ha embarcado todos en él.*
embargar	Retener un bien por orden de una autoridad judicial o administrativa, con el fin de res-ponder de una deuda o de la responsabilidad de un delito. *A quien no paga sus deu-das le pueden embargar la casa y otros bienes.*
embargo	Retención de bienes de alguien por orden del juez. *Al tío Gervasio, el Duende, le han embargado la bodega.*
embarrar	Manchar con barro. *Las ruedas del carro están embarradas. Julián está limpiando la bici que ha quedado totalmente embarrada al correr por el campo.*
embastar	Asegurar al bastidor[244] la tela que se ha de bordar con hilvanes. *La sábana que vas a bordar ya está embastada.*
embetunar	Dar brillo a los zapatos con betún. Cubrir los zapatos u otras correas con betún. *Luis, el Pijo, llevaba los zapatos embetunados como nunca.*
emborronar	Llenar de borrones (garabatos, garrapatos) un papel. *Los niños están emborronando el cuaderno recién comprado.*
embozar*	Se dice que el arado está embozado cuando se ha llenado de broza, raíces, u otros estorbos y no marca bien el surco. *El arado está embozado, hay que limpiarlo con la aguijada[245].*
embozar	1. Tapar el rostro hasta las narices o los ojos. *No te emboces tanto que te vas a as-fixiar* 2. Obstruir un conducto, tubería, salida. *El inodoro está embozado.*
embuchar	Comer de prisa mucha cantidad y sin apenas masticar. *Julia, come más despacio que parece que estás embuchando.*
embuchar	Embutir, meter carne picada en un receptáculo o tripa de animal preparado al efecto. *La madre y sus dos hijas están embuchando el picadillo que prepararon ayer. La carni-cera y su prima están embuchando el picadillo.*
embuchar[246]	Se dice del ave cuando pasa la comida de la boca al buche, receptáculo donde la guarda que lo lleve de nuevo a la boca y se lo dé a sus crías. *A la pata la tenemos que embuchar.*

Si te mareas, leré,
A la botica, leré,
Que el boticario, leré,
Te da pastillas, leré.

[242] **Juego del pañuelo**: Se forman dos grupos con el mismo número de jugadores. A cada jugador de los gru-pos se le asigna un número empezando por el 1. Los equipos se colocan a una distancia igual del centro donde se coloca el árbitro con un pañuelo. El árbitro dice uno de los números y el participante de cada grupo que tenga dicho número sale veloz a recoger el pañuelo y llevarlo a su madre sin que sea cogido por el otro juga-dor. Si lo coge se descalifica al cogido y si no se le coge se le descalifica a él.

[243] **El papel**. En Mecerreyes se conocía con el nombre de "papel" al periódico diario que solía leerse en la ta-berna del pueblo. Los lectores del papel eran los hombres "enterados de las noticias" y los que las contaban. Muchos no sabían leer y escuchaban atentamente lo que les decían "los lectores".

[244] **Bastidor**. El bastidor usado para bordar telas puede ser circular o rectangular, con pie o sin él

245 **Aguijada**: Vara larga con un hierro de forma de paleta o de áncora en uno de sus extremos, en la que se apoyan los labradores cuando aran, y con la cual separan la tierra que se pega a la reja del arado.DRA

[246] **Embuchar**: También se dice coloquialmente como comer mucho, deprisa y casi sin masticar

embutir	Llenar una tripa debidamente preparada con carne picada y adobada (picadillo) principalmente de cerdo para hacer chorizos. *Una de las tareas de más cuidado y atención en las matanzas es embutir el picadillo.*
empachar	Tomar comida en exceso dando lugar a una indigestión o empacho. *En el cumpleaños del tío Cosme sus sobrinos terminaron empachados de tarta de chocolate.*
empacho	Indigestión[247] de la comida. *Mi mujer se ha quedado en casa con empacho. La abundante cena le produjo un empacho que le impidió conciliar el sueño.*
empajar[248] empajada	Broma que se hacía en Mecerreyes una vez al año consistente en unir con un reguero de paja la puerta de una casa donde vive una moza con la puerta de otra donde vive un mozo con la intención de sugerir que hay entre ellos alguna relación o comienzo de noviazgo. Con frecuencia se empajaba a mozos y mozas que poco tenían que ver entre sí dando lugar a comentarios irónicos. *Los mozos han empajado al tío Resti, El Cigarro, con Nico, la Rompesquinas.*
empalizada[249]	Obra hecha de estacas clavadas en la tierra para defensa o para atajar (cortar) el paso a algo o alguien. *Elisa aparcó el coche junto a la* **empalizada** *del merendero. La empalizada impedía a las ovejas pasar al sembrado.*
empañarse	Cubrirse un cristal o superficie pulimentada con vapor o vaho. *Los cristales de la cocina se han empañado al cocer las patatas.*
emparejar	Formar parejas de personas, animales o cosas. *Todos los mozos estaban emparejados con las mozas allí presentes, menos Cándido, el Pijacorta. El tío Inda emparejó la novilla con la vaca para formar la yunta.*
emparrado	Parra o conjunto de parras que con sus sarmientos forman una cubierta para proteger del sol. *Por las tardes merendábamos bajo el emparrado y la tertulia se prolongaba varias horas.*
emparvar	Recoger la mies trillada en una jornada y amontonarla formando una parva. Se puede emparvan a mano o ayudándose de una rastra tirada por caballerías. *Cuando la mies estaba trillada, se emparvaba.*
empecinarse	Obstinarse en conseguir algo insistiendo reiteradamente en ello. *Mi mujer se ha empecinado con un abrigo y no hay tarde que no me lo miente. No te empecines que no te lo voy a comprar.*
empedrador	Persona que empedraba los trillos. Solían hacerlo los meses de junio. *Este año el empedrador tendrá que repasar el trillo – dijo mi abuelo -.*
empedrar el trillo	Poner piedrecitas de pedernal en la parte inferior del trillo. Antes de empedrar el trillo lo mojaban para ablandar la madera.
empegar	Cubrir con pez derretido u otra sustancia semejante el interior de los pellejos, botas[250] y otros recipientes. *La bota que compramos en Zaragoza está bien empegada.*
empellón	Empujón fuerte que se da con el cuerpo. *A Carlos le han dado un empellón y al caer se ha roto las gafas. Aquellos jóvenes se han colocado los primeros en la fila a base de empellones.*
emperrarse* aperrear[251]	Empeñarse en conseguir algo insistiendo en la petición reiterada de lo mismo. *Amigo, no te emperres en tu propuesta, que no te voy a hacer caso.*
empinado	Se aplica al terreno o recorrido con mucha pendiente. *El burro, tirado del ramal, se movía con soltura en los senderos desdibujados, empinados y resbaladizos.*
empinar, pi-	Levantar o sostener en alto algo. Inclinar un recipiente, sosteniéndolo en alto, para

---

[247] **Empacho**. Trastorno que padece el organismo al hacer una mala digestión o no hacerla.DRA
[248] **Empajada**. Broma de los mozos de Mecerreyes. La broma en ocasiones presentaba tonos sarcásticos ya que la empajada unía puertas de mozas, solteras o viudas, con puertas donde vivían solteros o viudos que difícilmente entablarían relación debido a su edad, nivel social o forma de ser. Esto lo hacían los mozos por la noche y al día siguiente por la mañana, a primera hora, era el comentario de las gentes del pueblo. La broma en el pueblo cada año tomaba variantes muy diversas y, a veces, chocantes.
[249] Sinónimos de **empalizada**: valla, seto, cerca, barrera, estacada, tapia, vallado, cercado.
[250] **Bota**: "Cuero pequeño empegado por su parte interior y cosido por sus bordes, que remata en un cuello con brocal de cuerno, madera u otro material, destinado especialmente a contener vino."DRA
[251] **Aperrear**. Otra acepción: Fatigar mucho a alguien con mucho trabajo o preocupación, causarle gran molestia con algo o por algo a alguien.

nar*	beber. *El arriero empina la bota antes de iniciar el viaje.* Pinar: Campo lleno de pinos.
empinarse	Levantarse sobre las puntas de los pies para llegar a coger algo que está en alto. *Carlota se empina para llegar a coger los pasteles.*
empiparse	Llenarse en exceso de comida o bebida. *En el banquete nos empipamos todo lo que quisimos.*
emplumar	Se dice que las aves están emplumando cuando aparecen las plumas en ellas. *Los polluelos del gavilán ya están emplumando.*
empollar	Incubar. Calentar los huevos un ave hasta que salgan las crías. *La gallina está empollando doce huevos.*
empolvar	Poner una capa fina de polvo en la mesa donde se prepara la teja para que ésta no se peque a la mesa. *Juan, no te olvides de empolvar la mesa para que no se pegue la arcilla y la teja preparada no se aproveche.*
empolvarse	Se dice de las mozas y señoras cuando se ponen polvos en la cara para mejorar la apariencia. *Con polvos la Tina mejora un montón.*
emprenderla con alguien	Dirigirse a alguien para molestarlo, reprenderlo o reñir con él reiteradamente. *Elisa la emprendió con su sobrino Luis. La niña la emprendió a golpes con su primo.*
empringarse pringarse	Manchar una cosa o mancharse uno mismo con pringue o grasa que sueltan determinados alimentos al cocinarlos. *Ten cuidado no me pringues con la cuchara. Cuida no te pringues la camisa cuando engrases las bisagras de las puertas.*
en balde	Se usa para expresar que ha sido inútil el esfuerzo para conseguir algo. *Le hemos llamado varias veces en balde (sin que nos haya hecho caso).*
en cuclillas	Colocarse de forma que las nalgas o culeras se acerquen al suelo o descansen en los calcañares (Parte posterior de la planta del pie). *Los escolares observaban en cuclillas los ejercicios que hacía su profesor de gimnasia.*
en un periquete	En un espacio muy breve de tiempo. Enseguida. *Vuelvo en un periquete. Las tareas que me dice mi padre las hago en un periquete.*
en un vuelo	En un momento. Enseguida. *En un vuelo armé una hoguera. (M. Delibes)*
enagua	Prenda femenina que se lleva debajo de esta. *La Carmele siempre va enseñando la enagua.*
enastar enmangar	Poner el mango, astil, a una herramienta. *El carpintero ha preparado cuatro mangos para enastar (enmangar) los azadones.*
encamarse	**Meterse** en la cama en un momento del día por enfermedad. *Julito se ha encamado nada más salir de la escuela.*
encanarse*	Voltear una campana, cencerro, cascabel o instrumento similar con tanta velocidad que el badajo no llega a rozar las paredes, y por tanto no suena. *Algunas veces las campanas se encanaban por la fuerza con que eran volteadas por los jóvenes.*
encanarse	Se dice que un niño se encana cuando por la fuerza de la risa o el llanto tarda en volver en sí. *El llanto del niño era tan fuerte que se encanaba y tardaba varios segundos en volver en sí.*
encandilar	Despertar o excitar el sentimiento o deseo amoroso. *Con sus gestos y buenas palabras, Alberto encandila a las mozas.*
encanecer	Aparecer canas en el cabello de las personas. *Los años y los trabajos le hacen encanecer de prisa.*
encanecer enmohecer	Aparecer el moho en algún alimento. Cubrirse de moho algo[252]. *El pan húmedo y en bolsa cerrada enmohece fácilmente.*
encañado	Conducto hecho de caños, o de otros materiales, para conducir el agua. *El encañado de la finca permite que ahora se pueda cultivar.*
encañadura	Cañas de centeno sin trillar ni quebrantar que se utilizan para llenar jergones, albardas, colleras, collerones y para hacer **vencejos** con los que se atan los haces de la mies cuando se siega. *En la era seleccionamos las cañas más largas de centeno para hacer vencejos.*

---

252 **Enmohecerse.** Llenarse algo de moho. Solía ocurrir con el pan, cuando se cocía en casa, y sólo se volvía a cocer cuando se acababa el pan de la hornada, después de 15 o veinte días.

encañar	En hornear carbón: Colocar los palos que han de formar la pila o el horno para el carboneo. *Los carboneros están encañando el tercer horno.*
encañar*	En hornear carbón: Colocar en el horno de cocer las distintas camas o capas de material para cocerlo (piedras calizas, ladrillos, tejas, ladrillos, tierra y escombros.). Se hace por una boca o puerta abierta en una de las paredes del horno. *El tejero y sus obreros están encañando a toda prisa el horno.*
encañar	Sanear del exceso de humedad las tierras por medio de encañados. Se solía hacer cavando zanjas y echando en ellas una capa de piedras que se cubrían con tierra. El agua circulaba por la capa de piedras y salí por un caño. *La tierra que hay en el prado se puede sembrar de trigo después de haberla encañado.*
encañar	Hacer pasar el agua u otro líquido por uno o varios caños. *El agua de la fuente de la ermita sale encañado.*
encañar	Crecer y endurecerse la caña de los cereales antes de echar la espiga. *El trigo de la finca se sembró con tempero, nació, creció, verdegueó, encañó, granó, se secó, se segó y trilló y hoy está en la troje.*
encaño*	Zanja que se ha hecho para sanear un campo excesivamente húmedo, llenándola de piedras hasta su mitad y cubriendo con tierra el resto. El agua que sale debido a este saneamiento también se llama encaño. *Las tierras muy húmedos hay que sanearlas con encaños para poderlas cultivar. Por el encaño hecho en el prado sale el agua al arroyo.*
encaño*	Fuente natural del campo que mana a flor de tierra y no tiene recogida el agua en un "cubo". *En el camino de Covarrubias hay (había) un encaño del que sale agua potable y muy fresca.*
encapotar[253]	Cubrirse el cielo con abundancia de nubes tormentosas. *A medida que se encapotaba el cielo acelerábamos la marcha por el sendero del peñascal.*
encasquetar	Asignar a alguien algo desagradable o impertinente que en realidad no ha hecho. *El de la moto encasquetó la responsabilidad del accidente al conductor del tractor.*
encenagarse[254]	Enfangarse. Llenarse algo de fango o lodo. *El cazador tuvo que encenegarse para recuperar su presa.*
encender	Referido a hornear carbón: Prender fuego al horno. El fuego hay que mantenerlo constante, vivo, alimentándolo con leña (estepas, enebros, aliagas, inhiestas) día y noche durante 2 o 3 días que dura la cocción. *Mañana, al amanecer, encenderemos el horno y tenemos que estar vigilantes durante tres días, mañana, tarde y noche.*
encentar	Empezar a tomar un alimento sólido. *Esta mañana hemos encentado una hogaza de las que cocimos ayer. Mañana encentaremos la tarta que ha hecho la abuela.*
encharcar	Cubrir de agua una parte de terreno quedando como si fuera un charco. *Al poco, pisando suelo encharcado, encontraron el manantial.*
enciclopedia	Libro que llevábamos los niños y niñas a la escuela y que contenía todos los saberes de varios cursos[255]. *En la enciclopedia había biografías de héroes y de santos y poesías muy bonitas.*
encimero	Lo que está más alto o encima de algo. *Los libros encimeros son los más antiguos. Los sacos encimeros son de trigo, los otros de cebada.*
enciscar*	Ensuciar una cosa o ensuciarse uno mismo. *Niños tened cuidado con la pintura que estáis enciscando las paredes.*
encorvar	Doblar algo hasta ponerlo curvo. *Con los años, los cuerpos, otrora juveniles e inhiestos, se encorvaban lentamente.*
encurtir	Colocar ciertos frutos o legumbres como guindillas, pimientos, tomates... en vinagre para que se conserven mucho tiempo *Para la fiesta llevo variedad de encurtidos.*

---

[253] **Trabalenguas**: Un ejemplo: el cielo está encapotado. Quien lo desencapotará. El desencapotador que lo desencapote. Buen desencapotador será

[254] **Encenegar**. Enlodar, embarrar, manchar, ensuciar, enfangar

[255] **Enciclopedias**. Libros que contenían todos los saberes escolares de los distintos grados de enseñanza. Fueron usadas en las escuelas antes de los años setenta. Eran muy conocidas las de "Álvarez", "Santiago Rodríguez", "Dalmau Carles"

94

endilgar	Asignar a alguien algo desagradable o impertinente. *Mi hermano me ha endilgado la faena que tenía que hacer él.*
endiñar*	Hacer que otro haga cosas que debía hacer uno mismo. *Al soldado más ingenuo le endiñaban todas las guardias.*
endrina andrina	Fruto esférico del endrino, parecido a la ciruela, pero mucho más pequeña y de sabor muy áspero. Se usa para preparar pacharán[256]. *Ayer sábado, el abuelo trajo a casa una bolsa de endrinas maduras.*
endrino	Planta de la familia del ciruelo con espinas muy agudas en las ramas, hojas lanceadas y lampiñas, y fruto pequeño, negro azulado y áspero al gusto. *Con las endrinas (andrinas) del endrino se hace el pacharán.*
enebro pudrio*[257]	Un tipo de enebro que no tiene hojas punzantes y que cuando se quema despide un olor intenso. Se ha empleado como desinfectante del medio ambiente. *En los montes de la sierra Las Mamblas, Burgos, hay muchos enebros pudrios.*
enebro	Arbusto de tres a cuatro metros de altura, hojas punzantes y frutos esféricos de cinco a siete milímetros de diámetro. La madera es rojiza, fuerte y olorosa. *La tía Antonia calentó el horno con varios brazados de enebro seco.*
enfoscado*	Capa de barro[258] con arena que se da en las paredes para protegerlas de las inclemencias del tiempo. *El albañil tiene preparado el enfoscado de las paredes de tenada.*
enfriado del pan	Dejar que el pan una vez cocido y sacado del horno alcance la temperatura ambiente lentamente para llevarlo a casa. *Mientras el pan se enfriaba se llevaban a casa los salvados y las herramientas sobrantes.*
enfurruñarse	Tratándose de niños y niñas: Enfadarse por cosas sin importancia, pero que quieren conseguir a toda costa. A veces también se aplica a los mayores. *Mi sobrina se enfurruñaba siempre que venían sus padres a recogerla. No te enfurruñes tanto por tan poca cosa. Pepito está enfurruñado porque lo le damos el cuento que quiere.*
enfurtir	Dar con los golpes necesarios el cuerpo y consistencia adecuados al tejido de lana y otros paños en el batán[259]. *Los paños hechos esta mañana tenemos que enfurtirlos bien.*
enganchada	Discusión violenta entre dos personas. *Menuda enganchada tuvieron Lola, La Pelos y Sonia, La Galga, porque la primera había pisado las sábanas tendidas al sol en la hierba de la segunda.*
enganchar	Unir la yunta de bueyes o vacas o las caballerías al apero. *Pedro, engancha los bueyes al carro. La **vertedera**[260] ya está enganchada. El caballo ya está enganchado al carro*
engañapastor[261]	Chotacabras. Pájaro que sale en el crepúsculo y come los insectos que van detrás de los rebaños. *Cerca del redil aparecieron varios engañapastores revoloteando.*
engañifa	Se aplica al engaño o artimaña hecho con intención de obtener utilidad. *Con esas engañifas que pretendes colar no conseguirás nada.*
engatusar	Ganar la voluntad de alguien con regalos o halagos con la intención de lograr algo. *El nieto engatusa fácilmente al abuelo y obtiene lo que quiere.*

---

[256] El **pacharán** (*patxaran* en **euskera**) es un **licor** obtenido por la **maceración** de **endrinas**, fruto de color negro-azulado del endrino en **aguardiente** anisado,

[257] En la peste de 1918 en las casas que había algún apestado, o aunque no lo hubiera, se quemaba esta clase de enebro y se expandía un olor característico por las casas y las calles.

[258] El barro arcilloso se obtenía en el pueblo en la Cuesta de Carredondo y en la del Cirigüeño

[259] El **batán** es una **máquina** destinada a transformar unos **tejidos** abiertos en otros más tupidos. Funcionaban por la fuerza de una **corriente de agua** que hace mover una **rueda hidráulica**, que activa los **mazos** que posteriormente golpeaban los tejidos hasta compactarlos.

[260] **Vertedera**: Apero de labranza que labra profundo y que voltea la tierra.

[261] **Engaña pastor**. En la península se le conoce con el nombre común de Chotacabras. Recibe el nombre de engaña pastor porque cuando los pastores que antaño conducían sus rebaños por la sierra tropezaban por casualidad con uno de sus nidos, el adulto realizaba vuelos de unos pocos metros simulando estar herida y no poder volar bien. De este modo el pastor que trataba de capturarlo no hacía sino seguir al ave que de forma astuta y con vuelos cortos conseguía alejarlo del nido al que protegía. Se trata de un ave de hábitos nocturnos que se alimenta de insectos que captura en pleno vuelo.

engavillar	Agavillar. Formar gavillas[262] de algo, generalmente de la mies en la siega. *Los segadores engavillaban la mies que cortaban.*
engendro	Se aplica a las personas de rasgos poco habituales, feas. A veces se dice como insulto. *Aquella persona era un engendro, la nariz, de puro ancha, tapaba sus ojos y hacía sombra a la boca; la orejas desiguales y orientadas en distinta dirección....*
engrasar	Poner en ciertas partes de una máquina aceite u otra materia grasa lubricante para reducir el daño por rozamiento. *El agricultor quita el buje de la rueda del carro para engrasar el eje.*
engüerar enhuerar	Calentar los huevos un ave con su cuerpo hasta que nazcan los polluelos. *La gallina está enhuerando una docena de huevos.*
engurruñir	Arrugar una cosa con intención o sin ella. *Carla engurruñe todos los papeles que coge.*
engurruñirse	Arrugarse, encogerse. *El búho aparecía engurruñido en la rama del árbol. El niño estaba engurruñido entre varios haces protegiéndose del viento*
enhebrar	Meter la **hebra**[263] por el ojo de la aguja. *Mi abuela enhebraba la aguja a los noventa años sin utilizar gafas.*
enhiesto	Se dice de algo que está levantado, derecho y tieso. *El pendón, llevado con dificultad por el tío Canela, avanzaba enhiesto al frente de la procesión.*
enjaezar	Colocar los **jaeces**[264] a las caballerías. *Las mulas están enjaezadas para salir a la plaza.*
enjalbegar	Blanquear las paredes con cal o yeso. *Pasado mañana hay que enjalbegar las paredes de la casa que dan a la calle.*
enjalma	Ropa que se pone a los caballos debajo de la silla antes de montarlos. *Por favor, coloca la enjalma en el caballo y sujeta la cincha*
enjaretar	Endilgar algo molesto o inoportuno a alguien. *A los vecinos de la planta baja les han enjaretado la limpieza de las terrazas.*
enjaretar	Hacer pasar por una jareta[265] un hilo, cordón, goma, cinta o cuerda. *Tienes que pasar la goma elástica por la jareta.*
enlucir[266]	Poner una capa de yeso blanco o similar a las paredes, techos o fachadas de los edificios. *En casa hay dos albañiles enluciendo las paredes del salón.*
enmarañar	Confundir, enredar un asunto haciendo más difícil entendimiento y realización. *La intervención del nuevo abogado enmaraño el pleito en vez de aclararlo.*
enmarañarse	Enredarse los hilos del ovillo o la cadena de una medalla o colgante. *La cadena de la medalla se ha enmarañado y no hay forma de desenmarañar los nudos.*
enmarcar	Referido a hacer tejas: Tomar una porción precisa de arcilla ya trabajada y echarla en el marco extendiéndola con las manos e igualándola con el rasero pasando la mano por encima par darle el engobe o pátina característica. *Julián, el hijo del hojalatero, era el más rápido enmarcando tejas.*
enmohecer	Aparecer el moho en algunos productos. También se aplica a las personas para indicar que están en declive mental. *La caldera está enmohecida. Da la impresión que el tío Perica tiene la mente enmohecida.*
enramada[267]	Adorno de ramas de árboles con motivo de alguna fiesta o colocadas en la puerta de la casa donde vive la moza pretendida. *La enramada estaba adornada con flores silvestres de colores.*
enramar[268]	Poner ramas en un sitio para adornarlo o para hacer sombra. *Esta tarde cortamos las ramas que necesitemos para enramar las puertas.*

---

[262] **Gavilla**. Conjunto de sarmientos, meses, ramas, hierba, etc., mayor que el manojo y menor que el haz. Un haz se forma con varias gavillas.

[263] **Hebra**. Trozo de hilo que se usa para coser.

[264] **Jaeces**: Adornos con que se entrenzan o adornan las crines del caballo.

265 **Jareta**: Dobladillo que se hace en la ropa para introducir una cinta, un cordón o una goma, y sirve para fruncir la tela.DRA

[266] **Enlucir**: Revocar, enyesar

[267] **Enramada**. En algunos pueblos los mozos ponen enramadas en la puerta de la moza que pretenden.

enrasar	Hacer que quede plana y lisa la superficie de una obra o el contenido de una medida. La medida puede ser rasa o colmada. En la primera se pasa el rasero sobre la medida en la colmada no. *El albañil pasó la mañana enrasando el techo del dormitorio con la llana[269]...*
enrasar	Nivelar: igualar dos cosas para que tengan la misma altura o nivel. *El labrador después de sembrar enrasaba el campo.*
enrasar	Quedar el cielo libre de nubes. *El cielo amaneció nublado y ha ido enrasando a lo largo de la mañana.*
enredar con la lumbre	Mover los tizones, enredar con las ascuas, soplar con el fuelle, echar leña al fuego, revolver el fuego con las tenazas, etc. *Cuando estéis en la cocina no enredéis con la lumbre que os podéis quemar.*
enristrar	Hacer ristras o trenzas con los tallos de las cebollas, de los ajos, etc. *Siempre que iba a casa de los abuelos en el pueblo me regalaban un par de ristras de ajos y de cebollas de la huerta.*
enrollar la peonza	Enroscar la cuerda en ella. Dar vueltas a la peonza con la cuerda, empezando por el clavo, para luego lanzarla y conseguir que gire velozmente o baile. *Luisito enrolla la cuerda en la peonza sin mirar y con la mano izquierda.*
ensacadora	Máquina o persona que mete el grano en los sacos (ensaca). *La ensacadora echa en todos los sacos el mismo peso.*
ensacar	Meter, echar o poner algo en sacos. *El molinero ensaca la harina cuando ha terminado de moler el trigo.*
entablillar	Proteger con tablillas y vendaje un hueso roto. *Al tío Canela, el Trotón, le entablillaron los dos brazos que se rompió al caerse del caballo.*
entalegar	Meter, echar o poner el grano u otros productos en talegos[270]. *Los chicos de casa están entalegando el trigo y la cebada en la era.*
entallador	Persona que entalla en madera, piedra, mármol u otros materiales. *En el entallador tengo una pieza de mármol para que entalle en ella una figura romana.*
entallar	Grabar o reproducir figuras de relieve en madera, chapa, piedra, mármol, etc. *En la construcción de catedrales se entallaban figuras en los pórticos y en los capiteles.*
entallar	Diseñar y coser el talle de un vestido ajustando la tela a la cintura. *Visi, La Agujas, cose los talles como nadie.*
enteco	Se dice de la persona débil, delgada, con apariencia de estar enferma. *Cuando Enrique se quitó la ropa dejó al descubierto su cuerpo enteco.*
entrampar	Hacer que un animal caiga en la trampa. Engañar. *Entrampamos al animal para que entrase en la cortija.*
entramparse	Endeudarse. *Al comprar muebles para la casa, Adela se ha entrampado para varios años.*
entrar en casa	Referido al novio, pasar de la puerta de la casa de la novia porque se suponía que los padres de ésta consentían el casamiento. Era la consolidación del noviazgo. *La Paquita ya deja entrar a su novio Tomás en su casa y ha cerrado las puertas a los otros aspirantes.*
entrar en quintas	Alcanzar la edad en que se sorteaba a los mozos para saber donde se incorporaban al ejército. *Los mellizos de la Juana, la Cuatrojos, entran en quintas este año.*
entresacar	1. Aclarar un sembrado, arrancando algunas plantas que han nacido muy juntas, para que las restantes crezcan con más fuerza. *La remolacha hay que entresacarla, hay demasiadas plantas en cada grupo.* 2. Aclarar un monte, cortando algunos árboles, para que el resto crezca mejor. *Estamos limpiando el monte de maleza y entresacando algunas carrascas.*

---

[268] **Enramar**. En algunos sitios era costumbre de los mozos poner ramas de chopo o de otros árboles en las puertas de las casas donde vivía alguna moza. Cuanto mayor era el aprecio por una dama, mayores eran las ramas y los adornos que se ponían.

[269] **Llana**. Herramienta compuesta de una plancha de hierro o acero y una manija o un asa, que usan los albañiles para extender y allanar el yeso o la argamasa. DRA

[270] **Talego**: Saco largo y estrecho que se usaba para guardar o llevar una trigo, cebada, harina, etc.

entumecer	Impedir o entorpecer el movimiento de un miembro a causa del frío o de otros males. *El agua helada me ha dejado los pies entumecidos.*
enturbiar	Poner turbio, oscuro o sucio lo que estaba claro y bien dispuesto. *El rebaño, al atravesar el riachuelo, enturbió el agua.*
enviscar	Azuzar un animal para que ataque a otro o a una persona. *Al encontrarme con Elías, éste me enviscó la perra para asustarme.*
enyesar	1. Cubrir algo con yeso. *Esta primavera hemos enyesado dos habitaciones.* 2. Igualar o allanar con yeso las paredes, los techos, etc... *El yesero Ricardo es el que mejor enyesa y allana las paredes con la llana.*
enzarzarse	Reñir, pelearse con otro o con varios. *Los niños se enzarzaron y uno de ellos terminó con un ojo morado.*
equilicua*	Exclamación que se da cuando se encuentra la solución a un problema o la respuesta acertada a una pregunta. *¡Equilicuá!, ¡ya lo tengo! El animal era un león.*
era de aquí te espero	Se aplica a un hecho que se sale de lo normal por su fuerza, intensidad, peligro. *Cayó un aguacero de aquí te espero.*
era*de la tejera	Referido a una tejera: Espacio abierto llano y liso donde se manipulaba el barro en todas las fases del proyecto: orearlo, machacarlo, amasarlo, etc. en la era se colocaba la mesa para cortar la teja y allí se extendían las tejas para su secado. *Al atardecer la era estaba totalmente ocupada con tejas sobre sus correspondientes galápagos.*
era	Superficie plana del terreno, a veces cubierta de hierba seca, que se destinaba a las labores de trilla de la mies y las legumbres. *La trilla se hace en la era.*
era	Referido a hornear carbón: Explanada libre de maleza, donde se hallan las horneras y carboneras. También se llama así al lugar donde se echa el carbón cuando se saca del horno. *En el valle hay una era muy amplia para situar las carboneras, los hornos y la choza.*
erada	Referido a hornear carbón: Carbón extraído del horno en una vuelta completa a todos los "quites" del horno.[271] De la erada, el carbón se lleva a la carbonera. *La erada sacada esta mañana la tenemos que llevar a la carbonera esta tarde.*
erguirse	Levantarse o ponerse derecho. *El viento, frío y húmedo, abatía y erguía alternativamente los árboles recién plantados. Sofía caminaba sobre unos tacones altos y con la cabeza bien erguida.*
erial	Tierra sin cultivar. *Los eriales se extendían por las lomas lindantes con el bosque. La ladera del monte es un erial. Los rebaños pastaban en los eriales.*
eructar	Expeler, echar por la boca los gases del estómago con ruido. *Al eructar disminuye la presión en el estómago.*
eructo, erupto*	Se dice del acto de eructar o expulsar el aire del estómago acompañándolo de ruido. *Todos se quedaron mirando a Sole por el sonoro eructo que emitió.*
es el acabóse	Se aplica a hechos, acontecimientos, asuntos que han llegado a situaciones extremas. *Así como lo cuentas, es el acabose. ¡Es el colmo! Además de regalarle la bici se la tenemos que llevar. Tu tía es el acabose, no hay forma de convencerla de que el huerto no es suyo.*
es la órdiga	Exclamación que acompaña a expresiones de admiración, extrañeza, etc. *¡La órdiga! que tío más raro. ¡La órdiga!, que guapa está Maruchi. Ese plan es la órdiga. ¡La órdiga!, he terminado la faena muy pronto. ¡La órdiga!, he cogido un resfriado de muerte. ¡Anda la órdiga!, ¿que hacéis aquí escondidos?*
es un puta	Se aplica al individuo falso, retorcido en sus ideas, desconfiado, que obra a escondida. *Juli, el Gafotas es un puta. Ten cuidado cuando trates con él.*
es una pilgtrafa	Persona o cosa de escaso valor y presencia física. *El tío Calavera va siempre hecho una piltrafa.*
es una raspa	Se dice de la mujer desvergonzada al hablar y responder, que no tiene pelos en la len-

---

271 **Erada**. Hacen falta 8 o 10 eradas para sacar todo el carbón del horno. En cada erada se separan los "tizos" del carbón y con todos los tizos que queden se formará un horno más pequeño para convertirlos también en carbón

	gua. *Ten cuidado de lo que dices a la Isidra, ya sabes que es una raspa que no se ca-lla nada.*
esbaradizo*	Se dice del lugar donde se resbala o patina con facilidad o del objeto que resbala o escurre fácilmente. *Con el hielo el suelo se hace resbaladizo y peligroso.*
esbararse*	Deslizarse sobre una superficie resbaladiza con grandes posibilidad de perder el equilibrio y darse un porrazo. *Los zapatos resbalaban en las sendas abiertas por las ovejas en las calles nevadas.*
esbarizar res-balar	Deslizarse involuntariamente por un suelo resbaladizo de hielo, de aceite, etc. *Al salir de casa el tío Jaime, el de la Lola, se esbarizó y en la culada se tronzó el brazo.*
escabechina	Destrozo o daño grande producido por algo o alguien. *El zorro entró en el corral por la noche e hizo una buena escabechina entre las gallinas.*
escachar	Romper algo apretando, aplastar, despachurrar. *A Hilario le gustaba escachar las patatas antes de comerlas. Luis, el Gordo, está escachando nueces.*
escacharrar	Descacharrar. Romper, deshacer o estropear un cacharro o juguete. *Cuando Basi se cayó con la bici, ella se hirió en la rodilla y la bici quedó escacharrada.*
escagurria-do/a*	Dícese del cordero o de la oveja con fuertes diarreas. *El rebaño cambia de pastos porque se ven algunas ovejas escagurriadas.*
escalabrar*	Descalabrar. Causar daño a alguien en la cabeza o en otra parte del cuerpo. *Ten cuidado al bajar las escaleras no te escalabres (descalabres)*
escaldado	Escarmentado, receloso de algo. *El gato escaldado del agua fría huye.*
escaldar	Sumergir en agua muy caliente algo con un fin concreto. *El cocinero escalda os tomates para quitarles la piel con facilidad.*
escalera de palo	Referido a hornear carbón: Conjunto de peldaños construidos con palos apoyados en piedras que permite el acceso al horno desde la base a la boca del mismo. *La escalera para acceder a la parte superior del horno tiene más de doce peldaños.*
escamar	Se dice que uno está escamado cuando duda o desconfía de alguien o de algo debido a alguna experiencia negativa previa. *Los primos de Pedro salieron escamados del negocio que tuvieron a medias con Ángel. No digas que haga quinielas, que ya estoy escamado; nunca acierto.*
escamondar	Limpiar con el hocete u otras herramientas cortantes el ramaje de los troncos y palos de las carrascas u otros árboles cortados. Los troncos y palos limpios se usan para hacer carbón. Los restos del escamondeo, ramas cortadas y desechadas porque no sirven para hacer carbón quedan en el monte y una vez secas, reciben el nombre de **támbaras** y se usan como leña para la cocina, la gloria, etc. *Prepara y afila bien los hocetes que tenemos que ir a escamondar carrascas. Para escamondar se contrata personal temporal*
escamondeo	Acción y resultado de escamondar las ramas de los árboles. *Para el escamondo la herramienta más usada es el hocete.*
escampado	Terreno llano libre de tropiezos y malezas que dificulten la visión. *Después de dos horas caminando por el bosque salimos a un escampado.*
escampar	Descampar. Cesar de llover y disminución de las nubes en el cielo. *Alejo, aún no ha escampado y tenemos que esperar, antes de salir a buscar caracoles.*
escañil	Asiento pequeño. *En la casa había dos escañiles que se sacaban a la puerta de la casa por la noche para poder estar sentados en la tertulia.*
escaño	Asiento con respaldo en el que pueden sentarse varias personas. *El alcalde ha colocado varios escaños en la plaza.*
escapulario	Objeto religioso que consta de dos partes unidas por unos hilos y que se cuelga de la cabeza quedando una parte en la espalda y otra en el pecho. *Las abuelas eran muy devotas y todas llevaban un escapulario.*
escarabajo de la patata	Insecto herbívoro de color rojo con pintas negras, que se alimenta de las hojas de las patatas causando daño a las plantas. *Avelino está sulfatando las patatas de la huerta porque estaban llenas de escarabajos.*

escaramu-jo[272] "tapaculos"	Fruto del rosal silvestre que tiene flores encarnadas. El fruto es de color rojo intenso cuando está maduro. *A las cabras les gustan los escaramujos.*
escarbar	Remover repetidamente la tierra del suelo según suelen hacerlo con las patas el toro, el caballo, la gallina, los perros etc. *Las gallinas escarban en el corral y se revuelcan en la tierra movida.*
escarcha	Rocío[273] de la noche helado que cubre los campos en ciertas ocasiones. *Esta noche la escarcha ha quemado los brotes de las plantas en la huerta. La escarcha, manta blanca que cubría el prado, reflejaba los primeros rayos del sol.*
escarchar	Congelarse el rocío que cae en las noches frías sobre el suelo o las plantas. *Las noches de cielo raso y luna llena de primavera escarchaba tan fuerte que quemaba los brotes tiernos de las plantas. Todas las mañanas de abril se ha escarchado el rocío.*
escardar	Quitar los cardos y otras hierbas dañinas de los sembrados[274]. *Tenemos que dedicar dos días a escardar la tierra del garbanzal[275].*
escarmentar	Aprender de experiencias propias o ajenas para evitar el caer en los mismos peligros o errores. *El tío Coqui escarmentado de varias cosechas malas, ya no siembra patatas en el arenero. Te voy a dar un soplamocos a ver si escarmientas.*
escavar	Ahuecar ligeramente la tierra de los sembrados para quitar los cardos y las malas hierbas con la azadilla. *En la huerta hemos escavado los surcos de patatas.*
escoba de brezo	**Tipo de** de escoba hecha de brezo y utilizada para barrer a calle, junto a la puerta de la casa, todo tipo de broza y suciedad. *Paquito, el Soplavientos, tiene preparadas para su venta ocho escobas de brezo.*
escoba	1. Manojo de ramas flexibles agrupadas y atadas que sirve para barrer. Se usaba para barrer el trigo que quedaba esparcido por la era después de una trilla. *Hoy estrenamos cinco escobas para barrer la era.* 2. Planta de ramas flexibles usada para hacer escobas. *El ganado apacentaba entre las escobas del perdido.*
escobajo	Escoba vieja y gastada por lo mucho que se ha empleado. *En las bodegas se separan los escobajos de la casca con la zaranda o criba.*
escobazo	Golpe dado con la escoba a algo o a alguien. *La Rosa dio escobazos a los gatos que se habían comido el chorizo del cocido.*
escoda	Herramienta en forma de martillo, con perfil cortante en ambos lados. Se usa para labrar piedras. *El cantero llevaba en su bolsa la escoda y el buril.*
escombrera	Referido a la tejera: Lugar donde se arroja la escoria y cenizas que se sacaban al deshornar, así como las piezas que por rajadas, agrietadas, torcidas o mal cocidas eran inservibles. *La escombrera se encontraba cerca de la tejera y ocupaba una hondonada que estaba a punto de llenarse por completo.*
escondite	Juego de muchachos, en el que unos se esconden y otro busca a los escondidos. *Los niños jugaban al escondite en el parque.*
escondite	Lugar oculto propio para esconder algo o esconderse. *El espacio que hay debajo de las escaleras es un buen escondite.*
escoplo[276]	Herramienta con mango de madera y boca formada por un bisel. Sirve en carpintería para ahuecar la madera o hacer agujeros en ella. *María, tráeme el escoplo, que tenemos que agujerear esta madera*

---

[272] **Escaramujo**. El escaramujo, también llamado **tapaculo**, es el **fruto** del **rosal silvestre**. Suele ser de color rojo anaranjado, pero en algunas especies puede variar hasta el morado oscuro y el negro. El escaramujo es comestible en crudo, resultando una excelente fuente de **Vitamina C** tras quitar las semillas pilosas del interior, y es apto para la confección de **mermeladas**, **confituras** y jaleas. Del escaramujo también se puede extraer un aceite apreciado en **perfumería**.

[273] El **rocío** es un fenómeno en el que la **humedad** del **aire** se **condensa** en forma de **gotas** por la disminución brusca de la temperatura o el contacto con superficies frías. Se habla de rocío en general cuando se trata de condensación sobre una superficie, usualmente la cubierta vegetal del suelo.

[274] **Escardar** (quitar cardos): Solía hacerse con una horquilla de madera y una hoz, con la mano enguantada o con una azadilla.

[275] **Garbanzal**: Terreno sembrado de garbanzos

escoria	Restos que sobran en la fragua tras la combustión del carbón. *El herrero retiraba todas las mañanas la escoria de la fragua.*
escorrentía	Cauces del agua de lluvia que discurre fuertemente por las laderas de las montañas. *El agua de las escorrentías se recoge en balsas para regar en el estío.*
escotar	Pagar cada uno la parte que le toca del gasto hecho en común por varias personas. *Hoy tenemos que escotar a 10 euros por persona para pagar la merienda. A escote no hay nada caro.*
escriño	Cesta de paja, cosida con mimbres o cáñamo, que se usa para recoger el salvado o para dar de comer a los bueyes. *Felipe, a las 10 pon dos escriños de cebada a los bueyes. En el escriño que hay en el portal están las alubias que mañana sembraremos en la huerta.*
escuadra	Pieza de hierro u otro metal doblada en ángulo recto. Se usa para asegurar el corte y la posición correctos de las piedras en una construcción. *El ángulo diedro de la piedra no se ajusta a la escuadra.*
escucar*	Quitar a mano o con algún instrumento el concho a las nueces. *Nadie como Nilo, el viejo, escucaba tan limpia y rápidamente las nueces.*
escuchimiza-do	Se dice del niño pequeño, débil o muy flaco. Niño que está en los huesos. *Alberto la fiebre le ha dejado escuchimizado.*
escudila	Vasija ancha y de forma de una media esfera, que se usa comúnmente para servir en ella la sopa y el caldo. *El labriego entró en la posada y se tomó dos escudillas de sopa y medio rostrizo asado.*
escuela caga-lona e cagona	En Mecerreyes, escuela a la que iban los chicos y chicas menores de 6 años. Estaba junto al potro en la calle Burgos del pueblo. Durante mucho tiempo estuvo haciendo de maestra la señora Antonia. *Mi hermano y yo aprendimos a leer en la escuela cagalona.*
escueto	De pocas palabras y directo en el decir. *Su carta de despedida era muy escueta. El sermón fue claro, breve y escueto.*
escularse* esbarrigarse*	Perder un carro la carga de haces por la parte de atrás por estar mal cargado o atado. *En el acarreo al tío Florín se le esculó el carro justo cien metros antes de llegar a la era.*
escullar	Escurrir o gotear algún líquido. *Después de fregar hay que escullar bien los trapos. El bañador escullaba cuando lo colgué en la terraza.*
escupitajo	Saliva escupida con fuerza. *Echar escupitajos en el suelo es señal de mala educación.*
escurrir	Quitar las últimas gotas de líquido que han quedado en un recipiente. *Después de fregar los platos hay que dejarlos que escurran completamente antes de guardarlos.*
escurrir [277]	Hacer que una cosa empapada de un líquido despida la parte que quedaba detenida en ella... *Cuando te bañes escurre bien el bañador y colócalo en la cuerda de la terraza. Escurre bien el trapo de fregar cuando termines. No cuelgues los platos sin escurrirlos bien.*
esgarrar	Desgarrar. Romper cosas de poca consistencia, como tejidos, pieles, papel. *Luisa se ha desgarrado la falda al meterse entre las zarzas. En la pelea Ana esgarró la camisa de su contrincante.*
esmigar*	Desmigar el pan es hacer migas con él. *El niño esmigaba el pan para que comieran los pollitos.*
esmirriado	Muy delgado comparado con otros niños de su edad. *El hijo pequeño de mi vecino se cría esmirriado.*

---

[276] **Escoplo.** El **formón** o **escoplo** es una herramienta manual de corte libre utilizada en **carpintería**. Se compone de hoja de **hierro** acerado, de entre 4 y 40 mm de anchura, con boca formada por un **bisel**, y **mango** de madera. Su longitud de mango a punta es de 20 cm aproximadamente. El **ángulo** del filo oscila entre los 25-40º, dependiendo del tipo de madera a trabajar: madera blanda, menor ángulo; madera dura, mayor ángulo. Los formones son diseñados para realizar cortes, muescas, rebajes y trabajos **artesanos** artísticos de sobre relieve en madera. Se trabaja con fuerza de manos o mediante la utilización de una maza de madera para golpear la cabeza del formón.

277 **Escurrir un trapo**. Hacer que una trapo empapado de un líquido despida la parte que quedaba detenida en él al retorcerlo con fuerza.

esmochar	Cortar ramas de los árboles dejando el árbol *mocho*, es decir sin las puntas de las ramas. Desmochar. *Eutiquio, El Perol, ha esmochado los chopos de su prado.*
esmoronar*, desmoronar	Desmenuzar el barro obtenido con el azadón para regarlo y unirlo con paja trillada pisándolo. *El barro para hacer adobes se esmorona y se mezcla con paja y agua hasta formar una masa uniforme con la que se hacen los adobes.*
esmoronarse*	Desmoronarse. Deshacerse o caerse poco a poco una pared, un edificio u otras construcciones. Desportillar. *La pared del corral se está desmoronando.*
esmorrarse*	Caerse de morros. *A Tinín, el hijo del tío Sergio, le tiró el caballo y se esmorró.*
espadar	Golpear el lino con la **espadilla** (tabla de madera en forma de espada) para separar la fibra de la corteza, sacarle el tamo y poderlo hilar. *Sin desayunar no se puede espadar. Bien comidos y bebidos espadamos muy seguido.*
espaldares	Costados del horno es su parte media y alta, donde se encuentran los palos más gordos del horno. *Los palos gordos los colocamos en los espaldares del horno.*
espantada	Huida repentina de un animal. *La espantada del mulo, al cruzarse un perro, dejó en el suelo al jinete y la carga que llevaba.*
espantajo	Persona despreciable. *Manuel estaba en la huerta como un espantajo, el olor a azada le ponía enfermo.*
espantapája-ros	Muñeco que se pone en los sembrados para ahuyentar a los pájaros. *El espantapájaros es respetado los dos primeros días, luego los pájaros se posan y cagan en él*
espanzurrar	Despanzurrar. Reventar. Deshacer o romper completamente algo. Los niños han dejado las muñecas espanzurradas. *El coche que pilló al gato lo ha dejado espanzurrado en la carretera.*
esparceta pipirigallo	Planta leguminosa de flores encarnadas. La esparceta se corta con la hoz o el dalle diariamente y se echa a los bueyes, a los cerdos, a los conejos, etc. *Ángel, ¿qué tienes que hacer al salir de la escuela?, dijo el padre a su hijo. Tengo que cortar esparceta y llevar a casa dos sacos, contestó el hijo.*
esparcir	Extender lo que está junto o amontonado. *Los niños, jugando, esparcieron el montón de trigo por la era. Los pequeños esparcieron por el suelo todas las fichas de la oca.*
espesar	Dicho de un monte o bosque, zona donde los árboles o arbustos comienzan a estar más juntos y dificultan los movimientos de las personas o animales. *A medida que nos adentramos el bosque. Éste se espesaba.*
espeso	Se dice que algo está espeso cuando los elementos que componen ese algo están muy juntos y apretados, como suele suceder en los trigos, en las arboledas y en los montes. *El monte, en la parte central, está muy espeso y dificulta el avance de los excursionistas. El trigo está muy espeso y no granará bien.*
espetera	Tabla con ganchos para colgar cosas como carne, chorizos y utensilios de cocina. *La espetera está colocada junto a la ventana de la cocina.*
espicharla, despicharla	Morirse. *El joven que tuvo ayer el accidente la "ha espichado" esta mañana. El tío Raimundo la espichó al caerse del caballo.*
espigar	Recoger las espigas que los segadores han dejado olvidadas en el rastrojo. En las épocas de hambre era frecuente ir a espigar. *Las espigadoras llevaban la cara cubierta con un velo para que no les diera el sol ni el aire.*
espigar	Salida de la espiga en los cereales. *La avena de la loma está espigando muy bien.*
espino, ma-cucal*	Árbol de cuatro a seis metros de altura, con ramas espinosas, flores blancas y fruto revestido de piel tierna y rojiza que encierra una pulpa dulce y dos huesos casi esféricos. Su madera es dura, y la corteza se emplea en tintorería y como curtiente. *Los espinos floridos iluminaban el verdor del bosque.*
espiojar des-piojar	Descubrir los piojos en alguien y eliminarlos. *Esta semana la madre de Toni lo ha tenido que espiojar.*
espita	Grifo de madera utilizado en las cubas para sacar el vino. *Cierra bien la espita, que está goteando.*

espliego	Mata muy aromática. De sus flores se extrae un aceite esencial muy usado en perfumería. *La rabona, encamada en un **espliego** a dos metros de donde yo estaba, saltó al aproximarse el perro.*
espolón	Saliente que tienen en el tarso algunas gallináceas. *El gallo, rey entre las gallinas, lucía dos espolones encorvados.*
espuerta	Especie de cesta de esparto con dos asas, que sirve para trasladar de una parte a otra escombros y otras cosas semejantes. *El camino de la fuente lo arreglamos con espuertas de tierra y piedra partida. Con la espuerta bajamos de caja los escombros de la obra.*
espulgar	Se aplica a la acción en que un perro se frota contra el suelo para combatir el picor que le producen las pulgas. Alejar las pulgas. *Al perro del tío Lucas, El Arenque, le gusta espulgarse en la arena.*
espumadera	Paleta con agujeros para espumar el caldo o cualquier otro líquido para purificarlo. Paleta agujereada con la que se saca de la sartén lo que se fríe en ella. *Las morcillas se sacan de la olla con la espumadera.*
esquila	Campanilla con sonido menos grave que el del cencerro. *Las ovejas mayores de dos años no llevan esquila. En el rebaño había algunas ovejas con esquilas.*
esquilador	Persona que por oficio, o en un momento dado, esquila ovejas. *Los esquiladores amontonan los vellones ordenados por peso.*
esquilar	Cortar el pelo o la lana de los ganados. También se aplica al corte de pelo a las personas. La lana de una oveja esquilada es el **vellón**. *Mañana vienen los esquiladores a esquilar las ovejas. Pedro, te han esquilao bien; pareces un señorito.*
esquileo	Acción de esquilar ovejas y otros ganados y el resultado de hacerlo. *En el esquileo hemos cortado treinta y cuatro vellones completos.*
esquilín	Campanilla pequeña que habitualmente se colocaba a los corderos o cabritos. *En el rebaño apenas se oían los esquilines.*
está que trina	Se dice de alguien que está enfadado, enfurecido, enojado. *Andrés, vete a casa pronto que tus padres están que trinan porque no has hecho el encargo que te dijeron*
establo	Cuadra, caballeriza. Lugar cubierto donde se guarda el ganado para su descanso y alimentación. *Las caballerías, terminado el acarreo, descansan en el establo.*
estaca[278]	Palo con punta en un extremo para clavarlo en el suelo. *Para colocar la cerca necesitamos treinta estacas.*
estacar	Clavar en la tierra una estaca y atar a ella una caballería. *Después de desuncir las caballerías las estacamos en el prado.*
estacazo	Golpe dado a algo o alguien con la estaca. Leñazo. *Ten cuidao, no gastes bromas, que te daré un estacazo.*
estampar	Arrojar con fuerza a alguien o algo contra una superficie dura o contra el suelo con intención de que se rompa. *El ama de casa, enfadada, estampó los platos y el botijo contra el suelo.*
estañador	Persona ambulante que arreglaba cacerolas, sartenes, cazos, etc. con estaño. *El estañador venía al pueblo una vez al mes.*
estaquilla	Se dice de la pinza que usan las mujeres y los hombres para sujetar la ropa recién lavada para que se seque. Pinza. *Carmen sujetó las sábanas a las cuerdas con seis estaquillas.*
estar como un cencerro	Se dice de la persona que está mal de la cabeza y tiene comportamientos extraños. . *Las chicas del borriquero están como un cencerro. El tío Catalinas está como un cencerro, no da una a derechas.*
estar como un tito	Se dice de alguien que está muy moreno, casi negro, por los efectos del sol. *Como sigas tomando el Sol todos los días, te vas a poner como un tito. Quítate del sol que te vas a poner como un tito.*

---

278 **Estaca**: Palo corto en punta que se usaba para delimitar las eras clavando una en cada esquina. Palo que se hincaba en el suelo y al que se ataba a los animales para que comiesen la hierba al que daban alcance y no pudieran escaparse

estar de chá-chara	Perder el tiempo hablando de cosas intrascendentes. *No te quedes de cháchara con el frutero cuando vayas a la compra.*
estar en as-cuas	Se dice de alguien que está inquieto, sobresaltado, nervioso por algo que espera que acontezca. *Esta mañana estoy en ascuas hasta que salgan las notas de matemáticas.*
estar en babia	Estar distraído y como ajeno a aquello de que se habla. *Rosa, noto que estás en Babia y luego no te enteras de nada.*
estar en po-rretas	Se aplica y se dice de los que están desnudos. *Los niños, cuando iban a la laguna, se bañaban en porretas.*
estar harto	Estar cansado, aburrido, de algo o de alguien. *Estoy harto de aguantar las bromas de Julia en el patio.*
estar hecho un mulo	Se dice de quien aparenta tener fuerza, vigor, vitalidad. *Ángel, con su entrenamiento en el gimnasio, está hecho un mulo.*
estar teniente	Se dice de las legumbres mal cocidas. *Estos garbanzos están tenientes, no se pueden comer.*
estazar desta-zar	Despiezar la canal de un animal muerto. En la matanza la acción de despiezar y tro-cear la canal de la cochina muerta después de haberla dejado un día y una noche al aire para que el frescor de la noche conserve la carne. Era un día importante. Los chi-cos esperábamos que nuestros padres nos diesen la ración que se llevaba al maestro o al médico esperando que al llevarla nos entregaran una buena propina. *Hoy no voy a la escuela porque mi padre estaza la cochina.*
estepa	Jara que se distingue de las demás porque la corteza es fibrosa y suelta de color ma-rrón oscuro. Sus flores son blancas. *El horno de hacer pan lo calentamos con estepas secas.*
estepar	Terreno en el que domina como vegetación las estepas[279]. *Los mejores hongos se crían en el estepar.*
estera	Alfombra pequeña tejida de esparto, juncos, etc. Felpudo. *Carlos pisó la estera de la entrada, patinó y al caerse rompió la puerta con la cabeza.*
esteva	Pieza del arado romano, curva en su parte trasera para que la empuñe el labrador y que es necesaria para mantenerlo en posición vertical y dirigir la labor de la yunta. *El labrador sujeta con una mano la esteva del arado y con la otra la vara.*
estirar la pata	Morirse. *Julián tuvo un accidente muy grave y estuvo a punto de estirar la pata.*
estizar	Referido a hornear carbón: Separar en la era los tizos de carbón para hacer el ticero. *Dos carboneros han dedicado toda la mañana a estizar la era y llevar los tizones al ticero.*
estola	Ornamento sagrado que consiste en una banda de tela de dos metros aproximada-mente de largo y unos siete centímetros de ancho, con tres cruces, una en el medio y otra en cada extremo, los cuales se ensanchan gradualmente hasta medir en los bor-des doce centímetros. *El sacerdote se ha puesto la estola y se dirige al confesionario.*
estomagar	Desagradar o causar fastidio o enfado. *Me estomaga tener que hablar con Amadeo que es un zarrapastroso.*
estopa	Parte basta o gruesa del lino o del cáñamo, que queda en el rastrillo cuando se peina y rastrilla. Se emplea en la fabricación de cuerdas y tejidos. *El fontanero usa estopa para tapar las juntas*
estorbar	Dificultar o entorpecer la realización de algo. *Los coches estorban el acceso de los niños al colegio.*
estorbo	Se aplica a la persona o cosa que dificulta o impide el acceso o consecución de algo. *Este niño es un estorbo. Con él no podemos ir a ningún sitio.*
estrago	Daño, ruina, destrucción. *El huracán produjo un gran estrago en los tejados de las casas; muchas de las tejas volaron.*

---

[279] **Estepa**. Mata resinosa de que alcanza más de un metro de altura, con ramas leñosas y erguidas, hojas agudas, de color verde oscuro y flores de corola grande y blanca. Se usa como combustible.

estribo	Pieza de metal, madera o cuero en que el jinete apoya el pie. Cuelga de la correa sujeta a la silla de montar. *Antes de salir a cabalgar por el campo, preparé la silla de montar y los estribos.*
estrinque	Cada argolla de hierro que llevan las varas del carro para enganchar la caballería. *Los estrinques de las varas están bien sujetos.*
estrinque	Cadena de mucha resistencia usada para desatascar los carros. *Para arrastrar el brabán se necesita un buen estrinque.*
estropajo	Trozo de esparto machacado que se usa para fregar. *Santi, en el fregadero hay dos estropajos nuevos, usa solo uno.*
estropeaba-rrigas	**Se dice del** hombre que deja embarazada a una chica y luego se va con otra. *Tened cuidado y evitad al estropeabarrigas de las cuadrillas.*
estropicio	Destrozo, rotura estrepitosa, por lo común involuntaria, de algo frágil. *La burra entró a la gloria y menudo estropicio hizo; no dejó nada en su sitio.*
estrujar[280]	1. Apretar algo para sacarle el jugo que tiene. *Estruja bien el limón que tiene mucho zumo.* 2. Apretar una cosa blanda de manera que se deforme o se arrugue. *Estruja la ropa de la maleta y te sobrará espacio.*
estuche	Caja con forma de paralelepípedo donde algunos niños llevaban las pinturas, lápices, plumas y otros materiales escolares. No todos los niños disponían de estuche. *Mi padre me compró un estuche y unas pinturas en el mercadillo de Lerma cuando fue a vender los cochinos.*
expósito[281]	Se dice del recién nacido y abandonado, expuesto, o confiado a una institución benéfica. *El pintor más destacado de la ciudad lleva el apellido Expósito.*
fajero	Faja con que se protege a los niños que aún maman. *Elisa crió a sus tres hijos con el mismo fajero infantil.*
fajina, hacina	Montón de haces de mies que se pone en uno de los lados de las eras antes de ser trillada. *Con el acarreo de varios días hemos hecho una fajina (hacina) muy grande de hacer de trigo, cebada….*
falleba	Mecanismo utilizado para cerrar y asegurar puertas o ventanas, consistente en una varilla sujeta en el borde de una de las hojas que por medio de una manivela queda encajada por sus extremos en los huecos del marco. *La falleba de la ventana del dormitorio no está en buen estado.*
faltón	Se dice de la persona que habitualmente falta u ofende a otros cuando habla. *Ten cuidado con el Plumas, que es un faltón y puede responderte de malas maneras.*
faltriquera	Bolso de tela o paño para guardar el dinero, que las mujeres llevaban, especialmente en el medio rural, atado a la cintura debajo del delantal. *La tía Sole lleva la cartera en la faltriquera. Los regalos, los traía la abuela en su faltriquera. El lugar más seguro para llevar el dinero es la faltriquera*
fanega	Medida de capacidad para medir grano y áridos que, según el marco de Castilla, tiene 12 celemines y equivale a 55,5 l, pero es muy variable según las diversas regiones de España. *El tío Juan media las medias fanegas colmadas.*
fanfarrón fanfa	Se dice de la persona que se aprecia a sí mismo en exceso y hace alarde de lo que no es, y en particular de valiente. *No seas fanfarrón, que no tienes un bocao de Luis.*
fantoche	Se dice de los individuos presumidos en exceso. *No seas fantoche, que con lo que llevas tienes una pinta muy rara. Con esas pintas te van a tomar por un fantoche.*
fardel	Saquillo pequeño de tela donde los hombres del campo, pastores y caminantes llevan la comida cuando van a sus faenas. *El fardel iba en las alforjas junto a la bota y la botella de agua.*
farfullar	Hablar deprisa y desordenadamente haciendo su discurso incomprensible. *Luis, en su paseo matinal, se cruzó con un grupo de mujeres que farfullaban sin descanso.*
farolero	Se dice de la persona fantasiosa y mentirosa, amiga de llamar la atención. Echarse un

---

[280] **Estrujar**. aplastar , chafar , comprimir , despachurrar.
[281] A los niños abandonados al nacer y recogidos en una institución benéfica, el primer apellido que se les ponía era Expósito.

	farol: Presumir de algo que es mentira. *Mi amigo es un farolero, no le hagáis mucho caso. Si hay un farolero perfecto, ese es Pedro, El Bigotes.*
farra	Juerga, jarana, parranda. *Anoche fuimos de farra y nos acostamos a las cuatro de la mañana.*
farruco	Se dice del individuo arrogante y reiterativo. *No te pongas farruco, que no te pago lo que me pides.* Ponerse farruco: ponerse chulo, desafiante.
favor pedir favor	Palabra que se decía a modo de solicitud de permiso o consentimiento a una chica para bailar con ella cuando lo estaba haciendo con otro. Era un hecho habitual en los bailes de los pueblos. Uno se acercaba a la pareja que estaba bailando, decía "favor", y en ese momento, generalmente, el acompañante de la chica dejaba de bailar con ella y cedía el puesto al otro. *Mario ha sido cojonudo. Se ha atrevido a pedir favor a Emilio, el Roble, cuando bailaba con su novia el último pasodoble – dijo Jesu a su amigo -. ¿Y qué hizo el novio? – preguntó el amigo -. Le dio calabazas.*
feriar	Ir y comerciar en una feria o mercado. *Los vecinos de Mecerreyes feriaban sus lechigadas en el mercado de Lerma los miércoles.*
fetén	Lo decimos de algo bueno, estupendo, excelente. *Conocí a una chica fetén. La novia de Quico, el Pelao, está fetén.*
fiambrera	Recipiente cilíndrico con la base más ancha que la altura, parecido a una cazuela pequeña con tapa de cierre seguro, que se empleaba y se emplea para llevar alimentos al campo. *Para merendar en el campo, sacamos la fiambrera y nos preparamos buenos bocadillos. Con buena fiambrera, no importa ir a la era.*
fiel	Se dice de quien es constante en sus afectos, en el cumplimiento de sus obligaciones y no defrauda la confianza depositada en él. *Tengo pocos amigos, pero fieles. Sé amigo fiel de tus amigos.*
fiel	Aguja de las balanzas y romanas que se pone vertical cuando hay perfecta igualdad en las masas comparados. *Observa bien el fiel de la balanza o romana cuando se pesen las cosas.*
fielato[282]	Oficina a la entrada de las poblaciones donde se cobraba a los comerciantes que llegaban. (Hoy no existe). *La tasa pagada en el fielato es muy elevada.*
fija	Herramienta en forma de paleta que usan los canteros para rellenar con argamasa los huecos que quedan entre las piedras, previamente niveladas con cuñas. *Una vez colocados los sillares hay que colocar la argamasa en los espacios libre que quedan con la fija.*
filete	Borde de unos tres centímetros que se hace en las aristas de las piedras labradas. *Todas las piedras de las esquinas de la ermita tenían los filetes hechos antes de colocarlas.*
filfa	Mentira, engaño, noticia falsa. *Todo lo que dice el tío Choco, El Palizas, es pura filfa. Nunca dice nada serio.*
finado	Muerto. *El finado era amigo de mi padre.*
fis-gar,fisgonear	1. Husmear[283] en los asuntos ajenos. *A Juan le llamaron la atención por fisgar los papeles que había encima de la mesa.* 2. Mirar desde las ventanas o por entre las cortinas para ver lo que ocurre en la calle sin ser visto. *La Lola se pasa toda la mañana fisgoneando entre las cortinas de sus ventanas.*
fisgón	Aficionado a fisgar o husmear en asuntos ajenos. *Andrés es un fisgón. A Inés no se le escapa nada es una fisgona de cuidado.*
flecadura flocadura	Flecos con que se adornan objetos como mantas, alforjas, etc. *Las alforjas llevan de flocadura borlas de hilos rojos y amarillos*
flirtear	Mantener una relación amorosa superficial con alguien del mismo sexo o de sexo contrario, sin que suponga compromiso. *Parece que Luisa, la hija de la panadera, flirtea con Nico.*
floresta	Terreno poblado de árboles frondosos. *Los rayos del Sol se filtraban entre la floresta.*

---

[282] **Fielato** era el nombre popular que recibían las casetas de cobro de los arbitrios y tasas municipales sobre el tráfico de mercancías. El término *fielato* procede del fiel o **balanza** que se usaba para el pesaje.
[283] **Husmear**: Indagar en algo ajeno con habilidad y disimulo.

fogata	Fuego que levanta mucha llama. Llamarada. *La fogata se produjo al quemar sarmientos secos.*
fogón de fragua	Fogón donde se calienta el metal que hay que forjar. En él se aviva la llama del carbón de piedra con un fuelle que se mueve a mano o con un pie. *La primera tarea por la mañana del herrero es encender el fogón de su fragua.*
follador o palanquero	Persona que afuella o sopla con el fuelle. El que mueve el fuelle en las fraguas. *El tío Pepe, el Candelas, hacía de follador siempre que iba a la fragua.*
follaje	Entramado de hojas de los árboles, arbustos y otras plantas. *El follaje de la pradera, perlado con gotas de rocía, reflejaba los primeros rayos del sol.*
forastero	Persona de otro pueblo. *He visto a un forastero en la plaza.*
formón	Pieza del arado que se añade a la reja por delante para profundizar más. *Coloca el formón en el arado que vamos a labrar una tierra muy dura.*
formón	Herramienta de carpintería, semejante al escoplo[284,] pero más ancho de boca y menos grueso. *El carpintero, maneja con soltura el formón y el escoplo.*
fragua	Taller con **yunque**, **fogón** y **fuelle**, entre otras cosas. En el fogón se caldean los metales para forjarlos, avivando el fuego con aire producido por un fuelle. En el yunque[285] se trabajan los metales incandescentes con los martillos. *He llevado la reja a la fragua para que la pongan a punto. En la fragua se preparan las herraduras para los bueyes y las caballerías.*
francachela	Se aplica a la fiesta celebrada entre varias personas comiendo y bebiendo de forma desmedida. *Esta tarde nos vamos de francachela hasta la madrugada. Pocos de los asistentes a la francachela regresaron serenos a casa.*
francalete	Correa que iba desde el collerón hasta unas anillas que había en las varas del carro. *Ten cuidado y no te olvides de sujetar los francaletes.*
freno	Instrumento que sirve para sujetar y gobernar las caballerías. *La mula de la derecha no lleva bien colocado el freno.*
fresco	Se dice del la persona desvergonzada. *No seas fresco, Juan, y deja de mirar las pantorrillas de las chicas.*
fresco	Se aplica a la frescura que se nota al atardecer en tiempo caluroso. *El fresco del anochecer se agradece después de un día de tanto calor.*
fresco	Se dice del pescado, sin salar, que es vendido por los vendedores ambulantes. *El fresco de hoy tiene buen precio. Del fresco que han traído lo mejor son las sardinas*
fresco	Se aplicaba a los alimentos no congelados. *Hoy el pescatero ha traído pescado fresco y congelado.*
fresquera	Recipiente protegido por una red metálica muy tupida, que se coloca en sitio ventilado para conservar frescos algunos líquidos o comestibles. También espacio de la cocina o despensa bien aireados para mantener los alimentos frescos. *Coloca las chuletas que has comprado en la fresquera.*
fresquero[286] pescatero*	Vendedor ambulante de pescado. *Rosalía ha comprado dos kilos de fresco al fresquero.*
fronda	Conjunto de ramas y hojas de los árboles muy próximas y espesas. *Al salir el sol los colorines se desperezaban en la fronda de la chopera.*
frunce	Pliegue, o serie de pliegues menudos que se hacen en una tela, papel, piel, etc. *El frunce de la falda es amplio.*
fruncir	Plegar un papel, una tela, etc., en dobles pequeños y paralelos. Hacer frunce en alguna prenda o tela. *María fruncía la tela para una falda pisada y Adela la tela de las cortinas.*
fruncir	Contraer la piel de la frente y las cejas en señal de preocupación, mal humor, concen-

---

284 **Escoplo**. Herramienta de hierro acerado, con mango de madera, de unos tres decímetros de largo, sección de uno a tres centímetros en cuadro, y boca formada por un bisel.DRA
285 **Yunque**. Prisma de hierro acerado que se usa para trabajar en él con el martillo los metales incandescentes hasta que se enfrían.
286 Se le llamaba así porque llevaba el pescado en cajones llenos de hielo para mantener el pescado fresco.

	tración, etc.: *Cuando oye algo que no le gusta, frunce la frente. El general escuchaba a su oficial frunciendo la frente y con la mirada fija en los ojos del soldado.*
fruslería na-dería	Cosa o hecho de poco valor o importancia. *En la feria he comprado cuatro fruslerías para los niños. Lo que me propuso Juan era una fruslería*
fuelle[287] **de fragua**	Fuelle grande que sirve para mantener vivo el fuego con el que se calienta el hierro que hay que forjar. *El movimiento pausado del fuelle levantaba chispas del carbón encendido.*
fuelle	Se dice que alguien tiene fuelle cuando tiene buena capacidad respiratoria y aguanta esfuerzos. *Después de diez minutos corriendo, ni mi **fuelle** ni mis piernas daban más de sí*
fuelle	Instrumento para recoger aire y lanzarlo con una dirección determinada Generalmente consta: de una caja con tapa y fondo de madera, de costados de piel flexible, de una válvula por donde entra el aire y de un cañón por donde sale cuando, plegándose los costados, se reduce el volumen del aparato. *En la fragua y en las cocinas se aviva el fuego con el fuelle. Sopla un poco con el fuelle para quitar la ceniza al rescoldo.*
fuente	Plato grande que se usa para servir los alimentos. *La fuente vino ilustrada con dos piernas de cordero y unas patatas cuyo olor y vista estimulaba el apetito.*
furcia	Se dice de la mujer se relaciona sexualmente a cambio de dinero u otros favores. *La amiga de Juan, tan arregladita y modosa, resultó ser una furcia los fines de semana.*
furor	Arrebato, cólera, ira exaltada. *El Pelao, herido en su orgullo, sentía que el furor le subía del pecho e inundaba su garganta.*
furtivo	**Se dice de la persona que** caza, pesca o toma algo ajeno. *Lucas, El Todoojos, guarda las fincas con frutales de los furtivos.*
gabán	Vestimenta larga, provista de mangas, que se pone sobre otras prendas y sirve para abrigar. *El gabán que ha estrenado Floren, El Cogote, es de paño inglés.*
gachí	Muchacha, joven. *Ayer vi a Julio, el Pelao, bailando con una gachí de buen ver.*
gacho	Se aplica a camina o va encorvado. *El abuelo de Andrea, que tiene noventa y dos años, anda un poco gacho.*
gafe	Persona que, supuestamente con su presencia, estropea las fiestas o acontece algo raro. *Mi tía es gafe. Siempre que estamos con ella nos ocurre algo desagradable.*
gaitero[288]	Se dice de las personas que tocan la gaita u otro instrumento, solas o en pequeño grupo, en los bailes o actos festivos del pueblo. *Para las fiestas del pueblo se contrataron seis gaiteros y una persona que toca el tamboril y el bombo.*
gaje[289]	Retribución complementaria que corresponde a un cargo o empleo. *Con el gaje llega a los 1 200 euros mensuales. En esa tarea no hay gaje.*
gajes del oficio	Molestias, perjuicios, situaciones… derivados de un empleo u ocupación. *Los incidentes en la atención al público son gajes del oficio.*
gajo	Cada palo con punta de las horcas, bieldos y otros instrumentos de labranza. *Al bieldo se le ha roto un gajo*
gajo	Cada una de las partes en que se subdivide un racimo de uvas o una naranja y mandarina peladas. *La niña se ha tomado seis gajos de naranja.*
gajo	Sobresaliente que queda en el árbol cuando se corta una rama. *La rama del árbol se ha desgajado[290]. Vaya gajo que ha quedado al desprenderse la rama.*

---

[287] **Fuelle**: Instrumento para recoger aire que luego expulsa en una dirección concreta. Consta de una caja con tapa y fondo de madera, costados de piel flexible, una válvula por donde entra el aire y un cañón por donde sale cuando se pliegan los costados y se reduce el volumen del fuelle. La pieza que forma el cañón, generalmente de hierro, es la **tobera. RDA.**

[288] En el pueblo de Mecerreyes "Los Anises" cuyos principales componentes eran Simón Altable y Clemente y mi amigo y quinto Dionisio, El Puñeta.

[289] **Gajes del oficio**: **Inconvenientes** que tienen algunos oficios o trabajos: Tengo la vista cansada, pero eso son gajes del oficio, porque me paso el día frente al fuego de la fragua. **Gajes**: gratificación, propina, sobresueldo, plus.

galán	Se dice del hombre de buen semblante, proporcionado y airoso en el manejo de su persona y ademanes. *El compañero de trabajo de Ricardo es un galán de buen porte y mejores maneras. El galán de Charo, La Pelirroja, estaba esta mañana en la carnice-ría.*
galápago*	Referido a la tejera: Soporte de madera con la curvatura de la teja sobre el que se apoya la pieza sacada del marco para darle la forma. *Las tejas ya secas se levantaban de los galápagos y se almacenaban hasta cocerlas.*
galbana	Pereza o poca gana de hacer algo. Cansancio producido por el exceso de calor. *¡Ani-mo! No te dejes vencer por la galbana. Si no dejas la galbana aparte, no terminarás el trabajo.*
galería de alimentación*	De la tejera: Abertura del horno de la tejera por donde se calienta el horno con este-pas, enebros y otros combustibles. *En la parte inferior del horno se abría la galería de alimentación del combustible.*
galga[291]	Freno de los carros que iba colocado en la parte trasera, que funcionaba tirando de una cuerda con fuerza. Era propio de los carros de bueyes. *En las pendientes, con la galga, se dificultaba el rodamiento del carro y hacía de freno. Echar la galga = frenar.*
gállara	Agalla del roble. Cuerpo esférico pequeño, del tamaño de una avellana y color marrón claro, que sale en los tallos de los robles. Los chicos las empleaban para jugar al "gua". *Ayer domingo, por la tarde, recogimos más de cien gállaras en la dehesa.*
gallarita[292]**, gallarón**	Especie de quiste redondo que le sale a los robles cuando les pica la mosca. Cuando es grande tiene color negro y lo llamamos gallarón. *Los niños jugaban con las gallari-tas que les había traído su padre del monte.*
gallarón	Son gállaras del tamaño de una nuez o algo más, y nacen también en robles, encinas y chaparras. Son de color más oscuro que las gállaras. *A los gallarones les hacemos bailar como a las peonzas.*
gallear	Presumir de hombre fuerte y galán con ánimo de destacar entre varios o imponerse a ellos. Ser un gallito. *Tomás, el hijo del tío Raimundo, galleaba entre sus vecinos de llevarse las chicas de calle.*
gallina clueca	Se dice de la gallina y de otras aves cuando cubren los huevos para empollarlos[293]. *Ahora sólo hay 10 gallinas ponedoras; las otras dos están cluecas.*
gallinaza	Excremento de las gallinas y otras aves. Es muy apreciado como abono para las huer-tas. *Del gallinero sacamos tres carretillas de gallinaza.*
gallinero	Lugar o cobertizo donde las aves de corral se recogen a dormir. *Cierra bien el gallinero para que no entren los gatos. En el gallinero convivían gallinas, conejos, pavos y gan-sos.*
gallo, gallina	Gallo, gallina, pollo o pollina. Este juego consiste en averiguar el color de los pétalos en los capullos de amapola. Un jugador coge un capullo y le pregunta al otro: -¿Gallo, gallina, pollo o pollina? El interrogado elige una opción y si acierta gana y es él el que hace de nuevo la pregunta. Para comprobar el color se abre el capullo. Si el color es rojo, es gallo; si tiene color rosado, gallina; si es blanco, pollo y si está entre blanco y rosa, pollina.
gamella	Arco que se forma en cada extremo del yugo que se pone a los bueyes, mulas, etc. *Las gamellas del ubio se ajustan perfectamente a los bueyes*
gamella	Recipiente de madera semicilíndrico hecho mediante el vaciado de un tronco de árbol, que se usa como artesa o en las labores de la matanza del cerdo. *El mondongo para*

290 1. **Desgarrar**, arrancar, separar con violencia la rama del tronco de donde nace. 2. [tr.] Despedazar, romper, deshacer algo unido y trabado. Haciendo un uso incorrecto de esta forma verbal en los pueblos y personas incultas se usa esgajar.

291 **Galga**: Palo grueso y largo atado por los extremos fuertemente a la caja del carro, que sirve de freno, al oprimir el cubo de una de las ruedas. DRA

292 La **gallarita** o **gallaruto** o **gallarón** es la excrecencia que sale en los **robles** y **encinas** por efecto de la pi-cadura de un mosquito. Es un caso particular de lo que más en general se llama **agalla**.
En algunos lugares era utilizada como canica para diversos juegos. Cuando la gallarita es grande se llama gallarón.

293 **Empollar**: Calentar una ave los huevos que ha puesto para sacar pollos.

	las morcillas está en la gamella grande.
gamella	En la matanza: recipiente semicilíndrico tallado en madera y vaciado en su interior que se utiliza para depositar la carne, el picadillo, chorizos recién embutidos, piezas en adobo, etc. *No rompáis la gamella que hay que devolvérsela al tío Policarpo.*
gamellón	El aumentativo gamellón, tiene un uso particular como recipiente donde los animales pueden comer y beber. Se coloca ordinariamente en el suelo, a diferencia del pesebre que se coloca siempre o casi siempre a la altura de la cabeza de las reses. Suele ser de piedra o de cemento y algunos casos también de madera. *En casa de Mercedes se usaban gamellas para las tareas de la matanza y de gamellones para dar de comer a los animales.*
gamón /nes*	Planta silvestre de un metro de altura y forma de junco. Tiene flores blancas en forma de espiga. Es conocida por la gente como "lirio de San José". Se cría en terrenos arenosos y con humedad[294]. *Los chicos adornan el recorrido de la procesión del Corpus con gamones y flores.*
gancho de matar	Barra de hierro en forma de S, uno de cuyos extremos termina en punta y que es el que se clava en el hocico del animal para sujetarlo. La otra curva del gancho se sujeta con la pierna del matarife. *El tío Juan, el herrero, está afilando el gancho de matar de la Severiana, la Loba.*
gancho	Clavo curvado del trillo por donde se engancha el cañizo (timón del trillo.). *Se ha roto el gancho y las mulas se van sin el trillo.*
gancho tener	Tener habilidad para gustar o atraer a la gente. Ser atractivo, tener simpatía. *Conozco una canción con gancho; Pedro tiene mucho gancho con las chicas. Ana, la profesora de matemáticas, tenía mucho gancho para sus alumnos.*
ganchos	Útiles de madera para transportar la leña con un burro. Consta de un doble gancho en cada uno de los lados de carga. *Los ganchos del burro se enredaron en una carrasca y la leña de la carga se cayó al suelo.*
gandul	Se dice del individuo holgazán, ocioso, que no quiere trabajar. *El gandul nunca muestra sus habilidades por temor a que le den algún trabajo. Alejandro es un gandul, nunca termina a tiempo sus tareas.*
gañán	Trabajador del campo, que lo hace a jornal, hábil en el manejo del arado con toda clase de animales de tiro. *Antes de que saliera el Sol, el gañan ya se encontraba con la yunta en la finca. El gañán unció la yunta y salió de madrugada a binar la suerte.*
gañote	Parte superior de la tráquea, gaznate, tragadero. *En una pelea de taberna alguien pincho al tabernero en el gañote con una navaja. No me aprietes en el gañote que me ahogo.*
gañotero[295]	Se aplica a la persona que vive "de gorra", que se deja invitar y no paga nunca nada. *Dios te libre de dejarte acompañar de gañoteros.*
garañón	Se dice del asno que preña a las yeguas y engendra mulo o mula. *El tío Araña ha comprado un garañón para cubrir sus yeguas.*
garbanzal	Tierra sembrada de garbanzos. *La perdiz y sus polluelos corrían por el garbanzal cuando el niño se acercaba a ellos.*
garfios	Aplicado a hornear carbón: Ganchos que los propios carboneros preparan con ramas de enebro u otros arbustos. Se usan para sacar el carbón. *Antes de deshornar se preparan varios garfios con troncos de enebro.*
gargajo	Flema que se expele de la garganta. *Nunca se debe arrojar el gargajo a la calle.*

---

294 **Gamones**. En Mecerreyes era tradicional que el miércoles anterior al Corpus Christi, los chicos de la escuela fueran a un paraje llamado Los Llanos, donde se producen en abundancia, para traer cada uno su saco lleno de gamones. Los sacos se vaciaban en el zaguán de la escuela de los chicos. En la mañana siguiente, madrugada del Corpus, con los gamones se marcaba el sendero en las calles por las que iba a pasar la custodia con el Santísimo. En ese sendero de gamones las niñas echaban pétalos de flores silvestres que habían recogido el día anterior.
295 Más usado en Andalucía que en Castilla.

garganta	Estrechura del valle, del cauce de un río y otros parajes entre montes. *El río formaba grandes saltos de agua al atravesar la garganta montañosa. La garganta y el río dificultaban el paso del ganado.*
garia	**Bielda** con un mango en uno de cuyos extremos y en el otro con un travesaño que lleva diez o doce dientes largos de hierro. Se utiliza para trabajar en las carboneras. *El carbonero dice a su hijo: ve a casa y trae la garia para trabajar en la carbonera.*
garlopa	Cepillo largo que sirve para igualar las superficies de la madera, especialmente en las uniones de las tablas. *La garlopa se traba al cepillar la madera de enebro.*
garrafón	Recipiente esférico de vidrio, rematado en un cuello largo y estrecho, con una base circular, recubierto por tela de juncos, de paja o de otros elementos, que forman a su vez dos asas. Tiene distintos tamaños y se destinaba a contener y trasladar el vino de uso diario. *El tío Candelas, el Morros, bajaba esta mañana dos garrafones de su bodega.*
garrocha	Palo con la parte de arriba curvada que puede servir de apoyo de la mano y en el otro extremo tiene un hierro puntiagudo para que se agarre al suelo. Cachava, Bastón. *Mi abuelo tiene dos garrochas de fresno y otra de roble.*
garrote	Palo gordo y de madera fuerte usado a modo de bastón o para cuidar la boyada. *El boyero lleva un buen garrote que lanza con habilidad sobre las vacas o bueyes que se separan del hato.*
gatera	Agujero redondo hecho en una pared, en un tejado o en la parte inferior de una puerta para facilitar la entrada o salida de los gatos y gallinas (albañal). *Por la gatera han pasado cuatro gatos, uno de ellos era el del vecino.*
gatuña	Planta leguminosa con tallos duros y espinosos, Es muy común en los sembrados, y la raíz se ha empleado como aperitivo. *¡Cuídate de coger con las manos desnudas los tallos de las gatuñas, porque pinchan mucho!*
gavilán	Hierro cortante que tiene en el extremo inferior la aguijada y que el gañán utiliza para limpiar de broza y raíces pegadas el arado. *Hoy apenas he utilizado el gavilán de la aguijada; la tierra estaba muy suelta.*
gavilla	Conjunto de sarmientos, cañas, mies, ramas, hierba, etc., mayor que el manojo y menor que el haz. *Con doce gavillas de trigo hacemos un haz. Para asar un kilo de chuletas bastan dos gavillas de sarmientos.*
gavilla	Montón de chazca o de otras malezas. *Luis ha colocado esta mañana las gavillas de chazca en el horno mayor.*
gavillar, agavillar	Hacer gavillas con la mies que se siega o la legumbre que se pela o corta o los sarmientos que se cortan. *Esta tarde tenemos que gavillar los sarmientos que hemos cortado esta mañana.*
gavillero	Línea de gavillas que dejan los segadores tendidas en el terreno segado. En cada **lucha** el segador deja un gavillero. *Una parte de la finca está sin segar y en la otra se ven tres gavilleros.*
gayubas*	Mata tendida, siempre verde y ramosa y fruto en drupa roja y esférica de seis a ocho milímetros de diámetro. El cocimiento de las hojas y frutos se suele emplear como diurético. Se cría por los caminos y en los ribazos de las lindes. Nombre del fruto de esta planta, que es de color rojo intenso y los chicos las comen. *Recoge gayubas este verano que las necesitarás para rebajar la tensión.*
gazapo	Cría de conejo. *¿Por qué en estas laderas hay tanto* **gazapo** *y tan pocos en los montes aledaños?*
gazmoñería	Se dice de la afectación de modestia, de devoción, de gustos o de escrúpulos. *La Severina era conocida por sus gazmoñerías en lo referente a los gustos en las comidas.*
gaznápiro	Se aplica al individuo simplón y borrico que se distrae con cualquier cosa. *¿Luis y Toni? Vaya par de gaznápiros, se quedan mirando las moscas en cualquier sitio y se distraen con el vuelo de un pájaro. No son de provecho.*
gazuza	Mucho apetito en un momento dado. *A media mañana, después de tres horas de siega, la gazuza se apoderaba de nosotros.*

gibar	Fastidiar o molestar a alguien con acciones o palabras. Molestar. *No me gibes, que no estoy para bromas. Me estás gibando más de la cuenta.*
gili	Se aplica a la persona tonta, lila (M. Delibes). *Román es un gili de cuerpo entero. Más gili no puede ser.*
gilipollas	Se aplica a la persona que es tonta y encima ese muestra orgullosa de serlo en tono despectivo. También se le dice "tonto del culo". *No seas gilipollas, Vicente y sigue los consejos de tu padre. Por ahí va el gilipollas de Eduardo, a ver qué nuevas nos trae.*
girle	Sirle, chirle. Basura producida con los excrementos del ganado lanar y cabrío y la paja. *El campo que vamos a sembrar de cebada lo abonaremos con girle.*
gloria	Habitación en la planta baja de las casas recorrida por varios canales debajo del suelo que tienen una entrada en el portal. Por esos canales circula el fuego y el calor que produce la lumbre que se enciende por la boca del portal. La lumbre se hace con paja, leña u otros combustibles. Con el fuego se calienta el suelo y la habitación logrando temperaturas muy agradables motivo por el que se llama "gloria". *Las tardes del invierno las pasamos en la "gloria" leyendo, cosiendo, jugando a las cartas, etc.*
gomina	Fijador del pelo. Goma. *Ponte un poco de gomina porque llevas los pelos como un erizo.*
gorgojo[296] **(trigo)**	Insecto cuyas larvas se alimentan de grano almacenado. *El molinero descubrió que el trigo tenía gorgojo antes de molerlo.*
gorgorito	Burbuja pequeña que suelen hacer los líquidos. *El agua con jabón hace gorgoritos (burgujas)*
gorgorito[297]	Variación que se hace de la voz especialmente al cantar apartándose de la línea principal. *El Seve siempre acompañaba sus jotas de alegres gorgoritos.*
gorjeo	Llamamos así al hecho o al momento de cantar algunos pájaros. *A los niños todas las mañanas los despertaba el gorjeo de los pájaros que revoloteaban en el peral.*
gorrón	Se dice de la persona que tiene por hábito comer, vivir, regalarse o divertirse a costa ajena. *Cuando estoy en la casa de campo no faltan los gorrones que nos visitan y se quedan a comer. Cuídate de los gorrones que disfrutan con tus invitaciones y no pagan ni una.*
gotear, gotear*,	Caer gotas de agua de un recipiente, de la lluvia o de las canales de un tejado. *Lleva goteando toda la mañana y no hay charcos en las calles.*
gozne	Herraje con que se fijan las puertas y ventanas al quicial[298] . Cuando se abren o cierran giran sobre el gozne. Bisagra metálica. *He elegido los goznes dorados para las ventanas. Los goznes del portón chirriaron*
grabados en teja*[299]	Textos que los tejeros ponían en las tejas alusivos a su nombre, amigos, dichos, origen, etc. *En el tejado de la casa de mi abuelo hay dos tejas que tienen grabado el nombre del tejero.*
grada	Apero agrícola de forma cuadrangular, como si fuera una parrilla grande, para allanar la tierra después de arada o para sembrar dejando la semilla a poca profundidad. Se transportaba sobre unas ruedas. Unas diez o doce chapas aceradas de unos 6 cm de ancho movían la tierra. Era movida por bueyes o caballerías. *Después de sembrar la finca el agricultor paso la grada para allanarla y facilitar el trabajo de la cosechadora.*

---

[296] El diminuto **gorgojo del trigo** o del granero es de color castaño oscuro o negro. Las hembras producen gran cantidad de huevos seis veces al año y los depositan en el interior de los granos. Producen grandes pérdidas.

[297] **Gorgoritear**: hacer gorgoritos con la voz al cantar.

298 **Quicial**. Madero que asegura y afirma las puertas y ventanas por medio de pernios y bisagras, para que girando se abran y cierren. DRA. **Pernio**: Gozne que se pone en las puertas y ventanas para que giren las hojas.

[299] En Mecerreyes, Burgos, se han encontrado más de 200 tejas en las que aparecen inscripciones de distinto tipo y algunas de fechas anteriores al año 1800. (Revista cultural de Mecerreyes)

gradina	Herramienta de cantería utilizada para rebajar un poco el borde de la parte rugosa de las caras de las piedras y así disimular el rehundido del filete exterior. *El maestro cantero remataba la fachada pasando con la gratina los borde de los filetes de los sillares.*
grajo	Ave muy semejante al cuervo[300], con el cuerpo de color violáceo negruzco, graznar agudo, y la base del pico desprovista de plumas. *Bandadas de grajos sobrevolaban las rocas al amanecer. Los grajos volaban en bandadas en los atardeceres del otoño.*
grama	Hierba que crece fácilmente en El Bardal. Tiene raíces muy profundas y pone bastante resistencia al arado en el momento de labrar la tierra. Actualmente se usa en jardinería como césped por su resistencia y por la poca necesidad de riego. *Hoy en las suertes del Bardal la grama ha puesto mucha resistencia al brabán.*
gramil	Instrumento que sirve para trazar paralelas al borde de una pieza. *El aprendiz de carpintero era un artista con el gramil.*
granar	Desarrollarse el grano de las espigas de los cereales o el fruto de otras plantas. *Este año hace un tempero adecuado para que los cereales granen bien. El trigo creció, verdegueó, encañó[301], granó y se secó.*
granazón	Se dice del momento en que está granando la mies o algunos frutos como las almendras y las nueces. *Los trigos y las cebadas, que están en la granazón, mejoran con las lluvias suaves de finales de la primavera.*
granizo	Agua congelada en forma de esferas de distinto tamaño que cae con violencia de las nubes. *El granizo caído en la tormenta de ayer ha dañado la fruta de los árboles y la uva de la vid.*
grano	Semilla y fruto de la mies, como el trigo, la cebada, etc. *El agricultor elige los mejores granos para la siembra del año siguiente.*
granzas[302]	Residuos como pajas largas y gruesas, espigas, grano sin descascarillar, etc. , que quedan del trigo, de la cebada o de otra mies cuando se avientan y criban. *Como el trigo estaba bien granado y la trilla fue buena, han quedado pocas granzas.*
grava	Guijo, cascajo. Piedras pequeñas o piedra desmenuzada con que se cubre y allanan los baches de los caminos. *Los agricultores arreglaban los caminos con grava antes de comenzar las faenas del verano. Los carros del pueblo han traído grava suficiente para arreglar los caminos antes del verano.*
graznido	Voces de algunas aves, como el cuervo, el grajo, el ganso, etc. *Los graznidos de los gansos asustaban a los niños que jugaban en el corral. Los graznidos de los cuervos acompañaban a los primeros rayos del sol en la cresta de la montaña.*
grencha	Herida. *Javier tiró una piedra con el tirabique y dio, sin querer, a Cosme al que hizo una grencha en la cabeza.*
greña[303]	Se dice de los cabellos despeinados y revueltos. *Julia había intentado cortarse las greñas oscuras de su cabellera y no pudo hacerlo.*
grillo	Insecto de unos tres centímetros de largo, color negro. El macho, cuando está tranquilo, sacude y roza con tal fuerza los élitros, que produce un sonido agudo y monótono. Se ocultan en agujeros cilíndricos de los que de niños los sacábamos con una paja o echando agua. *La noche era muy tranquila y el silencio sólo era interrumpido por canto de los grillos.*
grima	Dentera. Sensación desagradable producida por algún sonido o sabor extraño. *Los chillidos de Angelita cuando habla me producen grima.*
grullos* granzas	Referido a hornear carbón: Se llaman grullos o granzas, al igual que al cribar las semillas, los cantos y deshechos que se apartan y resultan de cribar la tierra del horno con el rastro de puntas. *Jorge, el hijo del carbonero, ha separado con el rastro de puntas*

[300] **Cuervo**. Pájaro carnívoro, mayor que la paloma, de plumaje negro con visos pavonados, pico cónico, grueso y más largo que la cabeza, tarsos fuertes, alas de un metro de envergadura, con las mayores remeras en medio, y cola de contorno redondeado

[301] **Encañar**: Comenzar a formarse la caña de los cereales.

[302] **Granzas**: Al terminar la trilla se recogen todas las granzas y se vuelven a trillar para extraer todo el grano posible. El trigo que sale de ellas, al ser de baja calidad, se empleaba para engordar los pollos. Era frecuente cambiar el trigo que se sacaba de trillar de nuevo las granzas por nueces en el pueblo vecino.

[303] **Andar a la greña**. reñir continuamente dos o más personas: Luis y su mujer siempre andan la greña.

	las granzas de la tierra del horno.
gruñido	Se dice del sonido que emite el cerdo. *El gruñido de un cerdo, atacado por su pareja, me despertó del sueño recién.*
gruñir	Dar gruñidos o emitir sonidos que se asocian a los monótonos gruñidos del cerdo. *Me desperté a las tres de la mañana al oír gruñir los cerdos.*
gruñir	Mostrar disgusto y repugnancia, murmurando entre dientes. *Por favor, no gruñas, y di las cosas claras y altas.*
gruñón	Se dice de las personas que se quejan y protestan reiteradamente. *Teo, el hijo del tío Pelotas, es un gruñón, y con nada se conforma.*
gua	Juego infantil consistente en introducir una canica, o similar, de un centímetro y medio de diámetro, en un agujero hecho en el suelo. Nombre del agujero de dicho juego. *Ayer gané seis canicas al gua.*
guadaña **dalle**	Instrumento para segar, que se maneja con ambas manos, formado por una hoja larga y curvilínea, puntiaguda por un lado y sujeta por el otro, más ancho, a un mango largo que forma ángulo con el plano de la hoja y lleva dos manijas[304,] una en el extremo y otra en el segundo tercio del mango. DRA. *La guadaña está mellada, hay que afilarla. Ten cuidado con la guadaña no te vayas a cortar el pie.*
guarda	Se dice de la persona que contrata el concejo para vigilar que las ovejas u otros animales o personas no entren en propiedades ajenas, ni en los vedados. *El guarda vigilaba las viñas y los campos de frutales.*
guardamontes	En Mecerreyes: Guarda forestal encargado de controlar la corta y lograr que los cortadores respeten las carrascas que no tienen que cortar. "Déjame esa buena". "Corta esa fea". "No me dejes guiñapos"... (Eran frases propias del guarda). *El guardamontes vigila la corta y cuida de que se respeten sus indicaciones.*
guardapolvo	Prenda de tela ligera, a modo de gabardina, para preservar la ropa habitual de polvo y posibles manchas. *La maestra también utilizaba guardapolvo cuando trabajábamos en la pizarra.*
guarnicionero [305]	Operario que trabaja o hace objetos de cuero, como maletas, bolsos, correas, arreos de caballerías para el arrastre de carruajes, sillas de montar, cabezales, petacas, carteras, etc. *El guarnicionero tiene colgadas en la puerta de su taller dos colleras y un collerón nuevos. El guarnicionero acaba de hacer dos colleras por los mulos del tío Roque.*
guarniciones	1. Correas y demás efectos de cuero que se ponen a las caballerías para que tiren de los carros o para montarlas y cargarlas. *Las guarniciones de las mulas son nuevas.* 2. Añadido, generalmente de hortalizas, legumbres, verdura, patatas, etc., que se sirve con la carne o el pescado. *El filete se lo traemos con guarnición variada.*
guarro	Hombre sucio y desaliñado. *El tío Malasangre, El Siemprevivo, es un guarro, parece que huye del agua.*
guasa	Broma. Hablar con intención de burlarse de alguien. Se dice que una persona habla con guasa cuando lo hace con ironía y burla. *El Topero siempre habla con mucha guasa y no sabes si te dice la verdad o se está riendo de ti.*
guasón	Individuo burlón y bromista. Persona que habla frecuentemente con guasa. *El hijo mayor del panadero es un guasón.*
guata	Algodón en rama, engomado, que sirve para acolchados o como material de relleno.

---

304 **Manija**. Mango, puño o manubrio de ciertos utensilios y herramientas

[305] **Guarnicionero**. Este oficio se distingue del talabartero en que este último trabajaba la piel y el curtido de forma general, mientras que el guarnicionero lo hacía específicamente para útiles del tiro animal. Su trabajo comprendía desde el trabajo de la piel hasta el almohadillado de algunos de los aparejos, pasando por el enriquecimiento de las piezas con aplicaciones de tachuelas, adornos de cuero recortado, bordados y borlas, trenzados y flequillos. El material básico que utilizaba era el cuero curtido, la piel de toro o de vaca, y la badana para forrar, hacer almohadillas o cosas más flexibles que procedía de la piel de cabra, además, naturalmente, los hilos de cáñamo de varios grosores (hasta cinco cabos), y las agujas de guarnicionero, que tienen la punta más redondeada para facilitar la busca del agujero, hace de lezna y evitaba que se clavasen en otro sitio. Ellos elaboraban los distintos elementos que componían el arreo de la caballería que recibía nombres tan sonoros como: la collera, la barriguera, la retranca y el tiro.

	Los cojines del comedor están llenos de guata.
gubia	La **gubia** es un **formón** de media caña que usan los **carpinteros**, los **tallistas** y otros profesionales de la madera o de la piedra[306] para las obras delicadas.
guedeja vedija	Porción de pelos, lana o hilos, separada de un conjunto de la misma clase. *La oveja negra tiene varias guedejas blancas. Loli se ha hecho una guedeja de canas.*
güero	Huero. Se dice del huevo vacío y sin sustancia. Huevo no fecundado por el gallo y del que no sale pollo al ser incubado. *De la docena de huevos empollados dos estaban güeros. Pedro, El Hinchao, tiene la cabeza güera.*
güito	Juego que se hace con los huesos de albaricoque. El mismo hueso *Los niños hacían colección de huesos de melocotón para jugar al güito.*
güito	Una de las caras de la taba en los juegos con las mismas. *Tengo colocadas cinco tabas en güito.*
guía del aro	En los juegos de hace decenios, alambre gruesa con un mango de madera en un extremo y doblado con habilidad en el otro en forma de "U" para que encaje en la doblez el grosor de un aro que rodará, apoyándose en la guía, a la mayor velocidad posible. Se usa en el juego de correr el aro. *Con la guía nueva Juan ganó el concurso de aros.*
guija	Piedra pequeña de los cauces de los ríos y arroyos. *En la cabecera del río abundan las guijas.*
guijarro	Canto de superficie curva y lisa. Piedra fácilmente manejable en la mano de un niño de 10 o más años. *Los niños lanzaban guijarros a sobaquillo intentando atravesar con ellos el río.*
guijo	Conjunto de guijas (piedras pequeñas y de superficie lisa) que se emplean para arreglar caminos. *El guijo está preparado para ser usado en el arreglo de los caminos. Se necesitan varios cestos de guijos para rellenar los baches del camino.*
guileto[307]	Nombre gentilicio con el que se conoce a las personas nacidas en Mecerreyes[308], Burgos. Se cree que procede "guilla" (cosecha) ya que siempre ha sido un pueblo cerealista.
guinchar	Picar o molestar con la punta de un palo, o por otro medio, a algo o alguien. *Roberto, el hermano menor, guinchaba a cada momento a su hermana con el palo que había cogido en la calle.*
guincho	Palo pequeño terminado en punta. *Estoy preparando varios guinchos con palos de chopo. Julián se hizo varios guinchos con la navaja que le había comprado su padre.*

[306] **Gubias**. Las que emplean los **canteros** para labrar las piedras son de boca más ancha que el cuerpo, y tienen cabeza plana para ser golpeada con el mazo o terminan en tronco de cono para resistir el martillo. También las hay con mango de madera y boca lisa o dentellada. Los **albañiles** emplean una herramienta con este nombre para raspar los enlucidos y recorrer **molduras** y aristas. Existen muchos otros tipos de gubias, usadas por los artesanos para cortes y desbastaciones específicas.

[307] I.- Cuando vaya por la vida y pregunten por mi tierra, les diré que soy **guileto** con orgullo y con pasión.
Es un pueblo de Castilla, que comercia y laborea con los brazos siempre abiertos en trabajo, paz y unión
II.- Las **encinas** y los **robles**, el **ruyal** y los **bardales** en unión con la dehesa forman su modo de ser.
Es su vida de sudores. Es conquista de ideales con destreza y entereza para ser más que el ayer. (Del himno de Mecerreyes)

[308] **Mecerreyes**. Pueblo de la Meseta burgalesa, en la cuenca media del río Arlanza y en tierras holladas por Fernán González, Garci Fernandez y doña Urraca.
Sendas y veredas pisadas por el Cid en su destierro hacia Levante tras dejar a su mujer, doña Jimena, en San Pedro de Cardeña, bajo la protección del Monasterio.
La Sierra de las Mamblas vigila sus tierras. Sus picos, cual gigantes, se hacen ver con sombras verdosas al amanecer y colores ocres, ribeteados de grises y verdes, al atardecer. Su manto se extiende hacia el Oeste en un bosque de encinas, de enebros, jaras y hierbas aromáticas.
Solos, por caminos y sendas serpenteantes, trazados por los carros y los animales, nos podemos adentrar en sus entrañas y disfrutar del susurro de los árboles. El bosque esconde un silencio profundo, hueco, sonoro, que sólo es interrumpido por el siseo de las hojas movidas por el viento y el rítmico coleteo de lagartijas y lagartos dorados por el sol que filtran las hojas de las encinas.
El tronco, las ramas y las hojas de los enebros, que crecen a la sombra y protección de las encinas, aromatizan los hilos de aire que recorren los espacios libres del arbolado. Los lugareños, de gentilicio "guiletos", son guardianes expertos en su cuidado y aprovechamiento. C. Arribas

guinda	Fruta del guindo. Tiene color de cereza, menor tamaño y sabor fuerte tirando a ácido. *Mi abuelo preparaba en el pueblo guindas con orujo. A los niños les di dos almuerzas de guindas.*
guindo guindal	Cerezo silvestre. Su producto es la guinda, similar a la cereza, pero más pequeña y de sabor ácido fuerte. *Este año el ruiseñor ha hecho su nido en el guindo (guindal). En el huerto, cerca de casa, el tío Cánovas, el Lindo, tenía tres guindales.*
guiñapo	Se dice de la astilla o ribete que queda por donde dobla o tronza el tronco de un árbol debido a un mal corte. *Luis hace una corta limpia, no deja ningún guiñapo.*
guiñar el ojo	Cerrar con disimulo un ojo momentáneamente quedando el otro abierto como señal o advertencia a alguien. *En los juegos de cartas, guiñar el ojo suele ser una contraseña entre los jugadores compañeros de partida.*
guiño	Señal que uno hace a otro guiñando el ojo. *¡Menudo guiño le ha hecho Pedro a su compañero! Debe tener cuatro reyes.*
guipar	Notar, percibir, descubrir algo con intuición rápida. *Dionisio, cuando salíamos al campo, guipaba enseguida donde podía haber algún nido.*
guirigay	Se dice de la confusión que se produce cuando varios hablan fuerte o gritan a la vez o cuando cantan desentonando. *Entre el humo y el guirigay de los clientes no hay quien pueda aguantar cinco minutos en la taberna.*
guripa	Soldado de reciente entrada en el ejército. Novato. *Las jóvenes eran seguidas de cerca por varios guripas con su ros en la cabeza.*
gurreñazo*	Golpe dado a alguien con un gurreño con intención de darle. *Carlos recibió un gurreñado en la cabeza y le tuvieron que dar cinco puntos de sutura.*
gurreño*	Piedra redondeada, ordinariamente de sílex, que se ve en los arroyos. Con los gurreños se hacían concursos de lanzamientos a sobaquillo. Con el gurreño se dan "gurreñazos" y con el canto "cantazos". *El gurreño era del tamaño de una manzana.*
gurriato	Gorrión pequeño y por generalización todos los gorriones. Cuando nevaba en el pueblo los gurriatos entraban en los pajares o en las tenadas para resguardarse del frio. *Jesu, El Pirata, tenía buena puntería con el tirachinas y gurriato al que disparaba gurriato que caía.*
gurruño[309]	Cosa arrugada o mal doblada. *Luis, el Ciruela, lleva la camisa como un gurruño.*
guto	Ombligo. *Algunas jóvenes llevan el guto al descubierto.*
habón	Hinchazón en la piel debida a la picadura de un mosquito que causa picor. *Este año no he tenido habones.*
hacer buenas migas	Llevarse bien con alguien. *Mi hijo y los niños de las casas vecinas hacen buenas migas, se entiende perfectamente.*
hacer cisco algo	Romper en pedazos pequeños algo. *Los niños tirando piedras hicieron cisco las jacarillas* de los postes de la luz.*
hacer la petaca	Gastar una broma que consiste en doblar la sábana de encima de la cama de manera que la persona que se acueste no pueda estirar las piernas y tenga que deshacer la cama y volverla a hacer correctamente *A los recién casados, Cosme, El Lagartija, les hizo la petaca la noche de bodas.*
hacer monadas	Hacer tonterías. Se aplica a los niños y niñas que gesticulan demasiado al modo de las monas. *Deja de hacer monadas y termina el trabajo de la escuela – decía la abuela a su nieta.*
hacer picadillo a alguien	Se dice cuando alguien agota o gana a otro en el juego, en un trabajo, en una conversación, etc. *En el partido de pelota de esta tarde nos han hecho picadillo.*
hacer pucheros	Se dice cuando alguien hace gestos similares a los que preceden al llanto, generalmente en los niños. *Álvaro se quedó en el colegio haciendo pucheros.*
hacer rabiar	Irritar a alguien con palabras, acciones o gestos. *Pedro, por favor, no hagas rabiar a tus hermanos y déjalos dormir.*
hacerse el longuis	Hacerse el distraído, el desentendido de algo... *No te hagas el longuis, amigo, que sabes que me tienes que pagar la entrada del cine.*

---

[309] **Gurruño**. También se usa "burruño"

hacha de marcar	Hacha de mango corto y de menor peso que el hacha normal con corte en forma de arco. En Mecerreyes se usaba para marcar las encinas o carrascas que no había que cortar. *El guardamontes lleva el hacha de marcar y con ella señala las carrascas que ha de respetarse.*
hacha	Herramienta con un mango de unos 80 cm de longitud en cuyo extremo tiene una hoja de acero cortante. Se usa para cortar árboles, ramas, partir leña, etc. Es junto con el hocete las herramientas cortantes más usadas en el monte. *Los golpes secos y rítmicos del hacha precedían a la caída de las carrascas. El hacha para la corta está recién afilada.*
hacha	Vela de cera, grande y gruesa, de forma por lo común de prisma cuadrangular y con cuatro pabilos. *En el presbiterio de la iglesia ardían cuatro hachas a punto de acabarse.*
hachero	Candelabro de madera para colocar una o varias hachas[310] (velas de cera). *La tía Gervasia, la Rezos, cuidaba de un hachero de color negro delante de la Virgen del Rosario.*
hachón	Hacha muy grande tanto de hierro como de cera. *Roberto, el cortador más joven, llevaba un hachón excesivamente grande.*
hacina[311]	Amontonamiento ordenado de los haces en las eras. *En la era hay una hacina de trigo y dos de avena.*
hacinar	Amontonar. Poner los haces de leña, de trigo, de cebada, etc., unos sobre otros formando una hacina o montón ordenado. *Al descargar los haces del carro en la era, hay que hacinarlos.*
haiga	Forma verbal sustitutiva de "haya" del verbo haber. *Todas las nueces que "haiga" en el nogal puedes cogerlas, decía el tío Martín a su nieto.*
halda	Receptáculo formado al levantar el borde del delantal o la saya con las dos manos, utilizado por las mujeres para recoger y transportar productos de la huerta o cosas pequeñas de la casa. *La tía Sofía traía los huevos en el halda con mucho cuidado.*
haldada[312]	Lo que cabe en un halda. *La Justina trae una haldada de tomates de la huerta.*
haragán	Se dice de la persona vaga o de alguien que rehúye el trabajo. *¡Menudo haragán estás hecho! No hay forma de que termines ningún trabajo.*
harapiento	Persona vestida con harapos o prendas viejas, rotas o sucias. *A la puerta llegaron dos harapientos, flacos y barbudos, que dijeron ser los primos de Robert.*
harnero[313]	Apero similar a la criba en la forma y el uso con agujeros pequeños. *Para cribar los granos en la era usamos distintos harneros, unos con agujeros grandes, otros con agujeros medianos y otros con agujeros pequeños.*
hartar	Saciar con exceso el apetito de alguien con algo. *Ya estoy harto, no quiero más.*
hartar	Resultar pesado con la repetición de actos. *Los gritos de estos niños me están hartando.*
hatajo	Grupo reducido de animales o cosas extrañas. *En el otero pastaba un hatajo de cabras. Todo lo oído es hatajo de disparates.*
hatajo	Grupo de personas o cosas. *Un hatajo de pillos.*
hato	Conjunto de cabezas de ganado, como bueyes, vacas, ovejas, etc. *Por la vereda, moviendo sus cencerros, caminaba el hato de vacas lecheras.*
haz	Conjunto de gavillas de mies como trigo, lino, hiervas, etc. atadas con una cuerda,

---

[310] **Hacha**: Vela de cera, grande y gruesa, de forma por lo común cilíndrica. Hachón, cirio.

311 **Hacina**: Montón ordenado de haces. Se colocan los haces en forma piramidal, por ejemplo cinco en el suelo; encima de los cinco cuatro, encima de los cuatro tres , encima de los tres dos y encima de estos uno. Luego junto a esta pirámide se pone otra igual y paralela a la anterior, y así sucesivamente. La base puede tener más haces de lo indicado en el ejemplo. Se hacinan los haces para evitar al máximo el daño que puede producir la lluvia y para ahorrar espacio.

312 (**Almuerza**: lo que cabe en el hueco formado por las dos manos unidas por la parte inferior y separadas por la parte del dedo pulgar)

[313]**cedazo**

	cordel o vencejo[314]. *El carro acarrea sesenta haces de trigo en un viaje.*
hebilla	Pieza de diversas formas, generalmente metálica, que sujeta la correa o cinta que pasa a través de ella gracias a uno o varios clavillos. *La hebilla de los zapatos que estrenaba Adela tenía un brillo dorado y dos clavos sujetando la correa blanca.*
hebra	Trozo de hilo o fibra textil que se usa para coser. *La hebra de hilo era gruesa y no entraba en el ojo de la aguja*
hecho fosfatina	1. Se dice del objeto o cosa que ha quedado destrozado o muy dañado. *La mesa y las sillas han quedado hechas fosfatina.* 2. Se aplica a la persona agotada por un trabajo intenso. *Tanto trabajo seguido me deja hecho fosfatina.*
hechura del horno de pan	Construcción de los hornos antiguos: Tenían la base y la cúpula de arcilla, de piedra o de ladrillo que permitían concentrar gran cantidad de energía calorífica. Su forma era semiesférica con una boca por donde se alimentaba la lumbre para calentarlo y pon donde se metían y sacaban las hogazas de pan.
heder	Oler mal. *Los cadáveres de las ovejas ahogadas en la riada ya hieden.*
hedor[315]	Olor desagradable originado por la descomposición de sustancias orgánicas. *El hedor era tan penetrante que tuvimos que salir rápidamente de aquel lugar.*
henil	Lugar donde se guarda el heno. *Todos los días tenía que pasar heno del henil a los pesebres de las vacas.*
heredad	Terreno cultivado perteneciente a un mismo dueño. *La heredad de Jorge estaba cercada.*
herrada	Cubo de madera más ancho por la base que por la boca rodeado de chapas de hierro o de latón. *El agua de la herrada está muy caliente.*
herrador	Persona que se dedica a herrar a los animales. Solía ser el herrero. Las caballerías se herraban a la puerta de las fraguas o herrerías donde se preparaban las herraduras. Las vacas y bueyes se herraban con piezas llamadas "callos" en el **potro**. *El río Canales, El Sombra, se encuentra en el potro poniendo nuevos callos a las vacas.*
herrar	Poner las herraduras a las caballerías y los callos a las vacas y bueyes. *Tres mulas de la reata hay que llevarlas a herrar sus patas delanteras.*
herrero[316]	Personas que en el pueblo trabajaban el hierro para fabricar o arreglar objetos con dicho metal. Construye o arregla aperos de labranza o piezas que necesitaban los carreteros, cerrajeros, etc. La fragua del herrero era muchas veces lugar de tertulia de los hombres y el herrero los aprovechaba para que le ayudaran moviendo el fuelle. *El herrero protege sus ojos de las chispas que saltan al forjar el hierro.*
hierbabuena	Planta herbácea que se cultiva mucho en las huertas, es de olor agradable y se emplea en condimentos. *La hierbabuena de la huerta ha florecido.*
hierbajos	Hiervas dañinas para los cultivos. *El jardinero arranco ayer los hierbajos.*
hijuela	Se dice del documento que contiene la relación de los bienes que tocan en herencia a cada uno de los herederos del difunto. *Luisa tiene deseos de leer las hijuelas de la herencia de su abuela.*
hilandero	Persona que se dedica a hilar. *Julia está en casa del hilandero para recoger el material ya hilado.*
hilar	Transformar en hilo el lino, cáñamo, lana, seda, algodón, etc. De las plantas del lino se obtiene el hilo del mismo nombre. *En el duro invierno de Mecerreyes era frecuente hilar la lana para hacer calcetines, jerséis, etc.*
hilera[317]	Serie de personas o cosas colocadas una tras otra en línea. *Las ovejas atravesaban el*

---

[314] **Vencejo.** Lazo o ligadura con que se ata algo, especialmente los haces de la mies. Los vencejos se preparaban con el bálago del centeno anudando dos puñaditos de cañas por las parte más cercana a las espigas.

[315] **Hedor.** También se usa como "peste". ¡Qué peste, qué mal huele!

[316] Un **"herrero"** es una persona que tiene por oficio labrar el **hierro**. Generalmente el metal es calentado hasta que se vuelve **incandescente**, al «rojo vivo», y posteriormente se somete al proceso de **forjado**.
Algunas **manufacturas** de los herreros son elementos de **hierro forjado**, **rejas**, **muebles**, **esculturas**, **herramientas**, artículos decorativos y religiosos, **campanas**, utensilios de cocina y **armas**. Un herrero con suficiente experiencia puede realizar con el mínimo de esfuerzo y energía, productos de aspecto refinado que combinan talento y originalidad.

rilera	*arroyo en hilera. Los niños forman hileras en el patio antes de entrar a la escuela.*
hilorio*	En Mecerreyes: Reunión nocturna, generalmente en los meses fríos, de mujeres para hilar y charlar. Eran tertulias muy concurridas y de intercambio de noticias, chismes y rumores. *El hilorio, al que siempre acudía Carmela, comenzaba a las siete de la tarde y terminaba a las doce de la noche.*
hilván	Costura de puntadas largas con que se preparan las piezas de tela para su costura definitiva. *La modista prendió la chaqueta con alfileres antes de pasarle el hilván.* Cada una de esas puntadas. *La falda lleva ochenta y cuatro hilvanes*
hilvanar	Unir con hilvanes lo que se ha de coser después. Unir con un hilván o costura de puntadas largas y poco apretadas dos telas que se van a coser. *La chaqueta ya está hilvanada*
hincar el pico	Morirse. *Hoy, a mediodía, el tío Jorge, el Orejudo, ha hincado el pico.*
hincaromero	Juego de chicos que consistía clavar un **hinque** (palo con punta)) en el suelo, donde ya había otros, intentado desclavar alguno de éstos. El hinque o hinques desclavados por el que se acaba de clavar eran lanzados lo más lejos que se podía, teniendo que ir su dueño a recogerlo. *Hoy no puedo jugar al hincaromero porque tengo que hacer la tarea que me ha encargado mi padre.*
hinchar	Se dice que algo se hincha cuando aumenta de volumen debido a causas diversas. *Laura sumergió en el agua fría los pies hinchados. A Carmelo se le hinchaban las manos cuando corría. Los niños hincharon el balón*
hinco	Estaca. Palo puntiagudo que se hinca en tierra. *En el coche llevamos varios hincos para colocarlos en el huerto del abuelo.*
hiniesta, ginesta	Retama, planta de mediano altura formada por largas y estrechas varillas y que tiene flores de color amarillo. *El tío Canela todos los años por verano vendía escobas de hiniesta.*
hinque	Palo de unos 30/40 cm. de largo con un extremo puntiagudo que manejan los niños en el juego del "hincarromero". En Mecerreyes los niños jugábamos en las eras. *Mi padre me ha hecho tres hinques de roble.*
hipar	Tener hipo. *A veces mi primo hipa después de beber agua.*
hisopo guisopo	Mata olorosa con tallos leñosos derechos y con hojas lanceoladas y flores azules o blanquecinas en forma de terminal. *En el ribazo de la réin (arrein, serna[318]) del tío Mateo abundan los guisopos.*
hocete	Instrumento trapezoidal de hierro acerado, con mango, que se usa para escamondar (limpiar) las ramas cortadas de los árboles. *El leñador lleva el hacha y el hocete preparados para la corta y el escamondo.*
hocicar	Remover los animales la tierra con el hocico. *Los cerdos y los jabalíes hocican los campos.*
hocico	Morro. Se aplica en las personas al entorno de los labios. *Límpiate el hocico que lo llevan lleno de chocolate.*
hocico	Parte delantera de la cabeza del cerdo donde tiene la boca y la nariz. Generalmente el matarife clava el gancho de sujetar al cerdo en la parte baja del hocico. *Con hocico y vino se puede hacer el camino.*
hogaño	En esta época. En estos tiempos. Lo contrario es antaño, en época anterior. *Hogaño (actualmente) hace más calor que antaño (en el pasado).*
hogaza[319]	Pan de forma circular de unos 4 decímetros de diámetro y de seis a ocho centímetros de grosor, que normalmente se hacía en las casas o en las horneras. El peso habitual era de uno a dos kilos. En cada hornada se solían hacer de 16 a 20 hogazas. *Prepare una tostada de hogaza con tomate. Las hogazas aún están calientes.*

---

317 **Hilera**: También se conoce por **rilera** la franja de los prados y eras en que aparecen anualmente una setas también llamadas **senderillas**.

[318] Porción de tierra sembrada cercana al pueblo y generalmente tapiada.

[319] **Hogaza**. Generalmente se hacía con **harina de trigo** sin salvado o con algo de salvado. Su aspecto es redondo y achatado, la corteza que muestra en su exterior es gruesa y de textura seca. Es tradicional que se cueza en un **horno de leña** alimentado con madera de enhebro, jara, estepas. El gran tamaño del pan, y su

hogazas ca-neci-das(encaneci-das)	Se dice de las hogazas que por la humedad y el largo tiempo guardadas se ponen mohosas (enmohecidas[320]) antes de consumirse. *Las últimas hogazas, guardadas en la bodega, se han encanecido por la humedad y no se pueden comer. Habrá que echárselas a los cerdos...*
hoja	En las puertas, ventanas, biombos, etc., cada una de las partes que se abre y se cierra. *El portón de la entrada al corral tiene dos hojas chapeadas.*
hojalatero	Fabricante o vendedor o reparador de piezas de hojalata, calderos, cazuelas, etc. *El hojalatero, compra, vende y arregla objetos de hojalata.*
hojarasca	Hojas sueltas caídas de los árboles y secas o a punto de hacerlo. *La senda estaba marcada por la hojarasca recién caída.*
hollar	Apretar algo, comprimirlo, con los pies. *Los niños cruzaron el sembrado y hollaron el trigo a punto de granar.*
hollín	Sustancia grasa y negra que el humo deposita en la superficie de los cuerpos en contacto con el humo de las cocinas. *Tenemos que limpiar el hollín de la chimenea. El deshollinador está limpiando el hollín de la chimenea.*
hombrada	Cantidad de leña que puede cargar y transportar una persona en sus brazos hasta dejarla en las piladas de los carriles, donde se carga en los carros. *La leña partida entre los riscos se bajó al carril en varias hombradas.*
hondonada	Terreno de espacio limitado bajo que el circundante. *El carruaje, tirado por una reata de cuatro caballerías, atravesaba la hondonada.*
horadar	Agujerear algo atravesándolo de parte a parte. *La montaña tuvo que ser horadada para que pasara el tren. Los ladrones horadaron el muro para entrar a la joyería.*
horca	Palo que remata en dos o más púas[321] (llamadas gajos[322] en Castilla) hechas de la ramificación del mismo palo con el cual los labradores mueven y hacinan los haces, las gavillas, las mies de las morenas, la parva, etc. *En la era tenemos horcas de dos, tres, cuatro y cinco gajos.*
horcate	Arreo de madera, en forma de herradura, que se pone a las caballerías en la parte delantera de la collera. Al horcate se sujetan los arreos de tiro. *El horcate no se ajusta bien a la collera; tendremos que hacer uno nuevo.*
hornacina	Hueco en forma de arco dejado en una pared para colocar en él una estatua o un jarrón. Suelen ser frecuentes en los muros de los templos *Los arcos de las hornacinas son de medio punto. Las peonzas están en la hornacina que hay subiendo las escaleras.*
hornada de pan	Cantidad de hogazas que se hacen y cuecen de una vez en un horno. *La tía Julia, la Gallina, ha cocido una hornada de 20 hogazas y dos tortas.*
hornar, en-hornar	Hacer el horno con la leña para cocerla y obtener el carbón. Preparar el horno. *El domingo que viene empezamos a hornar.*
hornazo	Harina con azúcar que se cuece en el horno juntamente con las hogazas. *El hornazo servía de alimento a los escolares que lo solíamos tomar a media mañana en el recreo escolar.*
horneado del pan	Sometimiento de las hogazas recién metidas en el horno a una temperatura elevada para su cocción. Se esperaba con expectación la cocción del pan para ver si salía bien cocido o "achotunado". *A la Sofí, la Huevos, casi siempre le salía el pan achotunado.*
hornera privada	Aquella que pertenecía a un particular y que la alquilaba por una cierta cantidad de pan o de harina a quienes solicitaban usarla. Lugar donde se cuece el pan y otros productos similares después de tamizar la harina, amasarla, dormirla *La hornera de la Vitora de El Alpargatero es cómoda para hornar.*
hornera	El habitáculo donde se encuentra el horno y los instrumentos necesarios para amasar y cocer el pan. *Las hornadas de pan las hacemos en la hornera de la tía Julia, La Cor-*

forma redondeada hace que posea una buena proporción de **miga** en su interior. La gruesa costra que posee este tipo de pan hace que se conserve durante bastante tiempo, que puede alcanzar hasta una quincena.
[320] **Enmohecidas**. Cubiertas de moho. Moho: Hongo que se reproduce en materias orgánicas con la humedad
321 **Púa**: Objeto cilíndrico, fino y terminado en punta aguda.
322 **Gajo**: Cada uno de los vástagos o puntas de las horcas, bieldos y otros instrumentos de labranza.

	ta.
hornero panadero	Persona que tiene por oficio preparar y cocer pan en el horno de la hornera. A estos panaderos acudían a comprar pan las personas que no lo cocían en las horneras o que no tenían harina para hacerlo. El control de las entregas se hacía con una **tarja**. *El panadero se levanta todos los días a las seis de la mañana.*
hornilla	Hueco hecho en el macizo de los hogares, con una rejuela (reja pequeña) horizontal a media altura para sostener la lumbre y dejar caer la ceniza, y un respiradero inferior para dar entrada al aire. *El pescado lo cocinamos en la hornilla.*
hornillo	Horno de barro refractario o de metal, usado en laboratorios, cocinas, etc. para calentar, fundir, cocer o tostar algo. *El hornillo donde calentamos la leche se ha roto.*
horno cali-zo*[323]	Horno en el que se cuecen las piedras para obtener la cal. *En el término municipal del pueblo de Mecerreyes, Burgos, había varios hornos para cocer piedras y obtener cal.*
horno de pan	Espacio semiesférico abovedado, recubierto de piezas de arcilla refractaria y con suelo del mismo material. Tiene una boca por donde se mete la leña para calentarlo y los panes y tortas para que se cuezan. El horno se calentaba generalmente con estepas o enebros. *El horno ya está caliente y preparado para meter el pan.*
horno de teje-ra[324]	Horno excavado en tierra con unas dimensiones aproximadas de 2,5 x 2, 5 x 3 m de dimensiones a las que hay que añadir 1 m más de profundidad por las galerías de alimentación. *El horno de la tejera, cuando estaba encendido, consumía gran cantidad de estepas y aliagas como combustible.*
horquilla o hurguero*	Herramienta utilizada para atizar el fuego del horno. *Las horquillas, largas y con mangos de madera, servían para alimentar el horno con estepas y otros combustibles.*
horquilla	Palo terminado en dos puntas formando un ángulo agudo en uno de sus extremos. Las horquillas en el horno sostienen las trancas para facilitar el cubrimiento del horno de su mitad superior. *Por la mañana colocamos bien las horquillas y seguimos aterrando el horno.*
horquillón*	Palo grueso y largo terminado en uno de sus extremos en dos puntas. *Los horquillones que sostenían el caballete de la choza eran de tres metros de longitud*
hortera	Se dice de la persona vulgar y de mal gusto en el vestir y en el decir. *Adela, con ese conjunto, va un poco hortera.*
hosco	Se dice del individuo huraño, arisco. *El director es hosco en el trato, pero de buen corazón.*
hospicio	Lugar en que se mantenía y cuidaba a niños pobres o huérfanos. *Los niños que dejó huérfanos La Clotilde los ha recogido el hospicio de Burgos.*
hostiar*	Dar o darse un golpe. *¡Paco, no corras tanto, que nos vamos a hostiar!*
hoya hoyo	Hoyo para enterrar un cadáver. *El finado ya tiene una hoya preparada en el cementerio.*
hoz	Instrumento curvo y muy afilado o con dientes cortantes, en su parte cóncava, con mango de madera, que se utiliza para segar la mies y la hierba. *Tened cuidado porque las hoces están recién afiladas.*
hoz	Valle muy estrecho y profundo en relación con lo que le rodea. *El desfiladero era una hoz regada por un río de aguas caudalosas.*

---

[323] **Horno calizo**. Se preparaba así: Se hacía un hoyo y los bordes del mismo se cubrían con una pared. El horno disponía de una galería donde iba la lumbre. La piedra mejor se colocaba más próxima al fuego y la de peor calidad encima. En la parte superior y en su centro se dejaba una boca de respiración. Se le daba calda (fuego) durante tres o cuatro días con hilagas y enebro y se dejaba enfriar antes de deshornar. Una vez deshornado, la cal se vendía al pie del horno o se bajaba al "cuarto de la cal" – Almacén del ayuntamiento donde se guardaba- (Revista de Mecerreyes).

[324] **Horno de la Tejera**, Mecerreyes. Parcialmente enterrado. Las paredes son de ladrillo cubierto de barro. Tiene una boca para alimentar el fuego y otra para el "encañe" La cámara de cocción quedaba separada de la de caldeo por la parrilla que formaban los arcos de ésta. La capacidad era de 10 000 a 12 000 tejas, 500 a 1000 ladrillos y una capada de piedras calizas de unos 40 cm de espesor. La estructura del horno de abajo arriba, y vista en un corte, era la siguiente: 1. boca de alimentación. 2. galerías de emparrillado. 3. piedra caliza. 4. ladrillo. 5. tejas. 6. ladrillo.7 tierra. 8. cubierta. 9 entre el 5 y el 6 "boca de encañe. (Revista de Mecerreyes)

hozada	Porción de mies o de hierba que se siega o coge de una vez con la hoz. *El segador necesitaba cinco hozadas para hacer una gavilla.*
hozar	Mover y levantar la tierra con el hocico. *Los cerdos hozan y gruñen al mismo tiempo.*
huebra	Jornada de trabajo de un hombre en un día o una pareja de animales arando en el mismo tiempo. *Esta semana he hecho tres huebras con la yunta para el tío Silvino, El Cojito.*
hueco/a	1. Se dice de algo que está mullido y esponjoso. *La tierra se ha quedado hueca al binarla.* 2. Se dice de aquello que tiene sonido retumbante y profundo. *Adela tiene la voz hueca.* 3. Se dice de aquello que tiene vacío el interior. *Esta columna está hueca.*
huero	Güero. Se dice del huevo que, por no estar fecundado por el gallo, no produce cría al incubarlo. *Entre los huevos puestos a la gallina clueca había tres hueros. Del nido de perdiz se han ido los polluelos y han quedado dos huevos hueros.*
huerto	Extensión pequeña de terreno, generalmente dotada de agua para riego, donde los hortelanos plantan verduras, legumbres y a veces árboles frutales. *Para regar el huerto sacábamos el agua de dos pozos.*
hule	Tela impermeable y flexible que se usaba sobre todo como mantel. *Santiago, coloca hoy el hule de color verde en la mesa.*
humarada humareda	Abundancia de humo al encender el fuego o contenida en un local cerrado. *Era tan grande la humareda que apenas se podía respirar.*
hura	Madriguera[325]. Agujero pequeño. *Debajo de la carrasca tenían los conejos su hura. Al entrar en la zona espesa del bosque encontramos una hura, seguramente con gazapos. Los grillos salen de sus huras cuando éstas se llenan de agua o se introduce reiteradamente una paja.*
hurga	Dicho de hornear carbón: Cata (exploración) que se ha hecho con el **hurguero** para descubrir por donde conviene atacar al horno para que llegue la combustión a un sitio determinado. *En el horno pequeño hemos hecho varias hurgas y todo está bien.*
hurgar	Dicho de hornear carbón: Catar (examinar) con el "hurguero" y descubrir donde conviene atacar el horno donde se hace el carbón o conseguir que llegue la lumbre a un lugar concreto. *Saber hurgar en el horno supone ahorrar mucha madera.*
hurgar	Revolver o menear cosas con los dedos, con un palo u otra cosa parecida en el interior de algo. *El Chispas sacaba los grillos de sus agujeros hurgando con hierbas secas. Niño, no te hurgues la nariz*
hurguero	Dicho de hornear carbón: Palo, generalmente de roble, de 3 o 4 metros de longitud, para pinchar o hurgar el horno antes de atacarle. *El hurguero siempre estaba a mano de los carboneros.*
hurón	Mamífero carnicero de unos 20 cm de largo que se emplea para la caza de conejos porque se mete en sus madrigueras y los hace salir. *En mi pueblo está prohibido cazar conejos con hurón.*
huso[326]	Un **huso** es un objeto que sirve para **hilar**. En su forma más simple es un trozo de **madera** largo y redondeado, que se aguza en sus extremos y que en uno de ellos, normalmente el inferior, lleva una pieza redonda de contrapeso y tope, llamada malacate, nuez, tortera o volante. Se usa para hilar torciendo la hebra y devanando en él lo hilado. *La tía Nico, cuando hila, maneja con soltura el huso.*
iguala	Acuerdo que se hacía con el médico o el veterinario para pagar una cantidad mensual a cambio de ser atendido, en caso de necesidad. *Acabo de pagar la iguala del médico. El mes que viene dice que cobrará cinco euros más.*
implar	Llenar, inflar algo con aire. *Tasio no sabe implar los globos. La vaca tenía la tripa implada y no cabía por la puerta.*
inclusa	Orfanato. Casa en donde se recoge y cría a los niños expósitos[327] *Ayer visité a dos niños que están en la inclusa. En la inclusa había dos niños y trece niñas*

---

325 **Madriguera**. Agujero en que habitan los conejos.

[326]Uso

incubar	Calentar un ave los huevos con su cuerpo hasta que salgan los polluelos. *En la jardinera de mi casa está incubando una paloma.*
infiernillo	Aparato pequeño y portátil, que se utiliza para realizar cocciones o calentar agua y al que también se le puede llamar "*cocinilla*" y "*hornillo .Llévate al camping el infiernillo que te será de utilidad por las mañanas.*
injertar	Colocar un injerto o parte de una planta con una o más yemas en otra a la que se une cuando agarra. *El tío Lucas ha injertado los perales.*
intríngulis[328]	Dificultad o complicación que plantea algo. *El montaje del barco por piezas es un auténtico intríngulis.*
ir a contrape-lo	Ir contra corriente o contra el curso o modo natural de algo, violentamente. *En la vida no se puede ir siempre a contrapelo de los demás. Andrés siempre opina a contrapelo de lo que dice el jefe.*
ir a por agua	Ir a la fuente con uno o dos calderos o dos cantaros para llenarlos y llevar agua a casa para beber, fregar, cocinar, echar a los animales etc. era la faena cotidiana de las mujeres o de las chicas. Había preferencia por el agua de la fuente que siempre brota y corre a la de los pozos. *La Petra, mujer del tío Felipe, el Tin, tiene suerte. En la casa que ha comprado tiene un pozo con agua para beber y lavar.*
ir de luto[ii]	Vestir prendas, adornos y otros objetos como signo de pena por la muerte de un familiar. El color del luto en la mitad del siglo XX era el negro. *Mi abuela llevó luto riguroso por la muerte de su marido toda su vida.*
ir de parranda	Ir de fiesta, de jarana, de juerga…. *Ayer los quintos estuvieron de parranda hasta las cinco de la madrugada.*
ir de parranda	Ir de juerga o fiesta. *Ayer los mozos estuvieron toda la noche de parranda.*
ir de pingo-neo	Pasar mucho tiempo fuera de casa divirtiéndose y sin hacer nada de provecho. Irse de juerga. *Las hermanas Lorito todos los días por la tarde se van de pingoneo.*
ir de tiros lar-gos	Se dice de las personas que van muy acicaladas y bien vestidas a una celebración o fiesta. *Adela va a la fiesta de tiros largos.*
ir en folgueta	Ir en mangas de camisa. Ir ligero de ropa – sin chaqueta -. *Hacía un frío que te dejaba tieso y allí iba el tío Jacinto en folgueta como si fuese primavera.*
ir en pernetas	Con las piernas sin cubrir. *Los niños de Petra van en pernetas.*
ir hecho un cirineo	Ir sucio de arriba abajo. *¿Qué te ha pasado para venir como un cirineo?*
irse al otro barrio	Morirse. *Mi vecina, la tía Julia, se ha ido esta semana al otro barrio.*
jabalín*	Jabalí. Variedad salvaje del cerdo, del cual se distingue por tener la cabeza más aguda, la jeta más prolongada, las orejas siempre tiesas, el pelaje muy tupido y fuerte, de color gris uniforme, y los colmillos grandes y salientes de la boca. *Los jabalís hozaron la plantación de berza. En la cacería del domingo se dio muerte a una docena de jabalís.*
jabonar	Enjabonar. Fregar o restregar la ropa u otras cosas con jabón y agua para quitar su suciedad, blanquearlas o ablandarla. *La ropa siempre bien enjabonada y aclarada.*
jaco/a	Montura o bestia en que se puede cabalgar. Caballería pequeña. *La jaca de Mercedes, la Mosca, parece un esqueleto cubierto de pelos.*
jadear	Respirar con vehemencia por efecto de algún trabajo o ejercicio exigente. *Después de subir [240] escaleras sin parar, jadeaba durante un par de minutos.*
jalbegar enjalbegar*	**Blanquear** las paredes con cal o tierra blanca. *Las paredes de las casas de Villanueva las acaban del jalbegar y están blanquísimas.*
jalbegue blanqueado	1. Blanqueado de las paredes hecho con una disolución de cal. *Esta tarde tenemos que terminar el jabelgue de la calle.* 2. Preparación de cal dispuesta para blanquear o enjalbegar. *El jalbegue de cal ya está preparado, sólo nos faltan las brochas.*
jamar	Comer con ansiedad. *En la fiesta nos jamamos un kilo de jamón, cinco tortillas de pa-*

---

327 **Expósito**. Dicho de un recién nacido: Abandonado o expuesto, o confiado a un establecimiento benéfico. DRA
[328] También se usa su sinónimo busilis.

	tata y medio queso curado.
jamba[329]	La **jamba** es cada una de las dos piezas de un vano que dispuestas verticalmente, a ambos lados del mismo, sostienen un **dintel**, un **arco** o las **arquivoltas** situadas sobre ellas. *Las jambas de la puerta principal eran dos piezas de roble. Las jambas de la puerta del edificio son de mármol y las de las ventanas de las viviendas de madera.*
jamelgo	Se dice del caballo flaco y desgarbado, por hambriento. *Don Quijote cabalgaba sobre un jamelgo y Sancho Panza tirando del ronzal[330] de un asno.*
jara estepa	En Mecerreyes llamada estepa. Arbusto siempre verde, con ramas de color pardo rojizo, de uno a dos metros de altura, hojas muy viscosas de color verde oscuro, y envés velloso; flores de corola blanca y fruto capsular. Muy abundante en Mecerreyes donde se usaba como leña de hogar y para calentar los hornos de hacer pan. *La tía Tina calentaba el horno con cinco brazaos de estepas.*
jaraíz[331] **lagar**	Sitio donde se pisa la uva o se prensa la aceituna para obtener el mosto o el aceite. *Este año estrenamos jaraíz para prensar las olivas. En el lagar nuevo prensaremos las manzanas para elaborar la sidra.*
jarana	Se dice de la diversión bulliciosa y con alboroto. *Ayer por la noche estuvimos de jarana y hoy nos hemos levantado a las doce del mediodía.*
jareta	Dobladillo que se hace en la ropa para introducir algo por el como un cordón o una goma. Sirve fruncir la tela. *A la falda le falta la jareta de la cintura.*
jarrear	Llover abundantemente. *Ayer, como jarreaba, nos dejó el maestro en la escuela hasta que paró.*
jarro	Recipiente de barro, loza, vidrio o metal con solo un asa. *Luis, por favor, acércame el jarro de vino.*
jaruga* **vaina**	Cáscara tierna en que están encerradas las semillas de las leguminosas: lentejas, garbanzos, alubias, yeros, guisantes, titos, etc. *Las vainas de las lentejas tienen al menos dos semillas. En las plantas de las alubias se ven muchas jarugas.*
jergón	Colchón de paja, esparto o hierba y sin bastas[332]. *Tenemos preparados tres jergones para que se los lleven los pastores este verano.*
jeringar	Molestar, enfadar a alguien. *Lo propio de Silvia es jeringar con sus palabras y gestos a cuantos tiene a su lado.*
jeringuilla	Jeringa pequeña que con una aguja hueca de punta cortada a bisel sirve para poner inyecciones. *El médico hervía la jeringuilla antes de poner la inyección.*
jeta	Cara humana. *Menuda jeta me han sacado en la foto de la fiesta. ¡Menuda jeta tiene Damián, el Buitre!*
jícara	Taza de loza que solía usarse para tomar chocolate. *La tía Julia nos sirvió dos jícaras de chocolate el día de su cumpleaños.*
jícara[333]	Pieza de porcelana que se coloca en los postes de los tendidos eléctricos como aislante. *Los niños del pueblo se entretenían los domingos lanzando piedras a las jícaras de los postes eléctricos.*
jiñao (estar)	Se dice de la persona acobardada o muy asustada. *Pedro está jiñao ante la tarea que le han encargado para esta semana. (Andalucía)*
jiñar	Hacer de vientre, cagar. *¿Dónde está Luisito? Está jiñando detrás de los árboles.*
jofaina	Palangana, vasija de gran diámetro y poca profundidad que sirve principalmente para lavarse la cara y las manos. *En la habitación hay una jofaina y dos toallas.*

---

[329] **Jamba**. Habitualmente, se denomina jambas a los paramentos laterales internos de los vanos de puertas y ventanas. También una jamba es un pilar de piedra o ladrillo, situado en el espesor de un muro, cuya finalidad es consolidar y trabar las piezas del conjunto. Las jambas suelen estar hechas de **mampostería**, **ladrillo** o **madera**. Wikipedia.

[330] **Ronzal**: Ramal, brida, dogal

[331] **Jaráiz**. Está formado por un depósito grande para echar los racimos, una prensa de madera para aplastarlas bien después de pisarlas y un depósito más pequeño donde se recoge el mosto

[332] **Bastas**. Cada una de las puntadas o ataduras que suele tener a trechos el colchón de lana para mantener esta en su lugar.DRA

[333] **Jícara**: También también taza pequeña que se usa para tomar chocolate.

jolgorio	Se dice de una fiesta cuando es ruidosa. *El jolgorio terminó a las cinco de la mañana.*
jorobar	Molestar, incomodar o fastidiar a alguien. *Ceferino, El Orejudo, me está jorobando con sus bromas pesadas.*
jorobar	Estropear, fastidiar. *Esteban me ha jorobado el trabajo del cuaderno con la tinta que me ha echado encima. A mí me joroba que me estén diciendo siempre lo que tengo que hacer.*
jubear	Atar el ubio a la pértiga del carro con el jubeo. *Niño, trae el jubeo para sujetar el carro al ubio.*
jubeo*	Correa con que se sujeta el yugo a la lanza del carro de los bueyes o al timón del arado. *El jubeo es de badana nueva y tiene una longitud de cuatro metros.*
juego de justicias y ladrones	Juego en el que se forman dos equipos: justicias y ladrones. Los ladrones se esconden y los justicias tienen que intentar cogerlos. Los cogidos van prisioneros a la cárcel, de donde los puede librar uno de su equipo que pueda tocarlos sin ser cogido. Cuando todos los ladrones son cogidos. Se cambian las funciones de los equipos.
juego de la tuta chito	Juego que consiste en arrojar tejos o discos de hierro (chaflos) contra un pequeño cilindro de madera, llamado tango, tanga o tángana (o tuta), sobre el que se han colocado las monedas apostadas por los jugadores. El jugador que logra derribar la tángana se lleva todas las monedas que han quedado más cerca de su tejo o chaflo, que de la tángana. Los siguientes arrojan su tejo y ganan las monedas que se hallen más cerca de él que de la tángana. *Carmen fue la ganadora del chito celebrado esta mañana.*
juego de los borricos	En este juego los jugadores se dividen en parejas. En cada pareja uno hace de burro y el otro se sube encima. Luego se empujan unos a otros hasta que solo queda una pareja, que es la ganadora.
juego del marro	Juego que se hace entre dos bandos, con sus respectivas barreras, colocadas una frente a otra. Cuando un jugador de uno de ellos sale al campo, otro del equipo opuesto sale a cogerlo y el primero lo esquiva para que no lo haga; al mismo tiempo sale otro jugador del equipo contrario a coger al segundo.... Cada jugador sólo puede coger al que ha salido al campo inmediatamente antes que él. Los jugadores cogidos van quedando prisioneros en el campo del que los ha apresado, formando una fila con las manos unidas, que queda libre si un jugador de su propio equipo consigue tomar la mano del último de ella sin ser cogido. Gana el equipo que consigue apresar a todos los jugadores del equipo contrario.
jueves gordo o lardero[334]	Jueves anterior a la celebración del carnaval. *Mis amigos y yo celebramos el jueves Lardero en la hornera del tío Resti.*
jugar a la fúnica	Juego de niños consistente en que uno, al que se le tapa los ojos con una bufanda u otro objeto, tiene que sujetar e identificar a uno de los otros niños que juegan y que le tocan, empujan etc. evitando ser cogidos. El cogido e identificado pasa a llevar la bufanda en los ojos. *Cuando el maestro no venía jugábamos a la fúnica en la escuela.*
julepe	Juego de naipes de baraja española. Los domingos por la tarde las señoras organizan partidas de "julepe" mientras los maridos están en la taberna jugando, generalmente al "mus".
jumento	Burro, asno. *En la pradera había estacados tres jumentos.*
jumento	Se dice de la persona de escasas luces. *Hablar con Remigio es como hablar con un jumento, no entiende nada.*
junquera	Planta de zonas húmedas que produce juncos. *La ribera del río estaba cubierta de junqueras.*
jupa	Trabajo hecho con mucho esfuerzo y agotamiento. *Hoy si que nos hemos dado buena jupa. Ayer, metiendo el trigo en la troje, menuda "jupa" nos dimos.*

---

[334] **Jueves Lardero** es el nombre con el que se conoce en diversas partes de **España** al jueves en que comienza el **carnaval**. Los chicos y chicas, juntos o por separado preparan la merienda o la cena o las preparan sus madres cuando los chicos y chicas son menores. Cada comensal aporta algo: huevos, chorizo, tarta, tortilla. Hornazo… Es una fiesta de encuentro de los amigos que dura toda la tarde hasta bien entrada la noche

juramentos	Blasfemias. Eran frecuentes en los arrieros y labradores en su trato con los animales. *El arriero creía que con cuatro juramentos y dos trallazos el tiro iba a sacar el carro del atolladero.*
jurar	Blasfemar. *Chocó el carro con una piedra y el gañan juraba como un poseso.*
la cierna	Se dice de la época del año en que los trigos u otros cereales empiezan la granazón. *Un poco de viento en la cierna favorece la granazón de los cereales.*
la comba	El **salto a la cuerda**, también conocido como **salto a la soga** y en **España** como **salto a la comba**, es una actividad practicada como **juego infantil** y como **ejercicio físico**. Consiste en saltar por encima de una cuerda que se hace pasar por debajo de los pies y sobre la cabeza de quien salta. *Al salir de la escuela se organizaban pequeños grupos de niños o de niñas que saltando a la comba iban a la plaza del pueblo.*
la manduca	La comida. *Hoy es fiesta y tenemos buena manduca en casa.*
laberinto de calles	Conjunto de calles que se entrecruzan y que confunde y desorienta a quien se adentre en él. *Estamos intentando salir de este laberinto para encontrar la plaza del Ayuntamiento.*
labia	Se dice que alguien tiene labia cuando tiene fácil la palabra persuasiva y gracia en el hablar. *Mi primo tiene mucha labia y convence a cualquiera de lo que dice con facilidad.*
labrada	En Mecerreyes se decía labrada a la señal hecha por el guarda forestal en las carrascas que no se han de cortar para hacer carbón. El guarda era el que seleccionaba y hacía la labrada en las carrascas que no debían cortarse. *El tío Mil Ojos fue sancionado por cortar varis carrascas labradas*
labrantío	Campo o tierra de labor. *Al cruzar el labrantío, el perro levantó un conejo al que no pudo alcanzar.*
labranza	Cultivo de los campos. *La labranza es un trabajo de desigual dureza en el tiempo y de resultados inseguros*
lacio	Se aplica a las plantas marchitas o que se están secando. *Las hojas de los rosales están lacias por falta de riego.*
ladera	Tierra con inclinación o pendiente. *En la ladera del monte abundan los viñedos y los campos con almendros.*
lagar	El **lagar**, o **jaraíz**, es el **recipiente** donde se pisa o prensa la **uva** para obtener el **mosto**, separando el hollejo de la pulpa y, por extensión, el edificio donde se guarda dicha prensa. *Ayer limpiamos el lagar donde pisaremos las uvas de esta cosecha.*
lagartija	Especie de lagarto de unos doce decímetros de largo, de color pardo, verdoso o rojizo por encima y blanco por debajo. Se alimenta de insectos y vive entre los escombros y en los huecos de las paredes. *Al lado del camino, junto a las piedras, veíamos correr a las lagartijas a medida que avanzábamos en nuestro paseo.*
laja	Piedra lisa, plana y delgada. *En el Pico del monte de Mecerreyes los canteros sacaron varios metros cúbicos de lajas.*
lameculos	Persona aduladora[335] y servil[336]. *No te fíes de lo que te diga el tío Canela que es un lameculos.*
lamerón	Se dice de los niños a los que les gustan las golosinas en exceso. *No seas lamerón que se te caerán los dientes.*
lámpara	Se dice de la mancha grande de aceite o grasa que cae en la ropa. *En la camisa de Ángel se notaban dos lámparas de distinto tamaño y poca luz.*
lamparón	Mancha muy grande de grasa u otro producto en la ropa. *Pedrito siempre iba a la escuela con lamparones.*
lancha	Se dice de la piedra plana y poco gruesa. *Las lanchas se usaban para empedrar las calles de los pueblos.*

---

335 **Adular**: Hacer o decir con intención, a veces inmoderadamente, lo que se cree que puede agradar a otro con el fin de conseguir algo.
336 **Rastrera y** muy sometida a los amos o superiores.

lanza	Viga central del carro de bueyes que en su primera mitad forma parte de la caja y cuya parte restante, algo más larga, sirve para enganchar la yunta o el tiro al carro. La lanza sirve dirigir el carro y tirar de él. *La lanza del carro es de olmo y está recién pintada.*
lanzar algo a sobaquillo	Modo de lanzar piedras u otros objetos, cuando se hace dando un giro al brazo por debajo del sobaco del mismo lado. *Julián era el campeón de lanzamiento de objetos a sobaquillo. Los niños hacían concursos a ver quien atravesaba el río con una piedra lanzada a sobaquillo.*
laña	Pieza de hierro, cobre, estaño u otro metal, cuyos dos extremos, doblados y aguzados, se clavan para unir o sujetar dos tablas u otras cosas. Grapa. *El lañador, como su propio nombre indica, usaba lañas (grapas) en los arreglos que hacía.*
lañador	Se dice del hombre que arregla objetos de barro, loza o metal con lañas. *El pregonero ha anunciado que el lañador está en la plaza; toma la pieza de loza que se rompió ayer y llévasela.*
lasca	Trozo pequeño y delgado desprendido de una piedra. *Con los hielos de invierno las rocas desprenden muchas lascas.*
lavadero	Lugar en que las mujeres lavaban la ropa. En Mecerreyes el lavado de la ropa se hacía en las pozas. *El lavadero, las pozas, era el centro de noticias del pueblo.*
lavija clavija	Travesaño cilíndrico de unos dos centímetros de grosor y de diez a doce de longitud, que se mete por los agujeros que tiene el timón de arado o de otros aperos para sujetarlo al barzón que va al ubio. *Tenemos que cambiar la lavija (clavija); ésta está muy gastada.*
lavijero	Agujero del arado y de otros aperos donde se coloca la lavija. *Hay que hacer en el arado otro lavijero porque el que tiene se queda corto.*
lebrato	Cría de la liebre. *Al soto saldrán, con seguridad, lebratos y conejos.*
lebrel	Tipo de perro al que se le dio este nombre por ser muy bueno para la caza de las liebres. *El lebrel regresó derrotado después de seguir durante varios minutos al **matacán**[337] que, finalmente, se escapó.*
lebrillo	Recipiente de barro vidriado u otros materiales más ancho por el borde que por el fondo. Se usa para lavar ropa, para baños de pies y otros usos. *Por favor, tráeme el lebrillo que voy a poner los pies en agua fría.*
lecherines*	Forraje para los conejos parecido a las mielgas, de color muy verde y de flor amarilla, que al quebrarla saca un líquido parecido a la leche. *Cada mañana, Juan llevaba al conejo su ración de berza y de **lecherines**.*
lechigada	Se dice del conjunto de animales que nacen en un parto y se crían juntos en el mismo sitio. *Mañana vendemos ocho cochinos de una misma lechigada. Estamos criando una lechigada de doce cerditos. Hay lechigadas de cerdos, de perros, de conejos, etc.*
lechuguino	Se dice del joven que se arregla mucho y sigue rigurosamente la moda. *Mercedes ha elegido como compañero al lechuguino de Adrián.*
légamo	Barro, cieno, limo pegajoso. *El fondo de la zanja está lleno de légamo maloliente.*
legañoso pitañoso*	Persona, generalmente niño, que habitualmente tiene muchas legañas. *Hoy me he levantado con los ojos legañosos. Ángel tiene los ojos pitañosos.*
legón	Especie de azadón de dos púas usado generalmente para descargar la basura de las cuadras como abono desde los carros. También azadón de corte ancho *Echa el legón al carro para descargar la basura en el huerto.*
leguis[338]	Polainas[339] de cuero o de lona o tela fuerte de una sola pieza. *Si vas de caza y caminas entre aulagas (aliagas, hilagas*) no dejes en casa los leguis.*

---

[337] **Matacán**: Liebre que ha sido ya corrida por los perros.

[338]Leguis

339 **Polaina**. Especie de media calza, hecha regularmente de paño o cuero, que cubre la pierna hasta la rodilla y a veces se abotona o abrocha por la parte de afuera. DRA.

lenzuelo	Recipiente grande (a modo de saco) hecho de tela fuerte, que se emplea en las faenas de la trilla para llevar la paja a los pajares. *El gran tamaño del lenzuelo lleno de paja impedía ver al que lo llevaba.*
leñera	Sitio para guardar leña que cada vecino solía tener junto a la puerta de su casa o en otro lugar próximo a la misma. *Esta semana tenemos que reponer leña; la leñera está casi vacía.*
leño	Palo. Trozo de de un tronco de árbol o de una de sus ramas una vez cortado y limpio de tallos pequeños y hojas. *La puerta del corral estaba esta mañana llena de leños de encina.*
lerdo	Se dice del individuo tardo y torpe para comprender o ejecutar algo. *Joaquín además de bajito es bastante lerdo.*
lezna **lesna**	Instrumento de un hierro con punta muy fina y un mango de madera. Lo usan los zapateros y guarnicioneros para agujerear, facilitar el cosido y pespuntear. *El guarnicionero usa dos leznas de distinto grosor.*
lía	Cuerda de esparto trenzada con la que se atan los fardos, los sacos, los talegos, las cargas y otras cosas. *La lía que compramos ayer mide 15 metros.*
liar	Enredar o persuadir a alguien con algún argumento poco claro. *El tío Nicanor, el Coplillas, nos ha liado y hemos terminado en la taberna.*
liar	Preparar cigarros envolviendo la picadura en el papel de fumar: *Vamos a liar un cigarro mientras charlamos.*
libra	Medida de peso que tenía 16 onzas, que vienen a ser 460 gramos. *Luis ha cazado un conejo que pesa dos libras.*
librillo	Tipo de bisagra muy pequeña para las cajas. *Los tornillos para sujetar los librillos son muy cortos.*
librillo	Paquete ordenado de papeles para hacer cigarros con tabaco suelto. *El tío Eloy ha sacado la hoja roja del librillo.*
licencia	Permiso. *"Con la licencia de Dios y la del señor alcalde...."* (*Así comienzan las marzas en el pueblo de Mecerreyes (Burgos)*
licenciado	Soldado que ha terminado la mili obligatoria. *Gervasio, El Mulo, ha vuelto al pueblo licenciado.*
liebre[340]	Mamífero roedor parecido al conejo pero más grande, con las orejas más largas, de color pardo, las patas traseras mucho más largas que las delanteras y la cola corta; es muy veloz y vive en las llanuras sin hacer madrigueras. Las crías de liebre, lebratos, ya corren a los pocos minutos de nacer. La carne de la liebre es muy apreciada. *Don Serafín, el párroco, era un buen cazador de liebres.*
liego[341]**, lleco**	Se aplica al terreno que no se cultiva ni se aprovecha para pastos, ni se rotura[342]. *En la herencia de mi padre he recibido dos fincas liegas (llecas, perdidas) pero que tienen bastante arbolado.*
liendre	Las **liendres** son los huevos de los **piojos**. Estos últimos las depositan sobre un cabello o un pelo de las personas hasta nacen los piojos. *La maestra ha avisado a las madres de dos niños para que limpien las liendres que tienen sus hijos.*
lienzo	Tela hecha de lino o algodón. **Lienzo** es una **tela** que sirve como **soporte** a las **artes pictóricas** hecho normalmente de **lino**, **algodón** o **cáñamo**. *A mi primo, El Caracol, le ha regalado un lienzo su abuela.*
liga	Se dice del pegamento usado para cazar coger pájaros. *La liga que hemos comprado no sirve, todos los pájaros se van.*

---

[340] **Liebre**. Las liebres para moverse entre los sembrados de cereal cuando está encañado, prepara senderos cortando las cañas para evitar golpearse en las orejas con ellas. Siguiendo esos senderos se puede llegar a la "cama de la liebre", lugar donde duerme o se cobija.

[341] **Liego**: Baldío, sin cultivar

[342] **Roturar**: Arar o labrar por primera vez las tierras para ponerlas en condiciones de ser cultivadas.

lila[343]	Se aplica a la persona tonta. *Amancio está lila; no entiende nada.*
lima	Herramienta de acero con superficie rugosa y cortante usada para alisar objetos o piezas de madero, de hierro y otras materias duras. El herrero limaba la llave para que entrase en la cerradura.
limaco babosa	Molusco terrestre, sin concha, que al desplazarse deja abundante baba. *Después de la lluvia la huerta se llenó de limacos entre las lechugas.*
limonera	Caballería que se coloca entre las varillas del carro tirado por una caballería. *Hoy colocamos a la mula blanca de limonera.*
lindar	Tener la misma frontera o límite dos casas, fincas, países o territorios: *Esas casas lindan con el campo. La casa de los abuelos linda con el jardín del tío Nicomedes, el Soplón.*
linde	Frontera, línea o surco que separa unas fincas de otras. *La linde entre la finca de los almendros y la viña no está bien trazada.*
lindero	Que linda con algo. *La finca sembrada de patatas es lindero con la viña del tío Roso. El ribazo hace de lindero en la cabecera de la finca.*
lingotazo	Se dice del trago largo y abundante de bebida alcohólica. *A lo largo de la comida dio varios lingotazos a la bota.*
lino	Materia textil que se saca del tallo de esta planta. (Planta que en su momento se cultivó en el paraje de El Reduelo de Mecerreyes (Burgos).
lista	Enumeración ordenada de forma vertical de personas, cosas, cantidades, etc., que se hace con determinado propósito. *Luis, el Guinda, tiene la lista de clase.*
listo	Se aplica al individuo inteligente, espabilado. *No hace falta que des a Julián muchas instrucciones. Es un chico muy listo y hábil.*
llameretada*	Lengua de fuego que sale ocasionalmente por la boca de alimentación de los hornos poniendo en peligro a los que lo atizan o alimentan. Los atizadores del horno se cuidaban de las llameretadas o fogonazos. *A Roso le quemó el brazo una llameretada salida del horno.*
llana	Herramienta compuesta de una plancha de hierro o acero y una manija o un asa, que usan los albañiles para extender y allanar el yeso o la argamasa en las paredes o techos. *Sonia, que ha elegido el oficio de albañil, maneja con soltura y rapidez la llana.*
llanta	Planta de los semilleros antes de ser trasplantada. *Mañana por la mañana tenemos que entresacar dos docenas de llantas de berza para trasplantarlas.*
llanta	Berza que no hace repollo y es de hojas grandes y verdosas, que se arrancan a lo largo del año, a medida que crecen, como forraje. *Todos los días tenía que cortar y llevar a casa para los animales dos coloños de hojas de llanta para los cerdos y los conejos.*
llar / allar*	Cadena de hierro en el cañón de la chimenea de la que se cuelgan las calderas o se ponen los cubos sobre el fuego para calentar agua o cocinar algunos alimentos. A veces tiene un aparato para alargarla o acortarla, según convenga. Si en la cocina no hay llar la caldera se apoya en una trébede. El fuego cocía las patatas de la caldera colgada del llar y con ellas se engordaba el cerdo para la matanza. *El llar está cubierto de hollín.*
llar allar	Cadena gruesa con gancho en el extremo inferior que sirve para colgar de ella la caldera con agua a calentar o para cocer patatas y berza para engordara los cochinos. *Las patatas del caldero y la berza ya están cocidos.*
llave	En carpintería: Cuña que asegura la unión de dos piezas de madera o de hierro como entre las pinas de las ruedas de los carros. *Las pinas de la rueda del carro están unidas por llaves.*
llevacontrarias	Se dice de la persona que siempre lleva la contraria a lo que se dice o propone. *Con Ramón, El Llevacontrarias, es difícil tener una conversación.*
llevacontrarias	*Persona que tiene por costumbre llevar la contraria a lo que se dice. El tío Canelo era conocido en el pueblo como el "llevacontrarias". Jamás coincidía con la opinión de*

---

[343] **Lila**. Palabra que aparece en las obras de M. Delibes designando a personas tontas y sin maldad.

	otros.
llevar a cuestas	Llevar a un niño o una cosa en la espalda de forma que pueda sujetarse al cuello de quien la coge con las manos. *Leandro lleva a su hijo a cuestas desde la plaza hasta su casa.*
llevar en volandas	Llevar algo o a alguien por el aire o levantado del suelo y como que va volando. *El padre de Román lo llevaba en volandas a la escuela.*
llevar las tierras	Trabajar la tierra de otro a cambio de un tanto por ciento de los productos. *Felipe, el Tin, llevaba las tierras del tío Chicho, el Carretero.*
llorar	Se decía que los árboles o que las plantas lloraban cuando al cortar sus ramas o tallos sueltan la savia. *Los chopos lloran abundantemente si les haces un corte cuando es sus ramas aparecen los botones[344] de las futuras hojas.*
llorina	Llorera. *El niño perdió la propina que le dio el abuelo y agarró una llorina de cuidado.*
llovizna	Lluvia de gotas menudas. Calabobos (llovizna constante), sirimiri. *Al salir del colegio, llovizna era densa y constante.*
lloviznar	Gotear, chispear. Llover con gotas muy menudas y en poca cantidad. *Comenzó a lloviznar cuando apenas habíamos salido de casa hacia el trabajo*
lodazal	Lugar, camino o sendero lleno de lodo. *A Carmelo le gustaba meterse en el lodazal con sus botas nuevas; luego su madre....*
loma	Colina pequeña alargada en el terreno. *Los trigales de la loma se mueven como olas del mar. Pedro, El Jorobado, tiene dos fincas en Las Lomas.*
lorenzo	ES una forma de llamar al Sol en algunos pueblos de Castilla. . *Cuando sale Lorenzo (Sol) se acuesta Catalina (Luna). Hoy Lorenzo está bravo.*
lote	En Mecerreyes: Cada una de las partes en que se divide la leña de la corta para su venta, mediante subasta pública, y posterior carboneo. *La cuadrilla de los Cántaros se ha quedado con dos lotes. La corta del año 2010 tuvo diez lotes.*
loza	Barro fino, cocido y barnizado de que están hechos los platos, tazas, etc. Conjunto de estos objetos. La loza puede ser monocolor o estar decorada. *Se sirvió la cena en una loza antigua y decorada con detalles campestres.*
lucha*	Franja de cereal que era capaz de alcanzar un segador con su hoz y zoqueta sin desplazar sus pies del centro de la misma. Las luchas eran paralelas a las lindes e iban de la cabecera al otro extremo de la finca (Sugerida por Jesús Díez). *El agostero empleaba 20 minutos en terminar una lucha.*
luche*	Se dice de la lucha o pelea que organizan los críos entre sí. Se usaba mucho la expresión "echar un luche" con el sentido de "organizar una lucha a ver quien la gana". *Todos los días al salir de la escuela había algún luche entre los chicos del pueblo.*
lumbre	Fuego encendido para guisar, calentarse, u otros usos en casa o en el campo. *La lumbre lleva encendida más de dos horas y aún hay ascuas.*
lustrar	Abrillantar algo[345].Dar lustre y sacar brillo a algo. Se usaba mucho la expresión "sacar lustre" cuando se daba betún a los zapatos para que brillasen. *Había dos señoras y un señor lustrando la tarima del presbiterio.*
lustre	Se aplica al brillo de las cosas. Sacar lustre a los zapatos: Hacer que brillasen frotándoles con un paño después de darles betún. *Con el betún damos lustre a los zapatos.*
luto[346]	Signos exteriores de dolor y pesar por la muerte de un familiar o persona querida. *Carmela viste de luto por la muerte de su padre la semana pasada*

---

[344] Yema de la que salen las hojas nuevas de los árboles.
[345] Se dice **bruñir** si es abrillantar metales, **encerar** si se trata de dar cera a la madera de cualquier tipo que sea y embetunar si se trata de dar betún a los zapatos o a otros materiales.
346 . El color del **luto** en los pueblos europeos es ahora el negro.

macear	Golpear con el mazo a algo. Desmenuzar la arcilla con el mazo u otras herramientas para que una vez secada se eche en la pila llena de agua para que se empape[347] y ser pisada. *Para macear con fuerza, buena maza y mejor almorzar (desayunar)*
maceta	Martillo de doble cabeza que usan los canteros para golpear el cincel o puntero. *La maceta tenía un sonido metálico muy agudo.*
machete	Cuchillo grande para cortar ramaje de los árboles o matas de arbustos. *Cuando vayas a trabajar al monte, no te dejes ni el machete, ni los zagones[348].*
macho mulo	Animal de tiro macho, hijo de caballo y burra o de asno y yegua. *En el tiro del carro de varas iban dos machos briosos.*
machón	Madero adosado a un muro para aguantar un techo o los empujes de dicho muro reforzándolo. También llamado macho o contrafuerte. *La casa del tío Pepón tenía machones de madera.*
machón	Viga de madera de forma de prisma cuadrangular sobre la que se apoya el suelo entarimado. Es más grueso que los cabios [349] y menos que las vigas [350] que soportan el tejado. *La tarima del primer piso descansa sobre machones de enebro.*
machorra	Hembra estéril. En los pueblos de Castilla se aplica a las ovejas o cabras que no paren. Por analogía se dice de las mujeres que no han criado. *En el rebaño de ovejas llevo tres machorras; su destino es el matadero*
machote	Se dice de la persona fuerte, bien plantada, valiente. *Los hijos de Nicolás, el Torero, son unos machotes bien vistos por las mozas del pueblo.*
machucar	Machacar. Golpear algo contra otra cosa para deformarlo o quebrarlo haciéndolo trozos pequeños. *El picapedrero machucaba las piedras calizas para obtener grava.*
machuco	Pie de madera donde se machuca o parten alimentos como la remolacha, los nabos, etc. para dar de comer a los animales. *Félix pasaba todos los días el machuco de la tenada a la casa.*
macucal[351]	Árbol silvestre parecido al peral, de hoja más menuda, su fruto es esférico, de menos de un centímetro de diámetro soso, de color rojo y carnoso. *Las macucas rojas y brillantes atraían la atención de los excursionistas.*
macucas*	Fruto del macucal. Tiene color rojo cuando está maduro y tiene carne blanca y suave. *Los niños se pasaron la tarde cogiendo macucas.*
macuto	Mochila de tela con referencia especial a la de los soldados. *Al llegar a la ermita sacamos la merienda de los macutos y, sentados en el suelo, comenzamos a merendar.*
madeja	Se llama así a un conjunto de intestinos limpios de cerdo y preparados para embutirlos de picadillo. *Para embutir el picadillo que tenemos en la gamella necesitamos por lo menos siete madejas.*
madriguera	Agujero hecho en la tierra donde habitan ciertos animales, especialmente los conejos. *Ayer descubrimos dos madrigueras en los bancales[352] del monte.*

[347] Se echaba al atardecer y se dejaba empapar toda la noche

[348] **Zagones**: Prenda de piel de vaca que cubre el vientre y las piernas por la parte delantera. Estaban confeccionados de una sola pieza y se asemejaban a un mandilón con la parte inferior partida en dos para permitir el movimiento de las piernas. **Polainas**: Dos piezas que se adaptaban una a cada pierna por encima del pantalón. Se utilizaban para protegerse contra el frío y la maleza del campo. Estaban confeccionadas también con piel de vaca. Wikipedia.

349 **Cabio**.Vara o listón transversal a las vigas para formar suelos y techos.

350 **Viga**. Madero largo y grueso que sirve, por lo regular, para formar los techos en los edificios y sostener y asegurar las fábricas de los mismos.

[351] Macucal y macucas.

352 **Bancal**. En las sierras y terrenos con pendiente se llama bancal al rellano de tierra que se crea de forma natural o artificialmente y que se aprovecha para algún cultivo. Son abundantes en Levante como herencia de los moriscos. También se llaman terrazas.

magrear	Sobar[353], palpar, manosear una persona a otra con intenciones sexuales. *Pedro, si vuelves a intentar magrearme, te doy una paliza.*
magulladura[354]	Lesión leve debida a un golpe fuerte recibido en alguna parte del cuerpo. *Al caerse del caballo su cuerpo quedó lleno de magulladuras.*
magullar	Lesionar a alguien golpeándolo o golpearse violentamente uno mismo, sin que lleguen a producirse heridas graves. *Luis se magulló la espalda al caerse de la moto. Cuando volcó el carro algunos se magullaron las nalgas.*
majada	Lugar donde se recoge de noche el ganado y se albergan los pastores. También espacio situado delante de los corrales donde, en algunas ocasiones, se daba sal a los animales sobre piedras planas. *Las esquilas del rebaño se concentran en la majada. En las noches otoñales el ganado duerme al raso[355] en la majada.*
majar	Golpear el lino con el **manal**[356] o mayal, para separar el grano. *Para tener lino de calidad, con fuerza lo has de majar.*
majareta	Se aplica al individuo de comportamiento loco o chiflado. *El sobrino del tío Chivo, con sus manías viajeras, se ha vuelto un poco majareta.*
majuelo	Viña. *Los vendimiadores están hoy en el majuelo que está junto a la carretera.*
mal encarado	Persona de rasgos feos y apariencia extraña. *En el camino nos cruzamos con un hombre mal encarado y de caminar zigzagueante.*
malaentraña	Persona que actúa con malas ideas o intenciones. *Tirolargo preguntó quién era el malaentraña que le había roto la puerta.*
malbaratar	Malvender y malgastar. Vender una cosa por un precio más bajo del que le corresponde. *Necesitaba dinero y tuvo que malbaratar sus tierras.*
maleza	Espesura de hierbas y arbustos como zarzas, espinos, jaras, esparto, etc. que entorpecen el movimiento de las personas o animales. *En el monte hay algunos sitios por los que no se puede caminar debido a la maleza.*
malicia	Tener malicia: tener mala intención en el decir o el obrar. Tender a pensar mal de los demás. *Jorge, el Pistolo, todo lo interpreta con malicia.*
malicioso	Se aplica a la persona que habitualmente obra con mala intención o interpreta mal lo que dicen otros. *Observa que todo lo que dices delante de tu primo, El Cotilla, lo interpreta de forma maliciosa.*
malva	Planta con tallo áspero, de cuatro a seis decímetros de altura, hojas de pecíolo largo, flores moradas. Es planta abundante y muy usada en medicina, por el mucílago[357] que contienen las hojas y las flores. *Las malvas de las cunetas están crecidas y muy verdes debido a las abundantes lluvias.* **Estar criando malvas: estar muerto.** *El tío Jorge lleva años criando malvas.*
mamarracho	Persona ridícula o extravagante. *Lucas, no seas mamarracho y hazte respetar.*
mambla	Montaña, monte, otero en forma de teta de mujer. *En la sierra de Las Mamblas destacan las cimas "La Mambla" y "La Muela" en el término de Covarrubias (Burgos).*
mameluco	Se dice de la persona necia o boba. *Siempre que nos encontrábamos a Luis me comentabas que era un mameluco en todos los sentidos.*

---

[353] **Sobar**. Palpar, manosear una cosa o a una persona de forma reiterada: *Silvia denunció a su jefe porque no dejaba de sobarla en el trabajo. No sobes el pan si no te lo vas a comer.*

[354] **Magulladura**. Moratón, cardenal. *Tengo un moratón en el brazo como consecuencia del golpe*

355 **Cielo raso**: Que no hay nubes ni niebla que impidan la visión del azul celeste durante el día y de las estrellas de noche.

[356] **Manal**. Instrumento para majar en la era, formado por dos palos, uno más corto y delgado, por el que se agarra, y otro más largo y grueso, con el que se golpea la mies o las legumbres, unidos ambos por dos correas engarzadas entre sí, que se sujetan y giran sobre ranuras hechas en los respectivos palos.DRA.

357 **Mucílago**. Sustancia viscosa, de mayor o menor transparencia, que se halla en ciertas partes de algunos vegetales, o se prepara disolviendo en agua materias gomosas.DRA

mamón	Persona que con buenas palabras encubre malas intenciones. *No seas mamón, Pedro, y deja de decir una cosa y hacer otra.*
mamporro	Golpe, coscorrón, puñetazo. *Lorenzo, el Tablas, de un mamporro tumbaba al más guapo*
mampostería[358]	Labor de los albañiles (más que de los canteros) consistente en colocar y unir sin un orden concreto piedras de distinto tamaño no talladas con argamasa[359]. *Las paredes esta casa son de mampostería y las de esa de piedra sillada.*
manada	Conjunto pequeño de ganado que está al cuidado de un pastor. *En la manada llevaba, además de las ovejas, cuatro cabras.*
manada	En la siega, cantidad de mies que se puede contener en la mano después de dos o tres cortes de hoz antes de dejarlo en la gavilla. *El buen segador con seis manadas hace una gavilla.*
manceba	Concubina. Mujer que vive en concubinato[360] *La concubina del viajante se lleva bien con la mujer.*
manchas de verdín	Mancha que dejan las hierbas frescas en la ropa al frotarse con ellas. Normalmente estas manchas se dan en las rodilleras de los pantalones de nuestros hijos. Si le pones un poquito de alcohol de quemar y lavas la prenda como lo haces de forma habitual, la mancha desaparecerá. *La camisa lleva una mancha de verdín que es muy difícil de limpiar.*
mandangas	Se aplica a las tonterías, cuentos, engaños, propios de alguien poco serio. *No vengas con mandangas que no te vamos a hacer caso.*
mandil o manta	De hornear el pan: Es una tela de lana que servía para tapar la masa cuando se la dejaba fermentar o cuando se la llevaba de casa al horno y también para tapar las hogazas al llevarlas a casa.
mandil	Prenda de tela fuerte atada a la cintura usada por las mujeres y que sirve para proteger la ropa desde lo alto del pecho hasta por debajo de las rodillas. El mandil de cuero es muy utilizado por los herreros. *El mandil de cuero protege al herrero de las chispas que saltan en la fragua*
manducar	Comer. *En la fiambrera trae la manduca (el avío) del día.*
mangante	Se aplica a la persona habituada a coger cosas ajenas. *El caminante al que subió al carro era un fino mangante que le dejó sin las alforjas.*
mangarrán	Persona dejada y abandonada en el vestir. *Hoy, Ángel, vas hecho un mangarrán con ese pantalón roto y la camisa sin botones.*
mangazo	Guantazo, golpe dado con la mano. *Este chico tan estirado no aguanta un mangazo de Pedro, El Tirillas.*
mango	Palo cilíndrico en uno de cuyos extremos se sujeta una herramienta. *El mango del hacha es de roble.*
mangonear	Intervenir en asuntos que le conciernen o no, imponiendo a los demás sus puntos de vista y formas de hacer. *El secretario recién llegado al Ayuntamiento le gusta mangonear en todos los asuntos*
manguito	Pieza de tela que cubre el antebrazo y protege la manga desde el codo hasta la muñeca. *Algunas personas para segar se ponen manguitos.*
manija	Mango o asa de ciertos utensilios y herramientas. *El dalle o guadaña tiene dos manijas para poder manejarlo.*
manirroto	Se dice del individuo dadivoso y gastador. *Si no eres manirroto con el sueldo que tienes podrás vivir bien.*

---

[358] **Mampostería**: Obra hecha con **masa y elementos** colocados y ajustados unos con otros sin sujeción a un determinado orden de hiladas o tamaños.
[359] **Argamasa**: Cemento, hormigón, mortero, mazacote, casquijo.
[360] Relación de un hombre con una mujer como si fuesen marido y mujer sin estar casados.

manojo	Conjunto de piezas alargadas que se pueden coger con una mano. *Manojo de flores, manojo de espigas.*
manosear[361]	Tocar o sobar repetidamente una cosa o a una persona con las manos ajándolo o desluciéndolo: Luisa estaba nerviosa y no paraba de manosear el bolso. No manosees tanto la manga de la chaqueta que le van a salir brillos.
mantilla	Prenda para abrigar y envolver a los niños por encima de los pañales. *Isabel, la mantilla no será suficiente para abrigar al niño. Hace mucho frío.*
mantón	Manto grande. Tela cuadrada o rectangular que servía de abrigo a las mujeres castellanas en los duros inviernos del ámbito rural, el cual se ponían sobre los hombros. Era habitual que al salir de la hornera las mujeres se abrigaran con el mantón. *Los días fríos, Adela, La Perla, siempre lleva el mantón.*
manubrio manivela	Pieza, generalmente de hierro, con forma de ángulo recto que se usa para dar vueltas a una rueda o al eje de un mecanismo. Los organillos se tocaban haciendo girar un manubrio. *Manolo, toma el manubrio y alégranos con un pasodoble.*
mañoso	Se dice del individuo que es habilidoso y se le da maña para los arreglos caseros. *El hijo mayor es mañoso y nos arregla las cosas.*
maquila	Porción de grano que cobra el molinero por la molienda. *La maquilla era de tres kilos de harina por cien kilos de trigo molidos.*
maraña	Enredo de hilos o cabello. *Los pelos estaban hechos una maraña y no había forma de peinarlos.*
marcear	Hacer el tiempo propio de marzo en Castilla: viento, frío, agua, sol, etc. *Este mes de febrero está marceando.*
marchito	Se dice de algo ajado y falto de lozanía. *Las flores están marchitas.*
marco de teja*	Referido a la tejera: Instrumento trapezoidal isósceles. Sus paredes eran listones de madera del grosor que se quería dar a la teja. *Los marcos de las tejas eran nuevos y facilitaban la separación de la arcilla.*
marica	Urraca, picaza. *En la chopera hemos visto dos nidos de marica*
marón	Carnero destinado a cubrir a las ovejas. *En el rebaño iban dos marones, uno cornudo y otro mocho.*
marrano	Persona habitualmente sucia. *El agua está para que los marranos dejen de serlo.*
marrar	No acertar en algo, por ejemplo en el tiro disparado a una liebre, a una perdiz, etc. *Pedro, acelerado y nervioso, marró el disparo cuando la liebre saltó de sus pies.*
marrón almádena	Mazo de hierro con mango largo, que se utiliza para fragmentar piedras. *El picapedrero trabajaba con el marrón y unas gafas protectoras.*
marrulleria	Trampas o malas artes hechas con mala intención. *Juan, siempre que gana a las cartas, lo hace con marrullerías.*
martillo de cantería	Herramienta que por un lado es pica y por el otro martillo. *El cantero acaba de poner un mango nuevo al martillo de cantería.*
martillo	Herramienta con cabeza simple o doble cabeza por lo común de hierro y un mango. *Ángel se golpeó el pie con el martillo cuando estaba jugando con él.*
martinete	Mazo muy pesado que se usa para abatanar los paños.
martingala	Artimaña. Treta. Astucia para engañar a alguien o para otro fin. *No me gustan tus martingalas, Serafín, prefiero hacer las cosas con seriedad. Pedro se valió de sus martingalas para conseguir lo que quería*
marzas las	Canciones populares de alabanza a la primavera y a las mozas. Se cantan entre el anochecer de la última noche de febrero y el amanecer del primero de marzo. Se cantan junto a grandes hogueras que se encienden en las esquinas del pueblo. *Hace dos años estuve en las marzas de Mecerreyes (Burgos)*
masera	Cuando se amasaba en casa para llevar la masa de casa a la hornera se usaba la masera. La **masera** es tela fuerte de lienzo blanco que se pone sobre una manta de invierno sobre la que se colocaba la masa para transportarla al horno. La masa no se

---

[361] También se usan sus sinónimos magrear, sobar.

	pegaba a la masera porque en ella se extendía previamente harina. Por eso se podía separar con facilidad al llegar al horno. *Marisa, echa harina en la masera antes de poner en ella la masa.*
masera	Mesa de trabajo de los tejeros y canteros. *La masera era de madera de roble, muy resistente.*
maserista*	En la tejera, persona que trabajaba en una mesa que había en la era y cortaba las tejas. *El maserista colocaba la arcilla en el marco de la teja y la pasaba el rasero antes de levantarla y llevarla a la era.*
mata	Planta de poca altura o tamaño. Mata de pepino, mata de margaritas, mata de amapolas. *El tío Julián lleva en el caldero tres matas de orégano para plantarlas en la huerta.*
matacabras	Viento del norte fuerte. *Soplaba fuerte el matacabras y Anita llevaba las manos heladas.*
matacandela, apagavelas	Instrumento en forma de cucurucho, que, fijo en el extremo de una caña o vara, se usa para apagar las velas o cirios colocados en alto. En el pueblo los monaguillos siempre deseábamos salir al final de la misa con el apagavelas para que nos vieran. *Después de la función religiosa el monaguillo más veterano apagó los cirios con el apagavelas.*
matachín	Matarife. Se dice de la persona que mata y estaza al cerdo durante la matanza. También se aplica a quienes mataban ovejas, cabras u otros animales para la venta de carne. *El matarife era el primero en llegar con sus cuchillos bien afilados.*
matadura	Herida producida por rozamiento de algo sobre la piel de una persona o de un animal. Los arrieros cuidaban que sus caballerías no se hiciesen mataduras con los collerones. *El mulo tenía varias mataduras en el pescuezo porque la collera que le pusieron le estaba grande.*
matanza[362]	Conjunto de acciones realizadas al matar el cerdo. *Este año han venido mis primos a la matanza.*
matarife	Era la persona encargada de matar al cerdo. Para ello utilizaba un cuchillo de hoja bien afilada que clavado por el pescuezo lograba desangrar al cerdo. *El matarife fue arrastrado por el cerdo y se clavó el gancho en la pantorrilla.*
material	Cuero curtido (expresión y equivalencia muy usada en Castilla). *Estas botas son de material muy fuerte. (De cuero muy fuerte).*
matojo	Planta de monte baja, pero con muchas ramitas y juntas. *Andrea lleva a casa varios matojos de tomillo.*
matorral	Zona llena de matas, arbustos y maleza. *Del matorral salieron dos conejos perseguidos por los perros.*
matraca	Repetición de palabras, propuestas, ruidos… que resultan molestos. Dar la matraca: molestar. *Por favor, Carlos, no me vuelvas a dar la matraca el mismo tema.*
matraca[363]	Instrumento sonoro formado por una rueda de tablas en forma de aspa que al girar son golpeadas por pequeños mazos produciendo un ruido seco e intenso. *Las matracas se usan en los oficios de Semana Santa en vez de la campanilla.*
maula	Ser un maula: ser un holgazán, perezoso, vago. *Eres un maula y no se te puede en-*

---

362 **Matanza**. Se conoce por este nombre todo lo relacionado con la costumbre y el hecho de matar un cerdo, casi siempre una cochina que empieza a engordarse después del verano a base de salvado, berzas y patatas cocidas. La matanza siempre fue una fiesta familiar. En la casa que mataba se reunían los abuelos, los tíos, los primos y los vecinos más allegados, y durante unos días comían y cenaban todos juntos, jugando a las cartas, contando historias y recordando tiempos jóvenes. En la matanza preparaban los jamones, lavaban las tripas en el río para hacer chorizos y morcillas… Los productos del cerdo, serían el sustento principal de la casa hasta el año siguiente.

363 La **matraca**, **carraca** o **carraco** es un **instrumento musical** de **percusión**, que consta de un cuerpo o tablero de madera al que se le unen unos martilletes móviles, que pueden ser de madera o metal, que son los que se encargan de golpear el cuerpo de madera, según el tipo de matraca puede tener tres, dos, o un solo martillo, además también tiene un mango para sujetarla. El sonido se produce al sujetar la carraca por el mango y hacerla girar. Al ruido continuado de la matraca se le denomina *matraqueo*. En algunos casos, puede disponer de un asa, convirtiéndola en una matraca portátil para su uso en las calles, e incluso algunas tienen varios cuerpos de madera, a veces huecos, que se accionan con una manivela y mueve unos mazos de gran tamaño, encargados de causar el sonido, estas últimas son las llamadas matracas de campanario.

	cargar nada en serio.
maya	Juego, parecido al escondite, en el que todos se escondían menos uno que se quedaba cuidando una piedra, que era la maya. Se trata de llegar a la maya antes que el que la cuida, mientras éste busca a los escondidos. *Todos los jueves por la tarde jugamos a la "maya" en la plaza.*
mayal[364]	Instrumento para golpear el lino, la mies o las legumbres. Está formado por dos palos, uno más corto y delgado, por el que se agarra, y otro más largo y grueso, con el que se golpea el producto. *Hoy hemos llevado el mayal a la era para majar los garbanzos y el centeno.*
maza	Instrumento de madera utilizado para machacar algunas plantas textiles como el lino. *Hemos machacado el lino con dos mazas nuevas.*
mazacote	Comida seca, pegada o apelmazada que debería haber resultado más jugosa, ligera o esponjosa. *El arriero llevaba para comer una fiambrera con dos huevos duros y un trozo de chorizo y un mazacote de pan.*
mazas y pisones	Herramientas utilizadas para desmenuzar el barro que se obtenía con picos, palas y azadones. *Las mazas y los pisones para desmenuzar el barro siempre estaban disponibles para los voluntarios.*
mazo (montón)	Conjunto de mercancías u otras cosas juntas, atadas o unidas formando grupo. *Mazo de telas, mazo de pijamas.*
mazo	Martillo grande de madera. *El carpintero usa el mazo cuando ensambla algunas piezas.*
me importa un pito	No me importa. *Me importa un pito que me digas que soy un vago, porque todos saben que no lo soy.*
meaermitas	Se dice de las personas que frecuentan en exceso la iglesia. *Mira por dónde viene el "meaermitas de Sabino – decía el tío Policarpo a su mujer -. Seguro que lleva una vela en el bolsillo*
meapilas	Persona aparentemente muy devota y rezadora. *La Reme es una meapilas, no se sabe si va a la iglesia a rezar o para que la vean.*
mecha	Hilos retorcidos de algodón, que se pone en los candiles, mecheros, petardos... y dentro de las velas para que ardan y alumbren. *Enciende con cuidado la mecha del cohete. Esta noche tenemos que cambiar la mecha del candil.*
mechón	Conjunto de pelos, hebras o hilos, separado de otro mayor de la misma clase. *En la chaqueta de lana llevan un mechón de hilos verdes que apenas se ven.*
media fanega	Unidad de medida que llena rasada de trigo pesa aproximadamente 21 kilogramos. *La cosecha de cebada ha sido de 200 medias fanegas rasadas.*
medianero	Persona que media y actúa para que otra consiga algo o para arreglar un trato. *La compraventa de la casa se logro gracias a la intervención de un medianero.*
medianil	Pared que separa una casa de otra. Suele ser doble y deja una pequeña recámara entre ella y el medianil de la de al lado. *Los medianiles en este edificio son tan finos que dejan pasar las voces de una casa a otra.*
medir por el mismo rasero[365]	Tratar a todos de igual manera y por igual. *La maestra trata a todos los escolares con el mismo rasero, sin distinciones.*
medrar	Aumentar de tamaño algo o alguien. Crecer. *Este niño ha medrado mucho en cuatro meses.*
melar	Marcar las ovejas una vez esquiladas. *Hoy melan las ovejas del rebaño del tío Oreja.*

---

[364] El **mayal**, *manal* o *malle*, es un instrumento tradicional **agrícola** utilizado para la **trilla** de cereales. Está compuesto por dos bastones unidos por **correajes** o **cadenas**; generalmente, el bastón más largo y delgado sirve de **mango**, y el más corto y grueso se usa como **maza** para golpear la **parva** (montón de cereales recién segados) o las **legumbres**. En la zona de Mecerreyes apenas se usó.

[365] El **rasero** es un palo cilíndrico que sirve para rasar las **medidas** de los **áridos**. Es de forma cilíndrica y algo más larga que ancha la medida a que ha de aplicarse. Se emplea principalmente en dos operaciones: en **tejares y fábricas de ladrillos** moldeados a mano y en la medida de **granos** y **semillas**. En ambos casos lo corriente es que el rasero sea de **madera**. Wikipedia.

melena	Almohadilla forrada de cuero que se pone a los bueyes en la cabeza y las vacas por debajo del yugo para evitar el roce y que resultaran dañados. Recibían este nombre porque por la parte delantera tenían flecos también de cuero a modo de melena[366]. *Cuando unzas los bueyes, no te olvides de colocarles las melenas*
melladura	Mella. Rotura o doblez en el filo de una herramienta que dificulta el corte de las cosas. *El cuchillo de cortar el jamón se ha mellado al golpearlo con el hierro del jamonero. El dalle tiene una mella y hay que picarlo.*
melón	Se dice de la persona torpe y de pocas luces. *El melón de Javi nos descubrió a la profesora de inglés.*
melopea	Borrachera. *¡Vaya melopea que traes, amigo!*
mencal*	Marco de hierro o de madera que se rellena con el barro preparado para hacer adobes o ladrillos. *El adobero utiliza varios mercales para obtener mayor producción de adobes.*
mendrugo	Se dice de la persona tonta, zoquete. *Luis, el Avispa, es un mendrugo incapaz de hacer nada bien.*
mendrugo	Cacho o pedazo de pan duro. *Guarda los mendrugos sobrantes que, reblandecidos con leche, se los echaremos a los pollitos.*
mengano	Palabra con la misma acepción que fulano y zutano, pero siempre después del primero, y antes o después del segundo. *Primero se lo dimos a fulano, luego a mengano y finalmente a zutano y no doy nombres.*
menta	Hierbabuena. *El aire sacudía la hierbabuena y su olor se expandía por toda la habitación.*
mentar	Nombrar o citar a alguien o algo. *No me mientes a Lucas, El Pelotieso, si no quieres que me ponga de mal humor. Nada más mentar la palabra galgo, Julito, el Pocacabeza, se echaba a correr.*
mentecato	Persona de escaso juicio e inteligencia. *Luis, mentecato y corto de palabra, no es la persona adecuada para interceder ante el juez.*
menudillos	Despojos del pollo, cordero, etc. *Hoy he comprado unos menudillos para preparar la comida.*
mequetrefe	Hombre entremetido y de poco provecho. *A mí no me relaciones con el mequetrefe de Silvino, que siempre quiere opinar de todo.*
merluzo	Se dice de la persona de pocas luces y lelo. *El merluzo de Nicolás no fue capaz de interpretar bien el plano y nos perdimos.*
mermar	Disminuir algo o consumirse una parte del total. *El agua del estanque de riego ha mermado mucho esta noche.*
mesa	De hornear pan: Mesa grande situada en uno de los laterales del horno de la hornera. En ella se encontraba la artesa donde el ama de casa amasaba la harina, después de cernerla con el cedazo. *Los niños miraban desde la mesa como su madre cernía la harina.*
meter en vereda	Obligar a alguien a rectificar o a comportarse debidamente. *La maestra, con habilidad y paciencia, metió en vereda a los alumnos más díscolos.*
metete	Persona que interviene en asuntos que no le incumben o intenta conocerlos y dárselos a conocer a otros, cotilla. *Ahí viene el metete de Pedro – bisbiseo el tío Canela a su amigo Juan - .Cambiemos de asunto.*
meticón	Alguien que se mete en conversaciones y asuntos que no le incumben. *Por ahí viene la meticona de Esther, dejemos que pase de largo.*
metro	Instrumento de medida de 100 cm de largo. *La urbanización mide 200 m de larga y 80 m de ancha.*
miaja* **migaja**	Partícula pequeña de pan, que suele caerse al partirlo. Cantidad insignificante de una cosa. *El mantel se llenó de migajas antes de empezar la comida. José Luis ofreció una migaja del pastel a su hermana*
mielga*	Planta herbácea de raíz larga, flores azules y por fruto vainas con simientes amarillas

---

366 **Melena**. Cabello que desciende junto al rostro, y especialmente el que cae sobre los ojos.DRA

	en forma de riñón. Se utiliza como forraje. *Los ribazos estaban cubiertos de mielgas*
mies	Fruto de los cereales como el trigo, la cebada, el centeno, la avena, etc. *El agricultor cortaba la mies con la hoz, el dalle o la segadora.*
miga	Porción pequeña especialmente de pan o de cualquier cosa. *Al terminar de comer se recogen bien las migas y se sacude el mantel.*
miga	El contenido interior de la hogaza o barras de pan. Es la parte cubierta por la corteza del pan. *La tía Luisa hace las hogazas con mucha miga.*
mimbre[367]	Cada una de los tallos correosos y flexibles que produce la mimbrera. *El maestro tenía un mimbre como puntero en la clase.*
mimbrera	Planta formada por ramas largas y delgadas, que son los mimbres, con corteza que se quita con facilidad y madera blanca. *La Sole llevaba las fresas en una cesta de mimbres con el fondo cubierto de hojas.*
minino	Michino. Gato. Mamífero carnívoro. Es muy útil en las casas como cazador de ratones y actualmente como mascota. *Por la noche se oían en la casa las carreras de los gatos detrás de los ratones.*
mocho	Tener el pelo mocho es tenerlo cortado muy corto. *El peluquero te ha dejado mocho*
mocho[368]	Animal sin cuernos. *Casi todas las ovejas del rebaño son mochas.*
modista	Mujer que hace prendas de vestir tanto para hombres como para mujeres. *Para ser modista, entre otras cosas, dedos largos y buena vista.*
modorra	Mal que afecta al cerebro de las ovejas y que las deja como tontas, sin orientación. *El pastor trajo a casa una oveja modorra.*
modorra[369]	Se aplica a la somnolencia. Sensación de sueño que provoca pesadez y torpeza en los sentidos de los animales y de las personas. *Después de comer me domina la modorra.*
modorro	Insulto de poca intensidad que se utiliza comparando a alguien con las ovejas cuando se amodorran y están medio dormidas o atontadas. *Despierta, modorro, que no sabes lo que dices.*
mogos	Cortezas fácilmente desprendibles del tronco y tallos de las estepas usados para encender lumbre. Los chicos del pueblo hacían cigarros con ellos. *Los chiquillos a escondidas de sus padres fumaban cigarros de mogos.*
mohíno muino*	Se aplica al carácter de la persona triste, melancólica, disgustada. *El gallego emigrante se encuentra mohíno en su nuevo país.*
moho cardenillo	Sustancia venenosa de color verde claro con la que se cubren los objetos de cobre o algunas sustancias orgánicas. *El pan de la bolsa tiene moho. El cazo de hervir la leche tiene cardenillo.*
moje	Salsa, aderezo de cualquier guisado. *El moje del guisado de hoy estaba muy sabroso y un poco picante.*
mojicón	Golpe que se da en la cara con la mano. *Le dio dos mojicones por contestarle de malas maneras.*
mojigato	Persona que hace escrúpulos de todo. *Si nos acompaña Justino, mojigato de todos conocido, no podemos hacer ninguna broma a nadie.*
mojón	Señal permanente hecha con una piedra visible o algo similar, que se pone en las esquinas de las fincas para fijar los linderos de las tierras o heredades. *Los Corbacho se quedaron con el sambenito de "muevemojones" porque en su día uno de sus familiares fue denunciado por ello.*
mojonera mojón	Piedra o montón de tierra que se coloca en las esquinas de las fincas para fijar sus límites. *El tío Canela fue denunciado por mover los mojones de su finca.*

---

[367] El **mimbre** es una **fibra vegetal** que se obtiene de un **arbusto** de la familia de los **sauces** y que se teje para crear **muebles**, **cestos** y otros objetos útiles. En el tejido se utiliza el tallo y las ramas de la planta, ya sea en todo su grosor para el marco o en lonchas cortadas longitudinalmente. Wikipedia

[368] **Mocho.** También se dice de un animal cornudo pero con las puntas de los cuernos ccortadas, de un árbol o de una torre: Que carece de punta o de la debida terminación.

[369] **Modorra.** Las ovejas cuando se amodorran, especialmente las horas calurosas en los días del verano, protegen sus cabezas en la sombra de sus compañeras o de los árboles totalmente agrupadas.

molienda, la	La cantidad de grano que se mueve para alguien. Acción el grano. *El tío Jorge y su sobrino se han pasado toda la mañana ocupados en la molienda.*
molinero	Persona que tiene a su cargo un molino o que es dueño de él. Su tarea consistía en moler los granos de cereal o de leguminosas para obtener harina. Los molineros cobraban en especie por su trabajo. *El molinero vive y trabaja en el molino.*
molino	Máquina para moler, compuesta de una **muela**, una **solera** y los mecanismos necesarios para transmitir y regularizar el movimiento producido por una fuerza motriz, como el agua, el viento, el vapor u otro agente mecánico. *Cuando necesitamos harina para hacer pan llevamos los sacos de trigo al molino.*
mollera	Se usa como sinónimo de cabeza. *Ricardo tiene buena mollera, le cabe todo en ella.*
mollera	En los bueyes y vacas se llamaba así a la parte de la cabeza comprendida entre las bases de los cuernos. Era una parte muy dura y resistente. *El ubio no se ajusta bien a la mollera de las vacas.*
molondra	Voz con que nos referimos a la cabeza de las personas. Se le suele dar cierto sentido crítico o de cariño y simpatía. *Le dio dos golpes en la molondra.*
monda, ser la	Se dice de algo que es gracioso, alegre, bien organizado. *La merienda del cumpleaños de Isidro fue la monda, nos divertimos mucho con los chistes del padre de Sergio.*
monda	Cáscara, peladura o mondadura de frutos y de otras cosas. *La monda de las naranjas se la come el cerdo.*
mondar	Quitar la piel de la fruta, de las patatas, etc. Pelar. *Hoy te toca a ti mondar las patatas.*
mondarajas	Peladuras de las patatas. En la época de engorde se cuecen con berza y se echan a los cerdos. *Cuando peles las patatas, no tires las mondarajas y échalas al cubo de la berza para cocerlas.*
mondongo	Revuelto preparado para hacer las morcillas. Los ingredientes principales son la sangre, rebanadas de pan, cebolla picada, manteca, arroz y especias. *Hay mondongo para varios kilos de morcillas.*
monicaco	Se dice al chico pequeño y travieso con un tono despectivo. *Estate quieto, monicaco, que te doy un soplamocos.*
monserga/s	Repetición de cosas reiteradamente causando molestia en los presentes. *No me vengas con monsergas y dedícate a lo tuyo. ¿Otra vez con la misma monserga?*
montar	Subir encima de algo como un carro, una caballería (burro, mulo, caballo), una bici. *En el pueblo los niños se montaban en los burros. Cuando Isaac montaba el caballo, siempre lo llevaba al trote sin silla de montar ni estribos.*
monte[370]	En Mecerreyes se llama monte al terreno boscoso cubierto de encinas. En contraposición está la dehesa que es zona menos boscosa y no de encinas sino de robles y quejíos. *En el monte de Mecerreyes (Burgos) abundan las encinas, carrascas y enebros.*
montera	Sombrero o gorra que lleva el torero en armonía con el traje de luces. *El torero saludó al público con la montera en la mano.*
montículo	Elevación pequeña, generalmente aislada, propia de la naturaleza o hecho por el hombre. *En medio de la llanura hay un montículo en el que se encuentra la casa y tenadas de los dueños de las fincas que le rodean.*
montonera montonazo	Montón o cantidad grande de cosas u objetos. *En el portal hay una montonera de sacos, que hay que doblar y guardar. En la era hay una montonera de garbanzos para apalear. En la era había una montonera de haces*[371]. *Tengo un montonazo de cromos*
montura	Bestia que se puede montar una vez domada. *La montura está preparada para emprender el paseo.*
montura	Arreos de una caballería dispuesta para ser montada por el jinete. *La montura del caballo negro es de cuero nuevo chapeado.*
monumento	Altares que se preparan en las calles por donde pasa el Santísimo el día de Corpus

---

370 **Monte**. Es importante no confundir monte (como montaña) y bosque. En Mecerreyes se aplica el nombre de monte al terreno cubierto de encinas y que abarca la parte norte de su término municipal desde la linde con Cuevas de San Clemente hasta la linde con Covarrubias.
[371] **Hacina**: Haces colocados ordenadamente en montones.

	Christi[372]. *Este año se han preparado tres monumentos, uno en cada una de las calles principales.*
moña	Muñeca para jugar. *La moña que me trajo la abuela está encima de la cama.*
moñiga boñiga	Excremento del ganado vacuno. *Las moñigas señalaban el recorrido de las vacas que se buscaban.*
moñigo boñigo	Excremento producido por el ganado caballar o asnal. *Los moñigos de las caballerías manchan menos que las moñigas.*
moquero	Pedazo de tela cuadrangular con el que se limpian los mocos y el sudor. *Miguel, cuando salgas de casa no te dejes el moquero.*
moquete	Golpe suave dado en la cara especialmente próximo a las narices. *Carolo se desmayó y su amigo tuvo que darle dos moquetes para volverle en sí.*
morapio	Vino de color oscuro. Vino tinto. También se dice darle al morapio cuando se bebe en exceso. *Los albañiles, de vez en cuando, le daban al morapio.*
morcilla	Embutido hecho en una tripa de cerdo con sangre cocida, especias, cebolla picada, manteca, arroz, piñones, etc. En otras regiones las morcillas se hacen con otros ingredientes, pero siempre está presente la sangre cocida. Son buenas las morcillas de Mecerreyes, Covarrubias y Burgos. *La morcilla de Burgos tiene arroz, las de otras regiones no.*
morder el anzuelo	Caer en la trampa, creerse algo que no es cierto, ser engañado. *A tomas le han dicho que ha aprobado y ha mordido el anzuelo.*
morena	Amontonamiento de gavillas de cereales o de legumbres en la tierra donde se cosechan hasta ser acarreados y trillados. Las morenas de garbanzos se formaban agrupando varios manojos con las ramas en el suelo y las raíces arriba. *Mañana tenemos que acarrear doce morenas de garbanzos.*
morena	Referido a hornear carbón: Montón de brazadas de ramón (los tallos más finos que quedan al escamondar las carrascas) que se prensan con troncos o piedras. Las morenas se preparan en días secos para que no se pudra la leña con la humedad. *Junto a los hornos había tres morenas de támbaras.*
morera	Árbol con tronco recto no muy grueso, de cuatro a seis metros de altura. Su fruto es la mora. Su hoja sirve de alimento al gusano de seda. *Necesito hojas de morera para mis gusanos de seda.*
morionda	Se dice de la oveja que está en celo o período de fecundación. *El carnero no puede cubrir todas las ovejas moriondas.*
morrada*	Golpe dado entre dos con la parte delantera de la cabeza. Golpe dado en el morro al chocar con algo o caerse al suelo. *Ten cuidado no te des una morrada con Antonio que viene por la misma senda.*
morral	Talego que contiene el pienso y se cuelga de la cabeza de las mulas, para que coman cuando están en el campo. *Los morrales que hoy estrenan las mulas son de lona blanca.*
morral	Saco o zurrón que usan los cazadores, soldados o pastores para echar la caza, llevar provisiones o transportar alguna ropa. *Los senderistas llevan actualmente un morral o una mochila cuando salen al campo.*
morrazo	Golpe dado a alguien en los morros o que uno se da a sí mismo al chocar con algo o caer de bruces al suelo. *Cuando tropecé en una piedra, me caí y me di un buen morrazo.*

---

[372] En los años 50 la víspera del Corpus Christi los alumnos de la escuela íbamos a los llanos con carretillas y sacos para recoger "gamones" y llevarlos al portal de las escuelas de los chicos. Allí se amontonaban hasta la madrugada del día siguiente, Corpus Christi, en que se echaban en las calles, formando un sendero, por donde iba a pasar la procesión con el Santísimo. En ese sendero de gamones las chicas echaban pétalos de flores recogidos la víspera. Siguiendo ese sendero pasaba luego la procesión. Delante del Santísimo iban los niños y niñas que habían tomado la primera comunión ese año lanzando pétalos de distintos colores. Para los chicos y chicas la recogida de gamones y pétalos de flores era una fiesta. Los gamones son las hojas de una planta liliácea (gamón) que florece sobre un tallo que alcanza una altura de unos 80 cm.

morrear	Besar alguien a otra persona de forma persistente en la boca. Morrear<se: besarse de forma reiterada dos personas en la boca *Las parejas de jóvenes se adentran en el parque para morrearse un poquito.*
morrera*	1. Erupción en los labios. *Al niño le ha salido morrera los días que ha tenido fiebre.* 2. Ensuciamiento alrededor de la boca producido al comer sin cuidado. *Mira el niño que morrera se ha puesto con las lentejas.*
morro	Monte pequeño o peñasco redondeado. *Las tierras del morro en Valdeajos se han librado del pedrisco de la semana pasada.*
morro	1. Los labios de una persona y su entorno sobre todo si son gruesos. *Lo primero que se ve en la cara de Sole son sus morros.* 2. Beber a morro: Beber sin vaso agua, vino u otro líquido aplicando los labios al caño de la fuente, a la botella o a otro recipiente. *Los chicos bebíamos a morro en la fuente de la ermita.* 3.Estar de morros: Estar enfadado y mostrarlo con expresiones y gestos de la cara. *El niño está de morros porque no le compran las pinturas.*
morrocotudo	Expresión que se aplica a algo que se considera muy bueno. *El coche que has comprado es morrocotudo. La cena, inmejorable, morrocotuda.*
morueco	Carnero o macho destinado a la fecundación de las ovejas del rebaño. *En el rebaño hay dos moruecos que se destacan por su cornamenta y tamaño.*
moscardón	Mosca grande y zumbadora. *En la habitación entró un moscardón y asustadas nos salimos dando gritos.*
moscardón	Hombre molesto al estar reiteradamente con otro y molestarle con asuntos pícaros o sin importancia. *En la habitación entró un moscardón y asustadas nos salimos dando gritos.*
mosquear	Dudar de lo expresado por otra persona pensando que lo ha dicho para ofenderlo para engañar. *Al oír aquellas palabras de Sonia, su amiga Juani se mosqueó y la contestó burlonamente.*
mostela*	Haz o gavilla. Montón de brazados de estepa bien atados y unidos que se echaban a "rodón" por la ladera del estepar aligerando el transporte de las mismas hasta el carro de carga. *Las estepas y otras plantas combustibles de las alturas, se desplazaban al valle en grandes mostelas que rodaban con facilidad.*
mostrenco	Se dice de la persona lenta en discurrir o aprender. *Entre vosotros hay algunos tan mostrencos que no sé cómo explicar las cosas para que las entiendan. ¡No seas mostrenco y fíjate cien en lo que te dicen!*
mote	Apodo que se da a una persona por alguno de sus rasgos personales o familiares. *Luis, el Orejudo, recibió este mote, como es evidente, por el tamaño de sus auriculares. El tío Enciclopedia. Jorge, El Refranero, estaba en la tertulia. Las Guindillas o El Mochuelo, personales de la novela El Camino de M. Delibes*
mozo(a) viejo	Solteros(as) mayores, que no se casan o que, de momento, no tienen intención de hacerlo. *Severina es una moza vieja, atenta y cariñosa.*
mozo	Tentemozo: Palo cilíndrico que sostienen horizontales las varas de los carros. Puntal de una cosa expuesta a caerse. *Silvia, coloca los tentemozos del carro.*
mozo	Joven alistado en la mili pendiente de sorteo. *El hijo del tío Jerjes ya es un mozo, mañana le sortean; a ver si tiene suerte y no le toca a África.*
muda	Conjunto de ropa interior que "se mudaba" o cambiaba generalmente una vez a la semana los domingos. Los lunes era el día en que las mujeres iban a lavar la ropa de las mudas a las **pozas**. *Andrés, encima de la cama te he dejado la muda.*
mudarse	Cambiarse de muda, ropa interior, para ser lavada la que se llevaba puesta. *En los años sesenta muy pocos niños se mudaban diariamente.*
muela	Montaña con una cima plana. —en la sierra de Las Mamblas, en Covarrubias, una de las montañas, se llama La Mambla y la otra La Muela. *Los senderistas pudieron llegar, después de dos horas, a la cima de la muela.*
muela	Disco de piedra que gira veloz sobre la solera y muele lo que hay entre ambas como trigo, maíz, etc. *La harina que se obtiene con la muela no es muy fina.*

muela	Piedra de asperón[373] en forma de disco, que se usa para afilar herramientas. *El afilador tenía una muela nueva*
mugre	Suciedad grasienta en la ropa, en la casa, etc. *Con la limpieza que hicimos en la casa desapareció toda la mugre de los rincones.*
mulada	Conjunto de ganado mular apacentando al aire libre. *En la mulada hay en total ochenta y cuatro caballerías.*
muladar	Lugar al aire libre donde se amontona la basura de las cuadras con el fin de que fermente y se convierta en abono. *Las gaviotas acuden al muladar en busca de alimento. La basura del muladar debe estar fermentando porque sale humo.*
mulero	Persona que cuida y usa las mulas para su trabajo en las faenas agrícolas o comerciales, yendo de pueblo en pueblo. También se dice de quien compra y vende mulas en los mercados. *El mulero se acompaña de dos perros.*
mulo burreño	Un tipo de mulo, resultante del cruce entre caballo y burra. Son animales de mucha fuerza y resistentes. *El tío Nicolás ha comprado dos mulas burreñas.*
mulo/a[374]	Animal hijo de caballo y burra o de asno y yegua. *Mi padre tiene para el tiro dos mulos.*
murmurar	Hablar mal de alguien un ausente y de sus acciones. *Carmen, dicen las tertulianas en su ausencia, es mal encarada y un poco roñica.*
mustia	Se dice de la planta marchita o con poca fuerza por diversas causas. *Hay que regar las plantas de la entrada de casa porque se están quedando mustias.*
nabo	Planta anual con raíz carnosa, comestible, con forma de uso, blanca o amarillenta. *Los agricultores sembraban algunas tierras de nabos para usarlos como alimento de las ovejas en invierno.*
nacer (brotar)	Emerger agua de la tierra a la superficie y da lugar a una corriente o arroyo. Se suele llamar fuente o nacimiento de... Brotar. *El Ebro nace en Fontibre cerca de Reinosa, Cantabria.*
napias	Narices grandes en exceso. *La napia del tío Vita le da sombra a la cara.*
neviscar	Caer algunos copos pequeños de nieve mezclados con agua. *Cuando volvíamos a casa estaba neviscando*
nidal[375]	Sitio donde las gallinas u otras aves domésticas acostumbran a poner los huevos. *En el nidal había seis huevos.*
nido	Especie de lecho que construyen las aves para poner sus huevos y criar pollos. Cada especie de aves construye los nidos de distinta forma y en distintos lugares. *Las águilas hacen sus nidos en las rocas altas.*
niñato	Se dice del joven inexperto y presuntuoso. Se usa con tono despectivo. *Estos chistes no son para ti que eres un niñato.*
níscalo	Hongo comestible que sale en los pinares los meses de otoño pinares si ha llovido en los meses precedentes. *Los níscalos tienen un precio muy elevado.*
nivel	Instrumento con el que se ve la diferencia o la igualdad de altura entre dos puntos. *Los canteros usan el nivel para ajustar las piedras a las medidas exactas.*
no tener alcances	Se dice para expresar que alguien tiene poco talento o luces. *Julián no era hombre de muchos alcances.*
no tener donde caerse muerto	Se dice del pobre de solemnidad y que no tiene ni para comer. *El tío Silvano, El Pelao, no tiene donde caerse muerto, perdió todos sus bienes en un incendio.*
nogueranogal	Árbol cuyo fruto son las nueces[376]. Nogal. Su madera es muy apreciada. *La noguera*

---

373 **Asperón**. Arenisca de cemento silíceo que se emplea, cuando es de grano fino y uniforme, en piedras de amolar (afilar).DRA

374 **Mulo**: mula o mulo resulta del cruce entre una yegua y un burro o asno. Comparte algunas características con **los burdéganos** (resultantes del cruce entre un caballo y una burra o asna. La mula y el mulo han sido muy utilizadas en tareas que requieren de fuerza o resistencia, como medio de transporte, y en la agricultura, para arar los campos y en otras tareas

375 **Nidal**: Para nidal en los pueblos se usaban cestas viejas que se llenaban de paja hasta su mitad. Luego se colocaba un huevo para que sirviera de reclamo a la gallina

	ha tenido este año ochenta kilos de nueces.
novato	Persona nueva en cualquier oficio o materia. Generalmente se aplicaba a los quintos que se incorporaban al ejército. *Andrés es un herrero novato y le resultará difícil herrar a los bueyes.*
nubarrón	Nublado. Nube grande, oscura y densa, separada de las otras. *Llegando al pueblo vimos que se acercaba, movido por el fuerte viento, un nubarrón que amenazaba lluvia.*
nublado	Nube que amenaza tormenta. *Apenas pasó el nublado salieron a segar el tío Raimundo y sus hijos. Una vez el nublado nos sorprendió por El Maullar, camino de casa.*
nublo	Nube que amenaza tormenta o lluvia. *El nublo se acerca y nos mojaremos. El nublado que tenemos encima amenaza lluvia. El nublado viene cargado de piedra.*
nuca	La parte de atrás de la cabeza en su parte superior. *El sacristán tenía la nuca tan curtida como el cuero de una silla de montar.*
nueces garduñas	Se dice de las nueces de las que por la estructura interior de la semilla resulta difícil extraer la parte comestible. Se aplica también a ciertas personas roñosas, poco inclinadas a dar de lo suyo a los demás. *Las nueces del nogal del barranco son garduñas y nadie las compra.*
ñoño	Se dice de alguien soso, sin gracia. *Pedro, El Berzas, siempre ha sido un ñoño.* Ñoñez: tontería. *"Déjate de ñoñeces y termina el trabajo"*
ñoño	Se dice de quien es apocado, escaso de ingenio y algo amanerado. *Isabel, ñoña y tímida, no supo hacer el recado que le encargó su madre.*
obligación*, la	En Mecerreyes: La Obligación era un servicio que prestaba el Ayuntamiento al pueblo en verano especialmente, consistente en sacrificar semanalmente varios machos cabríos del total que había comprado con anterioridad, cuya carne se destinaba al consumo de los vecinos mientras duraban las faenas del verano. *Cada lunes del verano mi madre me encargaba comprar carne de la Obligación para toda la semana.*
obrada[377]	Labor que en un día hace una persona cavando la tierra, o una yunta arando las fincas. *Esa tierra, que dices es tan grande, me la cavo yo en una obrada.*
ocuparse	Dedicar tiempo en hacer cosas. *Estoy muy ocupado regando los cebollinos.*
odre	Cuero de cabra, que, cosido y empegado[378] por el interior menos en la parte correspondiente al cuello del animal, sirve para contener líquidos, como vino o aceite. *Los odres estaban llenos de vino.*
ojal	Agujero reforzado en sus bordes y que sirve para abrochar un botón u otra cosa semejante. *Los ojales de la camisa resultan pequeños par los botones que lleva.*
ojeador	Hombre que ojea o espanta con voces la caza para que se ponga a tiro del cazador. *Hoy sólo han venido tres ojeadores de los cinco que contratamos.*
ojeo	El **ojeo** es una forma de **caza menor** que principalmente se usa para la caza de la **perdiz**. En ella, se ponen unos puestos de cazadores al final de una extensa zona, y en el otro extremo se ponen los ojeadores, que son unas personas provistas de pañuelos, palos, etc. para hacer ruido y asustar a los animales *El ojeo ha sido perfecto, todas las perdices vinieron de frente.*
ojeriza	Enfado o mala voluntad contra alguien. Tener ojeriza a alguien: Mostrar enfado y distanciamiento continuo con él. *Creo que la maestra de inglés me tiene ojeriza, todos los días me pregunta el primero. No sé por qué, pero a Sonia le tengo un poco de ojeriza.*
ojete	Ano. *A los niños hay que limpiarles el ojete durante varios años.*
ojete	Agujero circular hecho en tela, lona, u otro material, a veces reforzado en su borde con

---

[376] Nuez. La **nuez** es un **fruto seco** de alto valor nutritivo. Es rico en **proteínas, vitaminas del grupo B, vitamina C**, aceites vegetales, **lecitina** y **ácidos grasos omega 3**. Se le atribuye la capacidad de **reducir el colesterol. Antiguamente se consideraba que comer nueces fomentaba la inteligencia por la** similitud en su forma con el **cerebro** humano. Actualmente, debido no a su forma, sino a sus valores nutricionales, se ha demostrado que así es.

377 **Obrada**: Medida agraria usada en las provincias de Palencia, Segovia y Valladolid, en equivalencia, respectivamente, de 53,832 áreas, de 39,303 áreas y de 46,582 áreas.

378 **Empegar**: Bañar o cubrir con pez derretida u otra sustancia semejante el interior o el exterior de los pellejos, barriles y otras vasijas.DRA

	anillos de metal, por donde se pasa un cordón. *Los ojetes de las botas no dejaban pasar el cordoncillo.*
olla	Comida preparada con carne, tocino, legumbres y hortalizas, principalmente garbanzos y patatas. También llamada olla podrida. *La olla agotó el apetito de los comensales.*
olla	Recipiente redondo de barro o metal, Tiene barriga, cuello y boca anchos y una o dos asas. Se usa para cocer alimentos, calentar agua, etc. *En la olla de hoy hay comida para cinco personas.*
ollar	Se llama así a cada uno de los orificios por los que respiran los animales. *La caballería, después del esfuerzo hecho, lanzaba chorros de vaho por sus ollares.*
olma, olmo	Árbol grande con mucho ramaje y bueno para sombra. Tiene buena madera. *Después de comer nos defendimos del calor a la sombra del olmo.*
onda	Instrumento para lanzar piedras que consta de una badana rectangular o cuadrada pequeña en cuyos lados se enlaza una cuerda. La piedra se coloca en la badana y sujetando las dos cuerdas se gira varias veces hasta que coge mucha fuerza centrífuga y en ese momento se suelta una de las cuerdas y la piedra sale lanzada. *Tomás, el Cagalía, era capaz de dar a las jícaras de los postes de electricidad con piedras lanzadas con la onda.*
onza	Medida de peso en desuso que equivale a 28 o 29 gramos. *Los panecillos pesan menos de dos onzas.*
órdago	En el juego del mus, envite por lo que queda pendiente para adjudicarse el juego. *Julio, jugándosela a medias (tres figuras iguales) echó un órdago que encogió el ánimo de sus contrarios.*
orear	Acción de secarse las cosas mojadas con el aire y el sol. *La manta de mi abuelo, calada por la lluvia, se está oreando. He puesto las sartas a orear en la chimenea.*
orear	Aplicado a la matanza: secara y curar la carne, los lomos, los chorizos, etc. al aire y al humo de la chimenea. *La Oren tiene en su chimenea tres varas de chorizos y dos de morcillas.*
orégano	Hierba con tallos erguidos de cuatro a seis decímetros de altura, flores purpúreas en espigas terminales, y fruto seco y globoso. Es aromático, abunda en los montes de España, y las hojas y flores se usan como tónicas y en condimentos. *Al picadillo le ponían algo de orégano antes de embutirlo.*
orejera	Cada una de los dos palos que el arado romano lleva introducidos oblicuamente a uno y otro lado del dental y que sirven para ensanchar el surco. *Se ha caído una orejera del dental y el surco queda poco abierto. Un arado sin orejeras es como una persona sin inteligencia, apenas dejan huella.*
oreo	Secado de las cosas por acción directa del aire. *El oreo es una forma barata de secar la ropa, basta ponerla al sol y al aire.*
organillo	Instrumento reproductor de melodías, grabadas en cintas o cilindros de madera o metal por medio de perforaciones o púas. Se mueve con un manubrio[379]. Se tocaba en las verbenas y bailes de los pueblos en locales cerrados. *El organillo tiene preparadas más de veinte piezas diferentes.*
orilla	Cerca de. Al lado de. Tierra más cercana al agua. *Los novios se dieron un paseo por la orilla del río. Ángel se bajó los pantalones a la orilla de un chaparro*
orillarse	Ponerse a un lado. Colocarse en la orilla. *Mi abuelo siempre se orillaba a la derecha para dejar paso a los que venían de frente.*
ortiga	Planta cuyos tallos y hojas tienen unos pelillos que segregan un líquido que produce irritación y picor al contacto. *Ana se cayó entre las ortigas y no hay forma de aliviar los picores que le han producido. Cuidado niños, que en este sendero hay muchas ortigas.*
ortigarse	Rozarse con las ortigas y sufrir las consecuencias de ellas en la piel. *Esta mañana, cuando bajé a la huerta, me ortigué las piernas.*
orujo	1. Hollejo de la uva después de exprimir la uva. *Esta tarde tendremos que prensar el orujo.* 2. Bebida espirtosa obtenida del vino y de otras sustancias por destilación. *Al-*

---

[379] **Manubrio.** Manivela. Pieza, generalmente de hierro, con forma de ángulo recto que se usa para dar vueltas a una rueda o al eje de un mecanismo: *Los organillos se tocaban haciendo girar un manubrio.*

	gunos labradores se desayunaban con una copa de orujo en la taberna
orza	Recipiente de barro, alto y sin asas, que sirve para guardar productos adobados en aceite. *En la merienda tomamos lomo de orza.*
orzuelo	Divieso[380] pequeño que nace en el borde de uno de los párpados. *Ayer me desperté con un orzuelo en el ojo derecho.*
ostento	Apariencia que denota prodigio de la naturaleza o cosa milagrosa o monstruosa. *Se sentía avergonzado de su ostento (el pelo se le erizaba... Camino de Miguel Delibes)*
otear	Registrar, mirar desde un lugar alto lo que está abajo. *Los segadores otearon desde la colina las casas del pueblo. El sacristán oteó desde el campanario los campos de cereales en sazón.*
otero	Cerro aislado que domina un llano. *Desde el otero se contemplan los campos dorados por la mies.*
otoñada	Tiempo propio de la estación de otoño. *La otoñada es la adecuada para alzar las tierras antes de la siembra.*
oveja churra	Raza de oveja de lana corta y gran suavidad. *En los rebaños del pueblo hay ovejas churras y ovejas merinas.*
oveja merina	Raza de oveja que se identifica, fundamentalmente, por la producción de lana. La lana esquilada de cada oveja se llama vellón. *En los rebaños del pueblo hay ovejas churras y ovejas merinas. Ayer el tío Lucas, el Oreja Hueca, vendió cincuenta vellones*
ovillo	Bola que se forma devanando hilo de lino, algodón, seda, lana, etc. *En el cesto de costura tienes ovillos de todos los colores.*
pabilo o pábilo	Mecha de una vela o parte quemada de dicha mecha. *El pabilo del velón, negro y curvo, apenas daba luz para ver los objetos de la habitación.*
pagar a tocateja	Pagar con dinero en efectivo y en el momento. *La compra hubo que pagarla a tocateja, sin posibilidad de retraso alguno.*
pago	Una extensión de terreno muy amplia en una zona rural. *En el pago de Vallealto tengo dos fincas plantadas de viñas y almendros.*
paja	Caña de los cereales o leguminosas seca, segada, trillada y separada del grano. *La paja de los cereales y leguminosas se usa como alimento de los animales en invierno. La paja trillada se almacena en los pajares.*
pajar	Lugar donde se guarda la paja. *Al final del verano se mete la paja en el pajar.*
pajaza	Restos de paja que dejan las caballerías cuando comen su pienso. *Las pajazas del pesebre se usan en invierno para calentar la gloria.*
pajera	Espacio pequeño, situado en la cuadra delante o cerca de los pesebres, donde se almacena paja para alimentar las caballerías durante unos días. *Por la tarde, al salir de la escuela, tengo que llenar la pajera.*
pajero	Se dice de la persona que pasaba por las eras a comprar la paja. *El pajero nos ofrece nueces por la paja que hay en la era.*
pajoso	Mies con mucha paja. *El trigo de Fuentehontrosa está muy pajoso pero poco granado.*
pala	Referido al horno de hacer pan: Es el instrumento que se utiliza para colocar los panes en el horno. El tamaño del mango debe ser al menos tan largo como el diámetro del horno. También se utilizaban otras palas con el extremo de hierro para el trabajo de encendido y mantenimiento del fuego. *Ten cuidado Rafaela no se te queme la pala.*
palabrería	Se dice que alguien "tiene mucha palabrería" cuando es hábil para envolver y convencer a otro con sus palabras de algo que le beneficia. *El tendero tiene mucha palabrería y agota a los clientes con su verborrea.*
palada	Cantidad de mies que se mueve cada vez en la parva con una pala. *Jorge daba la vuelta a la parva con cincuenta paladas.*
palancana* palangana	Vasija en forma de taza grande, poco profunda y con las paredes inclinadas hacia fuera. Se usa para contener agua y lavarse con ella las manos y la cara. *Jesús, en la última cena, tomó la jofaina y lavó los pies a sus discípulos.*

---

[380] **Divieso**. Tumor inflamatorio, pequeño, puntiagudo y doloroso, que se forma en el espesor de la dermis y termina por supuración seguida del desprendimiento del llamado clavo. DRA .

jofaina	
palancanero * palanganero	Mueble que soporta la palangana. Solía tener incorporado un espejo oscilante, un reci-piente para recoger el agua usada y un sitio para colgar la toalla. *El palanganero es de madera de pino.*
palancazo*	Golpe que se da con una palanca o palo. *No enredes, le dice el padre a su hijo, que te pueden dar un palancazo.*
paletada	Cantidad de argamasa que la paleta o la pala puede coger de una vez. *Las paletadas de yeso de Jaime cubrían el doble de superficie que las paletadas de Ambrosio.*
paletilla	Cada uno de los jamones hechos con las patas delanteras del cerdo. También pata delantera de los corderos o cabritos. *Hoy la paletilla está a 7 euros el kilogramo.*
paleto	Se dice de la persona ajena al trato y formas sociales. Se aplicaba a las personas de los pueblos (hoy creo que hay más paletos en las ciudades que en los pueblos). *Parecía un paleto, pero en cuanto le presentamos a Esther no hubo forma de separarlos. Con el cateto y el paleto ojo abierto.*
palitroque	Palo pequeño y tosco. *El suelo del lugar donde se corta la leña queda lleno de palitroques.*
palmatoria[381]	Se denomina **palmatoria** al objeto en forma de **platillo** y provisto de asa en el borde, ideado para sostener una **vela** en un soporte cilíndrico hueco en el centro. La palmatoria, es la hermana humilde de **candelabros** y **candeleros**. *Los estudiantes leían a la luz de dos palmatorias.*
palmeta	Regla utilizada en la escuela por los maestros y maestras para castigar a los niños y niñas dándoles palmetazos en la mano abierta. *La maestra castigó a los niños que tiraron el tintero al suelo con tres palmetazos.*
palomar	Palomar, construcción popular de distintas formas destinada a la crianza de pichones y palomas. *El palomar del tío Perica está a las afueras del pueblo.*
palomilla	Tuerca con dos aletas que sirven para darle vueltas con los dedos. *Los tornillos con palomilla son fáciles de apretar.*
palomina	Estiércol[382] producido con los excrementos de las palomas y usado para abonar los huertos y las macetas. *Recoge bien la palomina y llévala al huerto.*
palomino	Mancha de excremento en la ropa interior. *Los calzones de Tino siempre llevan palominos.*
palones*	Se dice de los postes de madera que sostenían y aún sostienen en muchos casos los cables de la electricidad o del teléfono. *La ventisca del jueves tiró cinco palones y dejó sin luz al pueblo.*
palos de aca-rrear	Palos (estacas) de unos dos metros o más de altura terminados en punta en la parte superior, que se sujetaban a los tableros del carro con el fin de poder cargar mayor número de haces en el acarreo. *En cada palo del carro el tío Narciso, el Pandereta, encajaba dos o tres haces.*
palote	Trozo de recta que se hace cuando se aprende a escribir. *Mi hija lleva dos meses haciendo palotes.*
pamplina	1. Tonterías, cosas sin importancia. *¡No dices más que pamplinas, pamplinero!* 2. Dichos o acciones con la intención de congraciarse alguien. *Nada de pamplinas. El castigo lo tienes que cumplir.*
pamplinero	Persona propensa a decir o hacer pamplinas. *Mi compañero de trabajo es un pampli-*

---

[381] Prácticamente se ha perdido la acepción de **palmatoria** relacionada con el mundo de la escuela y la educación. El objeto en cuestión era una tablita agujereada con mango para castigar dando en las palmas de las manos a los niños. Arma temida por los estudiantes y que como tal ya aparece en el capítulo segundo del **Buscón** de **Francisco de Quevedo**. Asimismo, "ganar la palmatoria" era el privilegio -que tenía el que primero llegaba a clase- de aplicar el castigo a sus compañeros penalizados (una especie de traspaso del poder ejecutivo o, en este caso, ejecutor). Por extensión, "ganar la palmatoria" se usa como equivalente a "llegar el primero". Wikipedia
[382] **Estiércol**: Basura. En los pueblos se emplea principalmente el estiércol de oveja, de ganado vacuno, de caballo, de gallina (**gallinaza**). El estiércol de cerdo proveniente de granjas tiene consistencia líquida y se denomina **purín**.

	nero.
pan que no ha subido	Se dice del pan mal cocido por no haber fermentado correctamente la levadura. *La tía Cana echó a los gorrinos el pan que no había subido.*
pana	Tela gruesa que puede ser lisa o con hendiduras generalmente verticales. Es de algodón y no se apolilla. *El traje de pana lisa se usa en los días de fiesta en invierno.*
panadizo	Inflamación aguda de los dedos. *En la siega le salieron dos panadizos en la mano derecha. Ayer se me reventó el panadizo que tenía en el dedo índice de la mano derecha.*
pánfilo	Se dice de la persona bobalicona sin iniciativa. *¡A ver si te enteras, que eres un pánfilo total! Pánfilo, más que pánfilo, no dejes que te quiten las cosas.*
panoli	Alelado, bobo, carente de voluntad. *La Andrea es una panoli.*
pansinsal	Se dice de la persona sosa, ñoña, sin gracia. *La Benita, la hija del tío Cosme, es la pansinsal de la cuadrilla.*
panzada	Atracón. Darse una panzada: Excederse comiendo, bebiendo o realizando cualquier actividad. *Los quintos nos dimos una panzada de cordero. ¡Menuda panzada de trabajo nos dimos ayer!*
pañada*	Conjunto de telas de lino que se extendían sobre la hierba en las eras después de lavado. Para que perdiera el color "crudo" propio del lino, había que regar la pañada extendida varias veces. *Anita regaba la pañada tendida en las eras con un balde lleno de agua, que desparramaba con sus manos.*
pañoleta	Prenda triangular que se pone al cuello o sobre la cabeza. *En san Fermín llevan la pañoleta roja.*
papanatas	Se dice de la persona simple y crédula y fácil de engañar. *Con papanatas y pánfilos es imposible hacer algo serio.*
papel secante	Papel que se empleaba para secar la tinta de lo escrito o dibujado para que no se "corriese". *Como no he pasado el secante por lo escrito se han hecho varios borrones al doblar la hoja.*
papel secante	El esponjoso y sin cola, con el que se secaba la tinta de lo recién escrito para que no se emborrone
paramento	1. Cada una de las dos caras de una pared. *Hay que cubrir los paramentos con yeso blanco.* 2. Cada una de las seis caras de un sillar labrado. *Los paramentos de los sillares son uniformes.*
páramo	Terreno improductivo, yermo, sin vegetación y desabrigado. *Cuando atravesamos el páramo, el camino se hace pesado y aburrido.*
parar el horno	Referido al horno de hacer carbón: Dejar de atizar el horno. La señal para hacerlo es cuando la tierra colocada encima de la última cama blanquea. El horno tardaba en enfriarse un par de días. *Ya está blanqueando la encimera del horno, Juan, pronto tendremos que pararlo. (dejar de echar leña)*
pardal	Hombre astuto y listo. *¡Menudo pardal está hecho el tío Girones! No te fíes de él. Mi sobrino es un pardal de cuidado, siempre está haciendo picias[383.]*
pardal	Nombre con que se conoce también al gorrión. *He visto dos pardales aprendiendo a volar.*
paridera	1. Hembra en condiciones de procrear. *En el rebaño hay más de veinte ovejas parideras.* 2. Sitio en que pare el ganado, especialmente el lanar. *En la paridera hay hoy cuatro ovejas y tres cabras.* 3. Apartado dentro del corral hecho para facilitar el parto de las cochinas. *La cochina está pariendo en la paridera.*
parienta	Se dice de la mujer de uno mismo. *Mi parienta me prepara buenos aperitivos. La parienta no está, ha salido a comprar pan.*
parihuela	Artefacto compuesto de dos varas gruesas con unas tablas atravesadas en medio, donde se coloca la carga, que se lleva entre dos personas. *El herido fue trasladado en una parihuela hasta la ambulancia.*
parroquiano	Cliente habitual de un bar, de un café o de un comercio. *Ayer murió Paco, parroquiano*

---

383 **Pifia**. Acción que causa daño o perjuicio a alguien.

	del bar La Mosca.
parva	Cantidad variable de mies segada y extendida en la era de forma circular o de corona circular para ser trillada. *La parva de trigo está preparada para que la yunta empiece a trillarla.*
parva	Montón cónico o con otra forma que se hace con la mies trillada antes de aventarla. *La parva de cebada tenía más de 4 metros de alta.*
pasacalle[384]	Desfile por las calles de una banda de música tocando a ritmo vivo. La banda va precedida por los mozos del pueblo, que de vez en cuando lanzan cohetes, y seguida por la chiquillería y algunas personas mayores. *El pasacalle será a las diez de la mañana y terminará en la plaza del pueblo a las once.*
pasamonta-ñas	Gorro que cubre toda la cabeza hasta el cuello, salvo los ojos y la nariz, y que se usa para defenderse del frío. *Por las mañanas, cuando salíamos a plantar pinos, nos cubríamos con el pasamontañas.*
pasmado pasmao	Persona distraída y falta de atención en lo que se le dice por estar centrado en otras cosas. *Rosi, La Chata, estaba pasmada cuando le entregaron el regalo de su cumpleaños.*
pasmarote	Persona atontada o ensimismada con alguna cosa. *Pedro, arrima el hombre y no te quedes mirando como un pasmarote.*
pasto	Hierba que el ganado pace en los campos. *El pasto no era suficiente para alimentar las ovejas del rebaño.*
patatús	Desmayo, mareo que tiene alguien en un momento dado. *A Leandro le ha dado un patatús cuando volvía de trabajar en el campo.*
patitieso	Se aplica a alguien que por cualquier motivo se queda sin sentido ni movimiento en las piernas. *Luis se quedó patitieso al caerse del caballo.*
patizambo	Que camina con las piernas torcidas hacia afuera y las rodillas juntas. *Andrés hizo de patizambo bizco en la obra de teatro.*
patoso	Se dice de la persona torpe al moverse o con poca maña o habilidad para las cosas. *No seas patoso, Daniel, y deja que nosotros presentemos el trabajo.*
patrón	Modelo de referencia que sirve de muestra para sacar otra cosa igual. *El patrón de la chaqueta se ha quedado antiguo.*
pavesa	Parte pequeña y ligera que salta de las ascuas y acaba por convertirse en ceniza en el aire. *Al golpear el ascua con las tenazas surgieron muchas chispas que convertidas en pavesas llenaron de ceniza el fogón.*
pavía	Variedad de melocotón, cuyo fruto tiene la piel lisa y la carne jugosa. *Este árbol tiene por lo menos veinte kilos de pavías.*
pechera	Parte de la camisa o de otras prendas de vestir que cubre el pecho. *Juanito llevaba en la pechera señal de todos los tipos de comida que había probado en la mesa.*
pecina	Barro negruzco que se forma en los charcos o cauces donde hay materias orgánicas en descomposición. Al moverlo despide mal olor. *Al limpiar el arroyo del lavadero sacaron muchos cubos de pecina.*
pedernal	Variedad de cuarzo (mineral con sílice) muy compacto, translúcido en los bordes y muy duro. El pedernal se aprovecha, entre otras cosas, para obtener la piedras que se colocan en los trillos y que son las que tronzan las pajas y desprenden el grano de las espigas. *Antes del verano se reponen en el trillo las piedras de pedernal que faltan.*
pedo de lobo	El conocido pedo de lobo, es un hongo blanco y globoso, no comestible. Cuando se aprieta el casquete, éste revienta, soltando un polvo negro. De ahí su nombre vulgar. *Los niños competían en localizar y pisar pedos de lobo.*
pedrada	Golpe recibido o dado a alguien o algo con una piedra. *Ayer rompieron los cristales de la botica con una pedrada.*
pedregal	Se dice del lugar o terreno cubierto casi todo él de piedras sueltas de distintos tamaños. *La carrera de los galgos en el pedregal se hizo lenta y desordenada. Al atravesar*

---

[384] Tambien se llama **pasacalles** a las marchas populares de compás muy vivo: *La banda tocaba pasacalles en el templete de la plaza del pueblo.*

	el pedregal el carro se atascó y tuvimos que pedir ayuda.
pedrisco	Piedra o granizo de distintos tamaños que cae de las nubes en abundancia y con gran violencia dañando las cosechas. *El pedrisco que azotó a las viñas estropeó la cosecha del año.*
pego[385]	Engaño en el juego de naipes consistente en unir dos cartas con disimulo para que salgan como una sola cuando le interesa al jugador tramposo. *Tío Lucas, tenga cuidado que estos jugadores le pueden dar el pego. ¡Cuidado con el tío Rufo, el Lindo, que es muy amigo del pego!*
pegote	Porción de una sustancia espesa y pegajosa que se adhiere a algo. *Las ruedas del carro estaban llenas de pegotes de barro. Carlos ha vuelto a casa con los pantalones llenos de pegotes.*
peinar el horno	Referido al horno de hacer carbón: Atusar o repasar con el rodillo la tierra de la superficie del horno rellenando, si es necesario, los hoyos que se hayan formado. *Vamos a peinar un poco el horno que han aparecido hoyos.*
pejiguero/a	Cosa, acción o persona que nos molesta o nos pone en problemas y dificultades sin obtener provecho. *Mira que son pejigueras las moscas, no nos dejan comer en paz.*
peladura	La piel que se quita y separa de la fruta, de las patatas y de otros productos. *Las peladuras de las naranjas y de las patatas hay que bajarlas a la basura.*
pelanas	Persona inútil. *El pelanas de Jaime no terminará nunca la tarea a tiempo.*
pelar	Arrancar con la mano los yeros, las lentejas, las algarrobas, los garbanzos, los titos, etc. *Agacharse y pelar, imposible no sudar.*
pelaruecas	Mujer de escasos recursos que vive de hilar. *En la casa vivían un zapatero remendón, malicioso y pícaro, y la pelarruecas del pueblo.*
pelechar	Cambiar de pelo o pluma un animal. *Coque, el perro de mis hijos, está pelechando y deja los sofás llenos de pelos sueltos. Las gallinas están pelechando y ponen menos huevos que antes.*
pelele	Figura de persona hecha de paja o con trapos viejos o de desecho que se suele poner en las huertas o en las fincas para asustar a los pájaros. *Isidra ha hechos dos peleles con los trozos de tela sobrantes.*
pelele	Persona simple y fácil de dominar. *Luis un pelele a las órdenes del dueño del bar. Abandono el trabajo porque no quiero ser un pelele de su señora.*
pellejero	Comerciante que compra pieles de oveja, de cabra, de conejos, etc. para volverlas a vender a los curtidores. *Andrés, coge las pieles de conejo y véndeselas al pellejero.*
pellejo	Odre[386].Piel del animal separada del cuerpo y preparada para contener líquidos como el vino. *El pellejo de la cabra está entero.*
pellejo	Persona de vida licenciosa y alegre. *Para pellejo, Jaime, El Mulo, no hay moza, ni mozo, al que no haya intentado engatusar.*
pellejo	Piel que queda colgando después un corte en la mano o cualquier otra parte del cuerpo. *Isabel se cortó en el dedo al partir el queso y le quedó un pellejo colgando.*
pellejo	Piel de algunas frutas. *No tires los pellejos de uva al suelo.*
pelliza	1. Prenda de abrigo hecha o forrada de pieles finas. *Hoy es necesaria la pelliza para protegerse del cierzo.* 2. Chaqueta de abrigo con el cuello y las bocamangas reforzadas de otra tela. *El abuelo salió a pasear con la pelliza y una bufanda.*
pellizcar	Asir con el dedo pulgar y cualquiera de los otros una pequeña porción de piel y carne, apretándola hasta producir dolor. *Los gemelos se pellizcaban mutuamente*
pellizco	Trozo pequeño de algo, que se toma, se quita o se come. *Sonia ha tomado un pellizco*

[385] **Dar el pego**: engañar con cosas y acciones fingidas.

[386] **Odre**. El **odre** es un **recipiente** hecho de **cuero**, generalmente de **cabra**, que, cosido y empegado por todas partes menos por la correspondiente al **cuello** del animal, sirve para contener **líquidos**, como **vino** o aceite. El odre solía hacerse de la siguiente manera: Primero se mataba un animal, al que se le cortaba la cabeza y las patas. Luego se desollaba el pellejo cuidadosamente, de modo que no fuese preciso abrirlo en canal. Se **curtía** la piel y se cosían todas las aberturas excepto una. Si los pellejos no estaban bien **curtidos**, el líquido adquiría un sabor desagradable. Finalmente, la abertura no cosida, que podía ser el cuello o una de las patas, se dejaba sin coser y se cerraba con un tapón o cordel. Wikipedia

	de queso para probarlo.
pellizco	Señal que dejan los pellizcos en piel. *El pellizco de Ana me ha dejado señal en el brazo. ¿Quién me ha dado un pellizco cuando se ha ido la luz?*
pelma	Persona molesta e importuna que repite una cosa muchas veces. *Cuando esté en la tienda evita que entre la pelma de Luisa que todos los días me repite lo mismo cien veces.*
pelón	Persona con todo el pelo de la cabeza cortado muy bajo. *Ahora está de moda ir pelones.*
penca	Nervio principal y pecíolo de las hojas de ciertas plantas, como la acelga, el cardo, la lechuga, la berza. *Las pencas de las hojas de acelga se pueden rebozar.*
pendón	Persona, especialmente mujer, desaliñada y ligera de cascos. *Menuda pendón está hecha la Sole, todos los días hay que buscarla par que vuelva a casa.*
pendón	Bandera usada por las iglesias y cofradías para guiar las procesiones. *El pendón y los ciriales[387] encabezan la procesión de la Virgen del Carmen.*
pendonear	Holgazanear. Ir de un sitio a otro sin hacer nada útil. *Luisa, la Ventolera, se pasa el día pendoneando.*
peñascal	Canchal. Lugar cubierto de peñascos. *El sábado nos resultó difícil atravesar el peñascal. Las cabras encuentran en el peñascal su medio favorito.*
peñasco	Peña grande y de elevación considerada o piedra de difícil manejo para lanzarla con la mano. *El sendero discurría entre hoces y peñascos.*
peñazo	Trabajo aburrido por repetitivo. *¿Pelar algarrobas? No hay trabajo más peñazo y cansino.*
peñazo	Pedrada. Golpe dado con un canto. *El niño se entretenía rompiendo las bombillas del pueblo a peñazos.*
peñazo	Se dice de la persona que aburre, que es muy pesada al hablar. *El peñazo de Santiago nos aburría con sus historias de la mili.* … o del trabajo repetitivo. Golpe dado con un canto o piedra.
peón	Jornalero que trabaja en cosas materiales que no requieren especial preparación. *En la preparación del local como bar hay tres peones y un capataz.*
peonada	Trabajo que un peón o un jornalero hace en un día, especialmente en las labores del campo. *Para arreglar el tejado se necesitan al menos cinco peonadas*
peonza trompique*	Juguete de madera, de forma cónica y terminado en una púa de hierro, al cual se enrolla una cuerda para lanzarlo y hacerle bailar. Uno de los juegos con la peonza o trompique consistía en colocar en un círculo varias monedas o chapas. Se lanza la peonza al círculo y las monedas o chapas que dicha peonza saque del círculo son para su dueño. Las mejores peonzas eran las de madera de encina. *León, el Gafas, lanzó su peonza y al golpear directamente en la de Antonio, el Tembleque, la partió en dos.*
pera **perilla**	Interruptor de la luz de forma de pera. Se coloca en las cabeceras de las camas, en las mesillas, etc. *La perilla tiene un hilo suelto y no funciona.*
percal	Tejido de algodón que se emplea para hacer prendas baratas. *En El Barato se ofrecen toda clase de prendas de percal a precios muy bajos.*
perdido	Se dice del terreno o finca sin cultivar durante bastantes años. *En el perdido abundan las zarzas y las aliagas.*
perdigón	Pollo de perdiz. *A la perdiz la seguían doce perdigones.*
perezosa	Mesa que se forma haciendo girar sobre sus goznes un tablero adosado a la pared hasta que descansa por la otra parte con un pie o tentemozo. *Todos los días de la semana, salvo los domingos y fiestas, la comida se hacía en perezosa de la cocina.*
perico	Referido al horno de carbón: Palo recto de roble, que pesa menos que el de encina, a modo de mástil o eje del horno de carbonar. *Ahora vamos a quitar el perico y a echar las ascuas en el agujero que deja.*
perillán	Se aplica a la persona pícara, hábil en el engaño. *Carmelo es un perillán de cuidado.*

---

387 **Cirial**: Cada uno de los candeleros altos que llevan los acólitos en algunas funciones de iglesia en la cabeceraq de las procesiones..

perindola perinola	Peonza pequeña que se baila con los dedos. En algunos sitios se llama pirindola. *Con la propina he comprado tres perindolas de distinto color. La perindola de mi primo era piramidal.*
perlesía	Debilidad muscular producida por la mucha edad o por otras causas, y acompañada de temblor. *A mi abuelo la perlesía no se le hizo visible hasta los 90 años.*
pernera	Parte del calzón o pantalón que cubre cada pierna. *El pantalón de Luis tiene más larga una pernera que otra.*
pernil	Jamón o paletilla de cerdo. *Para celebrar el cumpleaños del tío Julio, El Canene, se compró un pernil.*
pernio	Gozne[388] que se pone en las puertas y ventanas para que giren las hojas. *El carpintero tiene que colocar los pernios que compramos.*
perniquebrar/se	Romper/se, quebrar/se una pierna o las dos a un animal o a una persona. *El pastor perniquebró una oveja. Sebas se perniquebró al saltar del tejado al suelo.*
perno	Pieza de hierro cilíndrica, con cabeza redonda por un extremo y asegurada con una tuerca por el otro, que se usa para sujetar piezas de gran peso. *Las piezas de la cama del carro están sujetas con pernos.*
perol	Recipiente de metal semiesférico que sirve para cocer diferentes cosas. *Carlos observaba como hervía el perol puesto al fuego.*
perra chica	Moneda española de cobre o aluminio que valía cinco céntimos de peseta. *En el cine di de propina al acomodador cinco rubias[389] pensando que eran perras chicas.*
perra gorda	La **perra gorda** era el nombre coloquial con el que se denominaba a la **moneda** de 10 **céntimos** de **peseta**. Este nombre fue dado en alusión al extraño **león** (al que se confundía con un perro) que aparecía en el **reverso**. *Me he encontrado cinco perras gordas. Mi tío Julián, el Chato, me dio tres perras gordas de propina.*
perra	Perra chica o perra gorda: monedas de aluminio de cinco o diez céntimos de peseta, respectivamente. *Entre perras gordas y perras chicas no llega a un duro[390] lo que tienes en el bolsillo.*
perrería	Travesura. Acción mala o inesperada contra alguien. *Chicos, no hagáis perrerías al gato pequeño. Los amigos de Santi le hicieron una perrería en el coche tapándole el tubo de escape.*
perro perdiguero	Perro hábil en la caza perdices. *Mi abuelo tenía un perdiguero al que quería tanto como a sus nietos.*
pértiga	Palo largo y central del carro por el que sujeta al ubio al que están uncidos los bueyes. *El mozo sujetaba fuertemente el ubio a la pértiga del carro.*
perucal	Peral. *Ayer por la noche visitamos el perucal del tío Germán. Las peras estaban ricas.*
peruco	Pera de pequeño tamaño que madura muy temprano. *Ni perucos, ni almendrucos, buen chocolate es el truco.*
pescatero o frequero	Vendedor ambulante de pescado. *Mañana llega la furgoneta del pescatero.*
pescozón	Pellizco fuerte o golpe en el pescuezo (cuello) de alguien. *La madre de Ángel no quiere que a su hijo le den pescozones.*
pescuño*, pescuño	Cuña gruesa y alargada con que se ajustan la esteva[391], la reja y el dental[392] que tiene la cama del arado romano. *Este arado necesita un nuevo pescuño – dijo el tío Colás al carpintero - .*
pesebre	Cajón o recipiente hecho de obra de albañilería, donde se pone la comida a los animales. *En los pesebre echaba Nati la paja de trigo y la harina de cebada para que se ali-*

---

388 **Gozne**. Herraje articulado con que se fijan las hojas de las puertas y ventanas al quicial para que, al abrirlas o cerrarlas, giren sobre aquel. Bisagra metálica Herraje articulado con que se fijan las hojas de las puertas y ventanas al quicial para que, al abrirlas o cerrarlas, giren sobre aquel. Bisagra metálica. DRA

389 **Rubia**. Moneda de **peseta** fabricada a partir de la II República, cuando pasó a emplearse metal de **aleación** amarillento con rostro de mujer de cabellera suelta. Popularmente se la llamaba "rubia". Wikipedia

390 **Duro**: moneda o billete de papel equivalente a cinco pesetas.

391 **Esteva**. Pieza corva y trasera del arado, sobre la cual lleva la mano quien ara, para dirigir la reja y apretarla contra la tierra. DRAE.

392 **Dental**. Palo donde se ajusta la reja del arado.

	mentasen los bueyes.
pesebrera	Conjunto de pesebres consecutivos de una cuadra. *En la pesebrera del establo he podido contar cinco pesebres.*
pesiglás	Plástico muy fino y flexible con el que se hacían diversos objetos como cinturones, bolsos, etc. *Julia llevó un bolso de plexiglás amarillo.*
pespunte	Labor de costura, con puntadas unidas, que se hacen volviendo la aguja hacia atrás después de cada punto, para meter la hebra en el mismo sitio por donde pasó antes. DRA. *Luisa está dando unos pespuntes en el dobladillo de la falda. Las puntadas del pespunte que hace Mari Sol son muy largas.*
pestillo	Pieza prismática que sale de la cerradura por la acción de la llave y entra en el cerradero[393]. *La puerta de la casa tiene dos cerraduras con cuatro pestillos cada una. ¿Has echado el pestillo de la puerta?*
petaca	Estuche de cuero u otra materia adecuada, donde se llevan los cigarros o el tabaco picado. *Saca esa petaca y hagamos un cigarrillo.*
petardear	Batir una puerta con petardos. *Ayer los mozos petardearon las casas de las mozas.*
peto	Parte de una prenda de vestir que cubre el pecho. *Nuestros abuelos llevaban pantalones azules con peto.*
petral	Correa sale de la parte delantera de la silla de montar y rodea el pecho de la cabalgadura. *Cosme, ajusta bien el petral al pecho del animal.*
pica	Instrumento de cantero que sirve para desbastar las piedras. *El Chato, maestro cantero, está desbastando los sillares de la ermita.*
picacho	Se dice de la terminación a modo de pico que tienen algunas montañas. *La sierra de las Mamblas (Burgos) no tiene picachos.*
picachón	Herramienta algo curvada con punta en un extremo y azada estrecha en el otro. Equidistante de los extremos se halla el agujero donde se coloca el mango. Se usa para trabajos duros y extracción de piedra en el monte. *El tío Salus arrancaba cada día con el pico más de dos metros cúbicos de rajuela[394].*
picadero	Tronco de un árbol sustentado en tres brazos, que hacen de patas, y que se usa para picar sobre él leña con el hacha o el hocete. *Este año tenemos un picadero nuevo de encina.*
picadillo	Lomo de cerdo, picado y adobado convenientemente para hacer chorizos. *El picadillo está un poso soso y no tiene pimiento picante. Al picadillo le falta el orégano y un poco de sal.*
picante	Se dice de lo dicho por alguien con mordacidad y cierta gracia. *Colás, El Gallo, siempre tiene gente a su alrededor escuchando sus dichos picantes.*
picapedrero	1. Trabajador de las piedras para la construcción. *Los picapedreros que trabajan el granito están bien pagados.* 2. Hombre que "pica" o parte en trozos pequeños piedras calizas, que serán la base de los caminos o carreteras. *En el arreglo de la carretera han trabajado doce picapedreros.*
picaporte	Aldaba[395] de las puertas. *Para identificarte, da tres golpes con el picaporte.*
picar algo	Tomar una pequeña porción de algo comestible para probarlo o como aperitivo. *Mientras esperamos a Leandro, picamos un poco de jamón y queso*
picar el sol	Calentar mucho. *Hoy el sol pica fuerte.*
picar muy alto	Se dice de las personas que buscan pareja en clases sociales altas. *Fonso, El Gallo, picaba alto y con tantas exigencias, que solo vio la soledad.*
picar	Afilar[396] la cuchilla del dalle. *Tenemos que picar el dalle porque no corta bien las hierbas.*

---

393 **Cerradero**. Parte de la cerradura, colocada en el marco, en la cual penetra el pestillo al girar la cerradura.
394 **Rajuela**. Piedra delgada y sin labrar que se emplea en obras de poca importancia y esmero.
395 **Aldaba**. Pieza de hierro o bronce que se pone a las puertas para que alguien pueda llamar golpeando con ella. Pieza en forma de semicircunferencia fija en la pared para atar de ella una caballería.
396 **Afilar**: Se hace poniendo el filo de la pieza encima de un clavo especial fijado en el suelo y golpeando con un martillo a todo lo largo del filo.

picar	Partir los troncos apilados en trozos o cañas de 60 a 70 centímetros de longitud. *El picar se hace con el hacha y las piezas gruesas con el serrón.*[397] *. El Tino y el "Ojo Hueco" han dedicado toda la mañana a picar los troncos acarreados. El carnicero pica las chuletas con un cuchillo grande.*
picar	Cortar o dividir algo en trozos muy menudos. *El niño está picando la remolacha para las ovejas. Marcial, El Ojoverde, ha estado toda la mañana picando leña.*
picaraza pica-za urraca	Marica. Ave con plumaje blanco en el vientre y arranque de las alas, y negro en el resto del cuerpo. Es ave carroñera. *Las urracas anidan en los chopos altos y en otros árboles.*
pícaro	Ruin, engañador, falto de vergüenza, hábil para evitar el engaño. También se aplica a quien sus expresiones tienen cierta intención impúdica. *Al caballero le acompañaba un pícaro escudero, que le resolvía todos los problemas con facilidad.*
picarse el vi-no	Agriarse el vino. *El vino de esta botella está picado.*
picarse los dientes	Cariarse, dañarse los dientes. *Tengo dos muelas picadas, que tendré que quitármelas en invierno.*
picia	Se dice de las acciones incorrectas de los niños que causan daño o molestan a otros como en poner pegamento en una banqueta para que se pegue el pantalón de otro niño o untar las galletas con guindilla picante. *Ten cuidado con Jorge que le gusta hacer picias.*
piciero	Persona que hace picias o travesuras. *Tina, no seas piciera, que vas a terminar mal.*
pico de des-bastar	Herramienta de cantero con mago largo de madera con la que se desbasta la piedra., *Los canteros están desbastando las piedras del arco con el pico.*
pico de oro	Persona que se expresa bien y con fluidez. *¡Menudo pico de oro tiene la telefonista!*
pico, zorro o zahina[398]	Juego consistente en que los jugadores de un equipo, elegido a suertes, se suben en los jugadores del otro equipo, que se colocan encorvados y uno detrás de otro. *Las tardes del invierno jugábamos en la plaza al pico, aunque hiciese viento y frío.*
pico	Montaña de cumbre puntiaguda. *Los escaladores están intentando llegar a la cima del pico por la parte más vertical.*
pico	Instrumento usado para cavar tierras duras o remover piedras, compuesto por un mango y una barra de hierro acero encorvada de unos 30 cm y que termina en punta. *Para sudar, pico y pala bastan.*
pico[399]	Se refiere a la boca de una persona. Se dice que una persona tiene buen pico cuando tiene facilidad o soltura para hablar muy bien y rápido. *Juli, la hija del tío Calambre, el Cigüeña, tiene buen pico, habla por los codos.*
picón	Especie de carbón muy menudo, hecho de ramas de encina, jara o pino, que solo sirve para los braseros. *Al cribar la caldera hemos sacado unos cuantos kilos de picón de buena calidad.*
picón	Finca o porción de ella de forma triangular. *En el picón del Valle el abuelo Tin tiene un nogal y varios ciruelos.*

---

[397] Se solía decir: "Al serrón tocino y al serrador vino".

[398] **Pico/zorro**. Juego con varios jugadores repartidos en dos bandos. Uno cuyos jugadores hacían de burro y otro cuyos jugadores saltaban sobre sus espaldas. Un chico del "burro" se sentaba en un poyo y a continuación, otro de su mismo grupo colocaba la cabeza en las piernas del que se había sentado y se "espatarraba" para que el siguiente pudiera meter la cabeza y abrir también las piernas para que hicieran lo mismo cada uno de los chicos que formaban ese grupo. Luego los chicos del otro grupo tenían que saltar y colocarse encima de los que hacen de burro. Si no lo consiguen o se caen se cambian los grupos. Si se suben todos entonces uno hace una de estas señas **Pico** (cruz): se hacía una cruz con los dedos índices de ambas manos; **Zorro** (bollo): se colocaban los dos puños cerrados y uno frente a otro; **Zahína** (campanario): los dos puños cerrados se colocaban uno sobre otro y los de abajo tienen que adivinarla. Si aciertan se cambian los grupos. Si no se repite la acción. Otro de los gritos era: **Punzón** (un dedo estirado), **tijeretas** (dos dedos separados en ángulo) u **ojo buey** (circunferencia formada por el pulgar y el dedo más próximo?

[399] **Expresiones**: **abrir el pico**. *Comenzar a hablar* una persona. **Cerrar el pico**. Callar o dejar de hablar una persona. **Irse (o andar) de picos pardos**. Irse de juerga o a divertirse. **Tener mucho pico**. Hablar demasiado sin saber bien lo que se dice. **Tener buen pico**. Hablar con fluidez y sentido.

153

picorota	La parte más alta de una montaña o de un árbol. *A Cosme le gustaba subirse a la picorota de los árboles.*
picota del árbol	La parte superior de un árbol. *Andrés subió hasta la picota del chopo donde anidaba la urraca.*
pídola	Juego que consiste en saltar un grupo de muchachos, uno tras otro, sobre un chico que se colocaba encorvado, con los codos en las rodillas y la cabeza para adentro con el fin de evitar que los que saltaban le pudieran dar una patada en la "mollera". **Por las tardes, al salir de la escuela, volvíamos a casa jugando a la pídola.**
pie o cañada primera	En el horno de carbonar: Conjunto de cañas (palos) que se colocan alrededor del castillo apoyándose en el suelo. Para esta primera cañada se usan palos finos. *La cañada primera o pie del horno es la que ocupa mayor superficie.*
pie	En el horno de carbonar: Banda inferior de cañas del horno de carbonar que se hace a partir del castillo. *El borde del pie del horno es una circunferencia de tres metros de radio.*
piedralipe	Sulfato de cobre o hierro de color azul que se mezcla con la simiente para evitar plagas. *En casa hay preparadas dos fanegas de simiente con piedralipe. Pedro, no te olvides de mojar con piedralipe el trigo que sembramos mañana.*
piedras para obtener cal	Eran los cantos, redondos y rodadizos, - piedras calvas que decían los del pueblo- que se recogían en el monte, en las tierras o en los perdidos. *En el término municipal de Mecerreyes, Burgos, abundan las piedras calizas, redondas y homogéneas.*
pienso	Alimento destinado al ganado. Ración de alimento que se le pone cada vez al ganado. *En estos momentos vengo de echar el pienso a las ovejas.*
pifia	Error de puntería, descuido al hacer algo, paso en falso. *Manolo no dio en el blanco ni una sola vez, vaya pifia.*
pila de leña	Montón de leña. *La pila de leña que hay a la entrada del corral tiene palos muy gruesos.*
pila para mezclar arcilla	Pozo excavado donde se mezclaba y pisaba la arcilla molida con el agua. Sus dimensione solían ser de 2,5 x 1,5 x 0,80 m. *La arcilla que está en la pila está en su punto para hacer tejas.*
pila	Pieza cóncava situada al lado de un pozo donde se arrojaba el agua extraída de él para que abrevasen las caballerías.
pilada	Referido a hornear carbón: Montón de troncos que se hace una vez escamondados a la orilla del carril. *En el escamondo de hoy hemos hecho diez piladas de troncos.*
pileta	Recipiente con agua donde se enfrían las herramientas y las piezas trabajadas en la fragua. *El herrero metió en la pileta la reja recién forjada.*
pileta	Pila pequeña que solía haber en las casas para el agua bendita. *El agua bendita de la pileta se ha evaporado.*
pilila	Pene o pito de los niños. *Súbete la cremallera que se te ve la pilila.*
pillo	Se dice de la persona que actúa con picardía y sin modales. *El hijo del tío Cosme, El Sudores, es muy pillo y toma el pelo a sus compañeros.*
pilón	Recipiente de piedra junto a las fuentes o arroyos para que, cayendo el agua en él, sirva de abrevadero. *El agua del pilón está limpia y fresca.*
pilón	Pieza metálica que se usa en las romanas para equilibrar el peso de los objetos que se compara con la unidad de medida. *Ten cuidado no se caiga el pilón y te dé en los pies. El pilón estaba oxidado por el escaso uso que se hacía de él.*
pilonga	Se llamaba así a las castañas no comestibles. *En el puñado de castañas que he comprado me han dado dos pilongas. Entre los castaños hay algunos que tienen castañas pilongas.*
pimpante	Alegre, bien preparada. *La Silvia iba tan pimpante con su falda nueva*
pimpollo	Brote de una planta. *En la parra que plantamos hace un mes ya aparecen varios pimpollos.*
pina camba	Cada una de las porciones curvas de madera que forman la rueda del carro. Las piñas se unen entre sí con "llaves". En las **pinas** se fijan por la parte interior los rayos y por la exterior se fijan las **llantas** de hierro. *El carretero necesita las pinas para hacer la rue-*

	da.
pinar	Lugar poblado o replantado de pinos. *En los años sesenta del siglo pasado plantamos pimpollos de pinos en las Mamblas de Covarrubias. Hoy forman un pinar.*
pinarse el carro	Levantarse de la parte delantera a causa de peso excesivo en la parte trasera. *Coloca bien el peso en la caja del carro para que no se pine. En la era pinamos el carro y colocamos las bebidas a la sombra.*
pincha	Astilla punzante que se aloja en el cuerpo dolorosamente. *Al cortar el palo me he clavado una pincha en la mano...*
pincha	**Espina** de plantas o pescados que puede clavarse en el cuerpo. *Tengo en el dedo dos pinchas de cardo*
pindonga	Mujer que callejea mucho en el pueblo. *Tu mujer la he visto con la pindonga de Teresa en la tienda del fresquero.*
pingajo	Harapo (pedazo o jirón de tela). Jirón[400] de tela que cuelga. Trapo viejo que se usa para fregar el suelo. Vestido feo o que sienta mal. *Su vestido se enredó en las zarzas y ha quedado hecho un pingajo. Luisa en la fiesta llevaba un pingo colgando del vestido.*
pingajo	Estar hecho un pingajo: presentar un aspecto físico muy desmejorado. *Adela con la gripe quedó hecha un pingajo; apenas si se podía tener en pie.*
pingar	1. Apartar algo de su posición horizontal, inclinar. *Ahora descansa, pinga la bota y bebe.* 2. Pinar o inclinar. *Necesito que pingues un poco el carro para que me pueda subir.*
pingar	Tender o colgar algo. *Después de la colada, Rosa pingaba la ropa en la cuerda del corral.*
pingo	Mujer **casquivana**[401]. Alegre de cascos o de escasa de razonamiento y sentido común. *Dorotea, La Ventolera, es una pingo,*
pingo	Vestido feo o que sienta mal. *Vaya pingo que te has comprado.*
pingorota	Parte más alta de una cosa. *Juanito subió a la pingorota del chopo donde estaba el nido de las urracas.*
pinta	1. Imagen externo de una persona o cosa. *Alba tiene pinta de modelo con ese vestido.* 2. Aspecto que toma un asunto. *Este negocio tiene mala pinta.*
pintamonas	Se dice de la persona que no pinta nada social ni económicamente en el pueblo. *El chulo de Sergio es un pintamonas, nadie cuenta con él para nada...*
pintar bien	Salir bien las cosas. *La cosecha de cebada ha pintado bien este año.*
pintarrajear	Hacer garabatos en el papel con varios colores. *El niño de tres años se pasa muchos ratos pintarrajeando.*
pintiparado pintiparao*	Cosa que viene adecuada a otra en la que se está actuando. *Este tronco me viene pintiparao para lo que necesito en la tenada.*
pintiparado pintiparao*	Bien ajustado, como hecho a medida. *La chaqueta y el pantalón te están pintiparados.*
piojo	Insecto de color pardo amarillento, sin alas, con las patas terminadas en uñas y boca con tubo que le sirve para chupar. Vive parásito sobre los mamíferos, de cuya sangre se alimenta. *Lávate con frecuencia el pelo para que no críe piojos.*
piojoso	Que tiene muchos piojos. Sucio, harapiento. *Piojoso le decía en tono despectivo un niño a su compañero de mesa cuando venía sin lavarse.*
pipa	Tonel o cuba usada para guardar vino. *Mi amigo Pepe me regaló una pipa con 25 litros de vino del año 1990.*
pipirigallo	Planta herbácea vivaz. Se considera como una de las plantas mejores para prados, y una de sus variedades se cultiva en los jardines por la belleza de la flor. *La Gran Via la han adornado con pipirigallos.*
pique	Señal que se hacía en la tarja[402] para contabilizar el número de hogazas recibidas del panadero. La deuda adquirida se abonaba con kilos de trigo o de harina. *La tarja tiene treinta piques, pronto tendremos que entregar un saco de harina al panadero.*

400 **Jirón**: Pedazo desgarrado de un vestido, de una chaqueta, del pantalón, etc.
401 **Casquivana**: Mujer que no tiene formalidad en su trato con el sexo masculino. **Mujer alegre de cascos**.

piqueta	Instrumento de albañilería, con mango de madera y dos bocas opuestas, una plana como de martillo, y otra en forma de pico. *La piqueta siempre acompaña al albañil en los obras menores.*
pirata	Niño travieso. *Mi vecino era un pirata y con ese apodo se ha quedado toda su vida.*
piripi	Borracho o a punto de estarlo. *Todos los asistentes a la fiesta terminaros un poco piripis.*
pirrarse	Mostrar deseo vehemente hacia algo o alguien. *Mi hermano se pirra por el chocolate y mi hermana por el arroz con leche.*
pirulí	Caramelo, generalmente de forma cónica, con un palito que le sirve de mango. *Los niños compraron varios pirulís y un cuento.*
piscolabis	Alimento moderado que se toma para reparar las fuerzas y que se toma a cualquier hora del día. *A media mañana tomamos un piscolabis y aguantamos bien en el trabajo hasta mediodía.*
pisón	Instrumento pesado y grueso, de forma por lo común de cono truncado, que está provisto de un mango vertical, y sirve para apretar tierra, piedras, etc. *El pisón de la máquina golpea rítmicamente la tierra para apelmazarla. Julián, El Roble, maneja bien el pisón.*
pistonudo	Buenísimo. Se dice de algo muy bueno, superior o estupendo. *He comprado un móvil pistonudo. Este lechal está pistonudo.*
pitañoso	Legañoso. *El niño se ha levantado con los ojos pitañosos.*
pitas-pitas	Expresión muy utilizada para llamar a las gallinas. *Pitas-Pitas*
pitiminí	Ojos de pitiminí: ojos pequeños. *Manuel, de pequeño, tenía ojos de pitiminí.*
pizarra	Trozo de pizarra pulimentado, de forma y usado para escribir o dibujar en él con pizarrín o yeso. *Me han comprado una pizarra y un pizarrín de yeso.*
pizarra	Roca de color negro azulado, opaca y que se divide con facilidad en hojas planas y delgadas. Cortada en piezas regulares se usa para tejar y solar. Poco usada en Castilla la Vieja. *Vi los tejados de pizarra por primera vez cuando fui a Galicia*
pizarrín	Varilla de pizarra blanda o de otra sustancia con la que se escribe en las pizarras. *A Esteban le han trozado el pizarrín cuando iba a la escuela.*
pizcar	Pellizcar en la piel. *¿Quién me ha pizcado?*
pizcar	Tomar una porción mínima de algo para probarlo o como aperitivo. *No conviene pizcar antes de comer porque quita el apetito.*
pizco	Porción pequeña de piel que se aprieta con dos dedos hasta hacer daño. *En el brazo llevo la señal de los dos pizcos que me dio la maestra esta mañana.*
pizco/a	Porción mínima que se toma de algo. *Los niños han tomado un pizco (una pizca) de jamón.*
pizpireta	Mujer viva, pronta y aguda. *De las hijas de Tomás, El Trueno, la menor es una pizpireta.*

---

402 **Tarja**. Pieza de madera en forma de prisma cuadrangular de 2,5 cm de lado y de una longitud de 30 cm aproximadamente. En sus aristas laterales se hacían los piques que marcaban el número de hogazas recibidas del panadero.

plantilla	Pieza que se coloca en la parte inferior de los pies de las medias y calcetines cuando estaban rotos. *La abuela está poniendo unas segundas plantillas a los calcetines de los nietos.*
plantilla	Corte hecho en cartón fuerte con los mismos ángulos, figuras y tamaños que ha de tener la superficie de una pieza que se va a hacer, y que puesta sobre ella, sirve para cortarla y coserla. *En la escuela, a la hora de las tareas del hogar, dedicamos dos tardes a como ajustar las prendas que hay que hacer a las plantillas.*
plañidera	Se decía de la **mujer** a quien se le pagaba por ir a llorar al **funeral** de alguna persona. *Las plañideras comenzaron a gimotear cuando llegó el sacerdote, que las mandó callar.*
plañir	Gemir y llorar. *La Sole era muy dada a plañir cuando oía las novelas por la radio.*
plasta	Persona pesada por decir y repetir siempre lo mismo. Falto de ingenio. *A ver si alguna vez vienes a casa sin ese plasta de tu amigo.*
plegar*	Terminar la jornada de trabajo y recoger la herramienta. *Es hora de plegar, amigos. Mañana continuaremos la corta.*
plomada	Objeto cilíndrico o cónico de metal sujeto a una cuerda para que esta, tensada por la fuerza de la gravedad, señale la línea vertical en lo que estamos haciendo. *La plomada y el nivel son instrumentos básicos del albañil.*
pluma[403]	Instrumento metálico que colocado en un mango de madera, hueso u otra materia se usa para escribir. *Hoy empiezo a hacer caligrafía con la pluma metálica.*
plumín	Pequeña lámina de metal que se inserta en el portaplumas o está fija en el extremo de las plumas estilográficas para poder escribir o dibujar. *El plumín de mi estilográfica es dorado.*
pocho	Se dice de quien esta descolorido o bajo de ánimo. *Adela ha tenido mareos y se encuentra un poco pocha.*
pocholo	Se dice de lo bonito, atractivo o agradable. *Ese vestido es pocholo, llama mucho la atención y te cae muy bien. Tu traje es una pocholada.*
pocilga	Parte del establo destinado a los cerdos. *Maruja, mete los cerdos en la pocilga y cierra la puerta.*
polaina[404]	Especie de media calza generalmente de cuero, que cubre la pierna y se sujeta con botones o hebillas. *El pastor cuando lleva el rebaño al monte se viste con polainas. Carmelo salió de casa con botas de cuero y polainas camino del encinar.*
polla	Gallina que aún no ha puesto huevos, pero que está a punto de hacerlo. *En casa tenemos seis gallinas y media docena de pollas.*
pollada	Conjunto de pollos que sacan de una vez las aves. *Esta vez la gallina ha sacado una pollada muy numerosa. La pollada de la perdiz corría entre los trigales.*
pollino	Asno joven y no domado. Cualquier borrico. *Mis abuelos tienen en la casa del pueblo dos pollinos y un mulo.*
pololo	1. Pantalón corto, generalmente bombacho, que usaban los niños pequeños. *Los niños llevaban pololos azules con rayas.* 2. Pantalón bombacho corto que se pone debajo de la falda y enagua en los trajes regionales. *Al bailar la jota los danzarines dejaban ver sus pololos blancos.*
poner a mojo o a remojo algo*	Poner a mojo (o en remojo) es poner en agua durante cierto tiempo las legumbres para facilitar su cocción. *Estos garbanzos están duros porque no se les puso "a mojo" -en remojo- la víspera.*
poner la gavilla	Referido a hornear carbón: Colocar, una vez tapizado el horno de carbonar, gavillas de támbaras o ramas entre cada dos piedras de las colocadas en el perímetro del horno en su base. *Las gavillas ya están colocadas en todo el perímetro de la base del horno.*

---

[403] **Plumas.** Para escribir con tinta había plumas para distintos tipos de letra: redondilla, gótica, cursiva.
[404] La **polaina** protege la pierna desde la rodilla hasta el tobillo. Las **polainas** se colocan en el exterior de la bota y del pantalón. Tienen forma tubular y se enganchan al pie, según la necesidad de sujeción, por una **cinta**, **sirga** o **correa**. Históricamente, las polainas han sido prenda de labradores y pastores. Las polainas de **cuero** han formado parte de diferentes uniformes militares como complemento de la bota.

poner la zancadilla	Acción de cruzar alguien su pierna por entre las de otra persona para hacer que pierda el equilibrio y caiga. *Andrés puso la zancadilla a su primo cuando iba corriendo y al caer se rompió dos dientes.*
ponerse al abrigo	Resguardarse del viento frío. Colocarse en un sitio donde no hace frío. Colocarse en un rincón en el que da el sol y no da el aire frío. *Hemos colocado la tienda al abrigo del cierzo.*
ponzoña	Sustancias o cosas que en forma de suciedad, cosas que no gustan o que son nocivas. *La comida que nos dieron era verdadera ponzoña. El portal de la casa está lleno de ponzoña. La herida de la mano está emponzoñada.*
porfiar	Insistir ante alguien o ante algo repetidamente para conseguir un propósito. *Roberto era incansable, porfiaba tanto ante sus interlocutores, que todos terminaban accediendo a sus propuestas.*
porra	Martillo de cabezas iguales y mango largo y flexible que se maneja con las dos manos a la vez y se utiliza para picar piedra. *El picapedrero usaba la porra con las piedras calizas.*
porretas	Hojas de los ajos y cebollas. *Las porretas de los ajos y cebollas se aprovechan para tejer las ristras.*
porrón[405]	Recipiente de vidrio que se usa para beber vino. Tiene un tubo vertical o curvo por el que se coge para beber y por donde se echa el vino y un pitorro cónico por cuya cúspide, agujereada, sale el líquido. *Luis bebe en el porrón a chínguele.*
portillera[406]	Paso de entrada en las fincas rústicas. *Hemos puesto una portillera nueva de madera en la viña.*
portón	Puertas grandes con dos hojas[407] que dan acceso a las tenadas o corrales. *En el pueblo se conservan los portones antiguos de muchas casas y tenadas*
poste (luz) palón	Madero colocado verticalmente para sostener los hilos telefónicos y el tendido eléctrico. *El vendaval de ayer tiró cinco postes y dejó al pueblo sin luz y sin teléfono.*
postigo	Tablero sujeto con bisagras o goznes en el marco de una puerta o ventana para cubrir cuando conviene la parte encristalada. *Para echarte la siesta cierra los postigos de la ventana*
postilla	Costra. Superficie endurecida que se forma en las llagas o granos cuando se van secando. *Las heridas de la rodilla ya tienen postilla y pronto se curarán del todo. Inés, no te quites la postilla de la herida del brazo, ella sola se caerá.*
postín	Darse postín es darse importancia en la forma de vestir o de comportarse. *El hijo del herrero, desde que volvió de la mili sabiendo conducir, se da mucho postín.*
potingue	Bebida de medicinal o de aspecto y sabor desagradable. *Este potingue huele a botica. No me gusta.*
potra	Tener potra: tener buena suerte. *Menuda potra tienes, llevas dos jornadas acertando en las quinielas.*
potro	Caballo desde que nace hasta que muda los dientes de leche, o sea, hasta los cuatro años y medio de edad. *En la pradera estaban las yeguas y los potros pastando*
potro	Recinto donde se sujeta a las vacas y bueyes para herrarlos (ponerles los callos). *En el potro hierran los bueyes y a las caballerías. De pequeño me gustaba acompañar a mi padre al potro para ver como herraban a las vacas.*
poyata	Vasar colocado a los lados de la cocina donde se colocan vasos, especias, la almirez, etc. *Un día la poyata se cayó y los vasos se hicieron añicos. Los gatos salieron huyendo temiendo lo peor.*
poyete	Poyo pequeño. *Espérame en el poyete de la casa de mi abuelo.*
poyo	Banco de piedra u otro material construido arrimado a las paredes y junto a las puertas de las casas de los pueblos. Con frecuencia eran testigos de animadas tertulias o refugio de los mayores. *En las noches de julio, después de ponerse el sol, se toma la*

---

[405] En Mecerreyes en la época de calor se refrescaba la bebida colocando el porrón u otros recipientes en un cubo de agua recién traído de la fuente o sacado de un pozo.

[406] **Portillo**: Espacio pequeño abierto en una pared o tapia. Puerta chica en otra mayor.

[407] **Hoja**: En las puertas, ventanas, biombos, etc., cada una de las partes que se abren y se cierran.

	fresca en los poyos de las casas.
poza	Charca o concavidad de terreno en que hay agua estancada. *La poza que está a la salida del pueblo tiene poca profundidad.*
poza	Recipiente de agua de mayor longitud y anchura que profundidad donde se lavaba la ropa. *En el pueblo hay tres pozas, dos para lavar la ropa y otra para aclararla.*
poza	Lavadero con agua corriente donde se limpiaban las tripas de la cochina muerta y que luego se utilizaban para hacer las morcillas y los chorizos. *En esta poza no se lava la ropa. Sólo es para lavar las tripas de los animales.*
pozal	Cubo troncocónico de metal con que se saca el agua del pozo. *Echa el pozal y saca agua fresca para la comida.*
preciso	Se dice de lo que se considera necesario, indispensable o que es menester para un fin. *Para ir al cine es preciso sacar la entrada. Para que descanse la tierra es preciso dejarla en barbecho un año.*
pregonar	Comunicar en voz alta por las esquinas del pueblo algún hecho notorio, acontecimiento del pueblo o la venta de algún producto. *El pregonero ha anunciado la llegada del cacharrero mañana a las doce.*
pregonero[408]	Persona que se dedicaba a anunciar por las calles la llegada de algún vendedor ambulante, los géneros o productos que vendía y los precios de algunas mercancías. *El pregonero acaba de anunciar que ha venido el vinatero y vende la cántara a 60 reales. El pregonero anuncia la subasta de las tierras del tío Clemente.*
preparar abrigaño	Referido a hornear carbón: Proteger al horno del viento fuerte y continuo, generalmente el cierzo en Castilla, con montones de támbaras u otros recursos y cerrando las boqueras.[409] *Los carboneros abrigan los hornos para evitar que les lleguen vientos fuertes.*
presilla	Cordón circular cosido al borde de una prenda para pasar por él un botón o un corchete. *Las presillas de la blusa necesitan un repaso.*
pretendiente	Festejante, cortejador. *Persona que aspira al noviazgo o al matrimonio con alguien. El pretendiente de la Domi es un galán de formas muy educadas.*
pretil	Murete de piedra que se pone en los puentes y en otros lugares para evitar caídas. *El pretil del puente hay que arreglarlo, algunas piedras se han caído.*
pringar, plingar*	Empapar con pringue (grasa, unto, salsa...) el pan u otro alimento. *Moja el pan en el pringue, que está buenísimo.* Manchar con pringue o grasa la ropa. *Álvaro se ha pringado el jersey y ha pringado a su hermana.*
pringar plingar*	Comprometer a alguien en un asunto ilegal o de dudosa moralidad. *No quiso pringarse en la compraventa de viviendas.*
pringue	Grasa y otras sustancias similares que se pega a la ropa ensuciándola. *El pringue del guisado pica un poco. Tu chaqueta lleva mucho pringue, tienes que limpiarla.*
propina	Monedas que daban los padres o los tíos a sus hijos o sobrinos los domingos y fiestas de guardar par que se comprasen algo. *Mi tío Alfredo me ha dado dos reales de propina. Dicho por un niño en los años sesenta)*
puchero	Recipiente de barro usado para cocinar, que se arrimaba a la lumbre asegurándola con un sesero semicircular y trípode para que no se cayese. La tapa se llama cobertera[410]. *Arrima el puchero a la lumbre y asegúralo con el sesero.*

408 El **pregonero** era una de las profesiones más populares en los pueblos de España. Con el sonido de una corneta anunciaba su llegada y reunía a los vecinos próximos para comunicarles noticias importantes o acontecimientos extraordinarios dentro del pueblo. Su origen se remonta a tiempos del Imperio Romano, y durante siglos fue el medio de comunicación y publicidad más eficiente. En Mecerreyes y otros pueblos cada año se remataba el trabajo de pregonero o encargado de anunciar la llegada de vendedores y otros tipos de hechos. El padre o los hijos de la familia a la que se le adjudicaba, que solía tener varios hijos, era la que hacía los anuncios por las esquinas en voz alta. Ejemplo: ¡¡¡¡¡ "Se venden sardinas, chicharros y otros pescados...... en la plaza del Ayuntamiento..... a precios baratos...desde las 16 hasta las 20 horas..!!!!!!

[409] Se dice que no hay que dejar que el horno coja llama, por eso se reduce el tiro cerrando las boqueras." No dejes que coja candela ", solían decir los carboneros.

[410] **Cobertera**. Pieza llana de metal o de barro, de forma generalmente circular, y con un asa o botón en medio, que sirve para tapar las ollas o para otros usos. En los pueblos se decía "corbetera" o tazpa del puchero.

pudiente	Adinerado. *La familia de Los Juanes es de los pudientes de la localidad.*
puerco	Cerdo, cochino, marrano, gorrino. Al puerco le echamos las sobras de las comidas. Es un auténtico reciclador.
pues (pos*)	Uso deformado de pues. *No cruces el arroyo, pues (pos) te puedes caer.*
puja en una subasta	Precio que se ofrece va ofreciendo por el objeto subastado. La puja puede ir subiendo hasta que nadie ofrece más y se le adjudica lo subastado. *La puja por los lotes de leña estuvo muy animada.*
pujar la madera	Se dice del aumento del volumen de la madera cuando se moja. *Hoy la puerta de casa no cierra porque ha pujado.*
pujar	Aumentar el precio puesto a algo que se subasta. *Por el mismo cuadro pujaban dos personas y la cantidad no dejaba de aumentar.*
pulgón	Insecto cuyas hembras y sus larvas viven parásitas, apiñadas en gran número sobre las hojas y las partes tiernas de ciertas plantas, a las cuales causan grave daño. *Las hojas del ciruelo están llenas de pulgón.*
pulla	Se dice de la expresión con la que, de forma indirecta, se ofende o humilla a alguien. *No lances pullas ni directas ni indirectas, que la gente es muy sensible y te vas a ganar su antipatía. Las pullas de Jaime hicieron que todos clavasen sus ojos en Enrique, El Leñador.*
pulpejo	Sitio blando y flexible que tienen los cascos de las patas de las caballerías. La caballería tiene una herida en el pulpejo de la pata trasera izquierda.
punta	Barra cilíndrica de hierro de diversa longitud y sección, que tiene cabeza y punta fina y se usa para clavar tablas o para unir trozos de madera. *El carpintero sujeta las tablas con puntas de distinto grosor. Al clavar las puntas ten cuidado no te des con el martillo en el dedo.*
puntero	Herramienta con cabeza en forma de punzón que se emplea en el repicado fino de las piedras. *Con la uñeta y el punzón se afina la superficie granulada que presentan las piedras trabajadas sólo con el trinchante.*
puntilla	Encaje generalmente estrecho que forma ondas o picos en una de sus orillas y que se pone como adorno en el borde de pañuelos, toallas, vestidos, etc. En la mesa había un tapete de hilo con puntilla de encaje.
punzón[411]	Instrumento de hierro rematado en punta con el que se hacen ojetes. *El guarnicionero hace ojetes en la cincha*
punzón	Pieza de la parte inferior de la *vertedera* que va abriendo el surco. *El punzón de la vertedera tropezó con un risco y hubo que levantarla.*
puñado	Lo que cabe de algo en el puño cerrado. *La abuela me ha dado dos puñados de pipas de calabaza.*
puñeta	Encaje que se pone en algunos puños. *Las puñetas del juez eran de un blanco azulado.*
puñetero	Latoso, molesto por sus dichos o razones. *No seas puñetero y dedícate a trabajar y dejar trabajar a los demás. Hay días que mi pareja del mus resulta un poco puñetero*
puño puñado	Lo que cabe en la mano cerrada o puño. *La abuela dio dos puños de caramelos a su nieto.*
pupilo	Persona que se hospeda en una casa particular por un precio. *Con lo que cobro de dos pupilos y mi jubilación puedo terminar el mes.*
pupitre	Mesa para estudiar y escribir cuya parte superior es un cajón con la tapa inclinada y elevable. *Los pupitres de la escuela estaban hechos para dos escolares.*
purrela	Cosa despreciable, de mala calidad. *Cuando le pesaba varios trozos de carne, dijo la clienta al carnicero: No me pongas esa purrela y dame las chuletas con costilla.*

---

[411] Los punzones sirven para hacer agujeros en materiales blandos como **hojalata** o **cuero** y en particular adornos y dorados en **encuadernación**.

putear	Perjudicar. Fastidiar o dañar a alguien con algo. *El granjero puteaba al agostero obligándole a trabajar todos los días de la semana. El patrón puteaba a sus trabajadores endilgándoles[412] tareas que no eran propias.*
puya	Vara de los picadores que tiene una punta acerada en un extremo. Con esta vara pican (pinchan) a las reses. *Al toro sobrero le pusieron dos puyas.*
quebrada	Se dice del terreno desigual con altos y bajos. *Atravesamos la quebrada y nos adentramos en la hoz por la que discurre el torrente. Este año la quebrada está de barbecho.*
quebranta-huesos	Ave carroñera de más de un metro de longitud que habita en cordilleras abruptas de los países mediterráneos. Se encuentra en peligro de extinción. *Los quebrantahuesos anidan en las rocas altas de las montañas.*
quedarse helado	Quedarse helado e incapacitado para hacer algo por eso mismo. *La nevada nos sorprendió sin ropa de abrigo, y nos quedamos tan tiesos que apenas podíamos andar.*
quedarse tieso	Quedarse muerto. *La tía Águeda, La Soplete, se quedó tiesa mientras comía el día de San Martín.*
quedarse zaguero	Referido a la corta: En Mecerreyes se decía del cortador de carrascas que no lleva el mismo ritmo que el resto de la cuadrilla de cortadores... Cortador que no avanza porque quiere cortar mucha leña. *Jorocho, no te quedes zaguero cortando que no te vas a poder quedar con este lote.*
quejica	Persona que se queja demasiado, y la mayoría de las veces sin causa. *Alberto eres un quejica, nada de lo que te encargamos te parece bien.*
quejigo	Árbol de la familia del roble con tronco grueso y copa recogida, hojas grandes, dentadas, y algo vellosas por el envés. Su fruto es la bellota parecida a la del roble. *En el monte abundaban las carrascas, los robles, los quejigos y los enebros.*
querencia	Inclinación o tendencia de las personas y de ciertos animales a volver al sitio en que se han criado o al que tienen costumbre de acudir. *Las vacas tienen querencia hacia el corral donde, de vez en cuando, se les pone el pienso. Ángel tiene querencia hacia el bar "Los Tejos".*
quesero	Persona que hace o vende quesos. *El quesero tiene un rebaño de 1 500 ovejas; de esas 600 se ordeñan para elaborar quesos.*
quicial	Madero con pernios[413] y bisagras para que girando se abran las puertas y ventanas. *En la puerta de la casa tenemos que cambiar el quicial.*
quicio	Sacar de quicio a alguien: exasperarlo. *La forma de hablar y gesticular de Olegario, El Gafotas, me saca de quicio. Tu tranquilidad me saca de quicio.*
quicio	Parte de las puertas y ventanas en que están los goznes[414] o bisagras. *El quicio de la puerta está podrido y no se pueden fijar las bisagras.*
quincalla	Conjunto de objetos de metal de escaso valor, como tijeras, dedales, imitaciones de joyas, etc. *Todos los adornos de la feria son quincalla de bajo precio.*
quinqui	Persona de grupos sociales marginados que normalmente se dedicaba al robo u otras actividades delictivas. *La semana pasada la Guardia Civil detuvo a tres quinquis cuando robaban la burra del tío Pempes.*
quinquillero[415] quincallero	Persona que fabrica, vende, arregla o comercia con objetos de metal, generalmente de escaso valor, como tijeras, dedales, imitaciones de joyas, etc. *Las joyas de imitación del quinquillero dan el pego.*
quinto/s[416]	Se dice del mozo/s desde que se hace el sorteo para fijar destinos hasta que se incorpora al servicio militar. *En mi cuadrilla somos ocho quintos.*

---

[412] **Endilgar** : Encajar, endosar a alguien algo desagradable o impertinente.

[413] **Perno**. Gozne que se pone en las puertas y ventanas para que giren las hojas.

[414] **Gozne**: Bisagra, especialmente la de puertas y ventanas.

[415] **Quinquilleros**. Se les llama también **caldereros** o **quinquis**, de quincalleros o vendedores de quincalla (cosas de **metal** barato), palabra que ha pasado a la lengua común como sinónimo de delincuente o de persona de mal aspecto, razón por la cual ellos la consideran despectiva. Wikipedia

416 **Quinto**. En una época donde los viajes escaseaban mucho y era raro que se hiciesen más allá de los pueblos cabeceras de comarca, el hecho de tener que ir a hacer la Mili suponía un acontecimiento extraordinario

quiñón	En Mecerreyes: Superficie de tierra productiva que se reparte en trozos equivalentes llamados suertes para cederlas a los vecinos varios años para que las exploten sembrándolas. *Este año del quiñón mayor se han hecho ciento diez parcelas o suertes. El quiñón que linda con el bosque es mayor que el de El Valle.*
quisquilloso	Picajoso, puntilloso, chinche. Que se para, se entretiene y discute por pequeñeces. Persona que se ofende sin apenas motivo. *Toni iba muy elegante a las tertulias, pero en ellas se mostraba quisquilloso en todas sus intervenciones.*
quitameriendas[417]	Flor de hojas moradas que nace a principios del otoño de forma aislada en las eras y en el campo. Aparecían con las primeras lluvias de finales de agosto *La era, despúes de la lluvia de agosto, se ha llenado de quitameriendas.*
quite	Referido al horno de carbón: Cada uno de los sectores o casquetes en que se divide la parte superior del horno para refriarlo o deshornar. *En el horno grande hemos hecho seis quites o casquetes.*
rabadilla	Punta final del espinazo. *En la caída se dio un fuerte golpe en la rabadilla que la obliga a andar renqueando.*
rabieta	Enfado. Berrinche. *A Cosme se le rompió la peonza y cogió una rabieta que le ha durado toda la tarde.*
rabona	Falta de asistencia a la escuela. Hacer novillos. Dejar de asistir al lugar de obligación. *Los niños han hecho rabona en la clase de inglés.*
rabonar[418]	Rabonear. Cortar el rabo a las corderas dejándolas un trozo de una longitud de unos seis centímetros. *En la majada se ha rabonado a dieciocho corderas.*
raedera	Instrumento para raer (raspar), muy usada en las horneras para limpiar la artesa. *Acércame la raedera para limpiar la artesa. Al albañil se le olvidó la raedera y solo trajo el cuezo[419].*
raer	Raspar o rascar una superficie para quitar sustancias adheridas, pintura, etc., con un instrumento áspero o cortante. *Acabamos de raer la pared para pintarla de nuevo.*
raigón	Cada una de las raíces de los dientes y muelas. *Al tío Poli le sacó el médico dos raigones y estuvo tres días sin poder masticar.*
raja	Hendidura, corte o abertura hecha en algo con un instrumento cortante. *Ángel ha hecho dos rajas en la tabla con el hacha.*
rajarse	Echarse atrás, dejar de hacer algo en el último momento, no atreverse a hacer algo. *Piénselo bien ahora, no vayas a rajarte después. Los más miedosos se rajaron y no entraron a la cueva.* Aparecer una o varias rajas en algo por distintos motivos. *El plumier se ha rajado al caerse al suelo.*
rajuela	Piedra delgada y sin labrar que se utiliza para construcciones toscas. *La caseta del monte está hecha con rajuela.*
rala	Se dice de la plantas que está (en tamaño, desarrollo, etc.) en una condición inferior a la normal en plantas de su especie. *Las tomateras últimas están muy ralas y no echan flores.*
ramal	Ronzal. Correa o soga unida a la cabezada de una bestia que sirve para dirigirla. *El burro seguía el ramal que llevaba el niño en su mano.*
ramalazo	Golpe dado con el ramal de una caballería. *La caballería se asustó y al girarse bruscamente dio un ramalazo al arriero.*
ramalillos	Riendas[420], cordeles o tiras cuero para dirigir a las caballerías. *El arriero dirige las caballerías con los ramalillos.*

que estaba rodeado de costumbres propias en cada pueblo y producían una reafirmación del grupo de los mozos llamados al mismo tiempo (los de la quinta), que en muchos casos se recuerda la amistad y se mantiene la afinidad la vida entera.

417 . **Quitameriendas.** Recibe este nombre las flores citadas porque aparecen en las eras cuando se acortan los días en el mes de agosto y se deja de merendar en la era.

418 Se les rabonaba (cortaba el rabo) a todas el mismo día y con los rabos cortados se preparaba una comida exquisita.

419 **Cuezo.** Artesa pequeña de madera, en que amasan el yeso los albañiles.

ramón	Conjunto de ramas que se cortan de los árboles con hoja perenne para que coman los ganados en tiempo de nieves y heladas. *En el pueblo el ramón era de las encinas y carrascas del monte. Los corderos se entretenían en el ramón que había preparado el pastor.*
ramonear	Se dice de las ovejas, cabras u otros animales cuando comen las hojas y tallos tiernos de las ramas cortadas de los árboles o de las ramas bajas de los mismos. *Las cabras ramoneaban entre las carrascas y los quejigos.*
rancajo	Astilla que se clava en la carne. *Se me ha clavado un rancajo en la pala de la mano.*
rancajo	Huesos que quedan cuando se acaba el jamón. *Este rancajo no tiene nada que se pueda aprovechar.*
rapapolvo[421]	Reprensión o reprimenda a alguien por algo que se dejó de hacer o que se ha hecho mal. *El hermano pequeño de Sonia hacía poco caso de los rapapolvos de su madre. Julio echó un buen rapapolvo a sus hijos cuando rompieron el jarrón chino con el balón.*
rapar	Cortar el pelo al rape[422]. Cortar el pelo al cero. *Los reclutas aparecieron con la cabeza rapada y las ropas poco ajustadas a sus medidas.*
rapazuelo	Muchacho de corta edad. *Junto al borrico caminaba un rapazuelo de unos tres años.*
raposo	Persona que actúa y se comporta con sigilo y con la que hay que tener cuidado porque no se ve venir en sus actos. *¡Cuidado cuando hables con Sergio! Es un raposo de mucho cuidado.*
raposo	Raboso. Zorro. *El raposo entró en el gallinero y se comió dos gallinas.*
rasar[423]	Igualar el contenido de un recipiente con el borde superior del mismo con el rasero. *El tío Benito, El Barbas, ha cosechado 85 fanegas de trigo rasadas.*
rasera	Rasqueta de hierro que servía para recoger la harina del fondo de la artesa o rascar la masa de la mesa al amasar. *Julia, pasa la rasera a la mesa y déjala limpia.*
rasero	Madera cilíndrica con la que se rasan las medidas de los áridos. *El rasero que usamos es de roble. Los celemines de trigo los medían pasando el rasero.*
rasguño	Herida pequeña o corte hecho con las uñas o con roce violento. *Al cargar el carro de támbaras me hice dos rasguños en las manos.*
rasilla	Ladrillo muy delgado, de unos 20 mm de grueso, que se emplea para techar o solar. *La rasilla del techo ya está colocada.*
raso	Tela de seda lustrosa. Es de más cuerpo que el tafetán[424] y de menos que el terciopelo[425]. *Luisa estrena un vestido de raso.*
raso	Se dice de la atmósfera libre de nubes y nieblas. Se dice que el cielo está raso. *Aunque amaneció lluvioso, a los pocos minutos el cielo quedó raso.*
raspa	Se dice de la persona irritable, antipática o huraña. *Consuelo es una raspa que no hace honor a su nombre.*
raspa	Cualquier espina, especialmente la esquena o columna vertebral del pescado. Por extensión en las zonas agrícolas también se da este nombre a los "hilos" de las espigas de los cereales. *Al comer sardinas, ten cuidado con las raspas. Al comer el trigo verde de la espiga ten cuidado no te tragues una raspa.*
raspar	En la matanza raspar era la acción de quitar las cerdas o pelos de la cochina ya chamuscada. El raspado se hacía con cuchillos cuidando de no cortar la piel. De vez en

---

420 **Ramalillo**. Cada una de las dos correas, cintas o cuerdas que, unidas por uno de sus extremos a las camas del freno420, lleva asidas por el otro quien gobierna la caballería. DRA

[421] **Rapapolvo**. Reprimenda, regaño: reprensión fuerte: El profesor le echó una reprimenda por copiar en el examen.

[422] **Corte de pelo al rape**: Corte de pelo, especialmente cuando este se deja muy corto.

423 **Rasar una medida**: En los pueblos se hacía con las medias fanegas y los celemines de los cereales y leguminosas. Había medias fanegas o celemines **raseros** y medias fanegas y celemines "**colmados**" (que excedían de la media rasera)

[424] **Tafetán**: Tela delgada de seda, muy tupida.DRA

[425] **Terciopelo**: Tela de seda velluda y tupida, formada por dos urdimbres y una trama, o la de aspecto muy semejante. DRA.

	cuando echaban agua caliente para limpiar lo raspado. *Antonio, el Cojo, dejó de raspar al cerdo y cortó un trozo del rabo para comérselo.*
rastra	Apero de labranza con el que se allana la tierra recién sembrada para luego facilitar la siega con la segadora. *La tierra, una vez pasada la rastra, ha quedado completamente lisa.*
rastra	Tabla que, arrastrada por una caballería, sirve para recoger la trilladura del día. *Los niños se montan en la rastra para hacer peso.*
rastrillar	Pasar la rastra por los sembrados. *El tío Nico acaba de rastrillar la tierra recién sembrada.*
rastrillar	Recoger con el rastro la parva en las eras o la hierba segada en los prados. *Los niños, después de salir de la escuela, iban al prado a rastrillar la hierba cortada por sus padres. El ganadero está rastrillando el heno de la pradera.*
rastrillar	Limpiar el lino o cáñamo de la arista [426]y de la estopa con el rastrillo[427]. *Las mujeres, los lunes y miércoles, se reúnen para rastrillar el lino.*
rastrillo (de cardar)	Tabla con dientes de alambre grueso, a manera de carda, sobre los que se pasa el lino o cáñamo para apartar la estopa[428] y la **alrota** y separar bien las fibras. *Prepara los rastrillos para cardar la lana y el lino.*
rastrillo	Instrumento compuesto de un mango largo y delgado cruzado en uno de sus extremos por un travesaño armado de palos circulares afinados en un extremo (gajos), a manera de dientes, y que sirve para recoger hierba, paja, broza, etc. *Este estudiante maneja bien el rastrillo, parece que lo ha hecho toda la vida.*
rastrillo	Correa de la cabezada colocada por debajo de la boca de la caballería. En algunos casos lleva una serreta que hacía obedecer al animal con más prontitud. *El rastrillo molestaba al animal, que cabeceaba para quitárselo.*
rastrillo	Instrumento para acondicionar y limpiar la era donde se trabajaba y dejaban las tejas para que se secaran. *El tendedor de tejas era el encargado de limpiar la era con el rastrillo.*
rastro[429]	Instrumento para recoger la parva o trilla de un día. *Los niños recogen el borde de la parva con el rastro.*
rastrojera	Tierras con los rastrojos de la mies segada y acarreada. *El rebaño pasaba las mañanas en las rastrojeras cercanas al pueblo. En la rastrojera se esconden las perdices y las codornices. El rebaño está pastando en la rastrojera.*
rastrojo	Parte de las cañas de la mies (trigo, cebada, avena, centeno…) que queda en la tierra después de segarla con la hoz o con máquinas. *La segadora ha dejado el rastrojo demasiado alto.*
raya	Límite de un término municipal o paraje. *Hemos llegado a la raya entre Mecerreyes y Covarrubias.*
rayar	Estropear o deteriorar una superficie lisa o pulida con rayas o incisiones. *Abel y su compañero de pupitre Ramón tiene que lijar la tapa de la mesa que han rayado en la escuela.*
reata	Hilera de caballerías que van atadas, una detrás de otra, tirando del carro o de algún apero. *Prepara la reata que hará el tiro del carro. El arriero dirige la reata de mulas con los ramales. La reata se compone de cuatro caballerías.*
rebaba	Materia sobrante que sobresale por los bordes como la argamasa que forma resalto (parte que sobresale por sobrante) en los ladrillos al colocarlos en la obra. *Andrés, ten cuidado de no dejar rebaba al colocar las piedras y los ladrillos.*

---

426 Pajilla del cáñamo o lino que queda después de agramarlos. DRA
427 Rastrillo para rastrillar el lino. Tabla con un círculo de púas metálicas por donde se pasa el lino para separar el lino de la estopa y la alrota. DRA
428 Parte basta o gruesa del lino o del cáñamo, que queda en el rastrillo cuando se peina y rastrilla.DRA
429 **Rastro**. Existen de muchos tamaños, desde los más pequeños, llamados **rastrillos**, hasta los mayores, que son tirados por la yunta., llamados **rastra**.

rebajar	Disminuir el precio o el nivel de algo. *El vendedor rebajó el precio de la mula cuando descubrimos los años que tenía.*
rebanada de pan	Porción delgada, ancha y larga de una hogaza de pan cortando de un extremo al otro o de un extremo hasta el centro. *Su merienda era una rebanada de pan con una onza de chocolate.*
rebanar	1. Cortar algo en rebanadas. *La abuela estaba rebanando la hogaza par la comida.* 2. Cortar o dividir algo de una parte a otra con uno o varios cortes o golpes. *El carnicero rebanó la cabeza del pollo de un golpe.*
rebañar	Arrebañar. Tomar la comida que hay en el plato sin dejar nada, ni siquiera el moje. *La niña ha dejado el plato de comida rebañado. La salsa de la carne se puede rebañar*
rebozar	Manchar o cubrir a alguien o algo de cualquier sustancia. *El bocadillo con un filete rebozado está buenísimo.*
rebrotar	Volver a brotar o salir una planta que había sido cortada. *Los geranios rebrotaron después de podarlos. Las carrascas que se cortan bien rebrotan con facilidad.*
rebujar*	Arrebujar. Cubrirse bien y envolverse con la ropa, arrimándola al cuerpo, para protegerse del frío. *Al llover, el arriero se rebujó con la capa y el niño con la manta que iba en el carro*
rebujo	Embozo usado por las mujeres para no ser conocidas. *Con el rebujo que lleva Helena no hay quien la reconozca.*
rebujo	Envoltorio que con desaliño y sin orden se hace de papel, trapos u otras cosas. *Con todo el material sobrante el criado hizo un rebujo y lo dejó en un rincón.*
rebullir	Empezar a moverse algo que estaba quieto. *Después de una hora de siesta, los niños empezaban a rebullir. La niña ya está rebullendo en la cuna. El accidentado apenas si se le notaba rebullir.*
rebusca[430]	Recogida de algo sobrante o dejado en las fincas donde ya se ha recogido la cosecha o los productos. Ejemplo: buscar uvas donde ya se ha vendimiado. *Los hermanos Soria trajeron siete kilos de uva de rebusca.*
recadero	Persona que tiene por oficio llevar recados y mercancías de un lugar a otro. *El recadero de Burgos me ha traído la medicina que no había en la farmacia del pueblo.*
recental	Animal que mama y no ha pastado aún, generalmente terneros y corderos. *La manada de lobos mató a tres recentales del rebaño de ovejas. En el corral hay cinco corderos recentales.*
rechinar	Crujir, chirriar, hacer o causar un sonido, comúnmente desapacible, por el roce de una cosa con otra. *A Leandro, mientras dormía le rechinaban los dientes.*
reclinatorio[431]	Mueble en forma de silla, con las patas muy cortas y el respaldo muy alto, que se utiliza para arrodillarse sobre él y que suele estar en las iglesias u oratorios. *La abuela rezaba todos los días arrodillada en su reclinatorio de madera de nogal ante una imagen de la Virgen del Rosario*
recodo	Ángulo o revuelta que forman las calles, caminos, ríos, etc., cambiando la dirección que traían. *Tras un recodo pronunciado vimos, al fin, la torre de la iglesia.*
reconcomerse	Impacientarse por una molestia moral. *La muerte de su padre solo en el pueblo la reconcomía diariamente*
recoveco	Vuelta y revuelta de pasillo, callejón, sendero, camino, río, etc. *El sendero que atraviesa el bosque tiene muchos recovecos y es difícil seguirlo sin equivocarse. El piso de Adela es grande y tiene muchos recovecos.*

---

[430] **Rebusca**. En Mecerreyes cuando terminaba la vendimia en los pueblos vecinos algunas personas iban a la "rebusca". Se trataba de recoger los pequeños racimos que los vendimiadores se habían dejado.

[431] El **reclinatorio** es un tipo de mueble de rezo previsto sobre todo para el uso privado, pero que se encuentra a menudo en iglesias del continente europeo. Es una especie de asiento pequeño y bajo de madera ornamental equipado con un pasamanos para apoyarse y una pieza acolchada sobre la que arrodillarse. Los reclinatorios más modestos tienen una base de **anea** cubierta por un **almohadón** y el apoyabrazos, de madera. Los más ricos tienen tanto la parte inferior como la superior acolchada y tapizada de **terciopelo**. Algunos tienen la función de sillas que se transforman en reclinatorios plegando el sillín. Parece haber recibido su actual nombre después del **siglo XVI**.

recua	Conjunto de animales de carga, que sirve para trajinar. *El granjero dispone de una buena recua de caballerías para trabajar. Por el camino venía una caravana con la recua de borricos enjaezados.*
recua	Grupo de personas que aparecen con frecuencia juntas sin una tarea concreta. *Ya está otra vez la recua de holgazanes en los bancos de la plaza.*
recular	Retroceder un animal o los animales con el carro u otros aperos. *El mulo metió el carro en el corral reculando.*
recular	Andar hacia atrás. Retroceder[432]. Volverse atrás. *No camines reculando, es peligroso. Cuando vio el coste del nuevo proyecto, reculó y lo dejó para más adelante.*
recular	Modificar uno su dictamen u opinión por los argumentos de otro o por convicción propia. *A Jorge le convencieron los argumentos de su amigo y reculó de sus ideas primitivas.*
redoble de camapanas	Toque de las campanas anunciando alguna fiesta u otro acontecimiento. *El sacristán anunciaba las fiestas con redobles de campanas la noche anterior.*
refajo	Falda de tela gruesa con mucho vuelo que usaban las mujeres de los pueblos como prenda de abrigo. *A la tía Tina se la distingue de lejos por su refajo rojo.*
refilón, de	De soslayo, de paso, de pasada. *¿Viste a Adela? No. Sólo la observé un momento de refilón. Ayer vi a Pedro de refilón.*
refriar	Enfriar algo. Acción de enfriar el horno de carbón una vez hornado. El refrío se hace por "quites" o "sectores" que se abren y limpian de tierra y cantos ayudándose de carboneros de rastros y rodillos. *Mañana tenemos que abrir varios quites par enfriar el horno.*
refrigerio	Pequeña cantidad de alimento que se toma para reparar las fuerzas a cualquier hora del día. *Con el refrigerio que tomamos a media mañana aguantamos bien hasta las tres de la tarde.*
regadera[433]	1. Una **regadera** es un **recipiente** -de **metal** o **plástico**- que se usa para llevar agua y regar las plantas. *Usa la regadera para regar las plantas de la terraza.* 2. Zanja por donde se conducen las aguas para regar. *La regadera del huerto está abierta.*
regañar	Amonestar, reñir, reprender a alguien por algo que ha hecho o dejado de hacer. *La maestra regañaba a los alumnos que habían saltado la valla.*
regañina	Reprimenda, rapapolvo. *Los alumnos de don Jaime se han llevado una buena regañina por coger las peras del tío Germán.*
regañón	Viento fresquito que procede del noroeste. *El regañón movía la mies a punto de granar.*
regañón	Se dice de la persona que tiende a regañar a alguien sin motivo suficiente. *El abuelo de Juani es un regañón.*
regato	Arroyo pequeño. *Este año, abundante en lluvias, el regato no se ha secado. Después de mucho caminar nos refrescamos los pies en el regato.*
reglazo	Golpe dado con la regla. *El maestro le castigo con dos reglazos en los nudillos de la mano.*
regoldar	Eructar o expulsar los gases del estómago con ruido después de una comida cuantiosa. *Evita regoldar cuando estés sentado a la mesa junto a tus invitados.*
regüeldo	Expulsión de los gases por la boca con ruido. Eructo. *El regüeldo se oyó en todo el salón.*
reguero	Señal. Corriente pequeña de agua u otro líquido en la tierra o en otras superficies. *Siguiendo el reguero de agua llegas al manantial.*
reina de los	Juego consistente en balancear la comba lentamente de un lado para otro. Cada juga-

432 **Recular**: Andar hacia atrás, retroceder. Volverse atrás de algo previamente acordado.
[433] **Regadera**. Recipiente que dispone de un cuello o pitorro que termina en una *alcachofa* a través de la que se vierte el agua, y, un mango para su manejo. La capacidad de la regadera puede oscilar entre los 0,5 litros para plantas de interior, y los 10 para uso general en jardinería. Al final del cuello la regaderas suelen tener una *alcachofa* o *roseta* (pequeña tapa perforada por multitud de agujeros) para convertir el chorro continuo de agua en "ducha" y evitar la excesiva presión sobre la tierra o las plantas delicadas.

mares	dora o jugadora entra y salta varias veces mientras se canta la canción. [434]
reja	Conjunto de barrotes metálicos o de madera, de varias formas y figuras que se ponen en las ventanas para seguridad o adorno, y también en el interior de los templos para limitar el espacio de las capillas. *El herrero colocó la reja de hierro forjado que hizo para el tío Canelo.*
reja	Pieza de hierro del arado romano que sirve para romper y revolver la tierra. *La reja tropezó con una roca que detuvo el movimiento de la yunta.*
relámpago	Herramienta con un astil y un a modo de rastro con tres o cuatro gajos, utilizada para descargar basura del carro. *Andrés descargaba la basura del carro con el relámpago distribuyéndola en montoncitos.*
releje	Señal que deja una rueda en una superficie blanda. *El niño atravesó el campo sin vacilar, sumergiendo sus pies desnudos en la pestilente agua estancada de los relejes. El coche, en su lento avanzar, esquivaba los relejes del camino.*
relente	Humedad que en noches serenas se nota en la atmósfera. *A medio comer me pidió la toquilla porque notaba el relente en sus espaldas. En estos pisos, a eso de las ocho, cuando se pone el sol, nos invade un relente suave y agradable. El relente del anochecer nos alivia de los calores sufridos durante el día.*
relucir	Brillar, resplandecer, destacar algo por sí mismo o reflejar la luz de otro. *La chapa de la cocina relucía después de haberla lijado. Los cazos de cobre están relucientes.*
rematantes	Las personas que pujan en el remate o en las subastas de los lotes o para quedarse con la corta. *En el lote mayor de la carta de este año hubo tres rematantes que compitieron y el precio de la subasta quedó muy alto*
rematar	Rematar una prenda: Realizar la última puntada, dando otra sobre ella para asegurarla, o haciendo un nudo especial a la hebra. La acción terminada es el **remate**. *Esta tarde remato la chaqueta y ya puedes venir a por ella. El sastre nos ha prometido que mañana remata la chaqueta.*
rematar	Referido a alimentación o a trabajo, acabar lo que queda de comida o de trabajo. *Después de rematar el guisado de pollo nos refrescamos con unas rajas de sandía. A ver si en media hora rematamos la siega de la finca.*
rematar	Vender en subasta pública. *Los lotes de la corta de este año se van a rematar el domingo a las once en el Ayuntamiento.*
remate	Se dice del resultado de rematar. En la subasta de bienes la adjudicación que se hace de los bienes que se subastan *El remate de la casa subastada esta mañana ha sido para el señor Lobo.*
remilgo	Se aplica a la afectación exagerada que se muestra con gestos de desagrados. *A la hora de comer no te andes con remilgos, toma lo que te pongan. No hagas remilgos al jersey que te acabo de comprar, si no lo quieres lo devolvemos.*
remolón	Que intenta evitar, retrasar o no hacer a tiempo algo. *Termina la faena y no te hagas el remolón. En todas las cosas hacemos en la cuadrilla, Carlos, El Pelopincho, remolonea todo lo posible.*

---

[434] Soy la reina de los mares,
Y vosotros lo vais a ver,
Tiro mi pañuelo al suelo (deja un pañuelo en el suelo)
Y lo vuelvo a recoger (lo recoge)
Pañuelito, pañuelito,
ojalá te pudiera tener
Guardadito en el bolsillo (lo guarda)
Como un pliego de papel.

renco*	Se dice del animal que cojea o tiene dificultad para mover una pata. A veces se dice de una persona. *El caballo está renco desde que saltó el arroyo.*
renquear	Andar o caminar con dificultad inclinando el cuerpo a un lado más que a otro por no poder pisar igual con ambos pies. *Ayer se hizo daño en el tobillo y hoy va renqueando. Mi abuela ha mejorado, pero aún anda renqueante.*
rentero	Agricultor que tiene en arrendamiento una o más fincas rurales. *El rentero me paga 120 euros al año por la finca que tengo junto al camposanto.*
repanchin-garse	Repantingarse. Echarse tendido y cómodo, relajado, en un asiento, generalmente apoyando también la espalda. *Después de comer me coloco repanchingado en el sofá y enseguida me acompaña el sueño.*
repechar	Subir caminando por un repecho o cuesta. *Más de media hora tardó la yunta en repechar la cuesta de Carredondo con el carro cargado de mies.*
repecho	Cuesta con bastante pendiente, aunque no larga. *Comenzamos a sudar cuando subimos el repecho aceleradamente.*
repicar	Tañer las campanas con ritmo alegre en señal de fiesta o regocijo. *Las campanas repicaban la víspera de la Asunción, patrona de la villa.*
repolea*	Lanzamiento de caramelos, confites, monedas, etc. al aire. Es lo que hacían los padrinos cuando el recién bautizado salía de la iglesia. [435] *La repolea en el bautizo del hijo del médico ha sido abundante.*
repollo	Se dice de la persona pequeña y regordeta. Tiene matiz despectivo. *Julia, la hija del tío Cantamañanas, está hecha un repollo. Con esa vestimenta te vemos un poco repolluda.*
repollo	Agrupamiento de hojas de berza, lombarda o lechugas comprimidas y abrazadas tan estrechamente, que forman entre todas, antes de echar el tallo, como una bola. *Los repollos de berza se pueden conservar bastante tiempo. Los repollos de las lechugas están muy blancos.*
reportarse	Comportarse con dominio de las emociones. *Si en el puesto de caza no saqbes reportarse es mejor que cuelgues la escopeta, mozo (M. Delibes)*
reposar la masa	Dejarla un tiempo sin tocar y a una temperatura estable y concreta para que actúe la levadura. *La masa para obtener buen pan, reposada y bien tapada.*
reprender	Regañar o amonestar a alguien reprochándole su conducta o sus palabras. *El abuelo ha reprendido a su nieto porque no ha obedecido a su padre.*
reprimenda	Ligera bronca a alguien con tonos altos por algo mal hecho o que se ha dejado de hacer. *La niña, después de la reprimenda de su madre, se fue a la escuela. La policía echó una buena reprimenda al carterista.*
resabiar	Hacer que un animal tome un vicio o mala costumbre. *El zagal tenía encomendado no resabiar a los animales que se iniciaban en trabajos de yunta.*
resalvos	Las guías o matas nuevas que aparecen en el monte después de la corta y que hay que respetar. *En las carrascas bien cortadas aparecen al año siguiente muchos brotes nuevos o resalvos*
rescoldar	Atizar o reanimar la lumbre removiendo el rescoldo o ascuas cubiertas de ceniza. *El abuelo rescoldaba el brasero cada media hora.*
rescoldo	Últimas ascuas de la lumbre que se cubren de ceniza poco a poco y se reavivan moviéndolas o soplando sobre ellas. *Aún queda bastante rescoldo en el brasero.*
resollar	Resoplar. Respirar de forma acelerada después de hacer un gran esfuerzo. *Al llegar a la cima de la varga el arriero y las caballerías resollaban. Las mulas resollaban cuando subían el carro cargado de haces por la ladera que lleva a la era.*
respingarse	Ponerse de puntillas para llegar a un punto alto y coger algo. *Anita se respingaba todo lo que podía pero no llegaba a coger los pasteles.*

---

[435] **Repolea.** Los niños del pueblo esperaban a la salida de la iglesia. Si tiraban pocos caramelos...gritaban : "padrino roñoso, niño tiñoso".

restregar	Frotar una cosa áspera con fuerza y repetidamente sobre una superficie. *Julia, restrega bien las arandelas de la cocina con el estropajo.*
retazo	Trozo o pedazo de una tela o de una prenda o de una cosa. *La culera del pantalón lleva varios retazos.*
retejar	Arreglar un tejado, poniendo las tejas que falten y cambiando las que estén rotas. *Hace dos años retejamos el tejado de la casa.*
retel	Utensilio para pescar cangrejos, consistente en un aro con una red en forma de bolsa. *Tomás, ¿tienes el retel preparado? Esta noche nos podemos ir a pescar cangrejos.*
retorcer	Torcer. Exprimir, estrujar algo para eliminar el líquido que contiene. *Después del aclarado, retuerce bien las sábanas y luego las tiendes en el césped. Ángel se ha torcido el tobillo saltar del carro.*
retranca	Correa ancha, a modo de ataharre, que llevaban las bestias de tiro enganchada a la silla. Cubría la parte trasera del animal, de donde salían dos cadenas -una por cada lado- que se enganchaban a las varas del carro para sujetarlo. *El tío Pelucas no enganchó la retranca y el carro se desplazó hacia el tiro.*
retratar	Hacer a alguien un retrato o foto. Fotografiar. *Ahora nos vamos a retratar con los abuelos.*
retrato	Fotografía. *El retrato de los abuelos está colocado en un marco de plata.*
retrucar	Contestar a alguien con rapidez y acierto a las alusiones que sobre él hacen otros. *Anselmo retruca fácilmente a cualquier cosa que le dices.*
revenido	Pan ablandado por la humedad. *El pan que dejamos en la bodega está revenido.*
revocar	Enlucir y blanquear los paramentos de un edificio. *Los pintores han revocado la fachada del Ayuntamiento.*
revolcadero	Sitio donde habitualmente se revuelcan los animales. Las caballerías suelen hacerlo siempre en el mismo sitio. *Lo primero que hace el mulo cuando sale a la calle es buscar un revolcadero donde aligerar los picores de su piel.*
revolcar/se	Echarse sobre algo, restregándose y refregándose con ese algo la piel y dando tumbos laterales. *La mula re revolcaba en el polvo del camino. Las gallinas se revuelcan en la tierra.*
revoque	Mezcla de cal y arena u otro material análogo con que se revoca. *El revoque está listo para dar. Tenemos que dar un revoque a la paredes de la casa antes del verano*
revoque	Se dice del maquillaje exagerado que se dan algunas mujeres. *Menudo revoque lleva Elsa, hasta los ojos parecen de otra.*
revuelta	Segunda vuelta o repetición de la vuelta. En la carretera que conduce de Mecerreyes a Covarrubias, unos dos kilómetros antes de llegar, la carretera desciende al valle del río Arlanza por una revueltas muy agudas (los chicos decíamos **arrevueltas**). Los que íbamos andando evitábamos las revueltas bajando por un sendero que atajaba la llegada al pueblo. Desde la cima, por unas revueltas cerradas y pendientes, descendió el coche lentamente
rezumar	Se dice de la tierra o pared que estando muy húmeda deja escurrir gotas de agua. *Las paredes de esta bodega rezuman hasta en verano.*
ribazo	Talud de tierra, generalmente cubierto de hierba, entre dos fincas que están a distinto nivel, pero lindantes. *Entre tu finca y la mía hay un ribazo lleno de rosales. Un ribazo separa la vid del campo sembrado de maíz. En el ribazo había muchas mielgas y amapolas.*
richas	Expresión con que algunos llamaban al ganado ovino. *Richas, richas......vamos al corral (llamando a las ovejas).*
riego[436]	Se dice del hecho de regar un campo, un huerto, unas macetas. *El riego dado a las patatas esta madrugada ha sido generoso.*
rienda	Cada una de las dos correas que, unidas por uno de sus extremos a las camas del

---

436 **Riego**: El riego puede ser: a) " a manta", inundando los campos con agua. b) "a surco", haciendo correr el agua por los surcos donde están plantados los árboles u otros productos agrícolas. c) "por goteo" (esto sólo hace pocos años), dejando gotas de agua junto a la raíz de los productos en ciertos momentos del día.

	freno[437] frontal sujeto a la cabezada, lleva asidas por el otro quien gobierna la caballería. *Sujeta bien las riendas no se vayan a desviar las caballerías.*
rilar	Temblar, tiritar. *El frío y el viento le hicieron rilar.*
ringlera	Fila o línea recta de cosas puestas en orden unas tras otras. *En la finca había tres ringleras de manzanos y una de perales.*
ripia	Cada una de las piezas alargadas de madera que se colocan en hileras solapadas, para impermeabilizar una cubierta. *Los albañiles están colocando las ripias.*
risco	Peñasco alto y escarpado, de difícil acceso y peligroso para andar por él. *Las plantas aromáticas crecen entre riscos y peñascos.*
rociada	Rocío matinal abundante en la tierra y en las plantas. *Hoy, con la rociada, se nos mojan y calan las alpargatas y los zapatos.*
rodada	Señal que deja la rueda de un vehículo en el suelo por donde pasa. *Pudimos distinguir el camino seguido por las caballerías por las rodadas dejadas.*
rodada	Huella que deja el trillo en la trilla cuando la parva está a punto de emparvarse. *Julia, cuida que los bueyes no pasen siempre por la misma rodada*
rodafuego o guarda fuego	Franja de chapa metálica en forma de U grande que se coloca en las cocinas rodeando el fuego para evitar que se salgan del hogar las brasas, tizones o ceniza. Tenía una argolla o asa para manejarlos. *Los niños con las tenazas cuidaban de que las brasas y los tizones no se salieran del rodafuego.*
rodea	La **rodea** es el trapo que utilizamos en la **cocina**, para secar, limpiar, coger las cosas calientes. También para secar los cubiertos. *Andrea limpiaba los cubiertos con la rodea.*
rodera	Huella profunda hecha por las ruedas de los carros. *Cuando las roderas se hielan es muy difícil andar por los caminos.*
rodilla	Trapo usado para limpiar o secar los cacharros de la cocina. *De la sábana de lino se hicieron seis rodillas con las que atender la limpieza del piso. ¿Dónde está la rodilla? Estaba rota y la hemos tirado.*
rodrigón	Caña o palo que se pone al lado de una planta para mantenerla derecha. *A los plantones de chopo hay que colocarles un rodrigón que resista la fuerza del viento. Los rodrigones de las matas de tomate los ha tirado el viento huracanado.*
rogativa	Oración pública hecha a Dios o a alguno de los santos patronos del pueblo para conseguir el remedio de una grave necesidad o necesidad pública como la lluvia. *Los del pueblo, después de tres meses de sequía, sacaron a san Isidro en rogativa pidiendo al santo lluvia para los campos.*
romana	Balanza compuesta de una palanca de hierro astil[438] dividida en dos brazos muy desiguales, con el fiel sobre el punto de apoyo, lo cual permite, según la ley de la palanca, equilibrar el peso suspendido del brazo más corto, en un platillo o en un gancho, haciendo correr un pilón a lo largo del brazo mayor, que está graduado. *La hogaza prestada la pesaron con la romana.*
romana	Instrumento que se utilizaba para pesar la cochina antes de matarla. Al cerdo se le sujetaba con el atarrón, cuerda muy gruesa. *Al matarife le cayó el pilón de la romana y le machacó dos dedos.*
romo	Se dice del objeto que necesitando punta afilada esta se encuentra gastada. *La reja del arado está muy roma.*
romo	Se dice de la nariz pequeña y poco puntiaguda. *Todos los de la familia Tin son romos.*
roncha	Tajada delgada y circular de cualquier cosa especialmente de embutido. *En la merienda tomo varias ronchas de salchichón.*
ronchar	Hacer o causar ronchas. *El abuelo me partió varias ronchas de lomo.*

---

437 **Freno**. Instrumento de hierro que se compone de embocadura, camas y barbada, y sirve para sujetar y gobernar las caballerías.

438 1. Mango, ordinariamente de madera, que tienen las hachas, azadas, picos y otros instrumentos semejantes. 2. Barra horizontal, de cuyos extremos penden los platillos de la balanza. 3. Vara de hierro por donde corre el pilón de la romana. DRA

ronda	Grupo de personas, generalmente mozos y mozas, que tocan y cantan por las calles. *La ronda la formaban doce jóvenes.*
rondar[439]	Pasear los mozos del pueblo por las calles donde viven las mozas a quienes galantean o con quienes quieren festejar (salir) *Esta noche hace mucho frío para rondar.*
roña	Suciedad pegada fuertemente al cuerpo o a algún objeto. *Los cubiertos tienen mucha roña, hay que limpiarlos. Límpiate la roña que llevas detrás de las orejas.*
roñica roñoso	Persona poco inclinada a dar, tacaña. *Adela nunca da nada de lo suyo, es una roñica.*
roñoso	Oxidado. *La reja de la ventana está roñosa.*
ropa raída	Muy gastada por el uso, aunque no rota. *El tío Gervasio, el Águila, lleva los pantalones raídos, pero limpios y bien planchados.*
ropón	Acolchado que se pone a las caballerías cuando llevan el sillín[440] para que les roce. *El ropón recién estrenado se ajusta bien al sillín y a la caballería.*
roquete	Especie de sobrepelliz cerrada y con mangas abiertas que se ponía el cura para rezar el rosario en la iglesia. El cura de Mecerreyes se lo ponía cuando se subía al púlpito. *La señora Luisa, la sacristana, se llevó el roquete a casa para lavarlo y plancharlo.*
rorro	Niño pequeño. *La madre dejó al rorro con los abuelos.*
rosal silvestre	Este **arbusto** mide hasta 2 m de altura, con tallos colgantes de color verde, cubiertos de espinas pequeñas, fuertes y curvas. Las hojas están compuestas de 5 a 7 **hojitas** menores de forma oval. El rosal silvestre florece de mayo a julio y produce frutos al final del verano o a principios del otoño llamados **tapaculos o escaramujos**, muy ricos en vitamina C. *Las cabras se comían los escaramujos de los rosales silvestres.*
rosco, el	Pan con un agujero en el centro, más cocido y con más corteza de lo normal y que, por tanto, ronchaba[441] más. *Javier, dientes fuertes y blancos, prefería el rosco con chocolate para merendar.*
rosco	Rosca de pan o de **bollo**[442]. *Por la fiesta de san Martín es costumbre hacer roscos.*
rostrizo[443]	Cochinillo asado de menos de un mes aproximadamente. *Con el mal tiempo se han muerto tres rostrizos de la lechigada. Rostrizo y vino alegran el camino.*
roto	Agujero. Desgarrón en la ropa, en un tejido, etc. *Andrés lleva los pantalones rotos. Tienes la camisa con un roto en la manga derecha.*
roturar	Arar una finca o erial[444] por primera vez. *Hoy hemos roturado el perdido[445] que tenemos junto al río.*
roturo	Resultado de la primera labor realizada con el arado en un terreno perdido. *(Diccionario del Castellano Tradicional).Con el roturo, el arenal ha quedado limpio de maleza*
rozar	Limpiar las tierras de las matas y hierbas inútiles antes de labrarlas. *Ceferino, toma el azadón y ve al huerto a rozar la tierra. Hoy, apenas salga el sol, iremos a rozar la finca que está junto al monte. Trae el hocete[446], el hacha y el azadón para rozar la finca que está a la vereda del río.*
rubia	Moneda de una peseta. *Lo que más quiere el tío Saúl es las rubias que no hablan ni se*

---

[439] **Rondar**. En algunos días señalados la chica rondada por los chicos o sus padres daban huevos, chorizos, roscos o pastas, etc. con los que los rondadores hacían una merienda al día siguiente.
[440] **Sillín**: Silla muy pequeña que lleva la caballería de varas. DRA
[441] **Ronchar**: Hacer ruido algo que se mastica.
[442] **Bollo**. Alimento esponjoso hecho con masa de harina y agua y cocida al horno. Sus ingredientes suelen ser harina, leche, manteca, huevos, etc.
[443] **Rostrizo**. En algunos pueblos de Castilla se llama rostrizo al cerdito menor de 15 o 20 días.
[444] **Erial**: Tierra sin cultivar. DRA
[445] **Perdido**: Tierra que no se ha cultivado o que hace muchos años que se cultivó.
[446] **Hocete**: Instrumento trapezoidal de hierro, con una cara ligeramente curva y muy afilada. Tiene mango y se usa en para limpieza de los árboles y para escamondar.

	quejan.
rueca	Instrumento que sirve para hilar. Se compone de una vara delgada con un rocadero[447] hacia la extremidad superior. *En las casas del pueblo, en invierno, la rueca y la tertulia ocupaban el tiempo de las señoras.*
rueda	Dicho de hornear el carbón: Circunferencia que forma la leña acarreada al depositarla alrededor de la hornera para montar el horno de carbonar. *La rueda de leña ya está preparada en la carbonera números dos.*
rular	Se dice que algo rula cuando funciona. *Este reloj no rula, habrá que llevarlo al relojero*
rumiar	Masticar de forma rítmica y por segunda vez el alimento que previamente habían tomado y guardado sin masticar lo suficiente los animales rumiantes. *Las ovejas rumiaban el alimento tomado por la mañana a la sombra de los algarrobos. Los cencerros sonaban rítmicamente con el rumiar de los bueyes.*
runrún	Zumbido, ruido o sonido continuado y bronco. Ruido confuso de voces. *A medida que se acercaba, el runrún de la moto fue haciéndose más intenso. A mí me gibaba[448] escuchar el runrún de la moto porque me gusta oír el canto de los pájaros.*
rutar	Dar vueltas alrededor de un eje. *Las ruedas del carro rutan con suavidad.*
rutar	Murmurar [449], rezongar[450], zumbar. *Joaquín, el hijo de El Hachón, siempre rutaba o murmuraba cuando se le indicaba lo que había que hacer.*
rutilar o brillar	Emitir o reflejar luz un objeto muy distante como las estrellas. *La Luna, rompiendo los velos de las nubes, rutilaba en el horizonte.*
sabadeño	Botagueño. Embutido de inferior calidad que el chorizo. Éste se elaboraba con los mejores trozos de lomo y el sabadeño con otros de menor calidad a los que se añadían otras entrañas, etc. A veces se vendían los chorizos para sacar algún dinero y se consumían en casa los sabadeños. *La Genara, la de Alfonso, me ha encargado dos docenas de sartas de chorizo.*
sabandija	Persona rastrera y vil en el trato. *Ninguno de la cuadrilla entendimos como Lola salía con el sabandija de Eloy.*
sabañón	Hinchazón o ulceración de color rojo de las manos, de los pies y de las orejas, debido al frío excesivo, acompañado de grandes picores. *Cuando era niño todos los inviernos tenía sabañones en los pies y en las orejas.*
sabina	Arbusto siempre verde, con tronco grueso, ramas extendidas, fruto esférico, negro azulado, y madera encarnada y aromática. *La ladera del bosque estaba lleno de sabinas.*
saca	Saco grande de tela fuerte o cáñamo, más largo que ancho, en que comúnmente se transportan granos, harina u otros productos. *Con el trigo entregado el molinero me ha devuelto dos sacas de harina y una de salvado*
sacamantecas[451]	Ser imaginario con el que se asustaba a los niños. *Ángela, o te callas o llamo al sacamantecas.*
sacamuelas	Se dice de la persona que habla mucho y sin sentido. *Si dejas que hable la sacamuelas de la Reme, ninguna otra tendremos ocasión de decir algo.*
sacar	En el juego de pelota: Lanzar la pelota desde el rebote que da en el saque hacia los contrarios que la han de volver. *Andrés, jugador alto y nervudo, sacó la pelota hasta el fondo del frontón.*
saco	Recipiente de tela, de esparto o de cáñamo de forma. *El saco de trigo llevado al molinero pesa 60 kg.*
sacristán[452]	Hombre que en las iglesias ayuda al sacerdote en el servicio del altar y cuida de los ornamentos y de la limpieza y aseo de la iglesia y sacristía. *El señor Alejandro[iii], en Mecerreyes además de zapatero, fue el sacristán del pueblo. Tocaba las campanas*

---

[447] **Rocadero.** Armazón en forma de piña, formada de tres o más varillas curvas, que en la parte superior de la rueca sirve para poner el copo que se ha de hilar.DRA
[448] **Gibar.** Fastidiar, molestar.
[449] **Murmurar:** Hablar entre dientes, generalmente mal de alguien, manifestando queja o disgusto por algo.
[450] **Rezongar:** Gruñir, refunfuñar a lo que se manda, ejecutándolo de mala gana. DRA
[451] **Sacamantecas.** Criminal que abre el cuerpo a sus víctimas para sacarle las vísceras.

	tres veces al día, además de la llamada a misa, y siempre que hubiera acontecimientos especiales como bodas, entierros, fiestas especiales, proximidad de nubes con granizo, etc.
sacudir	Dar golpes con la mano u otros medios a algo (alfombras, colchas…) o a alguien. *Ayer sacudimos la lana de los colchones. A Luis, El Pincho, le han dicho que la semana que viene le sacudirán bien la badana si no paga lo que debe.*
sacudir	Apalear algo o moverlo con fuerza en el aire para quitarle el polvo o la suciedad. *Anita, La Loba, sacudía las alfombras con el palo de la escoba.*
sacudir	Golpear a alguien o a algún animal con la mano o con algún objeto. *El Toni sacudió bien al burro cuando lo tiró al espantarse de un pájaro.* Sacudirse: golpearse entre sí dos o más personas. Sólo después de sacudirse bien la badana el Rana y el Avión se quedaron tranquilos. El primero sangraba por la nariz y el segundo de la oreja derecha.
sadurilla asadurilla	Asadura pequeña de un animal para cocinar. *El guiso con sadurilla de cordera estaba riquísimo.*
salamandra	Anfibio[453] de unos 20 cm de largo, la mitad aproximadamente para la cola, y piel lisa, de color negro, con manchas amarillas. *Este año no he visto salamandras en el río.*
salamanquesa	Animal parecido a la lagartija[454] de unos ocho centímetros de largo, con cuerpo ceniciento. Vive en las grietas de los edificios y debajo de las piedras, se alimenta de insectos y se la tiene equivocadamente por venenosa. *Levanté la piedra y salió una salamanquesa*
salegar	Campo en que se pone sal en la cara plana de varias piedras para que la tomen las reses. *En el salegar había al menos sesenta piedras en las que podíamos echar la sal. Hoy llevamos el rebaño a salegar*
salir "chote" el pan	Se dice cuándo la masa se ha enfriado y el pan sale mal cocido. Las mujeres presumían de que el pan que hacían nunca les salía "chote". *A la tía Celestina, La Gorda, le ha salido "chote" el pan de la hornada.*
salitre	Sustancia salina, mezcla de nitratos, que en algunas ocasiones aparece en tierras de cultivo y paredes. En los años sesenta se hizo famoso el nitrato de Chile[iv], cuyo anuncio aún está en la pared del mesón Frutos en Mecerreyes. *Las paredes de la habitación de la planta baja se llenan de salitre todos los años.*
salpicar	Esparcir un líquido o similar en gotas menudas por choque o movimiento brusco dado con un pié, con la mano o con otro objeto. *Los chicos aprovechan los charcos de la calle para salpicar a las personas dando un pisotón en el agua y en el barro.*
saltamontes	Langosta. Insecto de cabeza gruesa, ojos prominentes, antenas finas, alas membranosas, patas anteriores cortas y muy robustas y largas las posteriores, con las cuales da grandes saltos. Son voraces herbívoros. *Al caminar por el perdido, una nube de saltamontes nos precedía extendiendo sus alas y dando saltos cada vez más largos.*
saltimbanqui	Persona que va de un lado para otro de forma continua y sin provecho. *Mi primo Luis es un perfecto saltimbanqui, no par en ningún sitio.*
saltimbanqui	Persona que da saltos y hace ejercicios acrobáticos, en espectáculos al aire libre. *En el circo hubo dos saltimbanquis que nos divirtieron con sus ejercicios.*
salvado salvao*	Cáscara del grano de los cereales que se separa de la harina mediante el cribado de la molienda. *Echa dos escriños de salvado a los cochinos.*

---

[452] En **Mecerreyes** el señor Alejandro ha sido el único sacristán que he conocido. Además de los toques de campana para distintas llamadas, cantaba la misa los domingos, cuidaba de la iglesia, ayudaba al sacerdote en los distintos servicios, incluso dada su experiencia y conocimiento de la tradición en el pueblo hacía de jefe de protocolo con los distintos sacerdotes que llegaban al pueblo. Era la voz sonante en bodas, entierros y bautizos. Conocía, mejor, dominaba con su voz, las canciones, los tonos y los ritos litúrgicos. El señor Alejando gozaba del respeto y aprecio de la gente. Era una buena persona y además sacristán.

[453] **Anfibio urodelo.** Se dice de los anfibios que durante toda su vida conservan una larga cola que utilizan para nadar y tienen cuatro extremidades, aunque a veces faltan las dos posteriores. En algunos persisten las branquias en el estado adulto; p. ej., la salamandra

[454] **Suario.** Se dice de los reptiles que generalmente tienen cuatro extremidades cortas, mandíbulas con dientes, y cuerpo largo con cola también larga y piel escamosa o cubierta de tubérculos

santiguarse	Hacer la señal de la cruz desde la frente al pecho y desde el hombro izquierdo al derecho, invocando a la Santísima Trinidad. *La madre, acompañada de sus hijos, entró en la iglesia y después de santiguarse se dirigió a su reclinatorio.*
santos	Se dice de los dibujos o fotos de los libros, revistas y cualquier impreso con ilustraciones. También se dice de los cromos de colecciones que venían en distintos productos. *El libro de mi abuelo tenía muchos santos.*
sarmentar	Recoger los sarmientos podados de las cepas. *Al sarmentar hemos hecho tres morenas.*
sarmiento	Tallo de la vid de donde brotan las hojas, las tijeretas y los racimos. Reciben el mismo nombre cuando están unidos a la cepa que podados. *Los racimos salen en la base de los sarmientos.*
sarracina[455]	Se dice de un destrozo o daño grandes causados voluntaria o involuntariamente. *La tormenta del domingo hizo una buena sarracina en los sembrados.*
sarta	1. Serie de cosas metidas por orden en un hilo, en una cuerda, etc. *El abuelo tiene una sarta de setas colgadas en la chimenea para que se oreen.* 2. Se dice también de cada una de las piezas que se obtiene al embuchar el picadillo. *Esta mañana, en dos horas, hemos embutido sesenta sartas.*
sartenazo	Golpe que se da con la sartén o con otro objeto de la casa a alguien, persona o animal (gato). *La cocinera dio un sartenazo al gato cuando intentaba comerse las sardinas. ¡Menudo sartenazo le han dado al perro del tío Sabino cuando entró en el corral de las gallinas!*
sastre	Persona que por oficio tiene que cortar y coser prendas de vestir ajustadas a la medida de la persona para quien las hace. *Mi abuelo fue sastre.*
satén o satín	Tejido parecido al raso. *En Burgos hemos comprado tres metros de satén para que la modista cosa un traje a Rosalía.*
sauce **salce***	Árbol de hasta 20 m de altura, con tronco grueso y derecho con muchas ramas y ramillas dirigidas a tierra. Es común en las orillas de los ríos. *Las ramas del sauce se doblaban reverencialmente hasta llegar al suelo.*
saúco **sabuco***	Arbusto de dos a cinco metros de altura, de corteza parda y rugosa y médula blanca abundante, hojas de color verde oscuro y flores blancas. Con los palos de saúco hacíamos los chicos pipas para fumar vaciando la médula.
saxofonista	Músico que toca el saxofón. De Mecerreyes recuerdo como saxofonistas muy buenos al Topero, al Poli y a Simón el Altable. *En mi pueblo el saxofonista, llamado "El Topero" era un músico excepcional.*
saya	Vestido de mujer que cae desde la cintura. *La saya de Carmen no conjunta con el jersey.*
saya	Falda que las mujeres usaban interiormente en las ciudades y exteriormente en los pueblos. *La saya, arrastrada por el suelo, hacía de escoba en la acera.*
sebo	Grasa sólida y dura que se saca de los animales herbívoros (cabra, oveja, etc.), y que, derretida, sirve para hacer velas, jabones y para otros usos. *La cabra está gorda y tendrá buena cantidad de sebo.*
secadero* **tendedor***	Persona que lleva las tejas de la mesa a la era para que se sequen. *El secadero, en sus idas y venidas a la mesa, recorría al cabo del día bastantes kilómetros.*
segadora	Máquina que se emplea para segar los cereales sustituyendo a los segadores. Las segadoras eran tiradas por bueyes o mulos u otras caballerías. *En un día la segadora hizo el trabajo de 25 segadores.*
sellar la puerta*	Cerrar la puerta de encañe con adobes y barro. *El martes por la tarde cerraron la puerta de encañar y mañana darán lumbre al horno.*
sembradera	Saco doblado con semillas dentro que se llevaba colgado al hombro cuando se voleaba[456] la simiente. Con tres sembraderas llenas se ha extendido la semilla en toda la finca.

---

[455] **Sarracina**. Tambien se usa como: Pelea tumultuosa y confusa entre varios al mismo tiempo. DRA
[456] **Volear**: sembrar lanzando el grano con la mano.

sembradura	Lo sembrado a voleo o con sembradora. *La sembradura se ha hecho con buen tempero[457].*
sembrar a voleo	Tirar puñados de mies al aire para que se distribuya por el campo de manera uniforme para luego taparla con el arado. *Ahora los campos ya no se siembran a voleo. Ayer fue la primera vez que Tomás, el hijo El Moreno, sembró el trigo a voleo[458]*
semental	Animal destinado a preñar las hembras. *Al semental que tenía la señora Gracia, La Peineta, le llevaban a la semana media docena de cerdas para que las preñara.*
sementera	Tiempo de siembra. Tierra sembrada. *La sementera se ha presentado bien este año, la tierra está húmeda pero no demasiado.*
semillero	Lugar donde se siembran las semillas para que una vez nacidas las plantas se puedan trasplantar a su lugar definitivo. *El tío Paco, el Cebollino, tiene tres semilleros en casa, uno de lechugas, otro de cebollinos y un tercero de tomates.*
senderinas	Setas que aparecen en rileras en los prados, en las eras con hierba, etc., a modo de sendero, cuando hace un tiempo húmero y buena temperatura. *El abuelo trajo ayer más de medio kilo de senderinas.*
seno	Se llama así a cada uno de los compartimentos de la alforja. *Ten cuidado Andrés – la decía su madre - Hoy llevas el avío en un seño y la bebida en el otro*
sentar algo bien o mal	Convenir una cosa a alguien o parecer bien o mal con ella. *Esta chaqueta no te sienta bien. A ti, dada tu formalidad, no te sienta bien esa chaqueta tan llamativa.*
señas	Se dice de la dirección postal de alguien. *Dame tus señas para que pueda escribirte. Las señas del remite de tu carta no se entienden*
ser duro de mollera	Tener dificultad para aprender. *El niño es un poco duro de mollera, le cuesta aprender las cosas de memoria.*
ser la caraba	Ser algo fuera de serie, extraordinario, tanto para bien como para mal. ¡Ser el colmo!, ¡Ser el no va más! *Andrés es la caraba, cualquier problema que le proponen lo resuelve en diez minutos.*
ser la monda	Destacar en algo de forma extraordinaria. *Mi compañero de clase es la monda, siempre resuelve el primero los problemas.*
ser o estar aparente para...	Expresión que se usa para indicar que algo le sienta a alguien bien o es apropiado para una fiesta o ceremonia... *Esta chaqueta es aparente para la fiesta. La lectura que has elegido es aparente para la ocasión. Juani, así no estás aparente para ir a la boda.*
ser una lumbrera	Ser persona muy inteligente y distinguida en alguna disciplina. *Anita era una lumbrera en la escuela. Doña Dolores, la maestra, siempre la encargaba de vigilar.*
serna	Campo cercado con tapia de piedras en el que de ordinario se tienen cultivos propios de secano: cereales, legumbres, etc. *En la serna que hay junto a la iglesia hay sembrados garbanzos y arvejos.*
serón	Espuerta grande de esparto con varias asas en las que se cargaba el carbón al transportarlo. *El camión del Seve ha cargado esta mañana veinte seras de carbón en la carbonera grande.*
serón	Sera[459] más larga que ancha, que sirve regularmente para carga de una caballería. *El burro lleva dos serones, uno a cada lado, cargados de garbanzos.*
serrín	Conjunto de partes muy pequeñas que se desprenden de la madera cuando se la sierra. *Al serrar la leña de la suerte hemos sacado un buen montón de serrín.*
serrón	Sierra larga de corte algo curvo con un mango o manija[460] en cada extremo. *Los troncos gruesos los hemos partido con el serrón.*
serrucho	Sierra corta y estrecha que se maneja con solo una manija. *En las tareas de carboneo no se usa el serrucho.*

---

[457] **Con buen tempero.** En buenas condiciones de humedad de la tierra y de los datos meteorológicos.

[458] **Voleo**: Una forma de esparcir las semillas en la siembra. Cuando se siembran a voleo semillas muy poco pesadas, es conveniente mezclarlas con otros materiales más pesado como la arena para que caigan con mayor facilidad en el lugar deseado

[459] **Serón**. Espuerta grande, regularmente sin asas. **Espuerta**: Especie de cesta de esparto, palma u otra materia, con dos asas, que sirve para llevar de una parte a otra escombros, tierra u otras cosas semejantes

[460] **Mango o manija**. Parte de una herramienta que coge la mano para sujetarla y manejarla con seguridad.

serrucho	Sierra de hoja ancha y regularmente con un solo mango. *El carpintero maneja el serrucho con soltura.*
servir	Estar al servicio de alguien. *La hija del vecino se ha ido a servir a la capital. No me agrada servir en esta casa con amos tan adustos.*
servus*	Crema usada para dar brillo al calzado. Betún. *Ayer se acabó el servus negro y no puedo limpiar los zapatos.*
sesera	Juicio, raciocinio, inteligencia. *Cada vez que veo una casulla me vienen a la sesera los latines aprendidos antes de ser monaguillo en Mecerreyes.*
sesero	Pieza de hierro en forma de semicircunferencia, apoyada en tres patas del mismo metal y de una altura de 5 a 7 cm, que se ajustaba a los pucheros por la parte que no daba al fuego cuando estaban arrimados a la lumbre para cocer las legumbres, patatas, etc. *Mi abuela tenía seseros adornados con cabezas de animales. . Los seseros de la cocina están muy sucios; hay que limpiarlos con arena*
sesgo	Caminar en divergencia con el camino principal hacia algún sitio. Objeto cortado oblicuamente (al sesgo, al bies). *Las cabras seguían al sesgo por las trochas[461].*
sestear	Dormir en la hora de la siesta. Recoger el ganado durante el día en un lugar sombrío para descansar. *Me han llamado por teléfono mientras sesteaba. A las doce lleva el pastor las ovejas al sestil a sestear un par de horas. En verano el ganado sestea en el bosque debajo de cinco encinas.*
sestil sesteadero	Lugar generalmente sombrío donde sestea el ganado en verano o los días de mucho calor. *El sestil, situado en una umbría, estaba cercado. A estas horas el ganado se encuentra recogido en el sestil.*
siembra	Hablamos de tiempo de siembra cuando es el tiempo en que conviene echar las simientes en los campos. La siembra es también el resultado de esparcir y cubrir la simiente en un campo con los correspondientes aperos. *El año pasado tuvimos buen tempero para la siembra.*
siento* asiento	Se dice siento en lugar de asiento. Silla. Banqueta. *Toma un siento y sal a la tertulia de la calle. Este siento está cojo.*
sierra	Herramienta con una hoja de acero estrecha y larga con la que se parten o dividen las piedras. En el serrado de la piedra se usa en ocasiones arena y agua. *Con la sierra dividió el cantero el bloque de mármol en tres partes iguales.*
signarse	Hacer con el dedo pulgar de la mano derecha tres cruces, la primera en la frente, la segunda en la boca y la tercera en el pecho, pidiendo a Dios que nos libre de nuestros enemigos. *Los asistentes a misa se signaron devotamente cuando el cura iniciaba la lectura del Evangelio.*
sillar de esquina	Sillar que posee dos de sus caras finamente labradas, que constituyen la esquina de un edificio, que se diferencia de los demás elementos adyacentes por su tamaño, color, materia y textura generalmente. *En la ermita aún faltan por colocar varios sillares en una de las esquinas.*
sillar	Piedra que ha sido labrada y moldeada de manera que permite su colocación inmediata en una construcción de sillares. Parte del lomo de una caballería donde se coloca la silla. *Preparar los sillares es un trabajo que requiere mucha habilidad en el manejo de las herramientas.*
sillería	Fábrica o construcción hecha de sillares asentados unos sobre otros y en hileras ordenados por su forma y tamaño. *La sillería de fachada la ermita resalta por su regularidad y simetría.*
sillero	Persona que hace, vende o arregla sillas. *En el pueblo el sillero hacía también de paragüero y hojalatero.*
sillín	Silla muy pequeña que lleva la caballería de varas para sostenerlas mediante la sufra. *En el sillín destacaban las cabezas doradas de los clavos que le adornaban.*
simiente	Se dice de la parte del grano de la cosecha que se destina para la siembra del año siguiente. *Para la siembra hemos elegido la mejor simiente posible.*
sin decir oste	Sin decir ni una palabra. *Se enfadó y se fue sin decir oste ni moste. Aprobaron la pro-*

---

[461] **Trocha, vereda** o camino estrecho que acorta el camino para ir de un sitio a otro.

ni moste	*puesta sin decir ni oste ni moste.*
sinar	Limpiar la nariz. Limpiarse la nariz. *"Sínate los mocos, aunque sea con un tejo".*
sinuoso	Que tiene ondulaciones o recodos. *Ayer hicimos el recorrido por el camino más sinuoso, pero llano.*
sirle	Girle. Se dice de la basura formada con la paja y los excrementos que producen los rebaños de ovejas y cabras. Es muy valorado como abono natural. *En el prado hemos echado tres carros de girle. Los campos abonados con girle son más productivos.*
sirvienta	Se dice de la mujer dedicada al servicio de una persona o de una familia. *La sirvienta de los señores García es de Torrealto.*
sisar en la corta*	En Mecerreyes: Talar alguna carrasca después de haber terminado la corta. *Al tío Génova le han denunciado por sisar en la corta; ha cortado varias carrascas cuando ya había terminado el plazo.*
soba	Se aplica a la paliza o zurra[462] dada o recibida por alguien o algo. *Como castigo recibió una buena soba. Me vi obligado a darle una buena soba*
sobaquina	Se dice del hecho de trabajar mucho. Darse una paliza de trabajo. *Podando el seto, azotados por el cierzo, nos dimos una buena sobaquina.*
sobaquina	Sudor de los axilas o sobacos visible en la ropa puesta y que tiene un olor desagradable. *Las sobaquinas del profesor de Gimnasia no hay quien las aguante.*
sobar la badana[463]	Golpear fuerte y reiteradamente a un animal o a una persona con un palo, látigo u otro elemento. *Al que intentó robar en la tienda del tío Matías le sobaron bien la badana.*
sobar	Palpar, tocar, manosear una cosa o a una persona de forma reiterada con fines o efectos no deseados. *Silvia denunció a su jefe porque no dejaba de sobarla en el trabajo. No sobes el pan si no te lo vas a comer.*
sobrepelliz	Vestidura blanca de lienzo fino, con mangas perdidas o muy anchas, que llevaban los curas en las funciones de iglesia, y que llega desde el hombro hasta la cintura poco más o menos. *El sacerdote, revestido de sobrepelliz y estola, se dirigió al confesionario.*
sobrepié o segunda cañada*	Referido a hornear carbón: Conjunto de cañas (palos) que se coloca sobre el pie (primera base de cañas). Estas cañas son de mayor grosor que las del pie. [464] *Las cañas del sobrepié son más gruesas que las del pie.*
socarrar	Quemar la comida cuando se la cocina o tostar demasiado algo. *El pan ha quedado socarrado en las ascuas. Huele a socarrado en la cocina, algún puchero se ha quemado.*
socarrina	Olor fuerte, específico, producido al socarrarse la comida. *Cuida la olla, María, para que no tengamos cocido con socarrina. Aquí no hay quien aguante la socarrina de las lentejas.*
sofoquina	Sofoco fuerte acompañado de gestos faciales y con sudoración. *Al darse cuenta que la observaba Juan, a Adela le entró tal sofoquina que le tuvieron que dejar un abanico.*
soga	Cuerda gruesa de esparto o de cáñamo que usan los agricultores en las tareas agrícolas y sobre todo en el acarreo de la mies o de otros productos. Una vez cargados los haces en el carro se sujetaban bien con varias sogas para evitar que se cayeran por el camino. *Descargada la mies acarreada, recogieron las sogas en forma de madeja, subieron al carro y se fueron a casa.*
solana	Sitio o lugar donde el sol da de lleno. *El abuelo busca la solana en la plaza los días de invierno.* Lugares orientados a mediodía. *El pueblo está construido en la solana de la montaña.*

---

[462] **Zurra**. Paliza que se da a alguien con la mano o con correas.

[463] **Sobar o zurrar la badana**: Se usa esta expresión para indicar que alguien ha pegado a otro una paliza por su analogía con los golpes que se daban a la piel de los animales para curtirla. Ejemplo: *A Pedro, el hijo del tío Candiles, le han sobado bien la badana.* **Badana**: Piel curtida de carnero u oveja usada en algunas prendas de vestir o zapatos.

[464] **Sobrepié**. Sobre la segunda cañada se colocan una tercera y otra cuarta con las cañas más gruesas. Los que están en la base lanzan las cañas que son recogidas y colocadas por los que están arriba. A medida que se levanta el horno se va levantando el "perico"

solano	Viento que sopla del este, cálido y sofocante. *Esta mañana no hay rocío. Sopla fuerte el solano.*
solano	Viento, seco y cálido, que sopla del Este. *Hoy, de madrugada, soplaba el solano y no había rocío.*
solera	Tablas que forman la plataforma del carro. *En mi carro la solera se puede alzar.*
solisombra	Sitio o lugar donde se alternan o entremezclan el sol y la sombra. Suele ser un sitio muy buscado en los días de verano. *Al solisombra del emparrado se organizaba la partida de la brisca todas las tardes*
soltar el ga-nado	Se aplica al hecho de sacar las ovejas del aprisco o corral para llevarlas a pastar. *En el verano las ovejas se sueltan muy temprano.*
soltar	Se aplicaba al hecho de desuncir los animales de tiro. *Suelta la yunta y mete los animales en la cuadra.*
somanta	Serie de golpes fuertes a mano, con látigo o palo, que se dan a una animal o a una persona. Tunda[465], zurra, paliza. *Cuando el burro le tiró al suelo le dio una somanta de palos.*
somero/a	Se dice de algo que está encima del resto o muy cerca de la superficie. *Las truchas se veían en las aguas someras del río. Yo me tomaba con pan la nata somera que se formaba en la leche después de cocida*
sonsacar	Obtener con habilidad información de lo que alguien sabe o se reserva con habilidad. *Adela, la Tocino, acudía a la partida con el ánimo de sonsacar a sus compañeras información sobre el secretario*
sopapo	Golpe que se da con la mano en la cara de alguien, generalmente un niño. *Calla y escucha si no quieres que te de un sopapo.*
sopas more-nas	Se dice de las sopas hechas con el caldo mondongo y rebanadas de pan. *A los chicos no les gustaban las sopas morenas.*
sopas tosta-das[466]	Sopas muy densas preparadas en cazuela de barro. Se hacían con pan de hogaza. En su superficie llevaban tropezones de chorizo, jamón o costillas en adobo. Se hervían lentamente hasta que desaparecía el caldo y las sopas en contacto con la parte lateral de la cazuela se tostaban. La parte tostada era muy apetecible por los comensales. *La familia del tío Candela, el Galgo, está tomando las sopas tostadas en la era.*
sopazas	Persona torpe lenta en comprender las cosas, *No se te puede encargar nada serio porque eres un sopazas.*
soplamocos	Se dice del golpe dado a alguien en las narices y su entorno con la parte posterior de la mano. *Solo se calló cuando recibió un soplamocos de su madre.*
soponcio	Desmayo o indisposición (mareo, tensión alta) producida por un disgusto, angustia o susto. *Al tío Andrés, El Lobo, le dio un soponcio cuando su hija le dijo que estaba embarazada.*
soportales[467]	Espacio cubierto por el saliente de uno o varios edificios y sostenido por columnas o pilares. Este espacio suele ser zona peatonal. *Los soportales de la plaza Mayor eran cobijo de las tertulias al atardecer*

---

[465] **Tunda, zurra**: Paliza dada a alguien generalmente con azotes, palos o correas.

[466] **Sopas tostadas**. También se las conoce como **sopas de rastrojo. Se** trata de un plato que por su sencillez y aprovechamiento de recursos alimenticios como el pan duro era frecuente en zonas agrícolas. Su característica es la manera de hacerlas: Se ponían a la lumbre tanto tiempo como fuese necesario hasta que no quedase caldo. El resultado era algo con una consistencia más parecida al puré que a la sopa. Este hecho, hizo que estas sopas fueran el alimento que se llevaba al campo en las jornadas laborables ya que no se derramaban en su transporte. De ahí su nombre de sopa de rastrojo. Este tipo de sopas se hacen tradicionalmente en cazuelas de barro con los bordes altos, de un centímetro, y gruesos, de un centímetro. Al estar tanto tiempo al fuego, la consistencia de la sopa en los bordes y en el fondo de la cazuela, quedaba prácticamente sólida (socarrado). Esta parte del pan que se queda dura alrededor de la cazuela de barro se le llamaba "tostada", de ahí que también se les conozca como **sopas tostadas.**

[467] **Soportal** o **soportales** es el **espacio cubierto** que, en algunos **edificios** o **manzanas de casas**, se dispone ante las **entradas** y bajo la parte más adelantada hacia la **calle** de los **pisos** superiores, permitiendo el tránsito cubierto de peatones a través de él, paralelamente a la propia calle. Su forma es la de un **porche**,

sorna	Se aplica al tono burlón o irónico con que alguien dice algo. *El tío Jacinto, el Calvo, siempre dice las cosas con sorna y gracia.*
sorteo de los quintos	Se dice del acto en el que se asignaba un destino a los quintos que tenían que ir a la mili. *A Julián, El Afilado, le ha tocado ir a Melilla.*
sosaina soso	Se aplica a la persona sin gracia en el tono y en el ritmo de hablar. *El sosaina de Pedro era incapaz de contar un chiste que hiciera sonreír.*
sotana	Vestidura talar negra que usaban los curas de forma habitual y en las funciones de la iglesia. *El cura del pueblo jugaba a la pelota los domingos en el frontón recogiéndose la sotana en la cintura.*
subasta desierta	Se dice de la subasta en la que nadie ha ofrecido lo suficiente como para llegar a la cantidad propuesta de salida. *La subasta de las tierras del tío Cosme, el Cabraloca, ha quedado desierta. Se volverán a subastar el domingo próximo.*
subasta	Una **subasta** o **remate** es una venta de algo basado en la competencia directa y pública a aquel comprador (postor) que pague la mayor cantidad de dinero o de bienes a cambio del producto. *A la subasta de la corta acudieron muchos vecinos del pueblo.*
subastar	Vender efectos o contratar servicios, arriendos, etc., en pública subasta. *Los lotes de leña se van a subastar el próximo domingo en el Ayuntamiento.*
sudar tinta china	*Hacer un trabajo muy difícil y penoso para conseguir algo o hacer algo.* Cuando abatí la torcaz cayo en una zarzamora y sudé tinta china para encontrarla (M. Delibes)
suerte de leña	En Mecerreyes: Leña que le corresponde a cada vecino en el monte o en la dehesa para su uso particular o para disponer de ella. *La suerte de leña me ha tocado en la dehesa.*
suerte de leña	Lote de madera de roble o de otra especie que concede el Ayuntamiento mediante sorteo a los vecinos. *La suerte de leña nos ha tocado este año en Valdemoro.*
suerte	En Mecerreyes: Cada una de las partes (suertes o parcelas) que le corresponde a cada vecino del pueblo en la asignación de tierras comunales para su cultivo durante varios años. *Mis suertes están bien situadas y tienen buena tierra.*
sufra	Cinta o correa que sostiene las varas, apoyada en el sillín de la caballería de tiro. *Iguala bien la sufra para que las varas del carro estén horizontales al suelo.*
sulfatar	Desinfectar las plantas por medio de humo, gas, sulfato o vapores adecuados. Fumigar. *Las plantas de las patatas tienen muchos escarabajos, hay que sulfatarlas cuanto antes.*
sulfurarse	Enfadarse, irritarse. *No te sulfures, Matías, que todo va bien.*
surcar	En las zonas rurales se usa con el sentido de lindar o limitar. *Mi finca de almendros surca con la viña del tío Luna Viva.*
surco	Hendidura o abertura que se hace en la tierra con el arado. *Con las caballerías los surcos se hacen menos profundos que con los bueyes.*
taba $^\vee$	Chita. Hueso astrágalo de algunos animales. Las tabas de cordero eran muy apreciadas para jugar "a las tabas" principalmente por las chicas *Anita tiene doce tabas pintadas de distintos colores.*
tabaleo	Mover rítmicamente algún miembro del cuerpo o algún objeto. *El niño cuando está nervioso tabalea con los dedos la mesa.*
tábano	Insecto de dos a tres centímetros de longitud y de color pardo, que molesta con sus picaduras principalmente a las caballerías y a los bueyes por el verano chupando su sangre. *Los tábanos pican a los bueyes y se hinchan con la sangre que chupan.*
tabardo	Prenda de abrigo ancha y larga, de paño tosco, con las mangas bobas[468] que se usa en el campo. *En el invierno, cuando nieva, los labradores y pastores llevaban tabardo. Quítate el tabardo, que no hace frío.*

galería, **atrio** o **pórtico** alargado; aunque no se limita a la entrada principal (como sucede en pórticos y atrios). Los soportales suelen recorrer totalmente la fachada de uno o varios edificios
[468] **Manga boba**: La que es ancha y abierta y no tiene puño ni se ajusta al brazo.DRA

tabardo	Un tabardo fue originalmente una humilde prenda exterior con forma de túnica abierta o poncho, generalmente sin mangas, llevada por campesinos, soldados…. *Hoy necesitarás el tabardo porque sopla fuerte el cierzo.*
tabarra	Molestia causada por ruidos fuertes y persistentes producidos por objetos o voces. *Niños, decía la madre con voz alterada, a ver si dejáis de dar la tabarra, que no hay forma de poder hablar tu tía y yo.* Dar la tabarra: Molestar con algo desagradable. *Quita esa música, que menuda tabarra nos estás dando.*
taberna	Lugar público y popular donde se servían bebidas y aperitivos. En los pueblos era el lugar de encuentro y de tertulia de los hombres y donde se leía el papel. Las mujeres no entraban en la taberna, era mal visto. A veces la atmósfera estaba tan cargada de humo de fumar que los ojos se irritaban. *De regreso paramos en la **taberna** y echamos una partida de mus.*
tabernero	Persona que tiene o regenta una taberna. *A las doce de la mañana el tabernero ya tiene los ojos saltones y un hablar ligero.*
tabique	Pared que separa una habitación de otra en la misma vivienda. *Los tabiques en el apartamento son prefabricados.*
tabla de lavar	Tablero de madera estriada usada en el lavadero o en las pozas de lavar. *Luisa lleva el caldero de ropa sucia en la mano y la tabla de lavar bajo el brazo.*
tablilla	En Mecerreyes: Tabla cuadrada de 30 x 20 cm que llevan los carros con los datos de identificación: número, matrícula, pueblo, etc. *Este carro, según pone la tablilla, ha sido hecho en Mecerreyes (Burgos)*
taburete	Asiento individual sin brazos ni respaldo y con tres o cuatro patas. *En la cocina tenemos cuatro sillas y dos taburetes.*
tacaño	Roñoso. Agarrado. Se dice de la persona poco dispuesto a dar algo, aunque se poco, a otro. *Mi tío Rosendo era un tacaño. Recuerdo que de niño cuando otros parientes me daban de propina los domingos una moneda de diez céntimos, el me decía: Mira chico, se me ha roto el pantalón y no tengo nada. Yo, muy bajito, refunfuñaba diciendo tacaño, tacaño.*
tacataca tacatá	Andador metálico o de madera con asiento de tela y ruedecillas en las cuatro patas. Se usa para que los niños aprendan a andar. *Mientras cocino dejo al niño en el tacataca.*
tachar	Hacer ilegible una palabra o texto haciendo varias rayas encima de ellos. *A Juanito le gustaba tachar lo que escribía su compañero en el cuaderno.*
tachuela	Clavo corto y de cabeza grande que se colocaban en las suelas de cuero de las botas para hacerlas más resistentes o para evitar que patinaran en el hielo. Por el ruido se sabía si las botas llevaban tachuelas en la suela. Desde la gloria[469] mi padre sabía quién venía por la calle, escuchando el ruido que hacían sus botas con tachuelas y el ritmo con que las movía.
taco (calza, calce)	Pieza de madera, metal u otra materia en ángulo diedro muy agudo que sirve, entre otras cosas, para calzar objetos y equilibrarlos. *Necesitamos dos tacos para equilibrar la mesa del comedor.*
tahona	Hornera. Lugar donde se está el horno donde se cuecen las hogazas de pan y las tortas. *A las seis de la mañana ya está la señora Leonila, La Cigüeña, en la tahona amasando la harina para hacer el pan.*
tajada	Trozo cortado de algo que puede ser carne cocinada, chorizo curado, jamón, etc. *A mí ponme sólo una tajada de carne y un poco de chorizo.*
tajadero	Tabla o tronco utilizados para partir carne. *El tajadero de roble tiene tres patas.*

---

[469] **Gloria**. Sistema de calefacción usado en Castilla, muy habitual en Mecerreyes , y otras regiones que consiste en calentar el suelo de una habitación en la planta baja prendiendo fuego a paja o distinto tipo de leña que se quema en unos conductos huecos que se han preparado bajo el suelo de la habitación.

tajo	Lugar o tarea en que se trabaja .Trabajo que debe hacerse en tiempo limitado. *Los segadores han terminado pronto el tajo y han llegado a casa antes de ponerse el sol. Mañana tenemos que volver al tajo.*
talabartero	Guarnicionero que hace talabartes[470] (tahalíes[471], cintos, correas) y otros correajes. *El guarnicionero hace los talabartes de gala de los oficiales. El talabartero ha entregado hoy dos cabezadas y tres colleras nuevas al ganadero.*
talega	Saco o bolsa de tela que sirve para llevar o guardar objetos. *Las peonzas que compramos el año pasado están en la talega azul del desván.*
talegada talegazo	Golpe que se da con un talego. Golpe que alguien se da al caer de espaldas o de costado. *Cuando iba por la calle patiné en el hielo y menudo talegazo me pegué. Rosario, nada más ponerse los patines, se dio un talegazo.*
talego	En los pueblos de Castilla, saco largo y estrecho de tela. *El agricultor ha llenado dos talegos de trigo para llevarlos al molino.*
tallista	Persona talla piedra, madera u otros materiales incluyendo aspectos decorativos. *En la restauración de los pórticos antiguos, el tallista es imprescindible.*
támbaras	Parte de las ramas que queda en el monte al escamondarlas[472] y seleccionar los tallos para hacer carbón o picón. En Mecerreyes las támbaras era el combustible habitual en las cocinas. *Antes de la Navidad acarreamos varios carros de támbaras del monte donde se ha hecho carbón. En el bardero de la tenada hay muchas támbaras.*
tambarillas	Ramas secas de arbustos herbáceos que se usan para hacer escobas con las que se barren las parvas en las eras. *El abuelo ya ha preparado cinco escobas de tambarillas para este verano.*
tambor	Instrumento musical cilíndrico y hueco, de madera o metal, cubierto por sus dos bases con piel estirada. Se toca con dos palillos. *El tambor y el bombo acompañaban siempre al saxofonista en el baile del pueblo.*
tamboril	Tambor pequeño que se toca con un solo palillo. *Los danzantes se mueven al ritmo que marca el tamboril.*
tamborilear	Hacer ruido con los dedos imitando el ruido y el ritmo del tambor. *Jacinta relajaba sus nervios tamborileando la mesa con los dedos de la mano derecha.*
tamborilero	Persona que tiene por oficio tocar el tamboril[473]. *Un buen tamborilero hace mover los sombreros.*
tamiz	Cedazo que tiene la tela metálica de cribar muy tupida. *Cuando se quiere obtener harina muy fina y limpia se pasa por el tamiz. La harina fina se obtiene pasando la harina del molino por el cedazo.*
tamizar	Pasar algo por un tamiz[474] (cedazo, criba). *La harina para hacer pan hay que cernerla bien o tamizarla.*
tamo	Polvo o paja muy menuda que se produce al trillar los cereales como el trigo, la cebada, la avena, lino. *etc. El tamo de la cebada pica cuando se pega al cuerpo.*
tanadero*	Tronco que sirve de asiento en el descortece y que se obtiene de una casquera (base de una carrasca a la que salen varios brazos que en el tanadero sirven de pies). *En la zona del descortece había varios tanaderos de distinta altura.*
tangatuta	Pieza usada en el juego de la **tuta**. El juego que consiste en lanzar discos de hierro (**chaflos**) para dar, tirar y esparcir las monedas que se han colocado encima de un pequeño cilindro de madera (**tuta** o **tanga**) situado a distancia. Cuando se tira la tuta, las monedas que quedan más cerca de un chaflo que de la tuta se las lleva el dueño

---

[470] **Talabarte**: cinturón del que cuelga el sable o la espada.

[471] **Tahalí**: Tira de cuero que cruza desde el hombro derecho hasta llegar los dos extremos a la cintura. Allí se juntan y allí se cuelga la espada. Trozo de cuero colgado del cinto que sostiene el machete.

[472] **Escamondar**. Limpiar las ramas de los árboles cortados para hornear carbón. Se hacía cortando con el hacha o el hocete las ramas más finas e inútiles para carbonar.

[473] **Tamboril**. Tambor pequeño que, colgado del brazo o cogido de una mano, se toca con un solo palillo y, acompañando generalmente al pito, se usa en algunas danzas populares. En Mecerreyes el alguacil lo usaba para anunciar a los vecinos que iba a dar un bando del alcalde.

[474] **Tamiz**: cedazo, criba, harnero,

	del mismo. Así en el resto de los lanzamientos. Gana el que se lleve mayor valor monetario. *Hoy he perdido tres euros al tanga. La tanga (tuta) es muy pesada.*
tangana	Se dice peleas entre varios con producción de daños personales. *Menuda tangana se organizó al no aceptar Leandro el resultado del chito o tuta.*
tango chaflo	Disco circular de hierro de un unos 8 cm de radio que se utiliza para jugar a la tuta o tanga. *En el juego de la tuta todos los tangos deben ser iguales.*
tantarantán	Sonido del tambor o de otros objetos cuando se repite. *Las ruedas del carro, con su tantarantán al pasar por encima de las piedras, eran un aviso de llegada ...*
tantear	Moverse a tientas, ayudándose de las manos, privado de luz o de iluminación suficiente suficiente. *Ana comprobó que podía encontrar el camino si tanteaba con cuidado las paredes desnudas.*
tañasca*	Pájaro de tamaño algo superior al gorrión y de cola más larga que anida en los huecos de las paredes. Mis amigos y yo encontramos todos los años nidos de tañasca en las paredes de las eras del molino. *Emilio, gran observador de los movimientos de los pájaros, averiguaba rápidamente donde anidaban las tañascas.*
tañer	Hacer sonar las campanas de las iglesias. "Reunidos a son de campana tañida" era una frase muy utilizada antiguamente y que se puede leer en documentos privados y oficiales. *Las campanas tañen y lloran por el muestre del maestro.*
Tapabocas	Prenda de lana u otro paño grueso para abrigar el cuello y la boca. *Me crucé con una persona cuyo tapabocas dificultaba su identificación. Fue preciso avivar el paso, ponerse los guantes y el tapabocas para resguardarse de la niebla y el frío.*
tapacubos	Tapa metálica que se adapta exteriormente al cubo de la rueda de los carros y protege al cubo de daños exteriores. *El tapacubos de la rueda derecha del carro se ha caído con el traqueteo del camino.*
tapete	Cubierta de hule, paño u otro tejido, que para ornato o resguardo se suele poner en las mesas en el momento de jugar a las cartas o de comer. *Hoy, fiesta de san Martín, estrenamos tapete*
tapia	Cerca de un patio o de una finca hecha de mampostería, de piedra sin tallar o de adobes. *La tapia del huerto tenía más de metro y medio de alto.*
tapial	Tablero que cierra la caja del carro por cada uno de los costados. *Los tapiales del carro están recién pintados.*
tapial[475]	Muros que se hacían con un molde formado de dos tableros que se colocaban verticales y paralelos rellenándolo con tierra bien humedecida y prensándola con pisones[476]. *La cerca de la finca es de tapial. El tapial lo hemos hecho con maderas de roble. El tapial del huerto se está cayendo.*
tapiar	Levantar una pared de piedra y barro para cercar algo y dificultar el acceso. *La finca de perales la vamos a tapiar el año que viene.*
tapizar apeluznar el horno*	Referido a hornear carbón: Rellenar con palos delgados los huecos dejados en la superficie del horno al colocar las cañas (palos) gruesas, de manera que la superficie del horno quede uniforme y lo más compacta posible.[477] *Los palos cortos y finos los dejamos para tapizar (apeluznar) el horno.*
tapujo	Prenda de abrigo de poco valor con la que alguien se tapa para no ser reconocido. *Si no te quitas el tapujo no sé quién eres.*

---

[475] **Tapial**. También se suele llamar **tapial** a cada uno los tableros laterales de la caja de un carro.
[476] **Pisón**. Instrumento pesado y grueso, de forma por lo común de cono truncado, que está provisto de un mango, y sirve para apretar tierra, piedras, etc.DRA
[477] **Poner la gavilla**. Al pie, en todo el perímetro del horno, se colocan piedras grandes, distantes entre sí unos cincuenta centímetros, espacio que se utilizará para abrir **boqueras**. Y apoyada entre piedra y piedra una **gavilla** de támbaras o ramas secas. A esta acción se llama **poner la gavilla**. Revista de Mecerreyes.

tarabilla	Zoquetillo que, clavado en el marco de una puerta o ventana y pudiendo girar alrededor del clavo que lo atraviesa, sirve para cerrar aquélla asegurándola con una extremidad. *(Diccionario Ilustrado de la Lengua Española. Aristos). En las poyatas, a los lados de la chimenea, se apilaban cazuelas, sartenes, pucheros, platos y, colgados de alcayatas, cacillos, espumaderas y un gran tenedor de latón. Sobre la cabeza de Víctor, sentado en el escañil, sujeta al muro por una* **tarabilla**, *estaba una perezosa que medio ocultaba un calendario polícromo. (M. Delibes)*
tarabita	Palo con el que se ajusta la cincha de las caballerías. *Cuando lleguemos a cada tenemos que cambiar la tarabita de la cincha.*
tarambana	Se dice de la persona alocada, de poco sentido común, zascandil. *Cuando vayas con Jorge, ten cuidado no te meta en líos porque es un tarambana que no sabe lo que hace.*
tarascada	Golpe recibido por el movimiento brusco de la cabeza o del cuerpo de un animal. *La tarascada de la caballería al desuncirla hirió al arriero en la cara.*
tarja	Palo alargado, en forma de prisma cuadrangular de 2,5 cm de lado y de una longitud de 30 cm aproximadamente, que utilizaban los panaderos y los que pedían hogazas de pan al fiado para señalar en él con una muesca cada hogaza que el panadero entregaba y el cliente recibía. El panadero y cada cliente tenían una tarja igual y con las mismas muescas. Las tarjas servían de control. *Mañana tenemos que llevar un saco de harina al panadero porque ya hemos completado la tarja.*
tarrañuela[478] tarreña	Cada una de las dos porciones de tabla, preferiblemente de encina o de fresno, que colocadas entre los dedos y golpeando una con otra al mover el brazo, hacen un ruido parecido al de las castañuelas. En el pueblo se tocaban para acompañar los villancicos. *En Mecerreyes, Burgos, tocan muy bien las tarrañuelas.*
tartana	1. Carruaje de dos ruedas con toldo y asientos laterales y tirado por una caballería. *La tartana llevaba el toldo de lona reforzado con cañas finas.* 3. Carruaje o coche viejo e inútil. *El coche de Nico es una auténtica tartana, cuando se mueve hace más ruido que el carro de los bueyes.*
tartera, fiambrera	Cazuela que era generalmente cilíndrica y de aluminio y cerraba herméticamente (no siempre). Se usaba para llevar los guisos y la comida (el avío) fuera de casa. *Hemos traído una tartera con conejo al ajillo.*
tarugo de pan	Trozo pan duro. *En el cesto había dos tarugos de pan del día anterior.*
tarugo	Se dice de la persona torpe y de poco entendimiento. *No encargues nada al tarugo de Isidro porque no te lo resolverá.*
tarugo	Trozo de madera corto y grueso. *Una clavija es un tarugo cilíndrico de madera.*
tazado	Se dice del cuero, ropa o tejido estropeado por el uso frecuente o por dobleces frecuentes. *El cinturón de cuero está tazado. El papel de la hijuela está tazado.*
tazar estazar*	Cortar con el hacha las ramas del tronco del árbol. *Una vez hecha la corta hay que estazar (tazar) las ramas del tronco y luego escamondar éstas.*
tazar	Estropear las prendas de cuero, los vestidos u otros objetos por el uso frecuente, el roce excesivo con algo, los dobleces o el arrastre de los bajos. *Las mangas de la chaqueta de pana están muy tazadas.*
tea	Astilla seca y resinosa que al arder bien se usa para alumbrar en lugares oscuros. *Estos palos secos de pino son unas buenas teas.*
teja, juego de la	Juego infantil consistente en desplazar con el pie, y por unas casillas dibujadas en el suelo, un trozo de teja, o pieza del goma de los tacones (**truque**), apoyándose solo en una pierna. El jugador que más avanza pasando de una casilla a otra es el ganador. *Margarita es la campeona del juego de la teja.*

---

[478] **Tarrañuela**: También se llama así en Mecerreyes, en la fiesta de El Gallo al palo rajado de arriba a abajo, que es utilizado por el zarramaco para intimidar y llegado el caso golpear a los mozos que se lleven o intenten llevarse el gallo. La tarrañuela la usa el **Zarramaco**: Mozo fornido y fortachón, que vestido con pieles y cencerros, con la cara pintada y ayudado de una tarrañuela es el encargado de defender al gallo, si algún mozo osa entrar a llevárselo.

teja	Pieza de barro cocido de forma acanalada, que cubre los tejados y hace escurrir el agua de lluvia. *El tío Avelino, El Orejas, ha encargado 2 000 tejas.*
tejar tejera	Sitio donde se fabrican tejas, ladrillos y adobes. *La tejera del pueblo estaba en la dehesa. Las tejas se cuecen en el horno del tejar.*
tejedor	Persona que se dedica a tejer. *El tío Valentín, el Alforjas, tenía un taller con cuatro tejedores.*
tejemaneje	Acción o acciones poco claras y liosas para conseguir algo. *Pedro, las cosas tenemos que hacerlas bien y por los pasos contados sin tejemanejes extraños como propones.*
tejera[479]	Lugar donde se fabrican las tejas. *A la tejera, que se encontraba a dos kilómetros del pueblo, se iba y venía andando o en burro.*
tejero	Persona que fabrica y vende tejas y ladrillos. *En el tejar trabajaban seis empleados a las órdenes del tejero.*
tejo	Trozo de teja o baldosa que se emplea para jugar a distintos juegos como el chito[480] o el llamado tejo. *Carmen ha preparado varios tejos con trozos de una teja que se ha caído.*
tejo	Trozo de plancha metálica de medio centímetro de grosor y de forma circular que en algunos pueblos lo llaman **chaflo**. *En el juego de la tuta cada jugador dispone de dos tejos o chaflos.*
tejones*	Tejas grandes que se fabricaban en la tejera de Mecerreyes (Burgos). *Adrián ha encargado 100 tejones al tejero.*
telera	Red de palos verticales y horizontales, sujetos a la caja de los carros y tramados con redes de cuerda. Se colocaban en los carros para acarrear la mies que no estaba atada en haces. *Con la telera su puede acarrear mayor cantidad de mies que si el acarreo se hace en haces.*
telera	Travesaño de hierro o de madera que sujeta el dental a la cama del arado o al timón mismo, y sirve para graduar la inclinación de la reja y la profundidad de la labor. *Detrás de la **telera** que abonaba las tierras de Justino, el tendero, sonó el cascabeleo del rebaño del tío Cascote,*
telerines	Tablerillos de madera que se ponían en los carros para aumentar su carga. *Estoy un poco alelado. Se me han olvidado los telerines del carro.*
témpano	Trozo plano y grande de hielo. *Por la noche, con las heladas, se formaban témpanos de hielo en las calles, que las hacían intransitables.*
tempero	Buen tiempo (humedad, lluvia, etc.) para la sementera y las labores agrícolas. *En la siembra hemos tenido buen tempero.*
templado	Se dice del individuo moderado y tranquilo ante las adversidades. *Con Rufino da gusto hablar, en los debates siempre se muestra templado y atento.*
templar	1. Quitar el frío de algo calentándolo. *Calienta el agua hasta que esté templada.* 2. Mezclar una cosa caliente con otra más fría para suavizar la temperatura de la primera. *Echa agua fría al agua que acaba de hervir para templarla.*
templete	Estructura de madera en forma de prisma cuadrangular sostenido por cuatro pilastras de madera que se montaba en las fiestas patronales de Mecerreyes para que en ella tocasen los músicos contratados para esos días. Tenía capacidad para seis o siete músicos. Los hombres y mujeres del pueblo miraban atentamente la actuación de los músicos en sus primeros compases musicales y daban sus opiniones sobre la música y los músicos. *Los niños se escondían debajo del templete.*
tempranilla	Fruta que madura antes del tiempo en que lo hace otra de su misma especie. *Hoy tomamos peras tempranillas.*

---

[479] En Mecerreyes, la **tejera** era comunal y controlada por el Ayuntamiento. El Ayuntamiento arrendaba anualmente el servicio, fijaba la producción, comercializaba el producto que vendía en primer lugar a los del pueblo que lo necesitasen y satisfechas estas necesidades a los de otros pueblos. Revista de Mecerreyes.
[480] **Chito**. Juego que consiste en arrojar tejos o discos de hierro contra un pequeño cilindro de madera, llamado tango, tanga o tángana, sobre el que se han colocado las monedas apostadas por los jugadores. El jugador que logra derribar la tángana se lleva todas las monedas que han quedado más cerca del tejo que de la tángana. Los siguientes arrojan su tejo y ganan las monedas que se hallen más cerca de él que de la tángana.

184

tenada[481]	Recinto cubierto en que se guardan los animales y algunos aperos de labranza. *En la tenada tenemos veinte ovejas y tres cabras, además de los aperos de labranza.*
tenazatenazas	Instrumento de metal, compuesto de dos brazos trabados por un clavillo o eje que permite abrirlos y volverlos a cerrar, que se usa para sujetar fuertemente una cosa, o arrancarla o cortarla. También se usaba en la cocina para coger la leña, el carbón, los tizones o las ascuas de los hogares, chimeneas, braseros, etc. Se maneja con una mano. *Toma la tenaza y saca las puntas que están mal clavadas. Acerca los palos que están ardiendo al centro de la lumbre con la tenaza.*
tender	Referido a la tejera: Llevar la teja de la mesa a la era y tenderla (extenderla) en ella sobre un galápago para que se seque. Tender la ropa era extenderla sobre la hierba para que se secase al sol. *Colocar las tejas en la era para que se sequen antes de cocerlas.*
tendero	Propietario o empleado (dependiente) de una tienda en la que generalmente se vende toda clase de productos, especialmente comestibles. Recuerdo las tiendas del tío Matías, de la tía Farragusa, del tío Marcos y del Fleta (así las llamábamos) *La tienda del tío Matías era la que más clientes tenía.*
tener correa	Mostrar buena disposición para el trabajo duro y resistir en el mismo sin quejarse. *Fíjate Andrés que correa tiene mi sobrino Toni; tiene sólo 14 años y él solito ha descargado los sacos del carro.*
tener ínfulas	Tener mucho orgullo, vanidad o arrogancia. *No vengas con ínfulas, le dijo la maestra, porque el trabajo está mal hecho y sucio.*
tener mala uva	Actuar con malas intenciones o mal carácter. Tener mal humor. *Luis tiene mala uva y pocos amigos.* Ponerse de mala uva: enfadarse por algo. *Con la primera broma, Andresito, El Pijolargo, se puso de mala uva.*
tener maña	Tener habilidad y destreza para hacer y conseguir algo que otros no logran. *Mi padre tiene mucha maña para arreglar las cosas de casa. Es muy mañoso. Para algunas cosas lo importante no es tener fuerza sino maña.*
tener mucho cuajo	Aguantar con pachorra y sin inmutarse adversidades o situaciones desagradables. *El tío Lunas tiene mucho cuajo y aguanta todo sin inmutarse.*
tener pacho-rra	Ser lento en decidir qué hacer y en hacer lo decidido. *Con la pachorra de Silvio no terminaríamos nunca de segar esta finca.*
tener pelusa	Tener envidia. *El niño tiene pelusa de su primo.*
tener redaños	Mostrarse con valor, con fuerza y decisión en momentos difíciles. *El tío Lucas, El Tin, tiene redaños para cualquier cosa y nada se le pone por delante.*
tenería	Sitio o taller donde se curten y trabajan las pieles. Curtiduría. *Este año hay mucho trabajo en la tenería.*
teniente	Se aplica a la persona sorda o dura de oído. *Habla a la abuela despacio y fuerte, que está un poco teniente por las mañanas.*
tentar	Tocar los objetos. Tocarlos sin verlos y adivinar de qué objeto se trata. *¡Cuidado! No tientes la tenaza que te vas a quemar. ¿Quién me ha tentado?, dijo un niño que caminaba a ciegas. A Lina no le gusta que la tienten.*
tente nublo	Se dice de un toque de campana con cierto ritmo que en algunos pueblos de Castilla se acompaña con dichos como: Tente nublo, tente tu, que Dios puede más que tu.... y cuya finalidad era alejar los nubarrones que amenazaban pedrisco. *Las campanas tocan a tente nublo......*
tentemozo	Palo cilíndrico, de un metro aproximadamente, que adosado a la lanza o a las varillas del carro sirve para que ésta quede en posición horizontal y su yugo a la altura de las bestias. *Carlos, coloca los tentemozos y pon el calce en las ruedas. El carro de bueyes lleva varios tentemozos.*
tentempié	Corto alimento que se toma para reparar las fuerzas a cualquier hora del día. *A media mañana tomamos un tentempié para aguantar hasta la una.*
terciado	Referido al tamaño de un objeto o producto, ni muy grande ni muy pequeño. *Los melo-*

---

[481] **Tenada**, cobertizo, techado o tinada donde se guardan el carro y otros aperos de labranza.

	nes que he comprado son terciados.
terciar	Intervenir o mediar en algún asunto o conversación, dando ideas o haciendo propuestas sobre los asuntos y temas tratados. *Luis, el abogado, terció en la conversación sobre si hay obligación o no de asistir a las juntas de vecinos.*
tergal	Tejido muy resistente. *La bata de los niños es de tergal para que les dure todo el curso.*
ternilla	Cartílagos que se encuentran en la carne cocinada de animales jóvenes. *A mí me gustan las ternillas de la carne guisada.*
terrón	Masa pequeña y compacta de sustancias como el azúcar, la sal. *Yo me comía los terrones de azúcar mojándolos en vino.*
terrón[482]	Masa pequeña de tierra muy compacta y dura, que solo se deshace a golpes o con mucha lluvia... *La tierra labrada ha quedado con muchos terrones.*
tesar	Retroceder. Andar hacia atrás las bestias uncidas por orden del amo... *Tesa, atrás ... Tesa, atrás...*, repetía el labrador a la yunta cuando ésta tenía que meter el carro tesando en la tenada.
teso	Colina baja que tiene alguna extensión llana en la cima. *El cazador disfrutaba en el teso los atardeceres de otoño por la abundancia de piezas. Sentado en un **teso** contemplé las nubes y luego bajé hasta el río y me tumbé en la hierba entre los mimbrerales y los tomates silvestres. El rebaño careaba[483] por el teso.*
testarazo	Golpe, porrazo, encuentro violento. Golpe dado con la cabeza. *Cuando salía corriendo de la cuadra se dio en testarazo con la puerta.*
testarudo	Se dice de la persona cabezota, insistente en algo sin razón. *Junto a la muralla estaba Isidro, El Cojito, el testarudo más testarudo del pueblo.*
testuz	Nuca, cerviz. En algunos animales como el caballo, la frente, y en otros, como el toro, el buey o la vaca, la nuca o la base de la cornamenta. *Cuando montes el caballo nunca le des un golpe en el testuz.*
ticero	Relativo a hornear carbón: Horno de inferior tamaño que el normal, en el que se cuecen de nuevo los tizos que resultaron de la primera hornada. Estos hornos se tapizan con ramas de enhebro, pues cuando se hacen ya no suele quedar chazca. *Del ticero hemos sacado varias seras de carbón y de picón.*
tiempo de veda	Periodo de tiempo durante el que está legalmente prohibido cazar o pescar. La veda coincide con las épocas de reproducción de una especie. *Al tío Pistolas, El Duende, le multaron por pescar en tiempo de veda.*
tienda[484]	Casa, puesto o lugar donde se venden al público toda clase de artículos al por menor. *En la tienda del pueblo, a eso de las diez, se formaba una tertulia en la que La Vitora llevaba la voz cantante.*
tierra	Porción de terreno propiedad de un vecino dedicada al cultivo. Finca. *El tío Paco ha vendido sus tierras.*
tieso	Se dice de la persona que aparenta o tiene buena salud y buen aspecto físico: *Hay que ver lo tieso que está tu padre con los años que tiene.*
tieso	Inerte, rígido, por causa del frío o la muerte. *Encontraron al tío Lindo yerto bajo una capa de nieve. No me he abrigado bien y me estoy quedando tieso. A la orilla del camino había un gato tieso.*
timón	Palo derecho que sale de la cama del arado a la que se une con abrazaderas metáli-

---

[482] **Destripaterrones**. Se suele llamar así al gañán o trabajador que cava la tierra con la azada y pone especial cuidado en "desmenuzar" o "destripar" los terrones a base de golpes. Se aplica también en tono despectivo a la persona incapaz de aprender a hacer algo útil. *Si no estudias toda tu vida serás un destripaterrones.*

[483] **Carear**, dicho del ganado: Pacer o pastar cuando va de camino. DRA.

[484] **Tienda de pueblo**. En las tiendas de los pueblos, verdaderos supermercados por la variedad de productos, se ofrecían legumbres, dulces, tela, cinta, botones, horquillas, hilo, alfileres, piedras de afilar, clavos, puntas, alicates, tenazas, cuerdas de todos los grosores, herramientas agrícolas, sacos, costales, papel y sobres para cartas, higos secos, loza, café, azúcar blanco y moreno, caramelos, regaliz, especias, nueces, avellanas, olivas, etc.

	cas y al que se fija el tiro. Su extremo se introduce en el barzón[485] asegurándole con la lavija [486,] (clavija). *Ayer cambiamos el timón de los dos arados que vamos a emplear este año para roturar los perdidos...*
tina	Vasija de barro. *Andrea tomó mantequilla de la tina y la puso en el pan.*
tinaja	Vasija grande de barro cocido, mucho más ancha por el medio que por el fondo y por la boca; sirve para guardar agua, aceite u otros líquidos... *Este año tenemos preparada una tinaja de adobo de cerdo. El ventero tenía dos tinas con carnes adobadas.*
tino	Se aplica a tener habilidad o facilidad para acertar cuando se apunta a un blanco determinado. *Lucas, el Matapájaros, tiene mucho tino con el tirabique y con la onda, donde pone el ojo, pone la piedra.*
tipa	Mujer con rasgos destacados en algún sentido. Se aplica con cierto tono despectivo. *La tipa de Angelines no me ha devuelto el velo que la dejé el domingo.*
tiquismiquis	Persona excesivamente escrupulosa, que se fija en detalles insignificantes y que ve problemas o defectos en todo. *Ruth es tan tiquismiquis que nunca come fuera de casa porque no quiere tomar nada que hayan tocado manos ajenas*
tira y afloja	Forma de negociar en la que unas veces se cede algo y en otras se exige con insistencia una contrapartida. *Después de un tira y afloja, el precio se quedó en cuarenta euros.*
tirabuzón	Se dice del cabello rizado y largo que generalmente cuelga formando espirales. *La niña de Julita lleva tirabuzones. Su cabellera dorada se alargaba en tirabuzones. La niña lucía unos hermosos tirabuzones rubios.*
tirachinas tirabique tiragomas	Horquilla con mango a cuyos extremos se unen los de una goma para estirarla y disparar con ella piedrecillas. *La piedra lanzada con el tirachinas alcanzó a un tordo, que cayó malherido. El disparo de piedras con tirachinas es peligroso.*
tirante	Correa que, asida a las guarniciones de las caballerías, sirve para tirar de un carruaje. Correaje que se utilizaba para enganchar un macho delante de otro *Coloca bien las correas para que la caballería vaya cómoda.*
tirante	Cada una de las dos tiras de tela o cuero que sostienen de los hombros el pantalón. *El tío Resti lleva los pantalones sin tirantes y sin cinturón; corre el peligro de que se le caigan. Julián quedó enganchado de los tirantes en una rama al caerse del árbol.*
tirar a volea	Tirar puñados de cosas al aire (caramelos, monedas, etc.) para que la chiquillería que acompaña al séquito las coja del aire o en el suelo. Se hacía en los bautizos, en las bodas y en otros acontecimientos. *Los padrinos del bautizado tiraban a volea puñados de caramelos, confites, monedas, etc.*
tirar el pantalón	Bajarse el pantalón para defecar. Era normal retirarse a un corral o esconderse de la gente. *Esperemos a Borja que ha ido a tirar el pantalón.*
tirar un pedo el horno	Referido a hornear el carbón. Se dice de la explosión del horno de carbonar en alguna de sus partes tirando las trancas y la tierra y dejando la chazca al descubierto[487]. *Este año hemos tenido suerte, los hornos no han tirado ningún pedo.*
tirarse los trastos	Discutir acaloradamente sin ningún razonamiento lógico ni intención de entenderse. *La convivencia entre Ana y Jorge era muy difícil, diariamente se tiraban los trastos por cualquier cosa.*
tiratrillo	Balancín[488] de madera con un anillo en el centro para enganchar el trillo, y otros dos en los extremos para los tirantes del ganado que lo arrastra. *Luis, Prepara el tiratrillo que enseguida nos vamos a la era.*
tirillas	Persona de apariencia endeble. *Ana, tienes que comer más porque estás hecha una*

---

[485] **Barzón**. Anillo de hierro, madera o cuero del ubio por donde pasa el timón del arado.

[486] **Clavija, Lavija**. Trozo ligeramente cónico de madera o de metal que se coloca en el clavijero del timón del arado para sujetarlo al barzón.

[487] **Daño del pedo del horno.** Explosión del horno en alguna de sus partes tirando las trancas y la tierra y dejando la chazca al descubierto. Para reparar el daño , se abre el caño y las boqueras y se echa tierra en el lugar del desperfecto; a continuación se vuelve a tapar el caño con un cesto o más de tierra

[488] **Balancín**. Madero cuyo centro se engancha a un objeto y a cuyas extremidades se enganchan los tirantes de las caballerías.DRA

	tirillas.
tiritar	Tener temblores por el frío o por la fiebre. *El agua fría del río dejaba a los bañistas tiritando y les obligaba a salir.*
tiritón **tiritona**	Cada uno de los estremecimientos que siente quien tirita o tiene fiebre. Tiritona: sucesión de tiritones. *A las seis de la tarde comenzó a tener fuertes tiritones. Al observar que tenía tiritona le pusimos el termómetro y vimos que tenía 38º y medio de fiebre. La llama de la vela vacilaba tiritona.*
tiro	Conjunto de caballerías que tiran de un carruaje. *Hoy engancharemos al tiro tres caballerías.*
tiro	Distancia desde la unión de las perneras de un pantalón hasta la cintura. *El pantalón de Luis tiene un tiro de 22 cm.*
tiro	Corriente de aire que produce el fuego de un hogar de abajo hacia arriba en la chimenea. *El tiro de mi chimenea es muy bueno, no se producen humaredas.*
tirria	Se dice de la manía u ojeriza hacia algo o alguien. *Entre los alimentos que más tirria tengo está la berza cocida. Toni tiene tirria a los burros desde que el de su abuelo le dio una coz.*
tísico	Se aplica a la persona muy delgada y enfermiza. Otras veces se decía como un "insulto" de forma despectiva. *En la guerra pasaron tanta hambre que se quedaron como tísicos. Alejandro, como un poco más que pareces un tísico muerto de hambre.*
titiritero	1. Persona que maneja los títeres[489] . *En la obra trabajan dos titiriteros.* . 2. Persona que anda y voltea por el aire sobre una cuerda o alambre, y hace otros ejercicios difíciles. *Lo más llamativo de la sesión de circo ha sido la actuación de los titiriteros.*
tito, almorta	Planta anual con tallo herbáceo y ramoso, flores de color morado y blanco, y fruto en legumbre con cuatro simientes de forma de muela. Semilla de esta planta. *En la finca de titos que pelamos esta mañana se han hecho tres morenas. En la finca de la Loma hemos cosechado cincuenta kilos de titos.*
titón*	Legumbre parecida a los titos pero de color gris y algo más pequeños. *La cosecha de titones ha sido muy escasa debido a la falta de agua.*
tiznar	Manchar algo o a alguien con tizne[490], hollín[491] u otra materia semejante. *Ten cuidado con las tenazas no te vayas a tiznar las manos.*
tizne	Humo u hollín, que ennegrece si lo tocas, que se pega a los objetos que han estado puestos al fuego (sartenes, peroles y otras vasijas). *Mañana toca limpiar a fondo el tizne de las sartenes y perolas.*
tizo	Pedazo de leña mal carbonizado que despide humo. Es de un color negro pardo, a diferencia del negro-negro del carbón. *Separa los tizos de la lumbre porque nos están ahumando.*
tizón	Se conoce con este nombre el hongo de los cereales llamado "cornezuelo", por la forma de pequeño cuerno que tiene. *El trigo candeal es resistente al tizón o cornezuelo y por eso se extiende su siembra.*
tizón	1. Tronco medio quemado que queda cuando se está apagando la lumbre. *Todavía hay en la lumbre varios tizones Coge los tizones con las tenazas.* 2. Brasa apagada y negra. *Al apagar la lumbre han quedado varios tizones para mañana.*
tizonera	Nuevo horno que se hace con los tizos para carbonizarlos. *De la tizonera sacaron cuatro toneladas de carbón.*
tobera	Abertura generalmente troncocónica del fuelle por donde expulsa el aire y se introduce en la fragua. *La tobera del fuelle hay que cambiarla porque pierde aire.*
toca	Prenda con que las mujeres se cubrían la cabeza. Era general que la llevasen las viudas y algunas veces las mujeres casadas. *En el pueblo era frecuente ven en la calle numerosas mujeres con la toca puesta.*
tocar a quema	Es un toque especial de campanas con el que se avisa al vecindario de los pueblos de

---

[489] **Títere**. Muñeco de pasta u otra materia que se mueve por medio de hilos u otro procedimiento. DRA

[490] **Tizne**. Humo que se pega a las sartenes, peroles y otras vasijas que han estado a la lumbre.DRA

[491] **Hollín**. Sustancia crasa y negra que el humo deposita en la superficie de los cuerpos.DRA

	un incendio. *Al oír el toque de quema, los vecinos del pueblo salieron preparados para apagar el incendio.*
tocón	Parte del tronco de un árbol que queda unida a la raíz cuando lo cortan por el pie, pero no a ras de suelo. (Indica que se ha hecho mal la corta). *Han dejado los tocones muy altos al cortar los árboles.*
tolva	Caja en forma de tronco de pirámide o de cono, invertida y abierta por sus bases. En ellas se echan granos u otros cuerpos para que caigan poco a poco entre las piezas del mecanismo destinado a triturarlos, aventarlos, molerlos, limpiarlos, clasificarlos o para facilitar su descarga. *En la tolva de la almazara cabían más de 500 kilos de aceitunas.*
tomapán	Tiempo de descanso a media mañana en época de siega para tomar alimento y beber agua o vino[492]. *El tomapán lo hacíamos a la sombra de una encina muy frondosa.*
tomar a risa	No dar importancia a algo que se oye, lee o ve. *Se tomaron a risa la noticia que les di. Todo lo que les contaba la abuela se lo tomaban a risa o demasiado en serio.*
tonel	Cuba grande. *Mañana, en la boda del alcalde del pueblo, brindaremos con el vino del mejor tonel de la bodega*
tontoligo ton-tolaba	Persona falta o escasa de entendimiento o razón. *Cállate, tontoligo (también: tonto del higo), que no tienes razón en lo que dices.*
toparse	Encontrarse casualmente con algo o alguien. *Cuando iba de paseo me topé con dos amigas que hacía más de dos años que no veía. En el desván he topado los zapatos que estaba buscando.*
topetazo	Golpe que se da con la cabeza a algo o a alguien. Lo pueden dar los animales o las personas. *La yunta sacudió la cabeza y dio un topetazo al labrador que la estaba unciendo.*
topo	Mamífero insectívoro del tamaño de un ratón, que vive galerías subterráneas. Se alimenta de gusanos y larvas de insectos. *Los topos están levantando las lechugas recién plantadas.*
toquilla	Toca pequeña. Fue prenda de punto ordinariamente hecha de lana y color negro, triangular, con que las mujeres castellanas se abrigaban hombros y espalda durante el invierno o primaveras frías. *Bárbara, no salgas a la calle sin la toquilla porque hace mucho frío. Al salir de la hornera las mujeres se protegían del frío con la toquilla.*
torbellino	Remolino de viento que en verano tiene mucha fuerza y se lleva por delante todo lo que encuentra. *El torbellino tiró los haces de la hacina y los esparció por el campo.*
torcida	Hilo que servía de mecha en los candiles. *El candil se va a apagar porque se está terminando la torcida.*
tordo	Pájaro de pico delgado y negro, lomo gris aceitunado y vientre blanco amarillento con manchas pardas. Anida en los tejados y se alimenta de insectos y de algunos. *Las bandadas de tordos ocupaban los olivos al atardecer.*
tornadora	Apero de hierro con varios dientes en forma de semicircunferencia que al ser arrastrada por el trillo daba vuelta a la parva. *Al tener el trillo tornadora sólo dábamos una vuelta a la parva con las horcas.*
torpe	Se dice de la persona lenta en comprender lo que lee o lo que se le dice. *Dioni en las matemáticas es bastante torpe, sin embargo en gimnasia es campeón.*
torrezno	Pedazo de tocino vetado frito o para freír. *A mí me gustan los huevos fritos con panceta en adobo.*

---

[492].**Tomapán**: El alimento y la bebida se mantenían frescos poniéndolos a la sombra de un árbol o de un haz. También envolviendo el recipiente en un paño húmedo. Generalmente se bebía el vino a "chinguete" es decir, haciendo que el líquido salga a chorro a cierta distancia de la boca. Era el momento de beber agua fresca o de empinar la bota de vino.

torta	Pan circular de poco grosor y aceite en la parte superior, que se cuece a fuego lento. En Mecerreyes en cada hornada se solían hacer varias tortas. En ocasiones especiales se hacían tortas con chicharrones que se obtenían al fundir la manteca del cerdo de la matanza. *En la hornada de pan que hizo ayer la tía Vítora coció cuatro tortas.*
torto o panete	Pan de la mitad de peso que una hogaza y que se hacía con las raspaduras de la masa en la artesa. *En la hornada de la semana pasada se hicieron dos tortos; con uno se pago al dueño de la hornera y con el otro se hicieron sopas durante tres días.*
tórtola	Ave de la familia de las palomas de unos tres decímetros de longitud. Es común en España, donde se presenta por la primavera, y pasa a África en otoño. *Las tórtolas se arrullaban cuando el sol abría la puerta del día.*
tórtolo	Cortejador, enamorado, galanteador. *He visto a tu hijo y a la hija de Andrea, La Pajarita, encariñados como unos tórtolos.*
tortoruelo*	Planta rastrera que echa unas florecillas pequeñas de color azul. Se cría en tierras de cereales y legumbres de secano. *El campo de lentejas semejaba el cielo azul debido a las numerosas flores del tortoruelo.*
tortuco*	Pasta pequeña circular de unos dos centímetros de diámetro. En el pueblo también llamábamos así al fruto de las malvas por su forma parecida. *Por las mañanas Agar llevaba cuatro tortucos para comérselos en el recreo.*
tortuco*	Así llamaban al fruto de las malvas por su parecido a las tortas. *Emilio hacía collares y pulseras con los tortucos.*
tostón	Cochinillo asado. Los tres amigos se zamparon un tostón a mediodía.
tostón	Persona pesada y plasta. *Por la mañana nos acompañó el tostón del marido de Tina.*
traba	Ligadura con que se atan las manos o los pies de una caballería para que no se escapen. *Coloca bien la traba a las mulas para que luego no tengamos que ir a buscarlas.*
trabar	Atar las patas de los animales para que se desplacen con lentitud mientras pastan, descansan, etc. Cuando esquilamos a las ovejas se les traban bien las dos patas delanteras.
trabucarse	Tartamudear ante alguien. *Cuando iba al médico se trabucaba al hablar.*
tragaleguas	Persona que anda mucho y deprisa. *Luis, el cazador, es un tragaleguas, un zanqueador.*
trajín	Acción de realizar muchas cosas seguidas o simultáneamente. *Las tardes de Luisa, La Pólvora, son un trajín diario.*
trajinar	Ir y venir de un sitio a otro con cualquier motivo o tarea. *Las mujeres de la casa han estado trajinando todo el día para preparar la matanza de mañana.*
tralla	Cuerda, correa o tira que se coloca en el extremo de una vara y que sirve para estimular las reatas de caballerías. *El sonido seco de la tralla girando en el aire aceleraba el paso de las caballerías. El arriero manejaba con soltura y gracia la tralla.*
trallazo	Golpe dado con la tralla[493] a los animales (nunca debiera darse a las personas). *La voz chillona del arriero y un trallazo sacaron al carro del barranco.*
trama	Referido a tejer: Hilos transversales del tejido que la lanzadera cruza con los de la urdimbre. *Lo más difícil para el tejedor es construir la trama para cada una de las telas o paños que quiera fabricar.*
trampilla	Abertura hecha en el suelo de una habitación para acceder a la que está debajo. *Los niños se entretenían pasando de una habitación a otra por la trampilla.*
tranca de refriar	Referido a hornear carbón: Tronco de carrasca o roble que conserva algunas de sus ramas y que, una vez retiradas las trancas horizontales y achatado el horno, se coloca encima de su superficie para subir y bajar por ella sin quemarse los pies[494]. *Los carboneros tienen preparadas varias trancas de refriar para utilizar la que mejor se adapte al horno.*
tranca	Palo que se pone como puntal o atravesado detrás de una puerta o ventana cerrada

---

[493] **Tralla**: Látigo provisto en su extremo de una cuerda o correa trenzada que restalla al moverla bruscamente.
494 La tierra se criba y se apartan los **grullos o granzas** y se vuelve a tapar de nuevo el "**quite**" con la tierra cribada para que no respire y que no se cuele la tierra y pueda apagar el interior del horno

	para evitar la entrada de personas ajenas. *Me he olvidado poner la tranca de la puerta del portal.*
trancar atrancar	Asegurar una puerta con la tranca o con el tranco. *Atranca la puerta con las dos llaves. Asegura la puerta de la tenada con la tranca. La casa de los abuelos en el pueblo se cierra con una tranca*
trancas	Referido a hornear carbón: Troncos de carrasca de 1,5 a 2 m de longitud, y un poco arqueados para adaptarse a la superficie esférica del horno, que junto con las horquillas, sirven para afianzar y mantener la tierra en la parte superior. *Coloca bien las trancas para que no se corra la tierra hacia abajo.*
tranco	Cerrojo metálico. Barrita de hierro horizontal con manija, sujeta a una hoja de la puerta o ventana por dos armellas que al desplazarse se introduce en otra armella o en un agujero situados en la otra hoja de la puerta o ventana con lo que impide la abertura de las mismas. *El padre todas las noches comprobaba que los cerrojos estaban echados.*
trancos	Pasos largos o saltos que se dan abriendo mucho las piernas. *Caminaba a rápidos trancos.*
tranquear el horno	Referido a hornear carbón: Colocar trancas en un círculo paralelo al perímetro del suelo y a una altura entre 100 o 150 cm. Las trancas se sujetan con horquillas. El horno se tranquea para sujetar la tierra colocada en el **aterramiento** del mismo.[495] *Para tranquear el horno grande necesitamos más de diez trancas y otras tantas horquillas.*
tranquear	Referido a hornear carbón: Colocar las trancas y las horquillas en un horno de leña. *El Sordo y el Demasié tienen que tranquear el horno esta tarde.*
trapacero	Persona que procura engañar a alguien en un asunto. *Mi tío me aconseja que no haga tratos con Julián, El Muchascaras, porque es un trapacero.*
trapero	Persona que recoge, compra y vende trapos y otros objetos usados. *La ropa inservible, trapos, se llevaba al trapero que pagaba algunos céntimos por ella.*
traquetear	Moverse o agitarse algo de una parte a otra haciendo ruido, estruendo o estrépito. Se aplica generalmente al ruido de los carros o carretas. *El carro recién estrenado apenas traqueteaba cuando recorría los caminos.*
trasegar	Pasar el vino de un tonel a otro. *El enólogo está dirigiendo la tarea de trasegar el vino nuevo.*
trashumar	Trasladarse los rebaños y sus pastores de unas regiones a otras buscando pastos. *Los rebaños de mi abuelo trashumaban hacia Extremadura en invierno.*
trasnochar[496]	Pasar alguien la noche, o gran parte de ella, velando o sin dormir. *Cuando hay que segar, se madruga y se trasnocha mucho. Muchos jóvenes trasnochan no por motivos de trabajo, sino por ocio y diversión.*
trasponerse	Adormilarse. Quedarse alguien algo dormido. *Después de comer nos quedamos traspuestos.*
trasquilar	Cortar el pelo de forma desordenada y sin igualar. *¿Quién te ha trasquilado? Parece que lo han hecho con la máquina de esquilar ovejas.*
trastear	Revolver, menear o mudar trastos de una parte a otra sin un fin concreto. *Deja ya de trastear en la habitación.*
trasto	Se dice del chico o chica traviesos. *El hijo de mi hermana es un trasto; no se le puede dejar ni un minuto solo.*

---

[495] **Aterramiento del horno**. Cubrir de tierra el horno. Para ello donde no se llega con la pala directamente se lanza la tierra a dicho lugar y otro carbonero, arriba, extiende y aplasta la tierra con el rodillo. En la copa y alrededor del perico, que se retira, se ponen céspedes en vez de tierra. Al retirar el perico deja un hueco, llamado "caño libre".

[496] **Trasnochar**: En Mecerreyes, era costumbre, desde noviembre a febrero, después de haber cenado en casa, ir a trasnochar a la casa de algún vecino o familiar, con el cual se tenía una buena .amistad. Se jugaba a cartas hasta altas horas de la noche, o se pasaba un buen rato de tertulia en torno a la lumbre. Casi nunca faltaba el porrón. Se trasnochaba debido a que en esa época del año no era necesario madrugar ya que las faenas del campo permitían un cierto relajo. Únicamente se madrugaba un poquito para echar de comer a los animales.

trasto	Objeto viejo, inservible y que estorba. *En el cuarto trastero hay muchos trastos que tenemos que tirar.*
tratante	Se dice de la persona dedicada a comprar y vender objetos y especialmente animales en las ferias. Los tratantes eran muy habilidosos usando el lenguaje y en la observación de las reacciones de comprador. *El tratante ha vendido un mulo al tío Canuto, El Gato.*
tratar	Tener amistad o confianza con alguien. *¿Cómo te llevas con Jesús? Nos tratamos bien y con frecuencia.*
travesaño	Pieza de madera que atraviesa de una pared a otra. *El suelo del comedor estaba sostenido por media docena de travesaños en los que se ha fijado la tarima.*
traza/s	Pinta o estilo de alguien o algo. *¡Vaya traza que lleva la hija de Soledad! Así no hay quien la reconozca. ¡Qué malas trazas tiene esta herida!*
trébede	Aro o triángulo de hierro con tres pies y en algunos casos con un mango, que sirve para poner al fuego sartenes, peroles, etc. Tiene una horquilla movible en el mango en la que se apoya el mango de la sartén. *La perola de las patatas con carne hervía al calor del fuego colocado bajo la trébede. La sartén, con el guiso de patatas, se mantenía caliente en la trébede. El cocinero colocó encima de la trébede la caldera, en la que ya se habían echado las morcillas para ser cocidas.*
trébol	Planta de unos dos decímetros de altura, con hojas casi redondas, pecioladas de tres en tres. Es espontánea en España y se cultiva como planta forrajera muy estimada. *El trébol, abundaba en el prado, era la comida preferida de los terneros.*
trecho	Distancia entre dos lugares. *La fuente se encuentra a poco trecho de la cañada.*
tremesino	Trimesino. Persona o animal de tres meses. *Los cereales tremesinos se han quedado entecos (débiles, enfermizos), sin encañar ni granar.*
trenza	Peinado que se hace entretejiendo el cabello largo. En el peinado solían hacerse una o dos trenzas. *En cada trenza la niña llevaba un lazo azul en su extremo.*
trepador trepa	Que asciende sin escrúpulos, y con artes extrañas, en la escala social. *Mi amigo, el juez, es un trepa, a todos sus jefes les hace la pelota.*
tres navíos[497]	Juego infantil consistente en que un equipo busca a los del otro equipo que se han escondido.
treta	Modo ingenioso usado por alguien para conseguir algo de otro o de varios. *El cacharrero con sus tretas y muchas palabras vendía sus productos.*
trifulca	Se aplica a la riña entre ruidosa y con palabras insultantes, sin llegar a las manos, varias personas. *Vi a tres personas gesticulando y gritando al mismo tiempo, la trifulca era sonora.*
trilla	1. La trituración de la mies para separar el grano de la paja. Generalmente se hacía con el trillo. *La trilla necesita un tiempo soleado y seco.* 2. Conjunto de labores agrícolas relacionadas con las faenas que se hacen en la era: el acarreo, el hacinado de los haces, el desbalago de los mismos, la propia trilla o pasar continuo del trillo por encima de la mies, la bielda, etc. *En la trilla participa toda la familia, toda ayuda es bienvenida.*
trillar	Quebrar, romper, trocear… la mies tendida en la era, generalmente con el trillo, para facilitar la separación del grano de la paja. *La mies, una vez segada y acarrear, se extiende en la era par ser trillada.*
trillar	Repetir algo tantas veces alguien que lo puede hacer sin pensar o mirar o prestar atención. *El sendero para ir a la carbonera lo tengo trillado, lo puedo hacer a ciegas.*
trillo	Utensilio para trillar que consiste en uno o varios tablones unidos formando un plano trapezoidal, que lleva piedras cortantes de pedernal o cuchillas de acero, o ambas cosas, encajadas en una de sus caras. En su parte delantera tiene forma curva para

---

[497] **Tres navíos**…Se juega formando los jugadores dos grupos y se sortea a ver cuál de ellos se la quedaba. Este grupo tenía que estar en la "madre", mientras los otros salen corriendo y cuando ya no son vistos dicen: "Tres navíos en el mar". Los de la madre contestan: "Otros tres en busca van", y salen a buscarlos. Se trataba de regresar a la madre sin ser vistos. Si todos regresan sin ser vistos, se repite el juego. Si alguno era visto se gritaba: "Tierra descubierta". Y se cambiaba la función de los grupos.

	evitar que arrastre la mies que se trilla. Al trillar se separa el grano de las espigas en los cereales y de las vainas en las legumbres *El trillo tiene cuatro sierras de acero y cientos de piedras. Los bueyes movían lentamente el pesado trillo. Las caballerías desplazaban el trillo al trote*
trinar	Dicho de un pájaro o de una persona: **gorjear** (hacer quiebros con la voz en la garganta). *Pedro acompaña sus canciones de trinos muy sonoros.*
trincar*	Beber o comer algo con exageración. *En el aperitivo, el primo de Celia, La Loba, se ha trincado una jarra de cerveza de medio litro.*
trincar	Coger algo ajeno con astucia, engaño o malas artes. *Ángela ha trincado en la feria dos pistolas de agua.*
trinchante	Herramienta que utilizan los canteros para rebajar el interior de las caras de las piedras delimitadas por los filetes hechos en ellas. *Los golpes secos y rítmicos del trinchante en manos del cantero rebajaban la cara interior de las piedras ya fileteadas.*
trinchar	Cortar o partir algo en trozos pequeños. *El carnicero está trinchando el lomo.*
tripas choriceras	Se dice de las tripas que debidamente lavadas se usan para hacer los chorizos. *Ángela ha ido a lavar las tripas choriceras.*
tripero	Se dice de la persona que come habitualmente en exceso. *Ten en cuenta Luis, que tu amigo es un tripero. Come como tres y bebe como una cuba.*
triquina	Parásito que puede vivir en los músculos de los cerdos. En la matanza era obligatorio llevar al veterinario un pedazo de carne del cerdo matado para que autorizase su ingestión. La confirmación de que el cerdo no tenía la triquina producía gran alegría entre los concurrentes a la matanza. *El veterinario ha probado el lomo que le regalamos y no ha encontrado triquina en él.*
triscar	Retozar, jugar, corretear, saltar los corderos o los chivitos en el campo. *Los chivos y los corderos triscaban sobre la verde hierba del prado.*
trocha	Vereda o camino angosto que sirve de atajo para ir de una parte a otra. *El descenso de la trocha resultaba muy peligroso. El aguilucho y yo acortamos el camino yendo por la trocha del encinar. Al amanecer, con la fresca, cogía la **trocha** la peña y a beber agua en ayunas en la fuente la Salud,*
troje, troj	Espacio limitado por tabiques para guardar los cereales u otros granos que se traen de la era. *En la troje del portal caben al menos cincuenta fanegas.*
trola	Mentira, engaño. *Luis quiso colar una trola a la maestra, pero no pudo. A mí no me vengas con trolas, que te conozco.*
tromba de agua	Lluvia intensa, repentina y con viento fuerte que cae en breve espacio de tiempo. *Al regreso, antes de llegar a Albacete, nos cogió una tromba de agua que nos obligó a parar en el arcén.*
trompa	Trompo[498,] especialmente el grande y de forma achatada. *En el patio están jugando Sole con una peonza y Carlos con una trompa.*
trompazo	Golpe dado con la trompa y en general un golpe o caída con fuerte daño en el cuerpo. *Santiago se dio un trompazo al salir de clase y se rompió un dedo.*
trompicar	Tropezar con los pies en algo y dar bandazos o pasos tambaleantes. *La joven dio un trompicón y se le cayó el cesto de huevos que llevaba al suelo. Trompicón que no cae, adelanta terreno, se solía decir. Como la calle está llena de piedras es fácil trompicar.*
trompicón	Tropiezo fuerte con riesgo de caída. *Camilo se fue a casa dando trompicones.*
trompique	Peonza pequeña. *Con un golpe de trompa partió en dos al trompique.*
tronar atronar	Sonar truenos en las tormentas o producir grandes ruidos. *Las ruedas de los carros atronaban sobre las piedras. Toda la noche ha estado tronando.*
tronchar	Partir o romper con las manos, sin herramienta, un vegetal por su tronco, tallo o ramas principales. *Con el peso de las manzanas se han tronchado tres ramas del árbol. Ten cuidado y no tronches las ramas tiernas de las plantas.*
troncharse de	Reírse de forma aparatosa y continua de algo o de alguien. *Con Cosme nos troncha-*

---

[498] **Trompo**. Juguete que se hace bailar enrollándole una cuerda y lanzándolo al aire para que gire al caer al suelo.

risa	mos de risa, siempre enlaza un chiste con otro.
troncho	Tronco de algunas verduras, como las berzas o las lechugas, cuyo interior blanco es comestible. *A Pedro le gusta el troncho de la lechuga en la ensalada*
tronera	Ventana pequeña y angosta por donde entra escasamente la luz. También se dice de las ventanas pequeñas abiertas al tejado para acceder al mismo. *Esta noche abre la tronera para que entre aire al desván y se sequen los garbanzos.*
tronzador	Sierra con un mango en cada uno de sus extremos, que sirve para partir al través las piezas enterizas. Serrón. *Ve por el tronzador porque tenemos que partir estos leños en trozos más pequeños.*
tronzar	Dividir algo en dos o más trozos. Quebrar o romper algo. *El pato se tronzó el ala. Ángel ha tronzado la vara al dar con ella un golpe a las piedras. Las piedras del trillo tronzaban las pajas de los cereales que se trillaban.*
tronzar	Hacer trozos pequeños de algo. Se aplica en general a romper palos, ramas o cosas similares haciendo trozos más pequeños. *Adela, la sirvienta, ha trozado el palo de la escoba.*
tropel	Grupo de gente que se desplaza en desorden y de forma ruidosa. *Los niños de la escuela bajaban en tropel por la calleja a la Plaza.*
troquelar	Recortar con troquel piezas de cuero, cartones, etc. *El guarnicionero troquelaba las piezas de cuero que necesitaba para preparar algunos aperos.*
trotar	Ir las caballerías al trote o cabalgar en ellas con ese movimiento. *Al burro le resulta difícil trotar. El jinete trotaba por las rastrojeras antes de salir al camino que lleva a la chopera.*
trote	*Modo de caminar, natural a todas las caballerías, que consiste en avanzar saltando, moviendo las patas en pares alternos. Fabián, el Señorito, llevaba siempre el caballo al trote cuando lo montaba.*
truhán	Alguien sin vergüenza, que vive de engaños y estafas. *No te fíes de Nico que es un truhán experimentado.*
truque	Juego entre niños que utiliza como piezas de juego la parte de goma de los tacones de los zapatos o botas (truques). Un jugador lanza su truque y el siguiente tira el suyo con intención de tocar el primero. Si lo hace el tocado abona en cacos (cartones de las cajas de cerillas) el estipulado al que le ha tocado. Si no le toca tira el tercero. Si toca a uno de los dos recibe su ganancia y tiene derecho a tirar a dar al otro... y así sucesivamente. *Hoy he ganado 30 cacos al juego del truque.*
tufarada	Olor fuerte y desagradable que se percibe de pronto y en momentos alternos. *Cuando estábamos comiendo, nos llegó de repente una tufarada de gallinácea.*
tufo[499]	Olor molesto y desagrable. *El tufo del basurero es insoportable. Por donde pasa Águeda, la Sinjabón, queda un tufo inaguantable. Viene cierto tufo a basura revuelta.*
tunante	Se aplica a la persona que sabe disimular su conducta con ingenio. *Mi hijo mayor es un tunante, sabe disimular muy bien.*
tunda	Paliza, zurra a un animal o a una persona. *El arriero dio una buena tunda al burro cuando le tiró al suelo.*
tundir	Castigar con golpes a las caballerías. *Para que las caballerías trabajen no hace falta que las tundan a palos (que las muelan a palos).*
tuno	Pícaro. Tunante. *El tuno de tu primo nos engañó a todos con facilidad.*
tupé	Pelo que se lleva sobre la frente. *El peluquero le metió la máquina por delante y no le dejó ni el tupé.*
turbio	Se dice del líquido que ha perdido su claridad natural y su transparencia por haberlo agitado o mezclado con otra sustancia o con suciedad. *El agua de la fuente sale turbia y no se puede beber.*
tuta, chito	Juego que consiste en arrojar tejos o discos de hierro (**chaflos**) contra un pequeño cilindro de madera, llamado **tuta**, tango, tanga o tángana, sobre el que se han colocado las monedas apostadas por los jugadores. El jugador que logra derribar la tángana

---

[499] **Tufo**, peste, mal olor, hedor

	se lleva todas las monedas que han quedado más cerca del tejo o chaflo, que de la tángana. Los siguientes lanzan su tejo y se llevan las monedas que se hallen más cerca de él que de la tángana. *Carmen fue la ganadora del chito celebrado esta mañana*
tuta	Tanga[500] pequeña o chita de jugar. *El carpintero nos ha hecho dos tutas de encina.*
tute	Juego de naipes con que pasaban los hombres y mujeres del pueblo las largas noches de invierno en casa o en la taberna.
tuto*	Hueso duro y limpio de carnes, especialmente el de las canillas. *En el reparto de la carne, unos se quedaron con las magras y a otros les dieron los tutos diciendo que los chuparan.*
ubre	Conjunto de las tetas de cada mamífero. *De la ubre de Tesoro, la vaca lechera más productiva del pueblo, se sacaban cada mañana al ordeñarla una docena de litros.*
ulular	Dar gritos o alaridos (mugir, rugir, bramar…). *Las manadas de lobos ululaban en el monte.*
umbría	Ombría. Parte de las montañas, colinas u oteros orientada al norte. El lado opuesto a la umbría es la solana. *Los pinos de la umbría están más crecidos que los de la solana. El sendero de la ermita sube en zig-zag por la umbría del monte.*
uncir	1. Atar o sujetar los bueyes, las mulas u otras bestias al yugo (ubio). *Jorge, ahora tienes que uncir la reata de mulas.* 2. Enganchar a las caballerías al carro, arado, trillo o demás aperos de tiro para trabajar con ellos. *Carlos, unce las mulas al carro y vamos al molino. A las ocho de la mañana los bueyes ya están uncidos y la tartera preparada para ir al tajo.*
untar el morro	Dar un golpe a otro en la cara o estar en disposición de hacerlo. En otro sentido es dar algún presente a alguien para conseguir un beneficio o provecho. *Cuando Pedro y Carlos discutieron, el primero le untó bien el morro al segundo, quedando éste escarmentado para otra ocasión.*
unte, unto	Salsa o grasa para en la que se puede untar algo. *Moja el pan en el unte. Trae el unte para engrasar las bisagras de la puerta.*
unto (soborno)	Regalos o donativos que se hace a alguien para conseguir de él algo de forma directa o indirecta. *Carola, ya sabes, sin unto no hay forma de conseguir nada en el Ayuntamiento.*
uñagata*	Hierba rastrera parecida a la mielga, pero provista de unas espinas muy fuertes a las que debe su nombre. *Al pasar por el campo lleno de uñagatas, Abel, que iba sin calcetines y con sandalias, se lastimó con las espinas de las uñagatas.*
uñeta	Herramienta con cabeza biselada, muy estrecha, que se emplea en el repicado fino de las piedras. *La superficie de las caras visibles de los sillares quedaba muy fina cuando se repasaba con la uñeta.*
urdimbre	Referido a tejer: Conjunto de hilos longitudinales que se colocan en el telar paralelamente unos a otros para entrecruzarlos con la trama. *La urdimbre de la tela nueva está preparada.*
urdir	Maquinar algo contra alguien para la consecución de algún fin por caminos irregulares. *Mis amigos están urdiendo una jugarreta a los novios que se casan mañana.*
vacada	Manada de ganado vacuno de los vecinos del pueblo que pastorea uno o varios vecinos en los terrenos del Municipio. *La vacada se encuentra estos días en la dehesa. La oferta de vacada en el mercado ha sido escasa.*
vadear	Pasar un río u otra corriente de agua por el vado, paso preparado para ello. *Nos va a resultar difícil vadear el río por la cantidad de agua que trae.*

---

[500] **Tanga**, tuta, chita: Pieza, generalmente de madera, sobre la que se ponen las monedas en el juego de la tuta.

vado	Lugar de un río con fondo poco profundo por donde se puede pasar sin peligro andando o sobre alguna caballería. *El vado del río, por estas fechas, no presente peligro para los niños.*
vagancia	Pereza y falta de ganas de hacer algo. *Julito, mira a ver si te deshaces de la vagancia y empiezas a tomarte las cosas en serio.*
vagar	Deambular. Andar de un sitio para otro sin un fin concreto. *Los rebaños vagan por los rastrojos hasta que se recogen en los apriscos[501]. Julia estuvo vagando toda la mañana por el monte y no encontró ningún níscalo.*
vaguear	Holgazanear. Estar voluntariamente ocioso, sin hacer nada. *Al tío Nicolás, el Narigudo, todas las mañanas se le veía vaguear por la plaza del pueblo.*
vaharada	Golpe de vaho, de olor, de calor, etc. *El olor de la hierba recién cortada nos golpeaba, al pasear por el prado, con cálidas vaharadas. Al entrar en casa nos llegó una vaharada estimulante del guisado que se preparaba en la cocina.*
vaho	Vapor que despide un cuerpo en ciertas condiciones. Se dice del aliento[502] : *Al bañarme el cuarto de baño se llenó de vaho. El ciclista llego a la cima sin aliento.*
vaho	Vapor que despiden el agua y los cocidos cuando hierven. *Los cristales de la cocina con el vaho no dejan ver lo que ocurre en la calle.*
vaina	Se dice de la persona algo alocada e irresponsable. *Pedro, eres un vaina; no se puede confiar en ti.*
vaina	Funda ajustada para armas blancas o instrumentos cortantes o punzantes. *Un cuchillo de monte con vaina.*
vaina **jaruga***	Cáscara tierna en que están encerradas las semillas de las leguminosas: lentejas, garbanzos, alubias, yeros, etc. *Las vainas de las lentejas tienen al menos dos semillas.*
vainica	Bordado que se hace especialmente en el borde de los dobladillos, sacando algunas hebras del tejido. *¿Me enseñas en un momento a hacer la **vainica**? La vainica del vestido presentaba algunos hilos sueltos.*
vainica	Bordado que se hace sacando los hilos horizontales de la tela y agrupando los verticales con las puntadas para formar un calado. *Adela está aprendiendo a hacer vainica.*
vallejo	Valle pequeño. *En el vallejo de Machicuchón, Mecerreyes, los buitres se daban un festín con el cadáver de una oveja.*
vano	Vacío. Fruto de cáscara sin semilla o que ésta está seca o podrida. *Muchas de las jarugas de los garbanzos están vanas.*
vapulear	Azotar. Dar golpes a algo o alguien repetidamente. *Les vapulearon tanto que les dejaron como muertos en el suelo.*
vara	Palo largo y delgado. Tallo de un árbol sin hojas. *De los fresnos hemos cortado varias varas de distinta longitud.*
vara	Cada una de las dos piezas de madera del carro entre las cuales se engancha la caballería. *Engancha el caballo más joven al carro de varas.*
vara	Medida antigua equivalente a 835 milímetros en Castilla. *Compré una tela de 10 varas de larga y vara y media de ancha.*
varal	En los carros y galeras, cada uno de los dos palos redondos donde encajan las estacas que forman los costados de la caja. *En el carro nuevo los varales son de madera de haya.*
varanda*[503] **varandal**	Se dice del palo largo que se usa para varear los nogales, almendros, olivos, etc. con el fin de hacer caer las nueces, las almendras, las olivas, etc. *Había tres personas vareando el nogal, cada uno con su varanda.*
varapalo	Golpe dado con un palo o vara. El ama de llaves dio un buen varapalo al gato que se

---

[501] **Aprisco**. Paraje donde los pastores recogen y guardan el ganado para protegerlo de la intemperie.

[502] **Aliento**: Aire expulsado al respirar: *El niño se entretenía cubriendo los cristales con vaho y a continuación escribía su nombre. El aliento de Lina, la Avispa, huele a ajo. Llegó a la meta sin aliento.*

[503] **Varanda y barandilla**: No confundir varanda con barandilla. **Varanda** es un palo para varear. La **barandilla** (también conocida como *baranda*) es un tipo de parapeto que constituye un elemento de protección para balcones, escaleras, puentes u otros elementos similares.

	había comido el chorizo del cocido.
varear	Sacudir los frutos de un árbol, como el nogal y otros, con una vara[504] para que caigan al suelo los frutos. *Hoy tenemos que varear el nogal del Valle.*
vareo	Acción de varear un árbol. *El vareo del nogal nos ocupó toda la mañana.*
vareta	Palo delgado o junco que, untado con liga, sirve para cazar pájaros. *Ayer colocamos junto al arroyo cinco varetas.*
varga	La parte que tiene mayor pendiente en una cuesta. *La edad pesa y si a la ida, cuesta abajo o por el llano, uno camina desahogado, el regreso, con la **varga** de la Penilla por medio, se hace agitado y fatigoso. Con esfuerzo subimos la varga que hay antes de llegar a Burgos*
varilla	Cada una de las piezas largas y delgadas que forman el armazón de los abanicos, paraguas, quitasoles, etc. *El viento huracanado dobló las varillas del paraguas recién comprado.*
varillas	En la hornera: Par de tablas estrechas, de unos 3 cm, unidas por sus extremos que se ponían sobre la *artesa* para mover sobre ellas los cedazos y *cerner* la harina. *Con las varillas es cómodo cerner la harina.*
vasar	Poyo o anaquelería [505] de ladrillo y yeso u otra materia que, sobresaliendo en la pared, especialmente en las cocinas o, despensas, sirve para poner vasos, platos, etc. *Coloca el almirez en el vasar de abajo.*
vedija	Mechón lana o pelo enredado en cualquier parte de un animal o en una planta por la que ha pasado un animal. *La oveja se ha dejado varias vedijas al engancharse en el espino. ¿Dónde has estado? Tienes el pelo lleno de guedejas.*
vela	Se dice de los mocos que cuelgan de la nariz de los niños. *¡Vaya par de velas que tiene Cosme! Límpiatelas con el pañuelo.*
vela	Cilindro de cera con pabilo en el eje para que pueda arder y dar luz. *En el candelabro solo había tres velas.*
vellón	Se dice del conjunto de lana que se obtiene de una oveja al esquilarla. *Los esquiladores ordenaban los vellones por el peso estimado de menos a más.*
velo de misa[506]	Prenda femenino hecha de tul, gasa u otra tela delgada de seda o algodón, y con la cual se cubrían la cabeza las mujeres cuando iban a misa. *Agustina se sujeta el velo a la cabeza con una horquilla con sus extremos perlados.*
vencejo	Lazo o ligadura con que se ata algo, especialmente los haces de la mies. En general se preparaban con las cañas de centeno desgranadas y mojadas y anudadas por la parte más fina de las cañas, junto a las espigas. *Hoy mi madre y mi hermano han preparado más de cincuenta vencejos.*
vencejo	Pájaro de dos decímetros de longitud y cola ahorquillada. Son muy parecidos a las golondrinas. Se alimenta de insectos y anida en los aleros de los tejados. *De niño observaba el vuelo continuo de los vencejos que anidaban en el alero de la casona del tío Sordo.*
vendimiar	Recoger las uvas de las viñas y acarrearlas hasta el jaraíz. *Mañana comienza la vendimia en mi pueblo.*
venia	Licencia o permiso solicitado a la autoridad para hacer algo privado o público. *Las obras de la plaza cuentan con la venia de las autoridades.*
ventano	Ventana pequeña. *(...) . Con la luz de la luna en el ventano, hablaba con el hijo (...)*
ventisca	Tempestad de viento y nieve, que suele ser más frecuente en los puertos de montaña

504 **Vara**. (vara: palo largo y delgado)
505 **Anaquel**: Cada una de las tablas puestas horizontalmente en los muros, o en armarios, alacenas, etc., para colocar sobre ellas libros, piezas de vajilla o cualesquiera otras cosas de uso doméstico o destinadas a la venta. Anaquelería: conjunto de anaqueles.
506 Según la antigua ley canónica las mujeres debían usar **velo durante la misa**. El Concilio Vaticano II no hizo ningún cambio respecto al velo. Sin embargo, el nuevo código de ley promulgado el 25 de enero de 1983 no hace mención del velo en la misa como lo hacía el anterior. **Al dejar de ser prescrito por la ley eclesiástica para la misa, el velo quedó como una venerable tradición no obligatoria.** Por lo tanto el velo no debe ser objeto de contienda o de juicios.

	y en las gargantas de los montes. *La ventisca amontonó la nieve en los ribazos de la carretera e impedía la circulación de vehículos. La primera noche en la montaña nos despertó una ventisca inesperada.*
ventiscar	Levantarse la nieve del suelo por el viento fuerte. *Nos hemos retrasado porque por el camino había ratos que ventiscaba y nos impedía avanzar normalmente.*
ventolera	Viento fuerte y que se manifesta en ráfagas fuertes. *La ventolera de esta mañana se llevaba las gavillas.*
veo, veo	Juego de entretenimiento y observación de lo que nos rodea.[507]
verdasca	Vara delgada y verde que se solía usar para *arrear* a los animales. *Julito iba montado en el burro y su hermano Poli le arreaba con una verdasca.*
verdascazo	Golpe dado con una *verdasca. De vez en cuando el arriero animaba al tiro con un par de verdascazos.*
verdear	Empezar a brotar las hierbas de los campos o lo sembrado en una finca. *Los sembrados aricados y escardados, verdegueaban en la distancia (...)*
verdín	Color verde intenso que tienen las hierbas cuando rebrotan *La pradera se ha vestido de un verdín claro y brillante con las gotas de rocío. Con las lluvias seguidas, las piedras se están cubriendo de verdín*
vereda	Camino estrecho, hecho por el paso reiterado de las personas y los animales. *Siguiendo la vereda que transcurre por la falda de la montaña, llegamos a la ermita de san Roque.* Cañada: Vía pastoril para los ganados trashumantes. *Los rebaños recorren las veredas cuando trashuman de un lugar a otro.*
vericueto	Lugar con muchos recovecos y por donde se anda con dificultad. *El acceso a la cabaña del bosque se hace por sendas con muchos vericuetos. Al lago se accedía a través de muchos vericuetos.*
verraco	Cerdo dedicado a preñas a las cerdas. *El tío Jacinto, el Cuellolargo, tiene dos verracos a los que llevan las cerdas los vecinos del pueblo para que las cubra[508].*
verrionda	Se dice de la cerda y de otros animales cuando están en celo. *De las dos cerdas que tengo, una está verrionda y tengo que llevarla al verraco a ver si se queda preñada[509].*
verruga	Abultamiento cutáneo por lo general redonda e insensible. *Carlos tiene dos verrugas en el dedo pulgar.*
vertedera	Apero de labranza con doble orejera metálica, grande y curva, que remueve y voltea la tierra a mayor profundidad que el arado. Al final de cada surco se cambia la dirección de las orejeras. *Con la vertedera se arrancan todas las hierbas de los campos.*
vete a hacer puñetas	Echar o despedir a alguien sin corrección, harto de aguantarle sus tonterías. *Oye Luis, vete a hacer puñetas y no me molestes más.*
veza*, algarroba[510]	Legumbre anual y con semillas en vaina. Nombre de la semilla de la planta que tiene tamaño similar al de la lenteja y de color gris oscuro. *Ayer la familia de El Boina peló las algarrobas del arenero del Valle. Hicieron cuatro morenas grandes.*
viga	Madero largo y grueso. Se usa para construir los techos en los edificios y sostener y asegurar las fábricas. *En el tejado nuevo hemos puesto doce vigas.*

---

[507] La persona que inicia el juego dice:
-Veo, Veo
-¿Qué ves?-responden los demás
-Una cosita
-¿Con qué letrita empieza?
-Con la letrita... (y dice la letra con la que empieza el nombre del objeto que mira...)
Los demás participantes intentan averiguar el objeto pensado. Si alguno lo acierta, pasa a iniciar el juego y si no, lo repite el mismo jugador.
[508] **Cubrir**: Dicho de un verraco, fecundar a la cerda.
[509] **Preñar**: Fecundar o hacer concebir a la hembra.
[510] **Algarroba**. Se solía sembrar en una tierra al año siguiente de haber cosechado cereales. En los años 50 se pelaban a mano o ayudándose de una hoz. Después de trilladas, el grano se usaba entero o en harina como pienso y la paja era muy apreciada como alimento para el ganado lanar en la época de invierno.

vinatero	Persona que comercia con el vino. *Mañana, que viene el vinatero de Quintanilla, compraremos dos cántaras de vino tinto.*
viruta	Laminilla delgada de madera o metal que salta con el cepillo, la lija y otras herramientas. *En el taller de los carpintero siempre hay virutas*
visillos	Cortinillas finas y transparentes que se colocan en los cristales de una ventana. *La señora controlaba, a través de los visillos, todo lo que ocurría en la calle. Coloca los visillos de la ventana para que no nos vean desde fuera.*
vivales	Se dice de la persona vividora y pendiente de obtener provecho propio en cualquier situación. *Manolo es un vívales y de cualquier cosa saca provecho.*
voceras	Persona que habla mucho y demasiado alto sin contenido. *Pilar es una voceras, se le va la fuerza por la boca.*
vocinglero	Que da muchas voces o habla mucho inútilmente. *Julia y Pedro son unos vocingleros. En la cuadrilla siempre sobresale la voz del vocinglero Luis.*
volea	En el juego de pelota en el frontón, golpe que se da a la pelota con la mano antes de que bote. *El Tuna terminó con la mano hinchada al devolver todas las pelotas de volea.*
voleo	Empujón, bofetón que puede derribar a quien lo recibe. *El Poli dio cuatro voleos a Santi porque le había azuzado el perro a su primo. Estate quieto, monigote, que te doy dos voleos.*
voltineta*colquirineta*	Voltereta. Vuelta completa dada en el aire. *El niño dio dos colquirinetas en la era.*
volver la parva	Dar vuelta a la mies que se está trillando, colocando la que está debajo en la superficie, para facilitar que el trillo la muela toda. *Al principio volvemos la parva con la horca y al final del trillado con las palas.*
vuelo raso	Vuelos o movimientos de las aves a poca altura del suelo. *El vuelo raso de las golondrinas les permite comer insectos.*
vuelta a la parva	Giro circular que da la yunta arrastrando el trillo en la mies extendida para ser trillada. *La yunta ya ha dado dos vueltas a la parva.* Movimiento de la mies que se está trillando con las horcas o las palas para acelerar su trillado. *El tío Esteban, El Zambo, y sus hijos acaban de dar la vuelta a la parva.*
yermo	Baldío. Tierra sin cultivar. *Muchas fincas que antes se cultivaban con trigo, ahora están yermas*
yero	Legumbre con vaina que contiene tres o cuatro semillas. Se recoge y trilla aprovechando el grano o su harina como alimento de los bueyes y ganado lanar. Su paja era muy apreciada como alimento del ganado lanar en invierno. *La cosecha de yeros ha sido de 45 fanegas colmadas.*
yesca	Materia muy seca preparada que arde con facilidad. *A veces la yesca se hace tratando madera o trapos para que prendan al contacto con una chispa. La leña del bardero ardía como una yesca. Los campos están llenos de hierba seca que es pura yesca.*
yesero enyesador	Persona que fabrica, vende o hace aplicaciones de yeso en las paredes. *Mañana viene el yesero para enyesar las trojes y las paredes del portal.*
yugada	Espacio de tierra de labor que puede arar una yunta en un día. *La finca del valle tiene para dos yugadas completas.*
yugo ubio	Instrumento de madera al cual, formando yunta, se uncen por el cuello las mulas, o por los cuernos o el cuello, los bueyes, y en el que va sujeta la lanza o pértigo del carro, el timón del arado, etc. *El yugo se ajusta perfectamente a la cornamenta y a la mollera de los bueyes.*
yunque	Prisma de hierro acerado de las fraguas, con la cara superior plana de forma rectangular terminando en un extremo en forma cónica y en el otro en forma piramidal. La pieza de hierro encaja en un pie de madera fuerte y de una altura que facilite el trabajo. *En la fragua sonaban rítmicamente los martillos que forjaban la reja del arado. El herrero trabaja el hierro caliente en el yunque para darle la forma deseada.*
yunta	Pareja de ganado mular, asnal o bovino que tiraban de un carro o del arado para tra-

	bajar la tierra. *La yunta de bueyes arrastraba segura, pero con lentitud, el carro carga-do de piedras. Ginés, unce la yunta al carro y vamos al acarreo del trigo.*
zafio	Se dice de la persona ordinaria en sus modales y en su comportamiento. *No es agra-dable ir en compañía de Lucas, pues se comporta, con mucha frecuencia. como un zafio*
zafra	Vasija metálica de poca hondura y con agujeros en el fondo. La usaban los vendedo-res de aceite para colocar las medidas y que escurriesen. *Felipe, coloca el litro en la zafra.*
zaga	Ir a la zaga de alguien: ir detrás de él. *El potro va a la zaga de su madre. La estudiante Gilda siempre va a la zaga de sus compañeras.*
zagal	Muchacho que ha llegado a la adolescencia. *El zagal se está enamorando.*
zagón zago-nes	Pieza de tejido fuerte o de cuero que cubre el vientre y las piernas hasta la rodilla. Su parte inferior estaba dividida en dos (partes llamadas perneras) para facilitar el movi-mientos de las piernas. Es frecuente su uso por los cazadores, leñadores y gente de campo para resguardar las ropas habituales. *Hoy me he olvidado los zagones.*
zaguán	Espacio cubierto situado a la entrada de una casa. *En el zaguán hay tres macetas.*
zaguero	Se aplica al carro cuando al ir cargado tiende a pingarse hacia atrás por estar mal dis-tribuida la carga. *Avelino ha cargado el carro zaguero. Tiene que mover algunos sacos hacia delante para equilibrarlo.*
zaguero	Animal o persona que se queda atrás en un grupo, en una tarea, en un rebaño, etc. *La oveja negra siempre va de zaguera en el rebaño.*
zalamero	Se dice del individuo afectuoso, cariñoso, empalagoso. *Alberto, el hijo de Adela, es muy zalamero.*
zamarra	Una **zamarra** es una prenda de vestir hecha de piel con su lana o pelo, normalmente de carnero, utilizada para protegerse del clima frío o de la lluvia. *La zamarra de Ber-nardo es de piel de cordero. En invierno los pastores siguen usando zamarras.*
zambomba	Instrumento rústico musical de forma cilíndrica. Una de sus bases que está abierta se cubre o cierra con una piel muy tirante, que tiene en el centro, bien sujeto, un palo fino y cilíndrico o una paja fuerte. Al frotarlos de arriba abajo y de abajo arriba con la mano produce un sonido profundo y monótono. *En el coro había dos zambombas y tres pan-deretas.*
zambomba[511]	En la matanza se llamaba así a la vejiga del cerdo matado hinchada con una paja y agrandada mediante el frote y refrote de la misma en las piedras talladas o en superfi-cies ásperas. *Luis, el Mosca, frotaba la zambomba en el poyo de piedra de su casa y la hinchaba con su boca.*
zampabollos	Se aplica a la persona que come con exceso y con ansia. *En la merienda repartid los pasteles y el chocolate porque si no algún zampabollos os dejará sin nada. El zampa-bollos de tu primo con tres galletas no tiene ni para empezar.*
zancada	Paso largo que se da voluntariamente o por tener las piernas largas. *Gervasio, El Tra-galeguas, con cuatro zancadas se presentó en el cuartel de la Guardia Civil.*
zancarrón	Cada uno de los huesos de las patas de los animales despojados de carne. *Del jamón solo queda el zancarrón.*
zanco	Cada uno de dos palos altos (de un metro y medio) con una horquilla cada uno en su parte inferior y a la misma altura. En estas horquillas se ponen y se sujetan los pies. Así dispuesto se usan andar sin mojarse por donde hay agua, y también para juegos de agilidad y equilibrio. *Los niños se preparaban zancos con los palos de la suerte de leña de las familias.*
zángano	Se dice del individuo vago en exceso y poco dado a hacer algo. *Con la ayuda de To-*

---

[511] **Zambomba**. El día de la matanza y al abrir al animal, los chicos esperaban que el matarife cortase la vejiga del animal y que se la entregase. Luego, una vez vacía, se la frotaba en piedras o superficies ásperas e inflaba alternativamente hasta que alcanzaba un volumen similar al de un balón. Esta piel así preparada se utilizaba para construir "zambombas" o instrumentos rústicos musicales cilíndricos abierto por un extremo y cerrado por el otro con una piel muy tirante, que tiene en el centro, bien sujeto, un carrizo, el cual, frotado de arriba abajo y de abajo arriba con la mano humedecida, produce un sonido fuerte, ronco y monótono .

	más no cuentes, es un zángano total.
zanja	Excavación larga y estrecha que se hace en la tierra para echar los cimientos de un edificio, conducir las aguas, colocar tuberías, etc. *Los albañiles tienen hecha la zanja para situar los cimientos de la nueva casa.*
zapapico	Herramienta formada por una barra de hierro o acero algo encorvada, aguda por un extremo, con un ojo en el centro, para el mango, y abiselado en el otro extremo. Es muy usado para cavar en tierras duras, remover piedras. *Los canteros estuvieron en el monte levantando lejas de piedra con el pico.*
zapata	Pieza de madera cubierta en la parte más próxima al aro de la rueda con goma para frenar el movimiento del carro. *El carro de los bueyes tiene las zapatas nuevas.*
zapatero[512]	Se llama así al insecto que se desplaza con facilidad por la superficie del agua con gran rapidez. *Los zapateros abundan en las aguas cristalinas y limpias.*
zape	Voz usada para espantar a los gatos de un sitio. *Zape... zape... al mismo tiempo que se mueven los brazos o las manos o se amenaza al gato con las tenazas.*
zarabanda	Ruido estrepitoso, bulla o molestia repetida procedente de un grupo de personas en movimiento. *La cuadrilla de Pepe, con sus monótonas y desacordes canciones , era una zarabanda inaguantable*
zarcera	Agujero o ventanilla para ventilación de las bodegas. *Por la zarcera salía un vaho dulzón, aliento del mosto y del futuro vino que se preparaba en su interior.*
zarcillo	Cada uno de los filamentos que tienen ciertas plantas y que les sirven para asirse a los tallos u otros objetos próximos. Los tienen la vid, la calabacera y el guisante. *La punta del cuchillo siguió sacando virutas frágiles como zarcillos.*
zarramaco	Personaje del carnaval de Mecerreyes. Mozo fortachón, que vestido con pieles y cencerros, con la cara pintada y ayudado de una tarrañuela es el encargado de defender al gallo, si algún mozo osa entrar para llevárselo. *El zarramaco sacudió fuerte al primero que osó tomar el gallo.*
zarrapastroso	Se dice de alguien desaseado y desaliñado. Persona vestida sin gusto ni estética. *Jorge, nunca he visto una persona tan zarrapastrosa como tú.*
zarza	Arbusto con tallos sarmentosos de cuatro a cinco metros de largo, con aguijones fuertes y con forma de gancho, flores blancas o róseas en racimos terminales, y cuyo fruto, comestible, es la zarzamora. *Anita se rasgó el vestido al enredarse en la zarza.*
zarzamora	Fruto de la zarza, que , maduro, es una baya compuesta de granos negros y lustrosos, semejante a la mora, pero más pequeña y redonda. *A finales de agosto las zarzamoras están maduras y muy sabrosas.*
zarzón o zarzo	Ramas o zarzas sobre las que se arrastra un montón de leña en lugares pendientes, en vez de hacerlo sobre los hombres, reduciendo así el esfuerzo y el cansancio. *Arrastra esa leña con zarzos hasta el carril.*
zascandil	Se dice de la persona enredadora, que intenta muchas cosas y no termina ninguna. *El zascandil de tu hermano es como las abejas, que van de flor en flor sin quedarse con ninguna. Juan es un zascandil y no le puedes encargar nada serio.*
zigzaguear	Caminar en zigzag: Hacerlo con desplazamiento a derecha e izquierda de forma alternativa. *Al bajar una pendiente conviene caminar zigzagueando.*
zopenco	Se dice del individuo rudo y bruto. *¿Por qué has tirado a Luisa al suelo? Te has portado como un zopenco.*

---

[512]**Zapatero**. Es un insecto de pequeño tamaño, de un color negro plateado, a veces de colores blancos (albinos) y en pocas ocasiones azules, con toques rojos. Posee 4 patas, dos traseras y dos delanteras: Las traseras son bastante grandes, y los usan para sujetarse en el agua, y no hundirse, mientras que con las patas delanteras, captura los alimentos, se impulsa en el agua, y se dirige a modo de timón o volante.
Poseen, bolsas de aire en las patas que les permiten, mantenerse en la superficie sin hundirse, peculiar aspecto de este curioso insecto frecuente en el agua. Posee también 4 alas, que usa para esconderse, en las épocas de frío, cuando el agua se hiela, y así no quedarse atrapado, o también las usas para cambiar de charcas en las que habita, en busca de alimento u otras opciones. Con una minúscula cabeza, con dos ojos pequeños, negros y situados a ambos de la cabeza ve todo a su alrededor, con sus dos antenas situadas en su cabeza, y posadas sobre el agua se comunica con otros de su especie.

zoqueta	Pieza de madera, a modo de guante, con que el segador resguarda los dedos de ser cortados por la hoz. Se puede resguardar la mano completa menos el pulgar o algunos dedos de la mano izquierda si el segador siega con la derecha o de la mano derecha si el segador lo hace con la izquierda. Va sujeta a la muñeca de la mano con un lazo. *Siempre que se siegue la mies con la hoz hay que ponerse la zoqueta en la mano contraria a la que maneje aquella. No te olvides de la zoqueta porque las hoces están recién afiladas.*
zoquete	Persona ignorante y lenta en entender las cosas. *Niños, dice la profesora de matemáticas, a ver si escucháis y no formáis parte del grupo de zoquetes.*
zoquete	Pedazo de madera corto y grueso, que queda sobrante al labrar o utilizar un madero. *Recoge los zoquetes que han sobrado al serrar el palo.*
zoquete	Trozo de pan grueso y cortado de forma irregular o con la mano. *El abuelo partió un zoquete de pan de la hogaza y me lo dio con jamón para merendar*
zorrear	Ir a la caza del zorro. *Luis y el cura zorrean los domingos por la tarde en la maleza del otero y, si viene al caso, buscan la liebre en su encame.*
zorrera	Abundancia de humo en una hoguera. Lugar con tanto humo que hace imposible la estancia en él. *En la bodega había tanta zorrera que nos tuvimos que nos lloraban los ojos.*
zorreras	Ser un zorreras: Ser astuto y hábil en el trato. *Hoy he conocido a tu amigo. Por la forma como habla y razona, me parece zorreras.*
zote	Se dice del individuo ignorante, lento en aprender e inútil para hacer algo de provecho. *Si no estudias serás un zote total.*
zueco	Zapato de madera de una pieza. Almadreñas. *En tiempos de lluvia y nieve, ten los zuecos en el portal.*
zumba	Cencerro grande que lleva comúnmente la caballería delantera de una recua, o el buey que hace de cabestro. *El zumba del sobrero tiene un sonido metálico.*
zumbao zumbado	Se dice del individuo que no está en su sano juicio. *El delincuente salió de la cárcel más zumbao de lo que entró.*
zumbar	Pegar. Dar o atizar un golpe varias veces a alguien. *Los gemelos se zumbaron bien al disputarse una peonza.*
zurcir	Suplir con puntadas pequeñas, muy juntas y entrecruzadas los hilos que faltan en el agujero de un tejido. *Con cuatro zurcidos hago que el pantalón parezca de la última moda. Acabo de zurcir el jersey de lana que te enganchaste en la zarza.*
zurrapa	Se dice de los restos que quedan en el caldo de cocer las morcillas por haberse roto alguna al cocerlas. *En la caldera ha quedado bastante zurrapa.*
zurrar la badana	Pegar a alguien una paliza. *Al ladrón le zurraron bien la badana hasta que dijo la verdad.*
zurrar	Castigar a alguien, especialmente con azotes o golpes dados con una cuerda o cinto de cuero. *Mi maestra me zurró por contestarle mal. ¡Menuda zurra recibió ayer Cosme, el Jinete!*
zurriagazo	Golpe dado con el zurriago a alguna persona o animal. *El arriero dio un zurriagazo al perro que se comió su avío.*
zurriagazo zurriasgazo*	Golpe dado con una cosa flexible como el zurriago[513], una correa. *Los compañeros de Luis le dieron un zurriagazo después de aguantar sus pesadas bromas.*
zurriago, zurriasgo *	Látigo de cuero, cordel o cosa semejante con que se castiga o zurra, generalmente a las caballerías. (También se solía hacer en algunos casos a las personas). *El arriero aligeró el paso de los animales de tiro con varios zurriagazos. Los niños utilizaban como zurriasgo el pañuelo con un nudo en una de sus esquinas.*
zurrón	Morral grande de piel que usaban los pastores para guardar y llevar su comida. Generalmente lo llevaban a la bandolera en la espalda. *Al contratarse como pastor le regalaron un zurrón de cuero.*

---

[513] **Zurriago**. Látigo con que se castiga o zurra a alguien. Correa larga y flexible con que se hace bailar el trompo.

| zutano | Palabra con la que se alude a alguien cuyo nombre se ignora o no se quiere expresar después de haber aludido a otra u otras personas con palabras de igual indeterminación, como *fulano* o *mengano*. *Hablé con fulano, luego con zutano y mengano y ninguno hizo caso.* |

SEGUNDA PARTE

Agrupación del vocabulario y de las expresiones en grupos con criterios de aproximación en el uso, en las tareas, en el oficio, en las acciones, etc.

BLOQUES	Criterio de referencia para agrupar
A	Animales domésticos. Productos. Situaciones.
AT	Animales de tiro. Caballerías y aperos de trabajo.
B	Tareas del campo, productos, situación de los productos, Situaciones en las tareas del campo
BA	Acciones relacionadas con las tareas del campo.
BE	Acciones e instrumentos en la era
C	Términos y acciones relacionados con el carbón
CB	Relacionados con la comida y bebida.
E	Términos escolares.
G	Accidentes y elementos geográficos.
H	Aperos, herramientas y útiles en las tareas del campo.
HA	Objetos relacionados con los animales
HC	Elementos de los carros
HL	Aperos de labranza.
J	Juegos, piezas de los juegos, Instrumentos como carraca usada por los niños.
M	Insultos, apodos, motes.
O	Oficios distintos de los agrícolas y citados expresamente. Elementos y acciones.
OA	Relacionado con albañilería, pintura, picapedrero, etc.
OC	Oficio de curtidor y piel.
OF	Herrero y fragua. Herramientas.
OM	Panadero, pan, pastas.
OO	Oficios en general.
OP	cantero y cantería.
OR	Carpintero, carretero.

OT	Oficio de tejedor y de hilados....
OU	Tejera, calero y adobera.
OV	Vino y derivados.
P	Expresiones relacionadas con las personas distintas de las indicadas en los otros apartados.
PA	Acciones personales y efectos de las acciones.
PC	Cualidades personales y contrarios.
PR	Objetos religiosos..
PU	Objetos usados por las personas y elementos personales.
S	Telas, costura, prendas de vestir. El sastre
SV	Prendas de vestir y calzar.
T	Tiempo, aire, lluvia. Efectos meteorológicos.
V	Vegetales: árboles y arbustos, fruta.
VA	Acciones y plantas.
VP	Nombres de plantas.
W1	Aves no domésticas. **Acciones**
W2	Animales no domésticos. **Insectos**
Z	Términos de uso general en casa.
ZA	Términos utilizados en casa relacionados con la comida y la matanza.
ZC	Relacionado con el fuego y cocinar.
ZE	Edificios, estructuras y elementos.
ZM	Medidas usadas.
ZP	Puertas, ventanas, objetos relacionados en ellas.
ZR	Recipientes de uso habitual en casa.
ZU	Utensilios habituales en casa.
ZV	Verbos de acciones en casa.

A. Animales domésticos. Productos. Situaciones.

abrevadero.
abrevar.
abrir en canal.
acular.
aldaba.
alma.
amodorrar/se.
andosco.
añojo.
aprisco.
as, as...
atajar*.
azuzar. azupar*.
badajo.
bebederos.
berrido.
blanquillo*.
boñigo. moñigo.
borra.
borrega.
botagueño*, sabadeño
bufar.
cabra.
cabrito.
cabruno, caprino.
cacarear.
cachava.
cache.
cagajón.
cagarruta.
cagarrutero.
calostro.
campanillo.
cañada.
capón.
carear.
carlanca.
carrancas.

carrillada.
cascarria. cazcarria.
cebado.
cebar.
cebo.
cencerrada.
cencerro.
chicha.. ni
chivo.
chon*.
chospar.
chozpar.
cinta de lomo.
cochino.
cogerse.
cojudo.
comedero/a.
cordero lechal.
cordero.
cornudo/a.
cuajo.
descagazar*.
descarriar.
descarriarse.
descuartizar.
desperdigarse.
destetar.
domar.
echar a los animales.
embuchar.
enviscar.
escagurriado/a*.
escarbar.
espantada.
espolón.
espulgar.
esquila.
esquilín.

gallina clueca.
gallinaza.
gallinero.
girle.
gruñido.
gruñir.
güero.
hatajo.
hato.
heder.
hedor.
hocicar.
hozar.
huero.
jaco/a.
lebrel.
lechigada.
machorra.
madeja.
manada.
marón.
melar.
minino.
mocho·
modorra.
morionda.
morueco.
nidal.
oveja churra.
oveja merina.
paletilla.
palomar.
palomina.
paridera.
pellejo.
pernil.
pilón.
pitas-pitas.

pocilga.
polla.
puerco.
querencia.
rabonar.
ramonear.
recental.
recular.
renco*
richas.
rostrizo.
salegar.
sebo.
semental.
sestear.
sestil. sesteadero.
sirle.
soltar el ganado.

taba .
ternilla.
tostón.
trashumar.
tripas choriceras.
triscar.
ubre.
vedija.
vellón.
verraco.
verrionda.
zumba.
.

AT Animales de tiro. Caballerías y aperos de trabajo.

abrevadero.
abrevar.
abrir en canal.
acular.
aldaba.
alma.

amodorrar/se.
andosco.
añojo.
aprisco.
as, as...
atajar*.

azuzar. azupar*.
badajo.
bebederos.
berrido.
blanquillo*.
boñigo. moñigo.
borra.

borrega.
botagueño*, sabadeño
bufar.
cabra.
cabrito.
cabruno, caprino.
cacarear.

cachava.
cache.
cagajón.
cagarruta.
cagarrutero.
calostro.
campanillo.
cañada.
capón.
carear.
carlanca.
carrillada.
cascarria. cazcarria.
cebado.
cebar.
cebo.
cencerrada.
cencerro.
chicha.. ni
chivo.
chon*.
chospar.
chozpar.
cinta de lomo.
cochino.
cogerse.
comedero/a.
cordero lechal.
cordero.
cornudo/a.

cuajo.
descagazar*.
descarriar.
descarriarse.
descuartizar.
desperdigarse.
destetar.
domar.
echar a los animales.
embuchar.
enviscar.
escagurriado/a*.
escarbar.
espantada.
espolón.
espulgar.
esquila.
esquilín.
gallina clueca.
gallinaza.
gallinero.
girle.
gruñido.
gruñir.
güero.
hatajo.
hato.
heder.
hedor.
hocicar.

hozar.
huero.
jaco/a.
lebrel.
lechigada.
machorra.
madeja.
manada.
melar.
minino.
mocho
modorra.
morionda.
morueco.
nidal.
oveja churra.
oveja merina.
paletilla.
palomar.
palomina.
paridera.
pellejo.
pernil.
pilón.
pitas-pitas.
pocilga.
polla.
puerco.
querencia.
rabonar.

ramonear.
recental.
recular.
renco*
richas.
rostrizo.
salegar.
sebo.
semental.
sestear.
sestil. sesteadero.
sirle.
soltar el ganado.
taba .
ternilla.
tostón.
trashumar.
tripas choriceras.
triscar.
ubre.
vedija.
vellón.
verraco.
verrionda.
zumba.

B Tareas del campo, productos, situación de los productos, Situaciones en las tareas del campo

a espuertas.
a surco.
abigarrado.
abinar.
binar.
abonar.
abono.
acamar/se.
agostero.
agricultor.
aguadera.
alberca.
almudada.
alpaca.
amelga.
andas.
arada.
arqueta.
arrein*, rein* o ren.*
atestado.

baldío.
ballarte. parihuela.
balsa.
besana.
haza.
bomba.
broza.
caballón.
cabeceros.
cabra.
cambera.
cangilones.
cañizo*.
carril. carrilera.
choza, chamizo.
coger algo a tutiplén
colodra.
concentración parce-
laria.
dedil.

encañar.
encañar.
espantapájaros.
estaca.
estrago.
fiambrera.
gañán.
garbanzal.
gorgojo (trigo).
heredad.
hoz.
hozada.
huebra.
huerto.
la cierna.
labrantío.
labranza.
liego, lleco
lindar.
linde.

lindero.
lucha*.
magullar.
manada.
manguito.
mies.
mojón.
mojonera. mojón.
morena.
morral.
obrada.
pago.
palos de acarrear.
parihuela.
pelele.
peón.
peonada.
picón.
piedralipe.
piscolabis.

plegar*.
portillera.
pretil.
quiñón.
rastra.
rastrojera.
rastrojo.
raya.
refrigerio.
.

regadera.
releje.
rentero.
riego.
rodera.
salvado.
salvao*.
segadora.
sembradera.

sembradura.
sementera.
serna.
siembra.
simiente.
sobaquina.
suerte.
surco.

tajo.
tartera, fiambrera.
tentempié.
tierra.
tomapán.
varanda*.varandal.
yugada.
zaguero.
zoqueta.

BA Acciones relacionadas con las tareas del campo.

acollar.
agavillar.
alzar.
amojonar.
amorenar*.
apalear.
apaleo.
aricar.
arrecular, recular.
arrejacar.
atollarse.
azufrar.
barbechar.
barbecho.
beber a chinguete.
binar.
cavar.
cenagar.
chascar.

chasquido.
cortar al rape.
darse una soba.
desatascar el carro.
deslindar.
desorillar.
despredegar.
desriñonar.
destajista.
desyerbar.
drenar.
embozar*.
encañado.
encañadura.
encañar.
encaño*.
engavillar.
engrasar.
entresacar.

escardar.
escavar.
escularse*. esbarri-
garse*
esparcir.
espigar.
estacar.
gavilla.
gavillar, agavillar.
gavillero.
llevar las tierras.
malbaratar.
mermar.
pelar.
picar.
rastrillar.
rebajar .
rebusca..
recular.

repechar.
repecho.
rodada.
roturar.
roturo.
rozar.
rular.
sembrar a voleo.
soltar.
sulfatar.
surcar.
traquetear.
trasnochar.
tronchar.
vadear.
varear.
vareo.

BE. Acciones e instrumentos en la era.

abalear.
acarrear .
acarreo.
acenagar.
apalear.
aplicar.
arrollar la parva.
aventar.
bálago.
bálago.
balaguero.
balaguero.
balear, abalear.
beldada.
beldador, aventador.
beldadora.
beldadora. aventado-
ra..
beldar. aventar.

bielda.
bieldo.
boquera.
camizo.
cedazo.
cerner.
cosechadora.
cozuelo.
criba.
cribar.
desbaslagar.
desbrozar. esbrozar *
desgranar.
desgranzar.
desjarugar*.
emparvar.
empedrador.
empedrar el trillo.
ensacadora.
ensacar.

entalegar.
era.
esbalagar*.
fajina, hacina.
gajo.
gancho.
granzas.
hacina.
hacinar.
harnero.
haz.
horca.
lenzuelo.
media fanega.
paja.
pajero.
palada.
parva.
parva.
pinarse el carro.

rasar.
rasero.
rastra.
rastrillar.
rastrillo.
rastro.
rodada.
tambarillas.
tamizar.
tamo.
tiratrillo.
tolva.
trilla.
trillar.
trillo.
troje, troj.
tronzar.
vencejo.
volver la parva .
vuelta a la parva.

C, Términos y acciones relacionados con el carbón.

a flor de tierra y sin guiñapos.
abrir la cisquera.
acarrear con zarzos.
atacar donde pide el horno..
aterrar el horno.
aterrar.
aulaga, hilaga.*
azadón de peto o zapapico.
barrenar el horno.
barrenos.
boquera.
boqueras al castro.
burradas. hacer.
caballete.
caída del horno.
caldera, la
cañada.
caño libre.
carbonear.
carbonera.
carbonilla.
carril.
castillo.
césped.
chazca.
chazquear.
choza de carboneros.

cisco.
cisquera.
cocer el horno.
cocer la madera.
correr el boto.
corta por manos.
corta.
cortador.
cuadrilla de carbone-ros.
cuadrilla de la corta.
dar lumbre al hono.
dar una panadera al horno.
descortezar.
deshornar.
deslindar lotes.
encañar
era.
erada.
escalera de palo.
escamondar.
escamondeo.
espaldares.
estizar.
ganchos.
garfios.
garia.
gavilla.
grullos*. granzas.
guardamontes.

guiñapo.
hacha de marcar.
hacha.
hocete.

hombrada.
hornar, enhornar.
horquilla.
horquillón.*
hurga.
hurgar.
hurguero.
labrada.
lote.
morena.
peinar el horno.
perico.
picachón.
picadero.
picar.
picón.
pie o cañada primera .
pie.
pilada.
poner la gavilla.
preparar abrigaño.
quedarse zaguero.
quite.
refriar.
rematantes.
rematar.

remate.
resalvos.
rueda.
serón
serrón.
serrucho
sisar en la corta*.
sobrepié o segunda cañada*.
subasta desierta.
subasta.
subastar.
támbaras.
tanadero*.
tapizar.
apeluznar el horno*.
tazar.
estazar*.
ticero.
tirar un pedo el hor-no.
tizo.
tizón.
tizonera.
tranca de refriar.
trancas.
tranquear el horno.
tranquear.
zarzón o zarzo.

CB Relacionados con la comida y bebida.

achicoria.
achispar.
aguardiente.
apiparse.
aplicarse.
chingar.
chingar.

chuparse.
empiparse.
encentar.
francachela.
hartar.
lingotazo.
melopea.

morapio.
pellizco.
piripi.
pizco/a.
potingue.

trincar*.

E. Términos escolares

carpeta.
cartapacio.
cartilla.
catecismo.
catón.
chasca.
colorines.

cortaplumas.
desapuntar.
emborronar.
enciclopedia..
escuella cagalona.
escuela cagona.
estuche.
palmeta.

palote.
papel secante.
papel secante.
pintarrajear.
pizarra.
pizarrín.
pluma.
plumín.

pupitre.
rabona.
rayar.
reglazo.
tachar.

G Accidentes y elementos geográficos.

a través de.
abocar*.
acenegar*. cenegar
acotado.
alcor.
allá arribotas.
altozano.
andurrial.
anegar.
angostura.
arenal.
atajar.
atajo.
atalaya.
atolladero.
atascadero.
atrochar.
bancal.
borbotar.
brotar (nacer).
cabezo.
calvero.
canchal.
canto.
cañada.
caño.
cañuelo.
cárcava.
cascajal.
cascajera.

cascajo.
centellear.
cerro.
charco.
china.
ciénaga.
cirate/ribazo.
collado.
cordal.
cotarro.
crecida.
cresta.
cubo.
cuneta.
dimudo .
embarrar.
empalizada.
empinado.
encaño*.
enturbiar.
erial.
esbaradizo*.
escampado.
escorrentía.
garganta.
grava.
guija.
guijarro.
guijo.
gurreñazo*.

gurreño*.
hondonada.
hoz.
ladera.
lancha.
lasca.
légamo.
lodazal.
loma.
majada.
mambla.
monte·
montículo.
morro.
muela.
nacer (brotar).
otero.
páramo.
pecina.
pedernal.
pedregal.
peñascal.
peñasco.
perdido.
picacho.
pico.
pizarra.
poza.
quebrada.
recodo.

recoveco.
regato.
reguero.
revuelta.
rezumar.
ribazo.
risco.
rutilar o
brillar.
sesgo.
sinuoso.
solana.
solisombra.
tempero.
terrón.
teso.
trecho.
trocha.
turbio.
umbría
vado.
vallejo.
varga.
vereda.
vericueto.
yermo.

H Aperos, herramientas y útiles en las tareas del campo.

argolla.
astil.
atarre. atarrón.
bártulos.
chisme.
cordel.
enastar. enmangar.
gavilán.

hachón.
lavijero.
lía.
machete.
mango.
manija.
martillo.

melladura.
palomilla.
perno.
pescuño*, pescuño .
punzón.
reja.
relámpago.
romo.

roñoso.
serrucho.
soga.
tamiz.
vara.
zapapico.
zurrón.
.

HA Objetos relacionados con los animales.

acial.
acicate. incentivo.
aguijada. aijada.
aguijón.
albarda.
alforja.
angarillas.
antiojeras. anteojeras.
aparejo.
aparejo.
aperar.

arreos.
atadero.
ataharre.
balancín .
bardusca.
verga.
barduscazo. vergas-
cazo. vergazo.
barriguera.
bocado.
bozal.

bridas.
bridón.
cabestro.
cabestro.
cabezada.
campanillas.
cañizo.
cebadera.
cincha.
collera.

collerón.
cornil.
corona.
costilla.
coyunda.
dogal.
enjalma.
estribo.
flecadura. flocadura.
francalete.

freno.
hebilla.
horcate.
melena.

montura.
petral.
ramal.
ramalillos.
rastrillo.
retranca.

rienda.
ropón.
serón.

sillín.
sufra.
tarabita.
tirante.
tralla.
yugo. ubio.

HC. Elementos de los carros. (ver notas en primera parte)

armazón.
aro.
buje.
calce.
calza.
carreta.
carretada.
carretilla.
carretillo.

carretón.
carro.
carromato.
estrinque.
galga.
jubear.
jubeo*.
lanza.
mozo.

pértiga.
pina. camba.
rutar.
solera.
tablilla.
tapacubos.
tapial.
tartana.
telera.

telerines.
tentemozo.
vara.
varal.
varillas.
zapata.
.

HL. Aperos de labranza.

apero.
arado.
astil*
azada.
azadilla.
azadón.
balancín.
barzón.

brabán.
cama. camba.*
carricoche.
clavijero.
dalle. guadaña
dental.
esteva.
estrinque.

formón.
grada.
guadaña.
dalle.
lavija. clavija.
legón.
orejera.
pico.

reja.
telera.
timón.
tornadora.
vertedera.

J, Juegos, piezas de los juegos, Instrumentos como carraca usada por los niños.

a volea.
al pasar la barca.
alentruño *.
amarraco
apostar.
aro, correr el .
baza.
boche.
bolinche.
brisca.
cacos*.
canicas.
carraca.
cartones.
castañuelas.
chaflo.
chapa.
chapas.
chiflagatos*.
chiflar.
chiflo.
chute.

cinquillo y otros jue-
gos.
coquirineta.
correa.
correcalle
cucaña.
damero.
devolver la pelota.
echar a pajas.
echar a pies.
el cocherito leré.
el pañuelo.
enrollar la peonza.
escondite.
gállara.
gallarón.
gallo, gallina....
gua.
güito.
güito.
guía del aro.
guincho.
hincaromero.

hinco.
hinque.
juego de justicias y
ladrones.
juego de la tuta. chito.
juego de los borricos.
juego del marro.
jugar a la fúnica.
julepe.
la comba.
luche.*
maya.
moña.
onda.
órdago.
peonza. trompique*.
perindola. perinola.
petardear.
pico, zorro o zahina.
pídola.
reina de los mares.
sacar.
santos.
tanga.tuta

tango.
chaflo.
tarrañuela.
tarreña.
teja, juego de la ..
tejo.
tejo.
tirachinas. tirabique.
tiragomas.
titiritero.
tres navíos.
trompa.
trompique.
truque.
tuta, chito.
tuta.
tute.
veo, veo
volea
tute.
veo, veo
voleo.
.

M Insultos, apodos, motes.

abarraganada.
ablandabrevas.
adán.
adefesio.
adoquín.
agonías.
agorero.
aguafiestas.
alcahueta.
alcahueta.
alcahuete.
alcornoque.
alfeñique.
alipende.
antojadizo.
apodo.
arisco.
arrogante.
asosado.
atarugado.
atolondrado.
atolondrado.
atontolinado.
atontado.
babieca.
badanas, eres un .
balarrasa.
baldragas.
barragán.
basilisco.
bellaco.
beodo.
bicharraco.
bien encarado.
birria.
boceras.
botarate.
bragazas.
bribón.
cabeza hueca.
cabrón.
cabrón.
cacatúa.
cachazudo.
cachondo/a.
cagao. cagado.
cagaprisas.
cagueta.
calavera.
callo.
calzorras. calzonazos.

campechano.
canelo. hacer el
cantamañanas
capullo.
carcamal.
cargante.
cascarrabias.
casquivana.
cateto.
cazurro.
cebollino.
cenizo.
ceporro.
ceporro.
cernícalo.
cerril.
chaveta.
chicazo.
chiflado.
chinchorrera.
chinchorro*.
chiquilicuatre.
chisgarabís.
chismoso.
chocho.
chorlito.
chusco.
cicatero.
cojonudo.
comilón.
compadre.
coñazo.
cornudo/a.
correveidile.
cotilla.
cretino.
cuco.
culona.
curioso.
currante.
currito.
desabrido.
descarado.
destripaterrones.
desvaído.
esbaido*.
engendro.
es un puta.
es una pilgtrafa.
es una raspa.
escuchimizado.
espantajo.

estar como un cence-
rro.
estorbo.
estropeabarrigas.
faltón.
fanfarrón.
fanfa.
fantoche.
farolero.
farruco.
fisgón.
forastero.
fresco.
furcia.
galán.
gandul.
gañotero.
gaznápiro.
gili.
gilipollas.
gorrón.
guripa.
haragán.
harapiento.
hortera.
jiñao (estar).
lameculos.
lechuguino.
legañoso. pitañoso*.
lerdo.
lila.
listo.
llevacontrarias.
llevacontrarias.
machote.
majareta.
mal encarado.
malaentraña.
mamarracho.
mameluco.
mamón.
manceba.
mangante.
mangarrán.
manirroto.
maula.
meaermitas.
meapilas.
melón.
mendrugo.

mentecato.
mequetrefe
merluzo.
metete.
meticón.
modorro.
mohíno.
muino*.
mojigato.
monda, ser la
monicaco.
moscardón.
mostrenco.
niñato.
ñoño
ñoño.
paleto.
pamplinero.
pánfilo.
panoli.
pansinsal.
papanatas.
pasmado.
pasmao.
pasmarote.
patizambo.
patoso.
pelanas.
pelaruecas.
pelele.
pellejo.
pelma.
pendón.
peñazo.
perillán.
pícaro.
piciero.
pimpante.
pindonga.
pingo.
pintamonas.
pirata.
pitañoso.
pitimíní.
pizpireta.
plasta.
puñetero.
rapazuelo.
raposo.
raspa.
remolón.
repollo.

roñica. roñoso.
sabandija.
sacamantecas.
sacamuelas.
sopazas.
sosaina. soso
tacaño.
tarambana.
tarugo.
templado.
tener mala uva.

testarudo
tipa.
tirillas.
tísico.
tontoligo. tontolaba.
torpe.
tórtolo.
tostón.
tragaleguas.
trapacero.
trasto.

trepador.
trepa.
truhán.
vaina.
vivales.
voceras.
vocinglero.
zafio.
zaguero.
zalamero.

zampabollos.
zángano.
zarrapastroso.
zascandil.
zopenco.
zoquete.
zorreras.
zote.
zumbao. zumbado.

O Oficios distintos de los agrícolas y ya citados expresamente. Elementos y acciones.

abombar.
acuñar.
aguardo.
apisonar.
arquillero.
bacía.
bando.
batida.
binar.
botica.
brea.
breviario.
campanillo/a.
canana.
capar.
capellán.
cartuchera.
catar.

chacha.
niñera.
clarinete.
colmena.
combar.
confite.
corneta.
cuajar.
desollar.
sollar*.
destazar.
estazar.
dulzaina.
embargar.
esquilar.
esquileo.
gajes del oficio.

herrar.
hornera.
jícara.
laña.
loza.
molienda, la
molino.
muela.
muela.
obligación*, la
ojeo.
palones*.
pisón.
poste (luz). palón.
pregonar.
quinqui.

redoble de camapa-
nas.
retel.
retratar.
retrato.
saltimbanqui.
saltimbanqui.
sirvienta.
taberna
tambor.
tamboril.
tantarantán.
tienda.
trillar.
troquelar.
vareta.
zorrear.

OA Relacionado con albañilería, pintura, picapedrero, etc.

adobe.
adobera*.
adobera.
calicata.
canales.
cemento.
cerca.
cielo raso.
cincel.
cubierta
desconchado.

dintel.
embadurnar.
enjalbegar.
enlucir.
enrasar.
enyesar.
esmoronarse*.
hornacina.
jalbegar.
enjalbegar*.
jalbegue. blanqueado.

jamba.
llana.
machón.
mampostería.
medianero.
paletada.
paramento.
piqueta.
porra.
rebaba.

retejar.
revocar.
revoque.
tapia.
tapial.
tapiar.
yesero. enyesador.
zanja.

OC Oficio de curtidor y piel. (Ver notas 1ª parte)

aparar.
badana.
cambrellón*.
casca.
curtidor.

curtiduría.
curtir.
empegar.
guarnicionero.
guarniciones.

lezna.
lesna.
material.
pellejero.
talabartero.

tenería.
vaina.

OF Herrero y fragua. Herramientas

carbón hulla.
cerradura.
cerrajero·
chispas.
cortafrío.
escoria.
fogón de fragua.

follador o pa-
lanquero.
fragua.
fuelle de fragua.
lima.
manubrio. ma-
nivela.
pileta.

tobera.
yunque.
amasadero.
carbón hulla.
cerradura.
cerrajero.
chispas.
cortafrío.

escoria.
fogón de fragua.
follador o pa-
lanquero.
fragua.
fuelle de fragua.

lima.
manubrio. ma-
nivela.
pileta.
tobera.
yunque.

OM Panadero, pan, pastas.

amasadero.
amasar para hacer el pan.
artesa .
barandilla de cerner.
calentado del horno.
cuchillo de la hornera.
enfriado del pan.
hechura del horno de pan. hogazas canecidas(encanecidas).

hornada de pan.
hornazo.
horneado del pan.
hornera privada.
mandil o manta.
masera.
mesa.
pala.
pan que no ha subido.

rasera.
reposar la masa.
rosco, el
salir "chote" el pan.
tahona.
tarja.
torta.
torto o panete.

OO Oficios en general.

afilador.
alfarería.
alfarero.
alguacil.
almendrero.
alpargatero.
barbero.
boticario.
boyero.
cabrero.
cacharrero.
calderero.
campanero.

cantinero.
capador.
colchonero.
colmenero.
componedor.
confitero.
coplero.
esquilador.
estañador.
fresquero.
pescatero*.
gaitero.
guarda.

herrador.
herrero.
hojalatero.
hornero.
panadero.
lañador.
matachín.
molinero.
mulero.
ojeador.
pescatero o frequero.
pregonero.
quesero.
quinquillero.

quincallero.
recadero.
sacristán.
saxofonista.
sillero.
tabernero.
tamborilero.
tejero.
tendero.
trapero.
tratante.

OP cantero y cantería.

alabeo.
almádena.
almágana.
argamasa.
barra.
bujarda.
buril.
calibre.
cantera.
Cantería.
cantero.
cepillo.
chapitel.

cincel.
compás.
cuña.
dovela.
entallador.
entallar.
escoda.
escuadra.
fija.
filete.
gradina.
gubia.
laja.

maceta.
marrón. almádena.
martillo de cantería.
nivel.
pica.
picapedrero.
pico de desbastar.
plomada.
puntero.
punzón.
rajuela.
sierra.
sillería.

tallista.
trinchante.
uñeta.
.

OR Carpintero, carretero.

amachambrar. ma-
chihembrar
aparar.

aperador.
carretero.
aperar.

azuela.
bastidor.
berbiquí.

borrico.
broca.
carretero.

213

chapa.
chirriar.
clavo.
costera.
cuño*.
desbastar.
escoplo.

formón.
garlopa.
gramil.
llave.
machón.
mazo.
pernio.

pujar la madera.
punta.
quicial.
serrín
tarugo.

templete.
travesaño.
tronzador.
viruta
zaga.
zoquete.
.

OT Oficio de tejedor y de hilados....

abatanar.
agramar.
alrota.
anguarina.
argadillo. devanadora.
arista del lino.
batán.
batanero.
buzo.
canilla.
cáñamo.

cañamón.
carda.
cardadera.
cardar.
carmenar.
escarmenar*.
copo.
culera.
devanadera.
aspar.

devanadora.
devanar.
enfurtir.
espadar.
estopa.
guedeja.
vedija.
hilandero.
hilar.
huso.
lino.

majar.
martinete.
mayal.
maza.
rastrillar.
rastrillo (de cardar).
rueca.
seno.
tejedor.
trama.
urdimbre.

OU Tejera, calero y adobera.

adobera*.
alfar'.
boca de encañe*.
cal, cuarto de la..
cal.
calero*.
calero'.
calero.
camada.
canalón*.
castillejo*.
desencañar.
desenmarcar.
.

dobela *. adóbela.
dobera*.
empolvar.
encañar*.
encender.
enmarcar.
era*de la tejera.
escombrera.
esmoronar*, desmo-
ronar.
galápago*.
galería de alimenta-
ción*.

grabados en teja*.
horno calizo*.
horno de tejera.
horquilla o hurguero*.
llameretada*.
macear.
marco de teja*.
masera.
maserista*.
mazas y pisones.
mencal*.
mostela*.
parar el horno.

piedras para obtener
cal.
pila para mezclar arci-
lla.
rastrillo.
secadero*. tendedor*.
sellar la puerta*.
teja.
tejar. tejera.
tejera.
tejones*.
tender

OV Vino y derivados.

agraz.
aro .
banasto.
bautizar algo.
binar.
bodega.
cabezón.
canilla.
espita.
casca.

cesto.
chatear.
chato.
chingle.*
chiquiteo.
chispa.
cogorza.
cuba.

cuero.
cuévano.
duela.
empinar, pinar*.
espita.
gajo.
garrafón
jaraíz.
 lagar.
lagar.

orujo.
picarse el vino.
pipa.
porrón.
sarmentar.
tonel.
trasegar.
vendimiar.
vinatero.
zarcera.

P Expresiones relacionadas con las personas distintas de las indicadas en los otros apartados.

¡caspita!
¡córcholis!
¡jope!

¡mecachis!
¿a dónde la echas?
¿ande...?

¿dónde?
a escote.
a horcajadas.

a la virulé.

a matacaballo.
a porrillo.
a tientas.
acicate. incentivo.
acojonante.
acongojar.
ahiva de ahí.
ahuecar el ala (ahuecar).
aire.
aivá.
almoneda.
amos anda..*
amoscar/se.
anca.
andar a la greña.
andoba.
anhelo.
apolillarse
arrea, chico.
arrebato.
arrecirse.
atolladero.
atorar.
aunidos*
azote.
azotina. azotaina.
berrido.
berrinche.
bochinche.
busilis.
ca, quia...
cachaza.
cachete.
cachetón.
calada.
canguelo.
cantinela.
capón.
carantoña.
carcajada.
castaña.
castañazo.
caterva.
chasco.
chifladura.
chinazo.
chitón.
chocante.
chufla. cuchufleta.
cirio.
cólico miserere.
comezón.
concejo.

concubinato.
conforme a ..
corre que se las pela.
cortar el bacalao.
dar el pego.
dar gato por liebre.
dar guerra
dar la murga.
dar o producir repelús*.
dar rancho.
dar un plantón.
dar un telele…
dar una cabezada.
dar una tunda.
de balde.
de pico.
de rechupete.
de sopetón.
dejarse de zarandajas.
desbarrar.
diendo*.
dimes y diretes.
duelo.
duermevela.
echar chispas.
echarse a la bartola.
emprenderla con alguien.
en balde.
en cuclillas.
en un vuelo.
encanecer.
encanecer. enmohecer.
entrar en quintas.
equilicua*
es el acabóse.
es la órdiga.
escabechina.
escamar.
escarmentar.
espicharla, despicharla.
está que trina.
estar como un tito.
estar de cháchara.
estar en babia
estar en porretas.
estar harto.
estirar la pata.
estomagar.
expósito.

farra.
filfa.
fruslería. nadería.
gazmoñería
gazuza.
grencha.
grima.
guasa.
guileto.
guirigay.
hacer buenas migas.
hacer pucheros.
hacer rabiar
hacerse el longuis.
haiga.
hartar.
hatajo.
hecho fosfatina.
hilera.
hincar el pico.
hueco/a.
intríngulis.
ir a contrapelo.
ir de luto[vi].
ir de parranda .
ir de parranda.
ir de pingoneo.
ir en pernetas.
jarana.
jolgorio.
lámpara.
lanzar algo a sobaquillo.
licencia.
lista.
llevar a cuestas.
llevar en volandas .
luto.
mandangas.
martingala.
me importa un pito.
medir por el mismo rasero.
medrar.
mengano.
meter en vereda.
monserga/s.
montonera. montonazo.
moquete.
morder el anzuelo.
mote.
napias.
no tener alcances.

no tener donde caerse muerto.
ojeriza.
orilla.
pagar a tocateja.
palabrería.
pamplina.
parienta.
pedrada.
perlesía.
picante.
picar muy alto.
pico de oro.
pifia.
pintar bien.
pistonudo.
plañidera.
poner la zancadilla.
postín.
potra.
pretendiente.
propina.
pues (pos*).
pulla.
pupilo.
quicio.
quinto/s.
rabieta.
raigón.
rancajo.
rapapolvo.
rebato.
rechinar.
recua.
refilón, de
remilgo.
renquear.
repolea*.
revoque.
rilera.
rorro
runrún.
sarracina.
ser la caraba .
sin decir oste ni moste.
soba.
sobaquina.
sofoquina.
somanta.
sopapo.
soplamocos.
soponcio.

sorteo de los quintos.
sudar tinta china.
suerte de leña.
tabarra.
tangana.
tejemaneje.
tener ínfulas.
tener maña
tener mucho cuajo.
tener pachorra.

tener pelusa.
tener redaños.
testarazo.
tiquismiquis.
tira y afloja.
tirar a volea.
tirarse los trastos.
tirria.
tocar a quema.
tomar a risa.

traza/s.
treta.
trifulca.
trola.
troncharse de risa.
tropel.
tufo.
tunante
tupé.
untar el morro.

venia.
verruga.
vete a hacer puñetas
yendo.
zamarraco.
zarabanda.
zurrar la badana.
zutano.

PA Acciones personales y efectos de las acciones

¡jobar!
abatir.
abocinar .
acechar.
achantarse.
achuchón.
achuchón.
acicalarse.
acogotar.
acojonarse.
acoquinar.
adelantar.
afanar/se.
agachar/se. acachar-
se.
agarejo*.
agazaparse.
agazaparse.
agraciar.
aguantar.
aguardar.
aguijonear.
aguzar.
ajetrear.
ajuntar*.
ajustarse.
alcordarse *. acordar-
se.
aldabas, tener .
alelar.
algarabía.
aliviar/se.
amancebarse.
amaño.
amarañar/se.
enmarañar/se.
amilanarse.
amodorrarse.
amorrar.
amorrar/se.
amusgar.
apalabrar.

apalear.
apañar.
aparranarse*.
apearse de ...
apechar.
apechugar.
apencar.
apechugar.
apoquinar.
aposta.
apretujarse
apuñar.
arañar.
armar o meter bulla
arramblar. arramplar.
arrear.
arrecular*.
arreguñar*.
arrejuntarse.
arropar.
arrullar.
arrumaco.
artimaña.
aspaviento.
atajar.
aterirse.
atestar.
atinar.
atizar.
atrampar.
atrancarse*.
atufar.
aturdir.
aturrullar.
aturullarse.
atusar.
aupar.
aupe, coger a .
aviar.
aviarse.
baladí.
bambolear.

bamboleo.
bandazo.
barahunda.
barruntar.
batanear.
beber de bruces
berrear.
birlar.
bisbisar. musitar.
blasfemia.
blincar, brincar.
blinco, brinco.
bolas (mentiras).
bramido.
bregar.
bufar.
bulla.
bureo.
cabrear.
cachear.
caer de bruces
cagarse de miedo.
cagueta.
camandulear.
cambalache.
camorra.
cantazo.
cantear.
capiscar*.
cascar.
cascar.
cavilar.
cháchara.
chanchullo.
chanza.
chapurrear.
chapuscar.
chascarrillo.
chinchar.
chiscar.
chismear.

chismorrear.
chivarse.
chochear.
chospona.
choteo.
cirineo. cireneo.
ciscar.
ciscarse.
cisco.
coger un capazo.
cogotazo.
comparación.
componenda.
conchabarse.
conforme...
conga, la
contonear.
convidar.
cortar el pelo al rape.
cotejo.
cribar.
cuartearse.
cuarterón.
cubicar.
cucar el ojo.
cuchichear.
currar.
darse una soba
de chiripa. por chiripa.
dejar trillado a al-
guien.
derrengar.
desasnar.
descalabrar.
descojono.
descuajeringar*.
desdeñar.
desembuchar.
desgañitarse.
desgarrar.
esgarrar*.
deslomar.

deslomarse.
eslomarse*.
desnucarse.
desojarse.
despachurrar.
espachurrar*.
desparrancarse.
esparrancarse.
despatarrarse.
despedazar.
espiazar*.
despellejar a alguien.
despeluznar.
diñar.
diñarla.
embarcar.
embargo.
embozar.
embuchar.
empachar.
empajar. empajada
empecinarse.
empellón.
emperrarse*. aperrear.
empinarse.
empolvarse
empringarse.
pringarse.
encamarse.
encanarse.
encasquetar.
encenagarse.
enciscar*.
encorvar.
endilgar.
endiñar*.
enfurruñarse.
enganchada.
engañifa.
engatusar.
engurruñir.
engurruñirse.
enjaretar.
enmarañar.
entablillar.
entramparse.
entrar en casa.
entumecer.
enzarzarse.
erguirse.

eructar.
eructo, erupto*
esbararse*.
esbarizar. resbalar.
escalabrar*.
escotar.
escupitajo.
espiojar. despiojar.
estacazo.
estampar.
estrujar.
farfullar.
favor. pedir favor.
feriar.
fisgar,fisgonear
flirtear.
gallear.
gibar.
gorgorito.
gruñir.
guinchar.
guiñar el ojo.
guiño.
guipar.
hacer cisco algo.
hacer monadas.
hinchar.
hipar.
hollar.
hostiar*.
hurgar.
implar.
ir en folgueta.
ir hecho un cirineo.
irse al otro barrio.
jadear.
jeringar.
jiñar.
jorobar.
jorobar.
jupa.
juramentos.
jurar .
liar.
liar.
llorina.
machucar.
magrear.
magulladura.
mangazo.

mangonear.
manosear.
marrulleria.
marzas. las
mentar.
modorra.
mojicón.
morrazo.
morrear.
mosquear.
mudarse.
murmurar.
ocuparse.
orillarse.
otear.
pego.
pellizcar.
pellizco.
pendonear.
peñazo.
perniquebrar/se.
perrería.
pintiparado.
pintiparao*.
pirrarse
pizcar.
plañir.
porfiar.
pringar. plingar*.
puja en una subasta.
pujar.
putear.
rajarse.
rapar.
reconcomer se.
recular.
regañar.
regañina.
regoldar .
regüeldo.
repanchingarse.
reportarse.
reprender.
reprimenda.
resollar.
respingarse.
retrucar.
rilar.
ronda.
rondar.

rutar.
sacudir.
sacudir.
servir.
sesera.
signarse.
sinar.
sobar la badana.
sonsacar.
sulfurarse.
tabaleo.
tamborilear.
tantear
tentar.
terciar.
tino.
tirar el pantalón.
tirarse los trastos.
tiritar.
tiritón.
tiritona.
toparse.
trabucarse
trajín.
trajinar.
trancos.
trasponerse.
trasquilar.
trastear.
tratar.
trincar.
trompazo.
trompicar.
trompicón.
unto (soborno).
urdir.
vagar.
vaguear.
vapulear.
varapalo.
voleo.
voltine-
ta*.colquirineta*
zancada.
zigzaguear.
zumbar.
zurrar.
zurriagazo. zurriasga-
zo*

PC Cualidades personales y contrarios.
abellotado.
abotargado.

achispado.
acojonado/a.

agudo.

ahijado.
alelado.
amartelado.
ambages. rodeos.
ansioso.
añagaza.
añoso
arrascarse*.
arrecido.
astuto.
aterido.
avejentar.
baldado.
cabal.
cacho.
chico.
chismes.
chospón. chozpón.
cucufate.

desaliñado.
desparpajo.
enhiesto.
enteco.
escaldado.
escueto.
esmirriado.
estar hecho un mulo
fetén.
fiel.
finado.
furor.
furtivo.
gachí.
gacho.
gafe.
gancho. tener
gruñón.
guarro.

guasón.
hosco.
jumento.
labia.
lamerón.
licenciado.
malicia.
malicioso.
mañoso
marrano.
matraca.
morrocotudo.
mozo.
novato.
pardal.
parroquiano.
pejiguero/a.
pelón.
peñazo

pillo.
piojoso.
pocho.
pocholo.
pudiente.
quejica.
quisquilloso.
regañón.
romo.
ser la monda.
ser una lumbrera.
sorna.
tener correa.
teniente.
tieso.
tripero.
tuno.
vagancia.

PR Objetos religiosos..

angarillas.
capa pluvial.
cárdeno.
ciriales
clamor/es.

domingo gordo.
encanarse*.
hachero.
jueves gordo o larde-
ro.

matacandela, apaga-
velas.
matraca.
monumento.
palmatoria
pendón.

reclinatorio.
repicar.
rogativa.
tañer.

PU Objetos usados por las personas y elementos personales.

abalorio.
aborregarse.
abotargarse.
aderezo.
aguzar.
aliento.
angarillas.
anteojos.
antiparras.
arrebujarse.
arrechucho*.
asilo.
baca.
bicoca.
ganga.
bocina.
bofe.
bozo.
broza.
cabrillas. cabras.
cacha.
cachava. cayado.

cachimba.
cachiporra.
cagalera.
cagalón*.
calcañal.
calcañar.
calentura.
fiebre.
caletre.
camocha.
canilla.
castañetear.
cegato.
chichón.
chiquitín.
chisquero.
clavo.
coche de línea.
cogérse los dedos.
cogote.
coporota.* cocorota.
corroncho*.
corva.
coscorrón.

costalada.
cuajarón.
cuerno.
culada.
culetazo.
divieso.
encandilar.
era de aquí te espero.
fruncir.
fuelle.
gaje.
galbana.
gañote.
gargajo.
garrocha.
gomina.
greña.
guto.
habón.
hijuela.
hocico.
hoya. hoyo.
jeta.
librillo.

mamporro.
maraña.
mocho.
mollera.
molondra.
morrada*.
morrera*.
morro.
mozo(a) viejo.
nuca.
ojete.
organillo.
orzuelo.
palancazo*.
panadizo.
pasacalle.
patatús.
patitieso.
pellejo.
pescozón.
petaca.
picarse los dientes.
pico.
pilila.

218

pincha.
pinta.
pizco.
postilla.
rabadilla.
rasguño.
rebullir.

sabañón.
santiguarse.
ser duro de mollera.
ser o estar aparente
para...
tachuela.
talegada. talegazo.

tirabuzón.
tirante.
trenza.
trinar.
vela.
zagal.

zanco.
zueco.
zurriago, zurriasgo *

S Telas, costura, prendas de vestir. El sastre

acerico.
alfiletero.
apolillar.
arrebujar.
asurar.
barragán.
bastidor.
bastilla.
batista.
bodoque.
bordado.
bordadura.
bordar.
borla.
borra.
bramante.
cabo.
calceta.
cañamazo.

carrete.
cazcarrias.
cenefa.
chupa.
costurero.
deshilar.
dril.
enhebrar.
enjaretar.
enmarañarse.
entallar.
frunce.
fruncir.
guata.
hebra.
hilorio*.
hilván.
hilvanar.
ir de tiros largos.

jareta.
lienzo.
mazo (montón).
mechón.
modista.
ojal.
ojete.
ovillo.
pana.
pañada*.
patrón.
pechera.
percal.
pesiglás.
pespunte.
pingo.
pintiparado.
pintiparao*.

plantilla.
plantilla.
presilla.
puntilla.
raso.
rematar.
retazo.
roto.
sastre.
satén o satín.
sentar algo bien o
mal.
tazar.
tergal.
tiro.
vainica.
vainica.
zurcir.

SV Prendas de vestir y calzar.

abarca.
aguadera.
alba.
albarca.
 abarca.
alcaparras*
almadreña.
alpargata.
apargata*.
banda.
boina.
bombacho.
bonete.
borceguí.
capote.
catiuscas.
chal.
chambra.
chancleta.

chanclo.
chistera.
cincho.
cíngulo.
cinto.
codera.
correa.
culera.
delantal.
desgarrón.
esgarrón*.
echarpe.
enagua.
escapulario.
estola.
fajero.
faltriquera.
gabán.
guardapolvo.
halda.

leguis.
manchas de verdín.
mandil.
mantilla.
 mantón.
montera.
moquero.
muda.
pañoleta.
pasamontañas.
pelliza.
pernera.
peto.
pingajo.
pingajo.
polaina.
pololo.
puñeta.
rebujo.
refajo.

ropa raída.
roquete.
saya.
saya.
sobrepelliz.
sotana.
tabardo.
tabardo.
tapabocas·
tapujo.
toca.
toquilla.
velo de misa.
visillos.
zagón. zagones.
zamarra.

T Tiempo, aire, lluvia efectos meteorológicos.

abigarrado.

aborrascarse.

aborregada.
aborregar.

ábrego.

abrigaño.
aguacero.
aguada.
aguanieve.
algarazo.
almanaque.
amainar.
anubarrado.
apedrear.
aplanar el sol.
bochorno.
borrasca.
cada poco.
caer chuzos de punta.
calabobos
calorina.
canícula.
carama
carámbano. chuzo.
chupón.
carnestolenda. carna-
val.

cellisca.
cellisquear.
chaparrada.
chaparrón.
chapotear.
chispa.
chispear.
chubasco.
chupa.
chupón.
chuzo.
chupón.
carámbano.
cielo encapotado.
cielo entoldado.
cielo pardo.
cielo raso.
cierzo.
copo
cuajar.
culebrina.
descampar.

dormir al sereno .
el viento bramaba.
en un periquete.
encapotar.
encharcar.
enrasar.
escampar.
escarcha.
escarchar.
fresco.
gotear, goterear*,
granizo.
hogaño.
jarrear.
llovizna.
lloviznar.
lorenzo.
marcear
matacabras.
neviscar.
nubarrón.
nublado.

nublo.
otoñada.
pedrisco.
picar el sol.
ponerse al abrigo.
quedarse helado.
raso.
regañón
relente.
rociada.
solano
solano.
témpano.
tente nublo..
tieso.
torbellino.
tremesino.
tromba de agua.
tronar. atronar.
ventisca.
ventiscar.
ventolera.

V. Vegetales: árboles y arbustos, fruta.

"tapaculos".
acedera, acidera
achaparrada.
 acigüembral.
alcorque.
algarroba.
almendruco.
andrina.
andrina.
arcacel*.
arista.
arriate.
berros.
berzal.
bizna.
boj.
botón.
cacaruto*.
capillo.
carámbano.
carrascal.
cascabillo.
cepellón.
chasca.
chasquido.
chibiritas.
chupón.

concho*.
cornezuelo.
corta.
emparrado.
endrina.
endrina.
enramada.
escaramujo*.
estepar.
floresta.
follaje.
fronda.
gajo.
gallarita, gallarón
gamón /nes*.
grano.
guinda.
hierbajos.
hiniesta, ginesta. hiso-
po. guisopo.
hojarasca.
jara. estepa.
jaruga*.
jaruga*.
junquera.
lacio.

lecherines*.
leño.
llanta.
llanta.
llorar.
majuelo.
maleza.
manojo.
marchito.
mata.
matojo.
matorral.
menta.
mimbre.
mogos.
monda.
mondarajas.
mustia.
níscalo.
nueces garduñas.
olma, olmo.
pajoso.
pasto.
peladura.
pellejo.
penca.
perucal.
peruco.

picorota.
picota del árbol.
pimpollo.
pinar.
pingorota.
pipirigallo.
porretas.
rala.
ramón.
repollo.
ringlera.
rodrigón.
rosal silvestre.
sarmiento.
semillero.
tempranilla.
tizón
tocón.
tortuco.
troncho.
uñagata*
vaharada.
vaina.
vaina.
vano.
verdín.
yesca.
zarcillo.

VA Acciones y plantas.

abrasarse.
agarrar una planta.
agostar. agostarse.
aguachinar. aguachinarse.
asurar.
cerner.

coger.
cucar.
descabezar (cortar).
desgajar.
esgajar.
desmochar.
enramar.

escucar*.
espesar.
espeso.
espigar.
granar.
granazón.

injertar.
mondar.
ortigarse.
rebrotar.
tronzar.
verdear.

.

VP Nombres de plantas.

ababol. amapola.
abrojo.
achicoria.
acigüembre*.
albérchigo.
alcornoque.
alfalfa.
alfalfar.
algarabía.*
algarrobo.
alholva.
almorta.
tito.
alpiste.
amielga.
mielga.
arvejana*.
arvejo.
guisante.
aulaga. aliaga.

avena loca.
avena.
ballico.
berro.
bonete.
brezo.
cadillo.
cagarria. colmenilla.
cardillo.
cardo.
carlizo.
carrasca.
carrizo.
cebollino.
chaparro.
chiribita.
colmenilla. cagarria.
endrino.
enebro pudrio*·
enebro.
esparceta.

pipirigallo.
espino, macucal*.
espliego.
estepa.
gatuña.
gayubas*
grama.
guindo.
guindal.
hierbabuena.
macucal.
macucas*
malva.
mielga*.
mimbrera.
morera.
nabo.
noguera.nogal.
orégano.
ortiga.
pavía.

pedo de lobo.
quejigo.
quitameriendas.
sabina.
sauce.
salce*.
saúco.
sabuco*.
senderinas.
tito, almorta.
titón*
tortoruelo*
trébol
veza*, algarroba.
yero.
zarza.
zarzamora.

.

W1 Aves no domésticas. Acciones

aborrecer el nido.
abubilla.
agüerar*.
agorar.
alcaraván.
alcotán.
alimoche.
alondra.
anidar.
aparear.
arrullar.
arrullo.
avión.

avizorar.
avutarda.
azor.
bandada.
buche.
calandria.
cañamones.
cañón.
cepo.
chocha.
chotacabras.
colorín.
corneja
cuclillo.

cluquillo*
cuco.
cucutada*.
desembuchar.
emplumar.
empollar.
engañapastor.
engüerar. enhuerar.
gorjeo.
grajo.
graznido.
gurriato.
incubar.
liga.

marica.
nido.
pardal.
perdigón.
picaraza. picaza.
urraca.
pollada.
quebrantahuesos.
tañasca*.
tordo.
tórtola.
vencejo.
vuelo raso.

W2. Animales no domésticos. Insectos

abadejo.

alimaña.
amocharse.
anguila.

aparear.
berrear.
bicharraco.

bizma.
bramido.
cabarra, garrapata.

221

cabestro.
camada, lechigada.
canal.
caparra. garrapata.
chicharra.
chospo.
chozpo.
chozpar, chospar
despellejar.
escarabajo de la pata-
ta.

gazapo.
grillo.
hura.
hurón.
jabalín*.
lagartija.
lebrato.
liebre.
liendre.
limaco. babosa.
madriguera.

moscardón.
pelechar.
perro perdiguero.
piojo.
pulgón.
puya.
raposo.
revolcar/se
salamandra.
salamanquesa.
saltamontes.

tábano.
tiempo de veda.
topo.
ulular
zapatero.
zape.

Z Términos de uso general en casa.

adra*.
agotarse.
aguinaldo.
alcanfor.
amazacotado.
anilina.
añicos.
apurar.
azulete.
bardal.
batiburrillo.
boquete.
brebaje.
brizna.
cacharrazo.
cacho.
cascarse.

cernadero.
chascar.
cundir.
derramar.
desleír.
desocupar.
sacupar*.
despanzurrar.
diluir/desleír .
el papel.
embastar.
encimero.
escachar.
escobazo.
escullar.
escurrir.
esgarrar.

estera.
estropicio.
fresco.
fuente.
gurruño.
iguala.
lamparón.
lustre.
mazacote.
mugre.
palitroque.
palomino.
pegote.
pera.
perilla.
pila de leña.
pila.

pincha.
pingar.
ponzoña.
preciso.
purrela.
quincalla.
raja.
rebujo.
roña.
rubia.
sadurilla. asadurilla.
señas.
somero/a.
suerte de leña.
trasto.
tufarada.
vaho.

ZA Términos en casa relacionados con la comida.

aguachirle, aguachirri.
apispas*.
arroba
asadura.
ascua.
ascuarril*.
asperón.
atarrón.
avío.
balde
banco de matar.
barguero. bardero
barreño.
bola (alimento).
bollo.
cagar la mosca algo.
caldera.
caldo mondongo.
cecina.
cernada.
chamuscar.
chamusquina.

chanfaina.
chicha.
chicharrón.
chirigata.
chirindola.
chispitina.
chorizo.
chorretada*.
cojonudo.
condumio.
corrosca.*
corrusco.
coscurro.
coscurro. mendrugo.
currusco.
desconchado.
empacho.
estar en ascuas.
estar teniente.
estazar. destazar.
fogata.
fresco.
gancho de matar.

gorgorito.
hacer picadillo a al-
guien.
hocico.
hogaza.
hollín.
hornillo.
horno de pan.
humarada. humareda.
la manduca.
lumbre.
matanza .
matarife.
mendrugo.
menudillos.
miaja*.
miga.
miga.
migaja.
moho. cardenillo.
moje.
mondongo.
morcilla.

olla.
orear.
panzada.
pavesa.
picadillo.
pilonga.
pique.
pirulí.
poner a mojo o a re-
mojo algo*.
poza.
pringue.
rancajo.
raspa.
raspar.
rebanada de pan.
revenido.
romana.
rosco.
sabadeño.
sarta.
sartenazo.
sopas morenas.

sopas tostadas.
tajada.
tarugo de pan.
terrón.
tiro.

torrezno.
tortuco*
triquina.
tuto*.
unte, unto

vaho.
zambomba.
zancarrón.
zoquete.
zorrera.

zurrapa.

ZE Edificios, estructuras y elementos.

alacena.
albañal.
albardilla.
alcoba.
alero.
alféizar.
ambigú.
balaústre.
barda o bardal .
barda.
bardero.
basar.
boquerón.
boquete.
brocal.
cabio.
calce.

calleja.
callejón.
cámbara.
desván.
campanario, campanil
camposanto.
casa de la villa.
cenefa.
chaflán.
chamizo.
chimenea.
cobertizo.
cochiquera.
conejera.
corral.
corralón.
cortuja.cortija.

cuadra.
cuchitril.
cutre.
desconchón.
desportillado.
desportillar.
desportillarse.
desván.
enfoscado*.
escondite.
fielato.
gatera.
gloria.
henil.
horadar.
hospicio.
inclusa.

laberinto de calles.
leñera.
medianil.
pajar.
pajera.
rasilla
ripia.
salitre.
sillar de esquina.
sillar.
soportales.
tabique.
tronera.
vasar.
zaguán.

ZM. Medidas usadas.

adarme.
almud.
almuerza.
anega.
arroba.
astil.
azumbre.
brazao. brazado.
brazada.

cántara.
celemín.
copete.
cuarta.
cuarterón.
cuartilla.
cuartillo.
enrasar.
fanega.

fiel.
Haldada.
libra.
maquila.
metro.
onza.
perra chica.
perra gorda.
perra.

pilón.
puñado.
puño. puñado.
romana.
terciado.
vara.

ZP Puertas, ventanas, objetos relacionados en ellas.

albañal.
aldaba.
aldabilla.
anaquel, estante, repi-sa, balda.
arbañal.
casquillo.

compuerta.
cuarterón.
cuartillo.
cuartillo.
falleba.
gozne.

hoja.
librillo.
pestillo.
picaporte.
portón.
postigo.
quicio.

trampilla
tranca.
tranco.
ventano.
viga.

ZR. Recipientes de uso habitual en casa.

alcuza.
arca.
arcón.
bacinilla.
balde.
banasta.
bargueño.
barreño.

barril.
barrila.botija
bota.
botija.
botijo.
brocal.
caldera.
caldereta.

caldero.
canasta.
canasto.
cantarilla.
cántaro.
cantimplora.
capazo.
cerillero.

codijón.
colodra.
coloño.
costal.
cubeta.
cuezo.
escriño.
escudila.

espuerta.
fardel.
gamellón.
herrada.
jarro.
jícara.

lebrillo.
odre.
olla.
orza.
palancana*. palanga-
na.

jofaina.
perol.
pileta.
poza.
puchero.
saca.

saco.
talega.
talego.
tina.
tinaja.

ZU. Utensilios habituales en casa.

aguja colchonera .
ajuar.
alambrera.
almirez.
anilla.
armatoste.
azufrador
badil. badila.
banquilla.
banqueta.
banzo.
betún.
boca.
brasero.
cabezal.
cacharro.
cacharros.
cachas.
cachimán.
cachivache.
café de recuelo.
cama.
camastro.
candeal.

candil.
cantarera.
capacho.
carabina.
cardenillo.
catre.
cazuelo*.
chapa .
chapa.
chirimbolo.
chisquero.
cobertera. corbeter*.
cobertor.
cojín.
contera.
corbetera.
cucharón.
escañil.
escaño.
escoba de brezo.
escoba.
escobajo.
espetera.
espumadera.

estaquilla.
estropajo.
fresquera.
fuelle.
hacha.
hornilla.
hule.
infiernillo.
jergón.
jeringuilla.
jofaina.
lavadero.
llar / allar*.
macuto.
mecha.
pabilo o pábilo.
palancanero *.
palanganero.
perezosa
poyata.
poyete.
poyo.
pozal
raedera.

rodafuego o guarda
fuego.
rodea.
rodilla.
servus*.
sesero.
siento*. asiento.
tabla de lavar.
taburete.
tacataca.
tacatá.
taco (calza, calce)
tajadero.
tapete.
tarabilla.
tea.
tenaza.tenazas
torcida
trébede.
varilla.
vela.
zafra.
zambomba.
zurriagazo.

ZV Verbos de acciones en casa.

abrasar.
achicar.
achorizar. embutir
achuchar.
acoquinar.
aderezar.
aderezar.
aderezo.
adobar.
adobo.
aletargar.
almuerzo.
alumbrar.
amazacotar.
amolar.
apalear.
apalear.
apañar.
arranciarse.
arrebañar. rebañar.

asurar.
atizar.
atorar.
atrampar.
atrampar.
atrancar.
baldear.
bayonesa*.
bosar.
bruñir.
calce.
calzar algo.
candar.
carburar.
catar.
cegar.
cenagar.
chamuscar.
chinela.
chiscar.

chisporretazo*.
chisporrotear.
churrar.
tostar.
churruscar.
cintazo.
crujir.
curar.
derretir.
descorrer.
desmenuzar.
desmotar.
esmotar*.
echar el tranco.
embetunar.
embuchar.
embutir.
empañarse.
emparejar.
encurtir.

enmohecer.
enredar con la lumbre.
enristrar.
escacharrar.
escaldar.
escurrir.
esmigar*.
esmochar.
esmorrarse*.
espanzurrar.
estorbar.
hacer la petaca.
ir a por agua.
jabonar.
jamar.
lustrar.
machuco.
manducar.
marrar.
muladar.

224

orear.	raer.	restregar.	templar.
oreo.	rebanar.	retorcer.	tiznar.
ostento.	rebañar.	roncha.	tizne.
picar algo.	rebozar.	ronchar.	trancar. atrancar.
picar.	rebujar*.	sacudir.	trinchar
picia.	relucir.	salpicar.	
pingar.	rematar.	sobar.	
pizcar.	rescoldar.	socarrar.	
pringar, plingar*.	rescoldo.	socarrina.	
quedarse tieso		tazado.	

---

[i] **Carretero** *es una palabra derivada de carro. Pero el carretero no sólo construía carros, sino también el resto de los aperos de labranza en los que la madera era el elemento fundamental: yugos, horcas, rastras, arados,…*

La madera preferida era la del olmo y también la de la encina y pino.

Estas maderas las trabajaba el carretero en su banco. Las herramientas más usuales eran:

¨ los tronzadores, ¨ la sierra, ¨ el serrote, ¨ el serrucho, ¨ el serrucho de punta, ¨ la azuela, ¨ el mazo de madera

¨ los martillos de peña y de orejas, ¨ las tenazas, ¨ los cepillos: acanalador, cepillo, garlopa, de molduras y machambra.

¨ el formón, ¨ el escoplo, ¨ la gubia, ¨ el punta corriente, ¨ la escofina o lima para la madera, ¨ el bramil

Para iniciar su trabajo la madera debía estar bien curada; su sabiduría ancestral le indicaba que debía ser cortada en el menguante del mes de Enero.

¿Qué hacía el carretero? Todas aquellas piezas que necesitaba el labriego en su labor; hacerlas nuevas y repararlas después. Destacan tres piezas fundamentales:

El carro:

Era la obra principal del carretero, el vehículo que servía para toda clase de transportes.

Había muchos modelos de carros, desde la galera de cuatro ruedas, con una subcaja pendiente de cadenas, hasta la tartana. Pero en Mecerreyes, el carro que interesaba era el **carro de labranza***. La pieza fundamental del carro de labranza es la* **viga** *para uncir al par de bueyes o de vacas.*

Las ruedas tenían eje fijo y de hierro, girando solamente la rueda; ésta se revistió con **llanta de hierro***, siendo también de hierro el interior de la maza que estaba en contacto con el hierro. Para su engrase que evitaba el chirriar se utilizaba grasa especial para carros. Esta rueda llevaba dieciséis* **radios** *de madera que unían el* **cubo** *y las* **pinas***.En el carro eran necesarias las* **cartolas o armaduras** *para acarrear la hierba o la mies. Para acarrear la paja se colocaban las* **teleras***. Para sostener el carro en las paradas se soltaba el* **tentemozo***, sujeto a la viga en la parte delantera. No faltaba en el carro* **la tablilla de la matrícula***, cuyo control se llevaba en el Ayuntamiento y en la Diputación.*

El yugo:Es el instrumento que sirve para uncir a los bueyes por la cabeza, o a las mulas por el cuello, y sujetarlas a la lanza del carro.

El yugo vacuno es de una sola pieza, con mesilla y curvas para asentar la testuz. Eran muy importantes las ranuras para la correa o sobeo.

El de mulas necesitaba cuatro costillas para la sujeción del animal.

El arado:

El arado era la herramienta que, empujada por animales, removía la tierra y la preparaba para recibir la semilla. Aún hoy podemos contemplar el arado romano que es el mismo que hacían nuestros carreteros. Su pieza fundamental era la reja que desde el siglo XI era de hierro.

Las piezas fundamentales del arado son las siguientes:la esteva o mancera o manil, la rabera o cola, el timón, la cama, las orejeras, la telera, el dental.

[ii] El luto hasta los años 60 o 70 del siglo pasado

"El luto, hoy, no es lo que era hace unos años, unas décadas atrás. La presencia del luto, como se indica a continuación, pervivió en líneas generales hasta los años sesenta del siglo XX y decayó, hasta desaparecer, de forma prácticamente total, en los años setenta.

El luto riguroso exigía, a las mujeres, vestir de negro total, sin concesión alguna a cualquier tipo de color. Para ello, tenían que proceder en la mayoría de las familias, al teñido de la ropa. Existía también, al paso del tiempo, el medio luto o alivio, que permitía combinar en un mismo vestido el negro con motas o rayas blancas, o el negro con prendas blancas, grises, moradas o lilas; incluso podía vestirse con piezas que combinasen los citados colores, exceptuado el negro. En los hombres, sin embargo, el luto ha sido mucho menos riguroso y exigente que en las mujeres. Por lo general se limitaba a un brazalete negro cosido en la chaqueta, gabardina o abrigo que se utilizaba en domingos y festivos, o en un galón o en un triángulo de paño asimismo negro en una solapa; podía manifestarse también mediante el uso de una corbata negra o un botón, a modo de pin, en el ojal de la chaqueta.

El luto no se limitaba a la ropa. Tenía otras connotaciones y exigencias que hoy nos pueden parecer sinsentidos. Mientras duraba el tiempo de duelo era impensable que los deudos del difunto pudiesen acudir a bailes, festejos y lugares públicos de diversión o a la celebración de fiestas patronales, bodas u otro tipo de acontecimientos similares.Para los familiares más allegados al difunto, la prohibición de acudir a bailes y fiestas era general, aunque, como en el caso de la forma de vestir, la duración variaba de unos pueblos a otros.

Los hombres no se libraban tampoco de las prohibiciones que marcaba el tiempo de luto. Ellos no podían acudir a bares, tabernas u otros establecimientos públicos, incluido el cine". GABRIEL IMBULUZQUETA.

[iii] Clases de toques de campana del señor Alejandro sacristán de Mecerreyes.

Respecto a las horas:

- Tocar al alba: se realizaba el toque de campanas todas las mañanas con el fin de que los vecinos comenzaran sus tareas, con unos 10 ó 15 toques.

- Tocar a mediodía: Se realizaba como al alba todos los días del año con la finalidad de que los vecinos supieran que era la una del mediodía.

- **Tocar a oraciones**: *Se realizaba este toque al final del día, con toques igual que al mediodía.*
Respecto a los oficios:
- **Tocar a misa**: *Se tocaba todos los días del año para que los fieles se dirigieran a la iglesia. Se daban 15 ó 20 toques de campana en tres ocasiones, dejando un espacio de quince minutos entre cada señal. El primer toque servía para que los vecinos se ataviaran para asistir a la eucaristía. El segundo toque era para comenzar a dirigirse al templo, y el último tras el cual comenzaba la misa.*
- **Tocar al rosario**: *Se tocaba todos los domingos y días festivos, en muchos lugares también todas las tardes del mes de mayo, al que se conocía como 'el mes de las flores dedicado a María'. El modo de toque era alrededor de 5 a 10 toques de campana a media tarde.*
Respecto a los días del año:
- **Tocar a vísperas**: *Un toque que se realizaba el día anterior de las fiestas, siempre realizado por la tarde.*
- **Tocar a fiesta**: *Se realizaba los días señalados como festivos. El modo del toque era repicando -voleando- las campanas varias veces.*
Otros motivos de toque:
- **Tocar a muerto**: *Se tocaba cada vez que había un difunto con la finalidad de que la gente se enterara. La manera en que se tocaba en esta ocasión era con toques lentos y bastante largos -también se conoce como tocar a agonía-. Además, en época de difuntos, también se tocaba para señalar que entramos en periodo de recuerdo de los muertos.*
- **Toques de tormenta**: *Una costumbre muy localista que se realizaba cuando había tormenta mala con el fin de que la misma se marchara, se daba media vuelta de campana.*
- **Tocar a fuego**: *Se tocaba muy deprisa repicando sin pausa.*

[v] http://es.wikipedia.org/wiki/**Juego_de_las_tabas**

Fotos para el recuerdo…

Valentín Arribas
"El Tin"

Felipe y
Petra

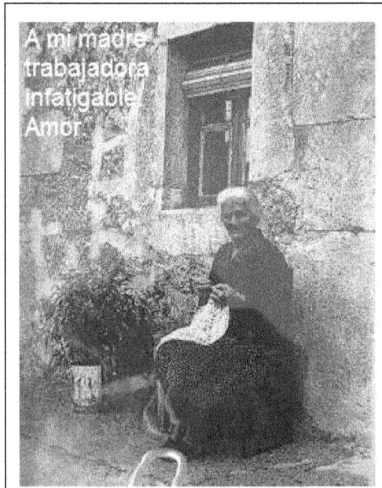

A mi madre
trabajadora
infatigable
Amor

Petra Alonso y
Fausti Arribas

Dionisio, Esteban, Antonio, Cosme y Carlos Arribas

Jesús Arribas, Secundino, Carlos Arribas, Isaac
Arribas, Emilio Arroyo

Alejandro y Ciselia

Don José Luis Pérez Mata. Promotor cultural de la juventud del pueblo.

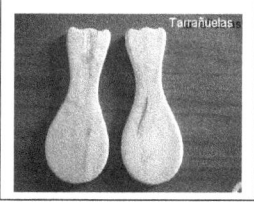

¡Gracias!

Tarrañuelas

Tocando las tarrañuelas